아트 테크 4.0:

4차 산업혁명 시대의
예술과 테크놀로지의 융합

아트 테크 4.0:
4차 산업혁명 시대의 예술과 테크놀로지의 융합

2020년 12월 10일 초판 인쇄
2020년 12월 15일 초판 발행

지은이 | 이보아
교정교열 | 정난진
펴낸이 | 이찬규
펴낸곳 | 북코리아
등록번호 | 제03-01240호
주소 | 13209 경기도 성남시 중원구 사기막골로 45번길 14
우림2차 A동 1007호
전화 | 02-704-7840
팩스 | 02-704-7848
이메일 | sunhaksa@korea.com
홈페이지 | www.북코리아.kr
ISBN | 978-89-6324-741-0(93600)

값 27,000원

아트 테크 4.0: 4차 산업혁명 시대의 예술과 테크놀로지의 융합

Art-tech 4.0: The Convergence of Art and Technology in the Era of the Fourth Industrial Revolution

이보아 지음

북코리아

서문

4차 산업혁명을 언급할 때 자주 접하게 되는 단어는 사물인터넷(IoT), 인공지능(AI), 빅데이터, 가상현실(VR), 지능형 로봇 등이다. 엄밀히 말하면, 사실 이들 기술이 4차 산업혁명을 위해 새로이 탄생한 것은 아니다. 이들 기술은 10년 전부터 존재해왔고, 4차 산업혁명을 계기로 기존 산업 간 결합을 통해 신산업을 창출하는 잠재력이 가시화되고 있다. 저자는 문화예술 분야의 연구자로, 적지 않은 시간 동안 이들 기술의 박물관 및 미술관에 대한 적용을 관찰해왔다. 그 이유는 상술한 기술들이 과연 관람 경험을 증진 및 확장시켜줄 수 있는지에 대해, 또는 이들 문화예술기관의 경영이나 관람객 연구에 실질적으로 유의미한 결과를 제공해줄 수 있는지가 궁금했기 때문이다.

올초, 과학기술정보통신부와 문화체육관광부는 실감 콘텐츠 신시장 창출 및 육성을 위해 콘텐츠 산업 3대 혁신 전략과 2020 디지털 콘텐츠 산업 육성 투자 계획을 발표했는데, 투자 및 지원 규모가 1,900억 원 정도다. 코로나19로 인해 비대면 방식의 문화예술 서비스가 활성화되면서 가상현실 기술에 대한 지원도 대폭 증가했고, 더불어 인공지능과 빅데이터 기반의 콘텐츠 제작에도 집중적으로 투자되고 있다. 특히 문화체육관광부는 지역의 문화기반 시설을 활성화하기 위해 22개 공립박물관 및 미술관에 전시 프로그램과 콘텐츠를 보완하고 가상현실(VR) 위주의 체험관 서비스에서 벗어나 미디어 파사드, 프로젝션 매핑, 인터랙티브 미디어, 고해상도 영상, 인공지능 등 관람객에게 다양한 체험 서비스 제공을 위한 목적으로 실감 콘텐츠 개발을 위한 지원사업을 진행하고 있다.

학제 간 융합이 하나의 주요 트렌드로 회자된 2010년, 저자는 서강대학교에서 전공위원회 위원장을 맡아 아트 & 테크놀로지 전공을 설립했다. 이후 2018년 중앙대학교로 이직하면서 다시 한번 예술공학 전공의 설립을 주도하면서 약 10년 동안 예술공학대학에서 교과목을 가르치고 있다. 서강대학교에서 중앙대학교로 옮긴 후 개인적으로 연구 방법에 변화가 있었다. 물론 연구 대상은 박물관 및 미술관을 벗어나지 않고 또한 관람객에게 집중되어 있으나, 연구방법론으로 관람객과 관련된 빅데이터와 인공지능을 기반으로 한 분석 방법론이 큰 비중을 차지하고 있다.

이 책은 예술공학이나 문화기술 등 분야의 전공자에게 융합적 특성이 강한 학문 단위에 대해 좀 더 기초적인 이해를 도모하는 데 도움을 주기 위한 목적으로 쓰이게 되었다. 개인적으로 이 책은 예술경영에서 예술공학으로 전공 영역을 확장한 후 10년을 맞이한 것을 기념하는 의미도 있다. 이 책은 크게 인공지능, 로봇, 빅데이터, 가상현실 · 증강현실 · 혼합현실, 인공지능 기반의 예술창작물, 디지털 이미징 기술과 예술작품의 보존 및 복원 등 총 6부로 구성되었다.

대다수 사례가 해외 논문을 참고로 했으며, 이 책은 비교적 최신의 해외 사례를 중심으로 작성되었다. 그 가운데 일부 사례는 현재까지 진행되는 전시나 학술논문으로 발표되지 않은 것들이 있어서 자료 수집에 어려움이 있었다. 특히 박물관 및 미술관의 빅데이터와 인공지능 기반의 관람객 연구는 가상현실이나 증강현실에 비해 시작 단계에 놓여 있어 자료 수집에 상당히 오랜 시간이 소요되었다. 전체 내용 가운데 미국과 유럽을 중심으로 메트로폴리탄미술관, 루브르박물관, 테이트, 마이크로소프트, 구글 등이 진행했던 사례가 비중 있게 다루어졌으며, 인공지능 기반의 예술작품 분석 사례와 디지털 이미징 기술 기반의 예술작품 보존 및 복원 사례, 빅데이터 기반의 관람객 분석은 현재 저자가 진행하고 있는 연구에 상당히 의미 있는 영감을 제공해주었다.

이 책을 집필하는 동안 아낌없는 격려를 보내주신 예술공학대학 하동환 학장님 및 교수님들, 그리고 인공지능 기반의 예술작품 분석과 빅데이터 기반의 관람객 분석에 도움을 주신 중앙대학교 첨단영상대학원의 최종원 교수님과 김영빈 교수님께 깊은 감사의 말씀을 전하고 싶다. 또한 현재 예술공학 전공자로서, 그리고 삶의 동반자로서, 각각의 사례에 대해 의견을 제공해준 나의 딸 서예은에게도 고맙다는 말을 전한다.

2020년 12월

이보아

CONTENTS

CONTENTS

1부

인공지능

1. 넥스트 렘브란트(The Next Rembrandt) J. Walter Thompson × Microsoft × ING × Delft University of Technology × Museum Mauritshuis × Museum Het Rembrandthuis
2. 인식(Recognition) Tate Britain × Fabrica
3. 실험(Experiment): 구글 아트 & 컬처 연구소
4. 인공지능 해커톤(AI + Hackathon) Metropolitan Museum of Art × Microsoft × MIT
5. 아트 익스플로러(Art Explorer) Metropolitan Museum of Art × Microsoft
6. 〈불쾌한 골짜기: 인공지능 시대에 인간으로 존재한다는 것〉(Uncanny Valley: Being Human in the Age of AI) de Young Museum

1
넥스트 렘브란트(The Next Rembrandt)

J. Walter Thompson × Microsoft × ING × Delft University of Technology × Museum Mauritshuis × Museum Het Rembrandthuis

인공지능(Artificial Intelligence, 이하 AI) 기술의 발전에 따라 전통적으로 인간의 능력으로 간주되던 창의성 영역에 점차 인공지능의 개입이 이루어지고 있다.[1] 렘

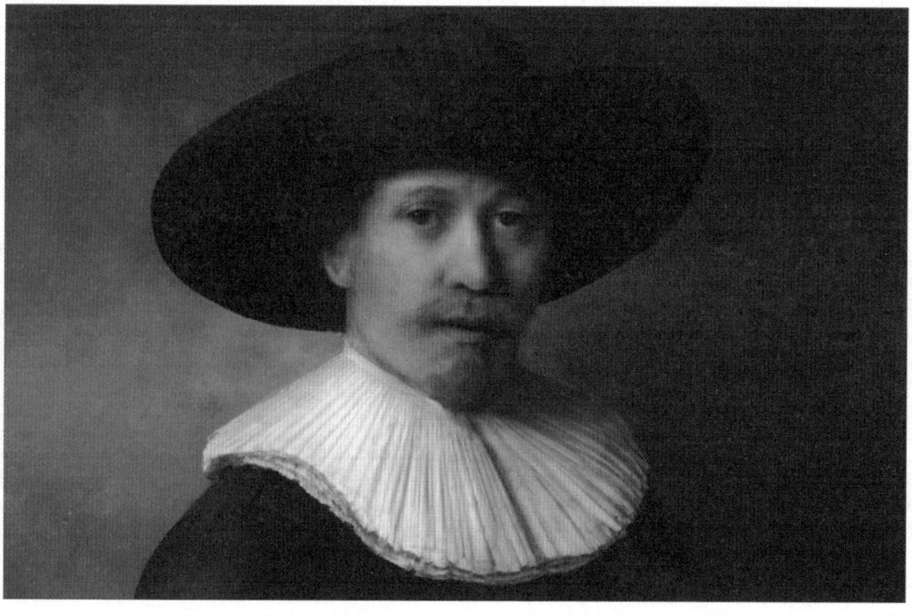

〈그림 1-1〉 넥스트 렘브란트 프로젝트의 최종 결과물

출처: https://www.nextrembrandt.com

브란트 하르먼손 판 레인(Rembrandt Harmenszoon van Rijn)이 사망한 지 400년이 지난 2016년 새로운 렘브란트, 적어도 다음 세대의 렘브란트가 탄생했다.[2 3] 암스테르담에서 공개된 '넥스트 렘브란트(the Next Rembrandt)'는 네덜란드 광고회사 제이월터톰슨(J. Walter Thompson, 이하 JWT)이 기획했으며, ING금융그룹, 마이크로소프트(Microsoft), 델프트공과대학교(Delft University of Technology), 마우리츠호이스왕립미술관(Museum Mauritshuis), 렘브란트미술관(Museum Het Rembrandthuis) 등의 협력하에 이루어진 21세기 테크놀로지와 상상력이 융합된 대표적인 결과물이다.

사실 이 프로젝트는 JWT의 크리에이티브 디렉터 바스 코르스텐(Bas Korsten)이 제기한 하나의 질문에서 출발했다. 컴퓨터에게 렘브란트처럼 그림 그리는 것을 가르칠 수 있을까?[4] 이 프로젝트의 목적은 렘브란트와 똑같은 회화작품을 그리는 기계를 만드는 데 있었다. 부연하면, 데이터와 창의성의 관계에 대한 성찰이 핵심인 이 프로젝트는 인공지능으로 하여금 렘브란트처럼 생각하고 행동하며,

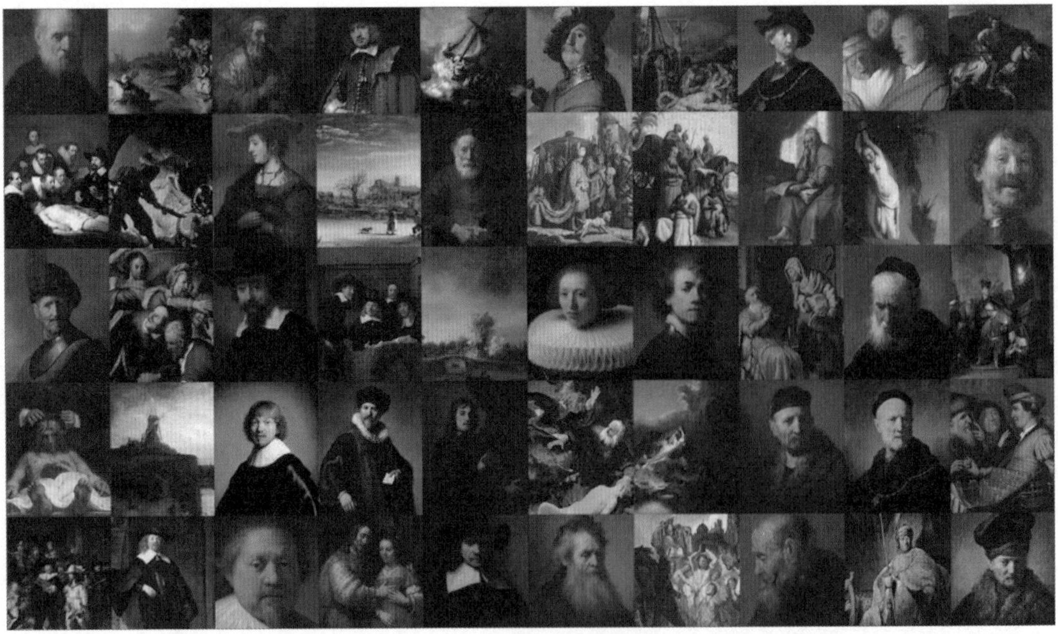

〈그림 1-2〉 프로젝트에 사용된 렘브란트의 작품 이미지

출처: https://medium.com/@DutchDigital/the-next-rembrandt-bringing-the-old-master-back-to-life-35dfb1653597

그림을 그릴 수 있도록 하는 데 목적을 두었다. '넥스트 렘브란트'는 렘브란트가 1632~1642년 동안 그린 346점의 회화작품에 대한 분석 데이터를 기반으로 렘브란트의 화법(畵法)과 작품적 특징을 인공지능에게 학습시켜 컴퓨터에 의해 생성된 '렘브란트 화풍의 창작물'이라 정의할 수 있는데,[5] 이 창작물의 탄생에서 '데이터가 화가'이고 '테크놀로지가 붓'의 역할을 맡았다.[6]

18개월 동안 진행된 프로젝트에는 데이터 연구자, 공학자, 미술사학자, 소프트웨어 개발자 등이 참여했으며, 기술적 측면에서는 조명, 채색, 필적(筆跡), 기하학적 패턴 등 렘브란트의 작품에 내재한 기술과 미적 요소를 분석하기 위해 마이크로소프트 애저(Microsoft Azure)[7]나 리눅스 가상머신(Linux virtual machines)[8] 알고리즘, 안면 인식 기술(facial recognition), 3D 스캔 기술, 3D 프린팅 기술 등 다양한 기술이 적용되었다.[9] 연구팀은 마우리츠호이스왕립미술관과 렘브란트미술관이 제공한 고해상도 이미지를 사용했으며, 이미지 해상도를 통일하기 위해 심층 신경망(Deep Neural Network, 이하 DNN)[10] 알고리즘을 사용해서 이미지를 최적화하고, 해상도를 300% 증진시킴으로써 시각적 노이즈를 최소화했다. 또한 150 기가바이트에 달하는 렘브란트의 초상화를 3D 스캔 기술로 정교하게 디지털화한 뒤 컴퓨터에 데이터를 입력했다.

또한 연구팀은 렘브란트의 초상화와 같은 느낌을 살리기 위해 안면 인식 기술을 이용하여 그의 초상화 346점을 픽셀 단위로 분석했다. 이 연구의 경우, 그림 속 사물의 위치와 구도, 의상, 얼굴의 각도, 사용된 미술 도구 등 렘브란트 초상화의 특징과 회화 양식을 학습시키기 위해 딥러닝 알고리즘이 사용되었으며, 마이크로소프트는 데이터 호스팅 및 분석을 위해 클라우드 플랫폼 애저(Azure)를 연구팀에 제공했다.[11]

연구팀은 모든 데이터 수집을 완료한 후 렘브란트 전문가들과 함께 초상화의 인구통계학적 분류를 기반으로 결과물의 주인공에 대해 정의했다.[12] 400명 이상의 얼굴을 분류한 결과, "하얀색 칼라가 달린 검은색 옷과 모자를 착용하고, 얼굴은 오른쪽을 향한 30~40대 백인 남성"이라는 결론에 도달했다.[13] 그다음 단계에서 소프트웨어 개발 담당 연구원은 기하학, 구도, 물감 재료를 사용하여 렘브란트를 이해

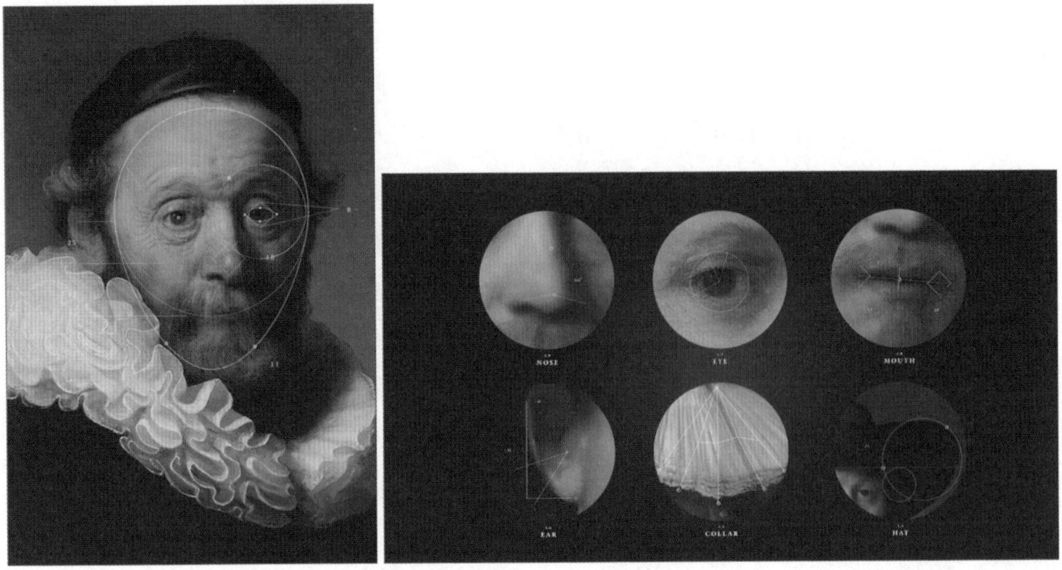

〈그림 1-3〉 렘브란트 작품의 기하학적 분석

출처: https://news.microsoft.com/europe/features/next-rembrandt/

할 수 있는 소프트웨어 시스템을 설계 및 개발했다. 한편, 안면 인식 알고리즘은 렘브란트 작품의 인물에 대한 특징을 기하학적 패턴으로 식별 및 분류하는 데 사용되었다.

특히 연구팀은 미술 양식을 복제하고 작품의 새로운 얼굴 특징을 생성하기 위해 각각의 얼굴에서 67개의 랜드마크를 검출했으며, 눈 · 코 · 입 · 귀 · 얼굴의 비율, 각 부분 사이의 거리 등의 특성을 중심으로 마이크로소프트와 함께 총 6천 개가 넘는 얼굴 랜드마크의 데이터 셋을 만들었다.[14] 최종 결과물에 대한 대부분의 의사 결정은 연구팀이 사전에 결정한 알고리즘에 따라 이루어졌는데, 이는 전형적인 렘브란트 회화작품의 모습에 대한 인공지능의 해석을 보여주기 위해서다.[15][16]

초상화의 2D 렌더링이 완료된 후 델프트공대의 지원으로 깊이와 질감뿐만 아니라 캔버스 표면의 패턴을 식별하기 위한 '하이트 맵(height map)'[17]이 만들어졌다. 또한 연구팀은 캔버스 품질, 지면 레이어, 필적 등의 세 가지 레이어를 결합하고, 픽셀 데이터를 높이 데이터로 변환시킴으로써 인공지능이 렘브란트가 사용했던 필적, 유화 물감의 두께와 밀도를 모방하는 것이 가능해졌다. 특히 필적은 X-선 형광 분석(X-ray Fluorescence Spectrometer)[18]을 사용해서 원작과 새 인물 사진 간의 유사성을 찾기 위해 시스템을 훈련시킴으로써 생성되었다. 이 과정에서 3차원 형태로 구현하기 위해 유사 기하학적 패턴이 일치되도록 했다.

최종적으로 알고리즘이 렘브란트의 신작을 생성하는 데 걸린 시간은 500시간이었다. 이 결과물은 렘브란트 작품의 16만 8,263개의 회화작품 조각을 기반으로 1억 4,800만 화소로 구성되었다.[19] 전형적인 렘브란트 초상화의 눈 · 코 · 입 · 귀 · 얼굴의 비율과 빛, 그림자, 색상, 질감 등 사실적인 회화 텍스처를 구현하고 작품에 생명을 불어넣기 위해 특수하게 설계된 13개의 UV-잉크 레이어가 있는 캐논(Canon) 3D 프린터를 통해 출력되었다. 잉크로 반복적으로 덧칠하는 과정에서 이미지의 질감과 유사한 융기가 생성되면서 결과적으로 3D 데이터 기반의 '하이트 맵'이 만들어졌다.[20] 컴퓨터그래픽에서 하이트 맵은 2차 입면 모델링에서 이산 글로벌 그리드(Discrete Global Grid)로 사용되는 래스터 그래픽스 이미지(Raster graphics image)[21]이며, 각 픽셀에는 3D 컴퓨터그래픽으로 표시하기 위한 표면 고도 데이터 값

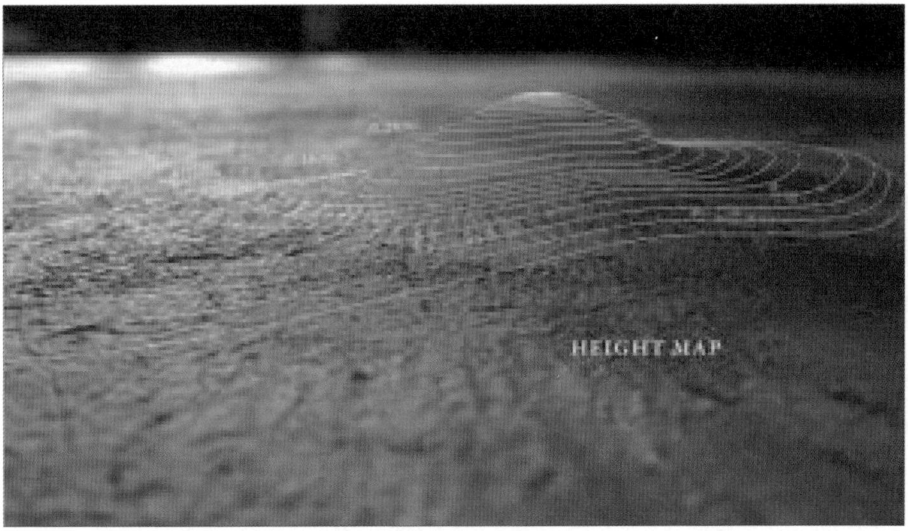

〈그림 1-4〉 이미지 질감 구현을 위해 생성된 3D 데이터 기반의 하이트 맵

출처: https://digital.hbs.edu/platform-digit/submission/the-next-rembrandt/

이 저장되어 있다.

인공지능에 의해 탄생한 '넥스트 렘브란트'는 암스테르담에 위치한 로이에르스흐라흐트 60 미술관(Looiersgracht 60)에서 공개되었다. 이 프로젝트에 참여한 델프트공대의 요리스 디크(Joris Dik) 교수는 "수백여 점의 렘브란트 작품에서 얻은 방대한 기술적 데이터를 바탕으로 초상화가 만들어졌는데, 그 모습이 렘브란트를 닮아서 정말로 흥미로웠다"라고 언급했다.[22] 프로젝트를 진행한 바스 코스텐(Bas Korsten)은 '넥스트 렘브란트'를 시작으로 '마이클 잭슨과 엘비스 프레슬리의 듀엣', '넥스트 샤넬' 등으로 프로젝트를 확장할 의지를 밝혔다.

예술과 테크놀로지가 융합된 '넥스트 렘브란트' 프로젝트는 예술과 알고리즘, 데이터와 휴먼 디자인, 테크놀로지와 감정 간의 관계에 대한 새로운 시각을 제공해 주었다.[23] 이 프로젝트에서 개발된 테크놀로지는 손상되거나 부분적으로 유실된 회화작품을 복원하는 데 사용될 수 있으며, 이 프로젝트에서 개발된 알고리즘은 향후 오픈소스로 제공될 예정이다.[24] '넥스트 렘브란트'는 2016년 칸 국제광고제(Cannes Lions) Cyber 부문과 Innovation-Creative Data 부문 그랑프리를 비롯하여 60개의 광

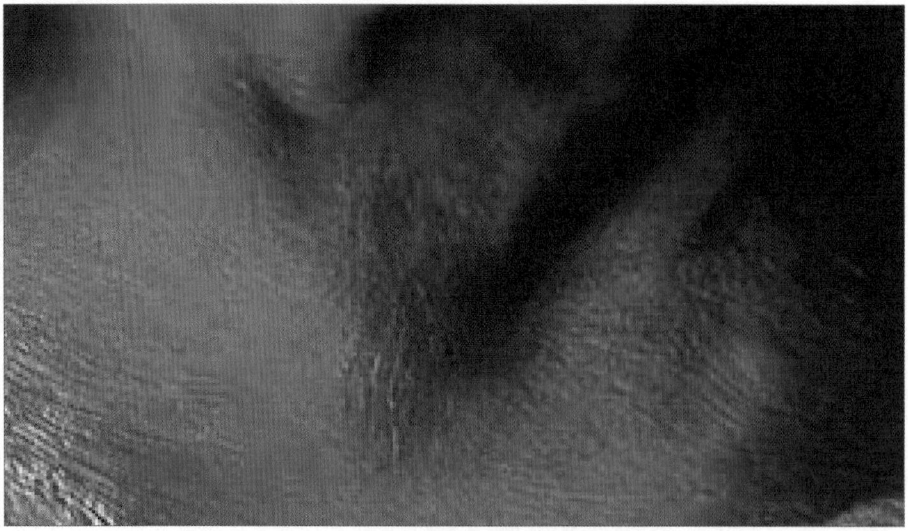

〈그림 1-5〉 '넥스트 렘브란트'에 구현된 사실적 질감

출처: https://digital.hbs.edu/platform-digit/submission/the-next-rembrandt/

고상을 수상했다. 한편, 산업 및 학술적 측면에서 '넥스트 렘브란트'는 인공지능 기반의 예술창작물의 저작권에 대한 논의를 활성화하는 데 일조했다.

2

인식(Recognition)

Tate Britain × Fabrica

그동안 예술 영역에서 디지털 기술의 활용 가능성을 모색해오던 영국 테이트(Tate)는 디지털 창의성 확장에 대한 계획을 수립하면서 디지털 산업에서 발생하고 있는 창의적 역량을 증진 및 독려하기 위해 2013년 'IK 프라이즈(IK Prize)'를 마련했다.[25] 박애주의자 아이린 크리트먼(Irene Kreitman)을 기리기 위해 그녀의 이름으로 명명된 이 디지털 크리에이티브 공모전은 포터 재단(the Porter Foundation)의 지원으로 시작되었다. 이 공모전은 500년의 역사를 자랑하는 영국 예술을 더 많은 대중과 연결하는 독창적인 아이디어 발굴 선정에 초점이 맞추어져 있으며, 마이크로소프트는 수상자에게 자문과 기술 지원을 제공해주고 있다.

IK 프라이즈를 후원한 마이크로소프트는 이미 '넥스트 렘브란트' 프로젝트를 진행하면서 인공지능과 예술이 긍정적인 관계를 가질 수 있다는 믿음을 갖게 되었다. '넥스트 렘브란트' 프로젝트를 진행한 마이크로소프트 연구팀(Microsoft Research Lab)의 에릭 호르비츠(Eric Horvitz)에 의하면, 테크놀로지가 우리의 삶에 미치는 영향력, 그리고 동일한 맥락에서 예술에 대한 테크놀로지의 잠재적 영향력에 대한 신념이 테이트와의 협력 및 '인식' 프로젝트의 후원 동기로 작용했다.[26]

2016년 테이트는 마이크로소프트와의 협의를 통해 '인공지능이 예술에 대해 대중에게 새로운 통찰력을 제공해줄 수 있는가?'라는 문제를 핵심적으로 다루기로 결정했다. 이에 테이트는 자신의 소장품에 대해 인공지능기술로 접근해서 영국 예술을 탐구 · 조사 · 이해하는 데 디지털 혁신을 시도한 디지털 크리에이터를 선정하기로 했다. 그 결과, 이탈리아 베네통그룹의 커뮤니케이션연구소인 파브리카(Fabrica)가 출품한 '인식(Recognition)'이 선정되었다.

이 작품은 파브리카, 소프트웨어 개발업체인 졸리브레인(JoliBrain), 테이트 등 세 기관의 협업을 통해 탄생했다. 파브리카에서는 코랄리 고르기천(Coralie Gourguechon), 모니카 라나로(Monica Lanaro), 안젤로 세메라로(Angelo Semeraro), 이삭 발레틴(Issac Valletin), 졸리브레인에서는 임마누엘 베나제라(Emmanuel Benazera), 알렉상드르 지라르(Alexandre Girard), 테이트에서는 토니 길렝(Tony Guillan)이 참여했다.[27]

'인식'은 현재와 과거의 유사점을 밝히기 위해 우리가 매일 접하는 일상적인 뉴스 사진과 미술관 소장품을 인공지능이 연결할 수 있는지에 대한 질문에서 출발했다.[28] 이러한 관점에서 보면, 이 작업의 핵심은 예술작품과 최신 포토 저널리즘 간에 내재하고 있는 관계를 드러내는 인공지능 알고리즘에 있다.[29]

작품명에서 암시하듯이 '인식'은 사물 인식(object recognition), 안면 인식(facial recognition), 색상 및 구도 인식(color & composition recognition), 상황 인식(context recognition) 등의 컴퓨터 비전 기능을 포함한 다수의 인공지능과 관련된 기술이 통합되어[30] 로이터(Reuters)가 게시한 사진 이미지를 인식했다.[31] 이와 함께 자연어 처리 기술은 이미지 캡션과 텍스트, 상황과 주제를 분석하기 위해 사용되었으며, 분석 결과는 이미지 좌측에 새로운 캡션으로 생성되었다.[32] 한편 상황 인식은 이미지와 관련된 제목, 날짜, 태그, 설명을 분석했다.

안면 인식의 경우, 마이크로소프트가 인식 서비스(Cognitive Services)의 컴퓨터 비전(Computer Vision) 및 감성 응용 프로그램 인터페이스(Emotion API)를 제공했다. 졸리브레인이 개발한 기술이 사용된 색상 및 구도 인식의 경우에는 모양과 구조, 시각적 레이아웃 및 색상 기반의 분석을 통해 일치, 학습 또는 패턴 인식에 의존해서 사물 인식을 결정했다. 또한 졸리브레인이 DeepDetect[33]와 Densecap[34]을 기반으로 개발한 신경망은 이미지에서 사물을 인식하고, 이에 대해 짧은 레이블을 지정하는 데

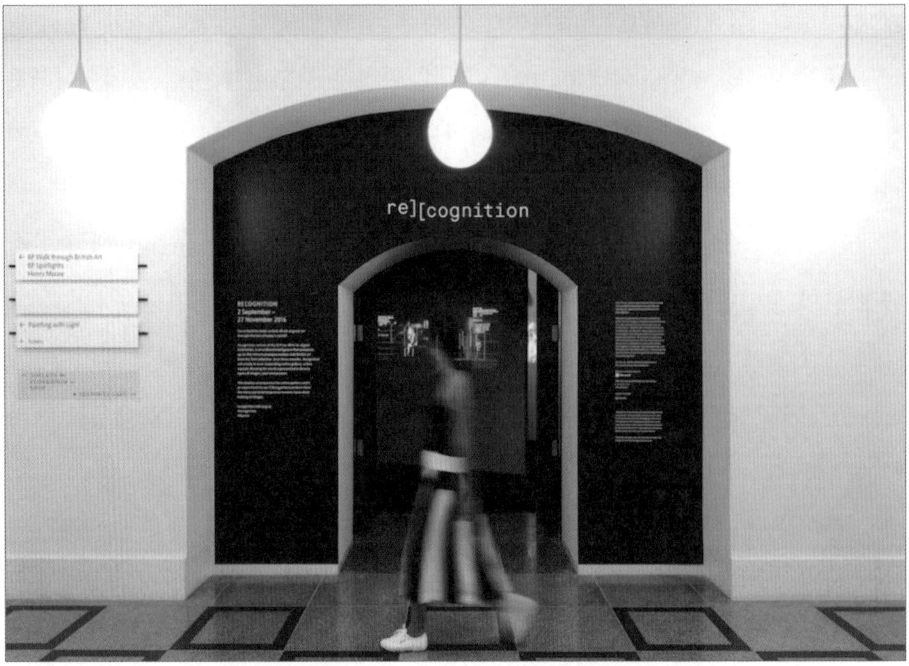

〈그림 1-6〉 테이트 미술관 전시실에 설치된 '인식'

출처: http://recognition.tate.org.uk/#installation

적용되었다.

'인식'은 에티트 브리튼(Tate Britain)에서 〈IK Prize 2016: Recognition(2016. 9. 2~2016. 11. 27)〉이라는 기획전시로 일반에 공개되었다. 이 전시는 최근 런던에 위치한 미술관들이 디지털 기술을 통해 흥미롭고 몰입도 높은 관람 경험을 제공하는 경향을 수용한 것처럼 보이지만, 실질적으로는 이들 전시에 비해 한 단계 강화된 예술과 인공지능, 그리고 인간과 인공지능 간의 관계 성찰에 대한 실험 정신을 보여주었다는 차별성을 지녔다. 테이트 브리튼 측면에서 보면, 이 실험적인 전시는 인공지능이 이미지를 볼 때 인간과 동일한 방식으로 접근하는 것이 가능한지를 탐구하고, 현대적인 시각으로 예술작품에 대해 접근할 기회를 제공함으로써 예술작품에 대한 이해 증진을 이끌어내는 데 목적을 두었다.[35]

테이트 브리튼의 전시실에는 인공지능에 의해 분석 및 선택된 로이터 뉴스의 사진 이미지와 테이트에 소장된 예술작품 이미지가 각각 좌우 모니터에 동시에 제시되었다. 이들 이미지는 마치 타임캡슐처럼 과거에 제작된 예술작품과 현재의 뉴스 기사에서 사용된 사회적 이미지를 연결 지었으며, 역사, 지리, 사회, 문화 등 다양한 분야를 망라했다. '인식'이 설치된 이후 스크린에는 매일 약 1천 개의 로이터 뉴스 사진이 게시되었고, 인공지능이 테이트의 온라인 아카이브 데이터베이스에 실린 3만여 점의 영국 예술 소장품 가운데 시각 및 주제적 유사성이 가장 높은 작품을 뉴스 사진 이미지와 매칭시켰다. 좀 더 부연하면, 방대한 뉴스 사진과 테이트 소장품은 개별적인 데이터 셋을 구성했으며, 이 과정에서 인공지능 알고리즘은 테이트의 소장품 검색, 다양한 패턴 인식, 유사성 판별, 뉴스 사진 이미지와 작품의 비교분석 등 일련의 과정을 거치면서 특정 데이터 셋 사이의 관련성을 분석해서 제공해

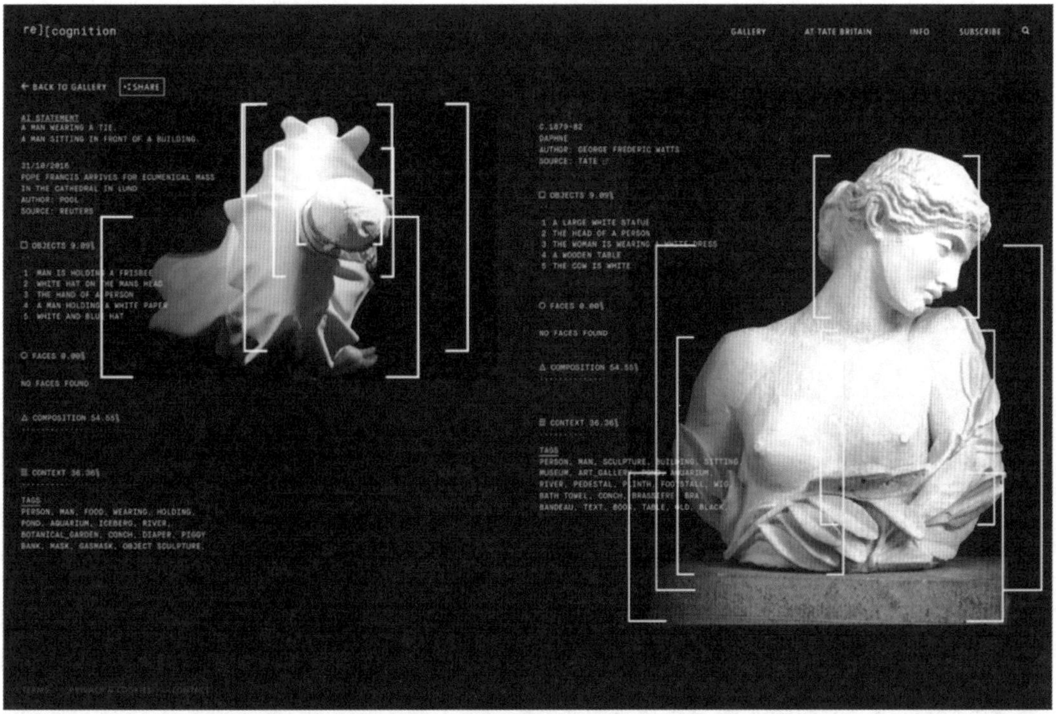

〈그림 1-7〉 '인식'을 통해 조지 프레더릭 와츠의 〈다프네〉 조각과 룬드 대성당에 도착한 프란치스코 교황의 모습에서 발견된 시각적 유사성

출처: https://analyticsindiamag.com/ai-art-understanding-ai-redefining-art-world/

주었다.[36] [37]

예를 들어, 룬드 대성당에 도착한 프란치스코 교황의 모습을 담은 사진을 객체, 구도, 상황, 태그 등의 관점에서 분석한 인공지능 알고리즘은 조지 프레더릭 와츠(George Frederic Watts)의 〈다프네(Daphne, 1879~1882)〉 조각에서 시각적 유사성을 발견했다. 또한 로이터가 제공한 뭄바이(Mumbai)의 락샤 반한(Raksha Bandhan) 앞에서 화장하고 있는 두 여인의 모습이 담긴 사진 이미지는 찰스 2세의 수석 화가 피터 렐리 경(Sir Peter Lely)이 그린 〈레이크 가족의 두 여인(Two Ladies of the Lake Family, 1660)〉과 매칭이 이루어졌다.[38] 결과가 제시될 때, 로이터가 제공한 이미지와 테이트 소장품의 이미지는 사물, 얼굴, 구도, 상황 등 네 가지 주요 변수에 대한 점수가 백분율로 표기되었다.

테이트 브리튼에서 진행된 3개월의 전시 기간 동안 시간당 1~3회씩 이미지 로테이션이 자동으로 실행된 '인식'은 테이트의 소장품 3만 점과 로이터가 제공한 최신 뉴스 이미지 사이에 7,271건의 분석 결과를 제시해주었다. 한편 '인식'에는 개방적인 특성이 내재해 있었는데, 이러한 특성은 전시실을 방문한 관람객의 참여를 통해 드러났다. 예를 들어, 관람객은 '인식'의 작동을 중단시키고, 그들이 선택한 작

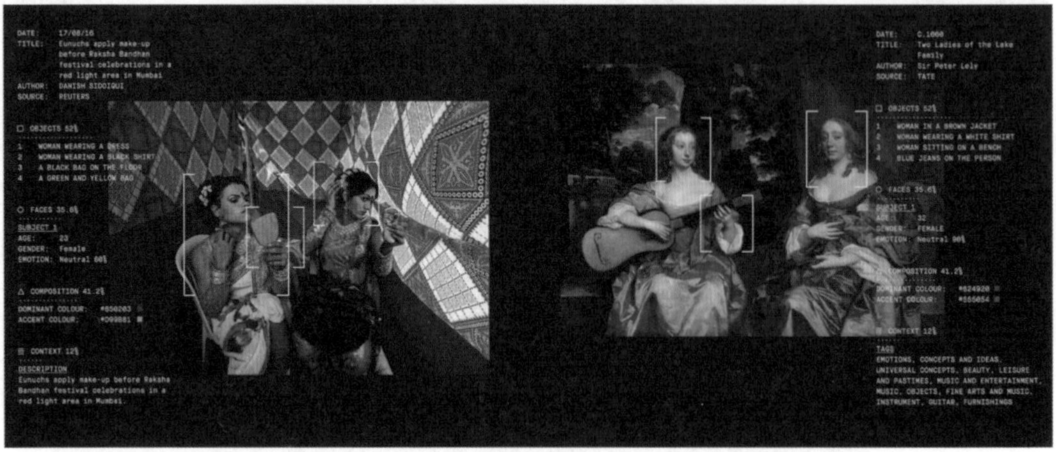

〈그림 1-8〉 뭄바이의 화장을 하는 두 여인과 〈레이크 가족의 두 여인〉의 비교 분석 결과

출처: https://news.microsoft.com/en-gb/2016/09/05/technology-unearthing-hidden-art-tates-collection/

품의 이미지를 등록해서 분석 결과를 확인할 수 있었는데, 이러한 경우에는 초기 프로그램을 재작동시키는 것과 동일한 방식으로 진행되었다.[39] 전시가 진행되는 동안 인공지능이 매칭한 로이터의 사진 이미지와 예술작품 이미지의 매칭 과정 및 결과는 온라인 갤러리에 저장 및 설치되었다.[40] 이에 테이트 브리튼을 방문한 관람객뿐만 아니라 온라인 방문자도 인공지능의 '인식' 결과 생성 과정을 경험할 수 있었으며,[41] 테이트 브리튼은 부가적으로 '인식'에 사용된 알고리즘에 대한 학습을 온라인에서 지원해주었다.[42]

앞서 언급한 두 가지 매칭 결과 가운데 첫 번째 결과처럼 관람객이 일부 매칭에 대해 의외의 결과라는 지적과 함께 이해할 수 없다는 반응을 제기했다. 하지만 상술한 사례에서 보는 것과 같이, 실질적으로 관람객의 육안으로도 짙은 붉은 휘장을 배경으로 우아한 파란색과 초록색 드레스를 입은 두 인물의 공통적인 시각적 유사성으로 인해 이러한 매칭 결과가 도출되었다는 사실을 쉽게 유추할 수 있다. 특

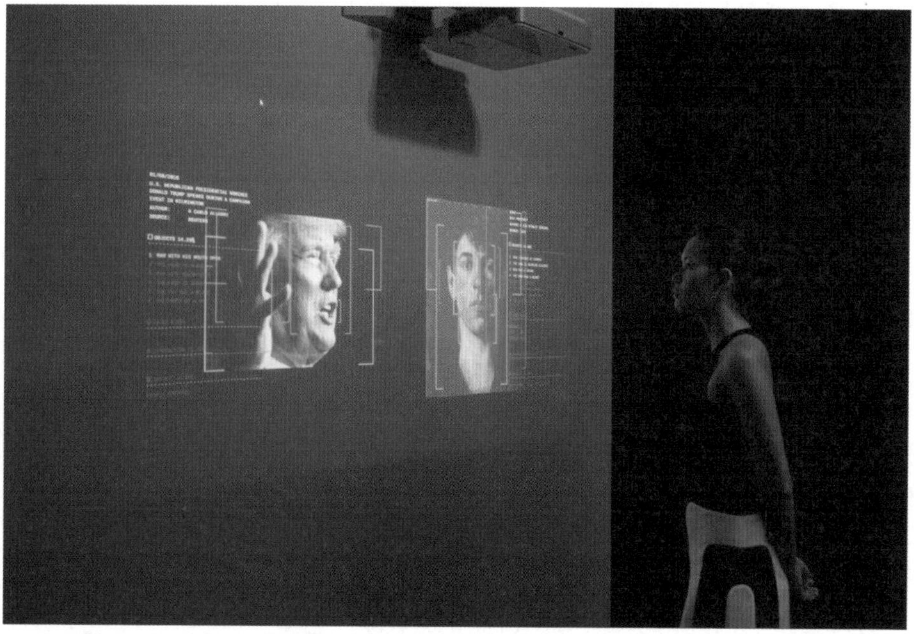

〈그림 1-9〉 테이트 미술관 전시실에서 '인식'의 매칭 결과를 감상하는 관람객

출처: http://recognition.tate.org.uk/#installation

히 관람객이 전시실에서 매칭 과정과 결과를 반복해서 관찰하는 경우, 인공지능에 의한 이미지 매칭 방식에 대한 논리를 파악할 수 있다.

앞서 언급한 바와 같이, 테이트 브리튼의 경우에 이 전시는 이미지에 대한 인간과 인공지능의 접근방식의 유사성을 제시하는 데 목적을 두었다. 비록 시각적 유사성이라는 제약이 내재해 있었지만, '인식'을 통해 '인공지능에 의한 큐레이션'의 가능성이 제시된 것은 주지할 만한 성과라 할 수 있다.[43] '인식'의 경우, 이미지의 각기 다른 요소를 인식하는 일련의 신경망을 사용하는 컴퓨테이셔널 알고리즘(computational algorithm)이 큐레이터처럼 테이트의 온라인 아카이브 데이터베이스에 접근해서 사진 이미지와 유사한 예술작품의 이미지를 선정했다. 물론 현재의 시점에서 '인식'만으로 인공지능이 큐레이터 같은 전문가의 역할을 수행할 수 있을지에 대해 논하는 것은 유의미하지 않다고 판단된다.

더욱이 '인식'에 대한 전문가들의 반응이나 의견 또한 양립된 상태로 제시되었다. 예를 들어, 미국 게티연구소(the Getty Research Institute)의 디지털 미술사 부서를 이끌고 있는 머사 바카(Murtha Baca)는 비록 '인식'이 예술작품을 좀 더 면밀히 살펴보게 할 기회는 제공했지만, 미술사 관점에서 인공지능의 예술작품 분석 가능성에 대해서는 회의적인 입장을 취했다. 반면 테크놀로지의 영향력 및 잠재력에 대해 우호적인 입장을 취한 게티 재단(J. Paul Getty Trust)의 회장 제임스 쿠노(James Cuno)는 '인식'이 비록 개발 초기단계여서 향후 발전이 필요하지만, 그럼에도 이 작업은 매우 유의미하고 흥미로운 실험적인 접근이라고 긍정적으로 평가했다.[44]

결과적으로 '인식'은 인간과 달리 예술에 대한 주관적이고 상징적이며, 또는 모호한 내러티브적 판단이나 예술작품 분석에 대한 인공지능 한계의 일면을 보여주었다. 하지만 사물, 얼굴, 구도, 상황 등 주요 변수로 사용된 네 가지 인식 기능을 넘어 미술사적 의미나 중요성, 작가 분석 등과 같은 것을 수행할 수 있을 정도의 강화된 학습을 통해 인공지능의 전문성이 증진된다면, 단순한 이미지 간의 유사성 인식보다는 좀 더 미술사적으로 유의미하고 정교한 작업을 수행할 가능성도 기대해 볼 수 있을 것이다.[45]

3

실험(Experiment): 구글 아트 & 컬처 연구소

파리에 위치한 구글 '아트 & 컬처 연구소(Arts and Culture Lab)'는 소프트웨어 공학자와 예술가의 창의적 작업이 융합되는 다수의 실험적인 작업들이 이루어지고 있는 대표적인 연구소다. 이 연구소의 예술에 대한 이해와 접근성 증진에 대한 성찰은 다수의 '실험(Experiments)' 프로젝트를 통해 투영되고 있다.[46] 이러한 실험들은 미래 기술을 둘러싼 담론에서 창의성과 새로운 것에 대한 탐색을 지원해주기 위한 목적으로 실행되었다. 초기에 진행된 실험에는 태그(Tags), X단계 분리(X Degrees of Separation), 자유 낙하(Free Fall), 큐레이터 테이블(Curator Table), t-SNE 지도(t-SNE Map) 등이 포함되었는데, 이들 실험의 목적은 머신 러닝(Machine Learning)을 예술작품의 메타데이터에 적용하여 다양한 상호작용적 방식으로 새로운 시각적 정보를 도출했다.

t-SNE 지도 프로젝트의 경우, 머신 러닝을 사용해서 예술작품의 시각적 유사성을 기반으로 이미지 프로세싱 알고리즘에 의해 탄생된 지도로, 예술작품을 분류하고 볼 수 있는 일종의 데이터 시각화 방식을 취하고 있다. 이 프로젝트에는 시릴 디아뉴(Cyril Diagne), 니콜라스 바라도(Nicolas Varradeau), 사이먼 다우어리(Simon Doury)가 참여했으며, '머신 러닝을 사용해서 매핑된 작품(Artworks mapped using Machine Learning)'이라는 부제가 달렸다.

t-SNE 지도는 t-SNE 알고리즘, GLSL,[47] 텐서플로(TensorFlow),[48] 자바스크립트(Javascript),[49] 웹GL(WebGL),[50] Tjree.js[51] 등이 사용되어 개발되었다. t-SNE(t-Stochastic Nearest Neighbor)는 벡터 시각화(vector visualization)와 같이 고차원 데이터를 시각화하기 위해 자주 이용되는 알고리즘이다. 이 알고리즘은 고차원에 존재하는 데이터

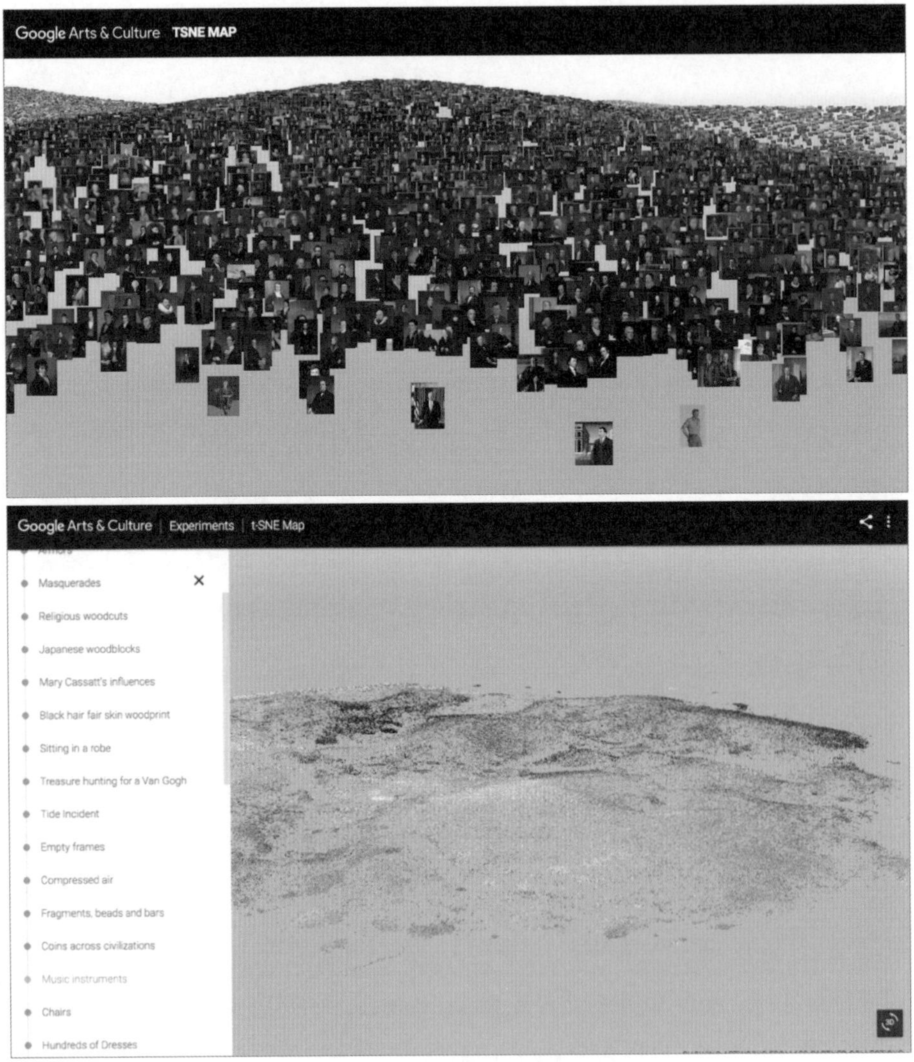

〈그림 1-10〉 구글에서 제공하는 t-SNE 지도 예시

출처: https://experiments.withgoogle.com/t-sne-map

x의 이웃 간의 거리를 최대한 보존하는 저차원의 y를 학습하는 방법론으로, 원본 데이터를 가장 잘 표현할 수 있도록 데이터 차원을 축소하는 데도 사용될 수 있다. t-SNE 지도는 수세기에 걸쳐 수집된 방대한 예술작품을 광활한 3차원의 풍경으로 구현해서 생성된다. 이 풍경에서 예술작품은 무작위로 배치된 것이 아니라 시각적으로 상호연관성이 내재한 작품을 배치한다.[52] 개별적인 예술작품에 대한 상세 정보를 얻을 수도 있으며, 썸네일 형태의 이미지를 확대할 수도 있고, 이들 작품과의 상호작용도 가능하다.[53]

'X단계 분리'는 데이터 및 알고리즘 기반의 예술 작업을 펼치고 있는 마리오 클링게만(Mario Klingemann)과 사이먼 다우어리에 의해 진행된 프로젝트이며, '문화를 통한 숨겨진 경로(The hidden paths through culture)'라는 부제가 달려 있다. 마리오 클링게만이 구글 아트 & 컬처 연구소의 지원을 받아 진행된 이 프로젝트는 미국의 사

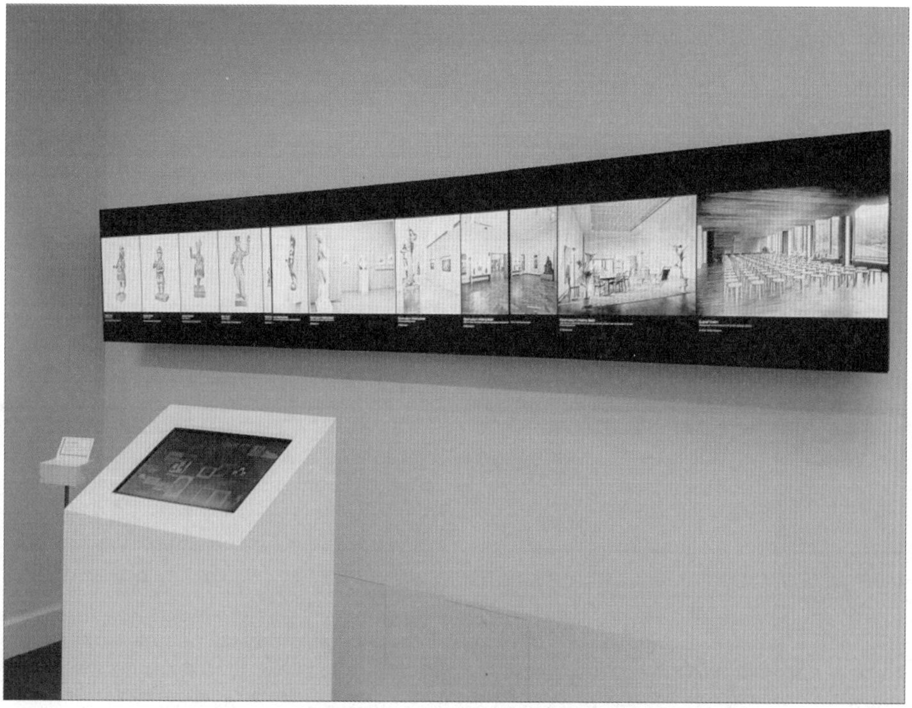

〈그림 1-11〉 아르스 일렉트로니카 페스티벌에 출품된 X단계 분리 프로젝트

출처: http://underdestruction.com/2016/11/05/x-degrees-of-separation-2016/

회심리학자 스탠리 밀그램(Stanley Milgram)이 '좁은 세상 실험(Small World Experiment)'을 통해 밝혀낸 '6단계 분리 이론(6 degrees of separation)'에서 영감을 받았으며, 컴퓨터 비전 알고리즘(computer vision algorithm)과 데이터에서보다 복잡한 패턴을 학습할 수 있는 딥러닝 기법, 데이터 시각화를 사용해서 예술작품 간의 시각적 유사성을 구현해 주었다. 이 작품은 〈인공지능 또 다른 나(AI the other I)〉라는 주제로 개최된 2017년 아르스 일렉트로니카 페스티벌(Ars Electronica Festival)에도 출품되었다.

이 실험적인 프로젝트를 경험할 수 있는 방법은 비교적 간단하다. 이 프로젝트는 구글 실험(Experiment with Google) 웹사이트에 들어가 시각적 유사성을 비교하고 싶은 두 가지 예술작품을 선택해서 끌어다놓으면,[54] 아래의 그림처럼 시각적으로 관련성이 있는 작품들이 머신 러닝으로 분석되어 그 결과가 등장한다. 예를 들어, 빈센트 반 고흐(Vincent Van Gogh)의 〈자화상(self-portrait, 1887)〉과 클로드 모네(Claude Monet)의 〈수련(Water Lillies, 1916)〉을 비교할 경우, 두 작품 사이에 오딜롱 르동(Odilon Redon)의 두 작품[Baronne de Domecy(1900), Le bain de Vénus(1908~1913)]과 리우 강(Liu Kang)의 작품(Scene in Bali, 1953)이 제시된다.

한편 구글 아트 & 컬처 연구소와 영국 국립박물관(British Museum)과의 협업을 통해 이루어진 '세계의 박물관(The Museum of the World)' 프로젝트는 웹 기반의 그래픽 라이브러리 웹GL(WebGL)을 기반으로 한 일종의 소장품 데이터의 시각화다.[55] 이 프로젝트는 인류사에 남겨진 거대한 국립박물관의 유물을 시간, 대륙, 문화별로 시

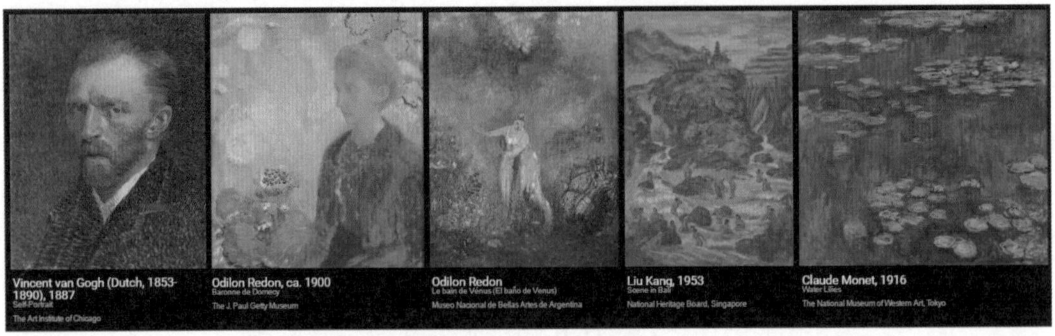

〈그림 1-12〉 빈센트 반 고흐의 〈자화상〉과 클로드 모네의 〈수련〉의 X단계 분리의 실행 결과

각화한 결과를 인터랙티브한 방식으로 제공해준다. 세계의 박물관 웹사이트에 들어가 연도와 지역을 선정한 후 물방울 모양의 작품 가운데 원하는 것을 클릭하면, 아래의 그림처럼 유물의 썸네일, 명칭, 국가명이 나오고, 이를 다시 클릭하면 유물에 대한 상세 설명이 제공된다. 특히 국립박물관의 소장품이 타임라인에 매핑 · 구현되므로 사용자는 세계 문화를 탐색 및 연결하면서 전 세계에서 발생한 사건을 확

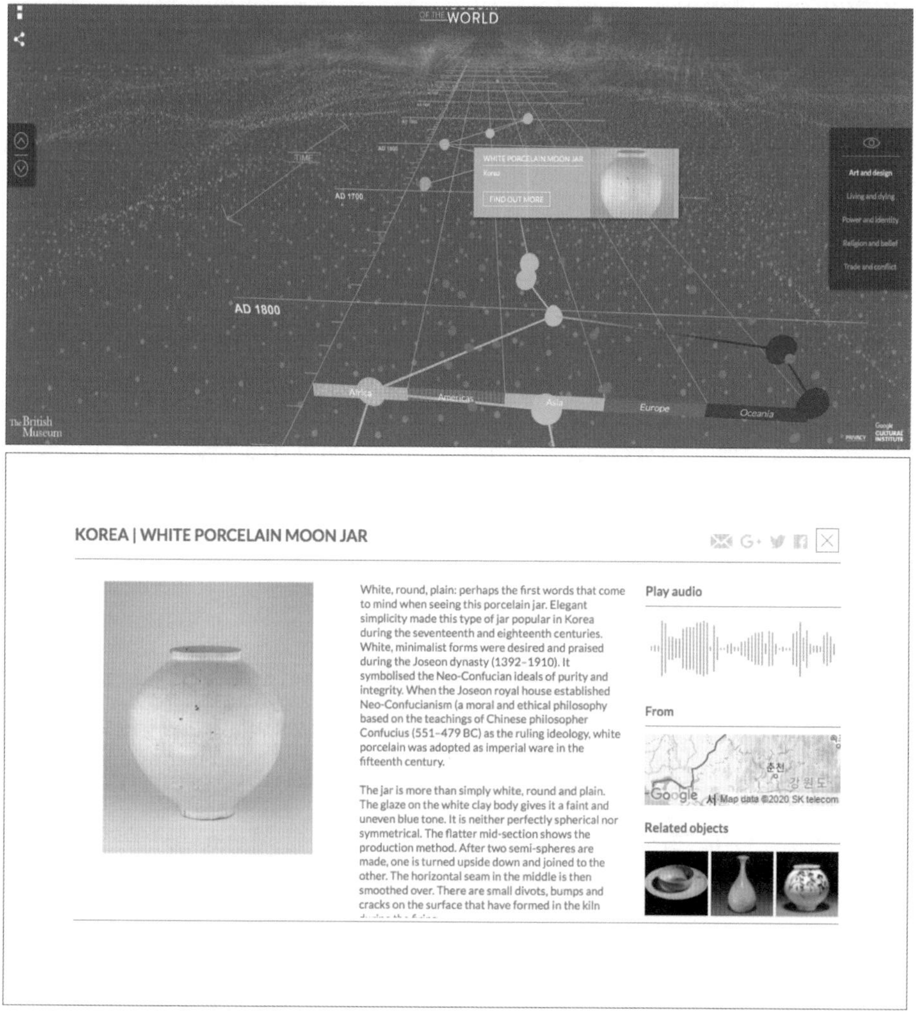

〈그림 1-13〉 국립박물관 소장품에 대한 '세계의 박물관'의 시각화 결과 및 선정한 유물에 대한 정보

출처: https://experiments.withgoogle.com/the-museum-of-the-world

인할 수 있으며, 큐레이터의 설명을 이용할 수도 있다. '세계의 박물관'은 2020년 〈가디언〉이 선정한 세계 최고의 가상 박물관 및 미술관 투어 10가지 중 하나로 선정되었다.[56]

구글 아트 & 컬처 연구소의 예술과 인공지능, 머신 러닝의 융합 역량은 지속적으로 강화되고 있으며, 2018년 '아트 팔레트(Art Palette)', '라이프 태그(LIFE Tags)', '모마 툴(MoMA tool)' 등 새로운 프로젝트를 공개했다. 이들 프로젝트는 예술가, 박물관 및 미술관, 디자이너에게 매우 유익한 결과를 제공해주는 머신 러닝 실험으로, 인공지능 알고리즘이 아카이브에 숨겨진 문화적 연결성을 제시해주고 이를 인터랙티브한 방식으로 제공하는 것이 핵심이라 할 수 있다.

사이먼 다우어리와 에티엔 페리어(Etienne Ferrier)의 협업으로 탄생한 '아트 팔레트' 프로젝트의 경우, 텐서플로, 자바스크립트, 오픈GL(openGL) 등을 기반으로 사용자가 선택한 색상 팔레트와 일치하는 예술작품이 전 세계 1,500개가 넘는 문화예술기관의 소장품에서 자동으로 검색되며, 특정 작품 속 피사체의 색상을 선택해서 상세하게 확인할 수도 있다.[57] 또한 아트 팔레트는 색상뿐만 아니라 예술가, 예술 사조, 주제로도 검색이 가능하다. 사진 속의 인물과 흡사한 인물화를 전 세계 미술관 소장자료에서 검색해주는 구글의 기존 서비스와 유사하지만, 피사체를 인물이 아닌 사물이나 풍경 전체로 확장하고, 검색 결과를 색상으로 확대했다는 점이 차별성이라 할 수 있다.

이 프로젝트는 시각 디자이너나 공간 디자이너, 또는 인테리어에 관심이 많은 일반인에게 영감을 주고 있다. 2019년에는 패션 디자이너 및 패션 잡지사 'The Business of Fashion(이하 BoF)'가 참여해서 흥미로운 프로젝트가 진행되었다. '런웨이 팔레트(Runway Palette)'라고 명명된 이 프로젝트는 4천 개의 패션쇼에서 수집된 14만 장의 사진을 머신 러닝 알고리즘으로 분류했으며, 그 결과 1천 개가 넘는 패션 디자이너들의 작품이 색상별로 제시되었다.

구글이 공개한 '라이프 태그' 프로젝트는 창의적인 방식으로 코딩을 하는 작가 가엘 휴고(Gaël Hugo)와 구글 아트 & 컬처 연구소의 협업에 의해 진행되었다. 이 프

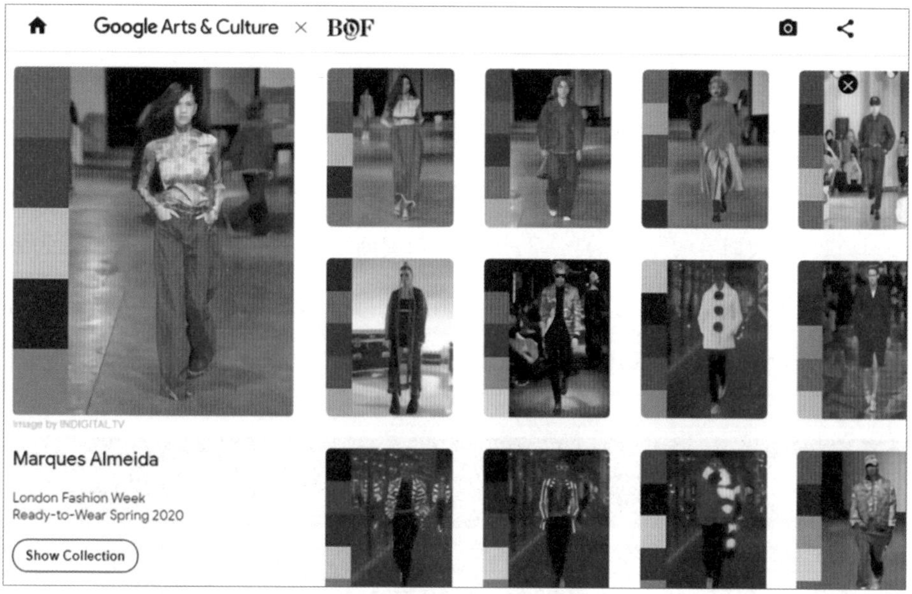

〈그림 1-14〉 '런웨이 팔레트' 예시

출처: https://www.engadget.com/2019-11-22-google-runway-palette-living-archive-ai.html

로젝트는 1936년 창간되어 역사상 가장 상징적인 포토 저널리즘으로 인정받고 있는 〈라이프(LIFE)〉 매거진의 디지털 아카이브에 인공지능으로 키워드 검색 기능을 추가한 서비스다. 좀 더 부연하면, '라이프 태그' 프로젝트는 구글의 첨단 컴퓨터 비전 알고리즘이 〈라이프〉의 디지털 아카이브에 저장된 400만 장 이상의 사진 이미지를 머신 러닝으로 분석하여 자동으로 키워드를 생성하고, 이를 체계적으로 분류 및 검색할 수 있도록 한 도구인 동시에 디지털 아카이브를 인터랙티브 백과사전으로 전환시킨 실험적인 프로젝트라 할 수 있다.

〈라이프〉 매거진은 약 650만 장의 사진 이미지를 사진 아카이브에 보관하고 있었지만, 이 아카이브를 활성화시키기 위해서는 분류 및 목록화 작업이 필요했다.[58] 2009년부터 파리에서 시각예술작업실을 운영해온 가엘 휴고는 구글의 엔지니어들, 2007년 폐간된 미국 〈라이프〉의 사진 자료를 소유한 '라이프 픽처 컬렉션(Life Picture Collection)'의 질 고든(Jill Gordon) 대표와 함께 '라이프 태그'의 설계를 주도했다. 특히 가엘 휴고는 인공지능이 머신 러닝을 통해 라이프 사진 자료의 학습

과정을 모니터링하고, 오류를 바로잡는 역할을 담당했다.

이 프로젝트의 경우, 머신 러닝을 사용해서 수백만 개의 이미지를 수천 개의 레이블을 기반으로 자동 분류했는데, 이 과정에서 구글의 이미지 콘텐츠 기반 주석 알고리즘(Image Content-based Annotation, 이하 ICA)과 이미지 픽셀을 기반으로 레이블이 생성되었다. 그다음 단계에서는 구글 사진 검색에 사용되는 심층 신경망(DNN)을 기반으로 수백만 개의 이미지와 레이블에 대한 학습을 통해 이미지 픽셀 기반의 레이블이 재생성되었다.[59] 또한 이미지 기능 벡터를 기반으로 관련 레이블을 찾는 최

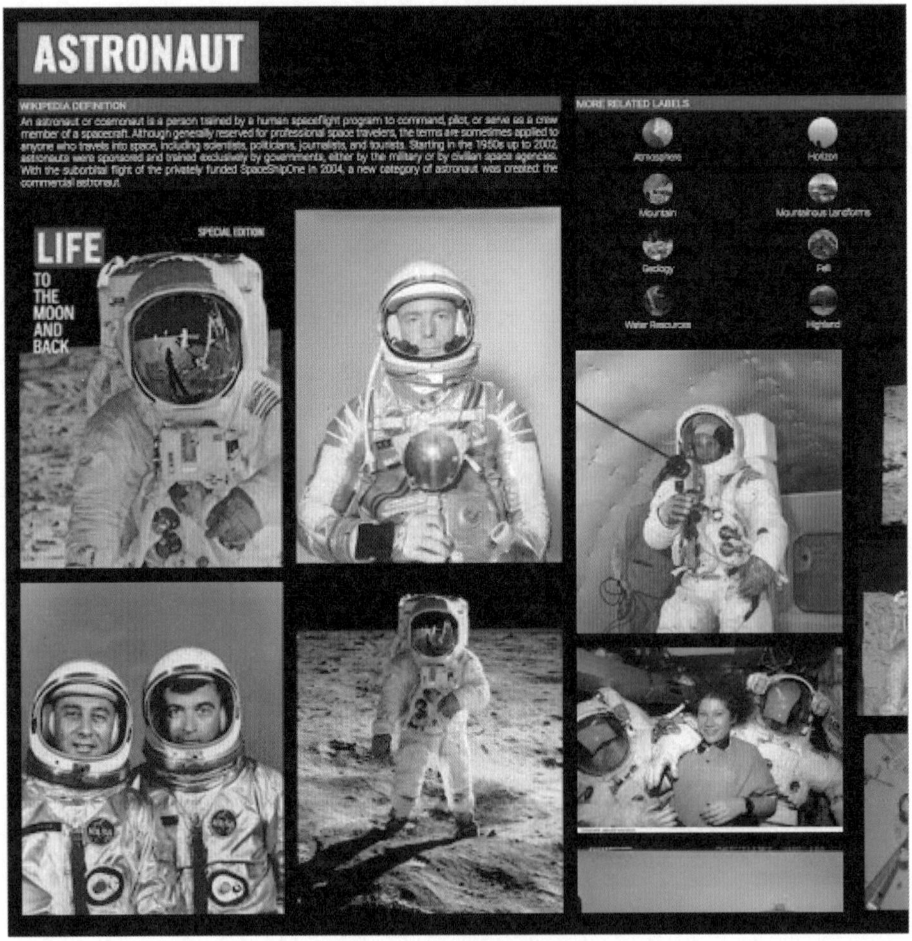

〈그림 1-15〉 '라이프 태그'의 예시

출처: https://experiments.withgoogle.com/life-tags

근린 분류방법(Nearest Neighbor, 이하 NN)[60] 알고리즘을 사용해서 레이블을 유사한 범주로 묶었다. 마지막 단계에서 ICA 알고리즘은 각각의 이미지에 대한 디지털 정보를 주제어로 생성하고 주제어를 태그로 분류 및 구성함에 따라 결과적으로 사용자는 다수의 태그로 분류된 이미지를 확인할 수 있다.

'모마 툴' 프로젝트는 구글 아트 & 컬처 연구소가 직접 수행한 프로젝트다. 뉴욕현대미술관(MoMA)의 경우, 실질적으로 전문성이 높은 큐레이터라고 하더라도 전시 자료 가운데 작품 정보를 검색하는 데 오랜 시간이 소요되었으며, 특히 이들 전시 자료에는 실제 작품에 대한 상세 정보가 누락되어 있었다. '모마 툴' 프로젝트는 뉴욕현대미술관이 1929년부터 촬영한 3만 개가 넘는 전시 사진에서 6만 5천 개 이상의 예술작품 정보를 구글의 머신 러닝 알고리즘을 활용해서 분석함으로써 검색 시간의 단축과 함께 검색 효율성을 증진시켰다.[61] 결과적으로 이 프로젝트는 단순히 예술작품에 대한 검색 시간의 단축을 넘어 이미지의 저장소를 검색 가능한 아카이브로 전환시켰다는 의미를 지닌다.[62] 또한 뉴욕현대미술관의 전시 역사와 온라인 아카이브 간에 수천 개의 새로운 연계를 생성함으로써 미술관 웹사이트의 네트워크를 확장하는 성과를 거두었다.[63]

고대 이집트 상형문자의 해독에 실마리를 제공한 로제타 스톤이 발견된 지

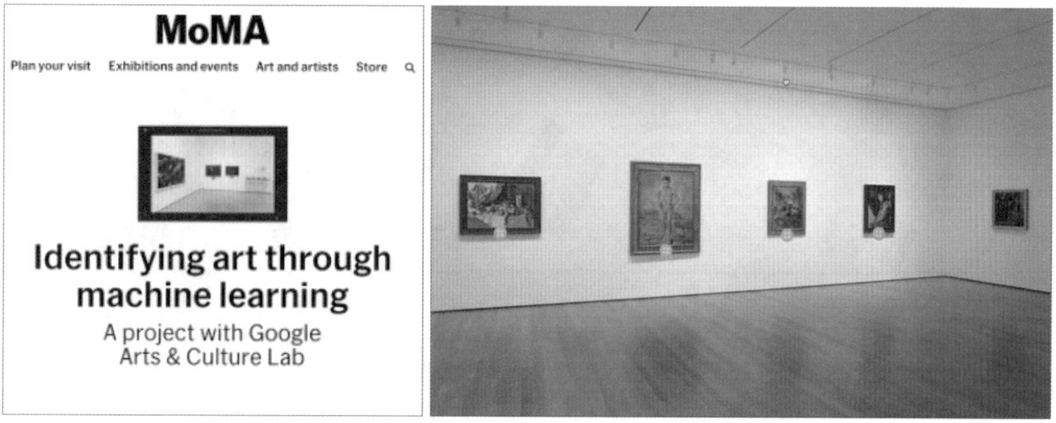

〈그림 1-16〉 '모마 툴' 이미지

출처: https://experiments.withgoogle.com/moma

221년째 되는 올 7월, 구글은 실험에 파브리시우스(Fabricius)를 추가 및 공개했다. 고대 비문을 연구한 고고학자 게오르크 파브리시우스(Georg Fabricius)의 이름을 따서 명명된 '파브리시우스 프로젝트'는 인공지능을 기반으로 이집트 상형문자를 해독하는 최초의 디지털 도구다. '파브리시우스 프로젝트'는 2017년 영국 국립박물관과 유비소프트(Ubisoft)가 진행한 '상형문자 연구 프로젝트(Hieroglyphics Initiative)'에서 출발했다. 이 프로젝트는 구글 아트 & 컬처 연구소가 구글의 개발협력업체인 사이클 인터랙티브(Psycle Interactive)와 함께 머신 러닝이 파라오 언어의 수집, 분류 및 이해 과정을 변화시킬 수 있는지를 진단하는 데 목적을 두었다.[64]

파브리시우스의 핵심은 고대 언어의 추출(extraction), 분류(classification), 번역(translation)에 있다.[65] 부연하면, 소스 이미지에서 상형문자 스크립트 및 시퀀스를 추출하고, 1천 개가 넘는 상형문자를 식별할 수 있도록 신경망을 훈련시키며, 사용 가능한 사전 및 번역에 시퀀스 및 텍스트 블록을 일치시키는 것이다. 이에 맥쿼리대학교(Macquarie University)의 이집트학 호주센터(Australian Center for Egyptology), 독일의 베를린-브란덴부르크 과학 및 인문학 연구원(Berlin-Brandenburgische Akademie der Wissenschaften 이하 BBAW), 캐나다의 몬트리올 퀘벡대학교(Université du Québec à Montréal,

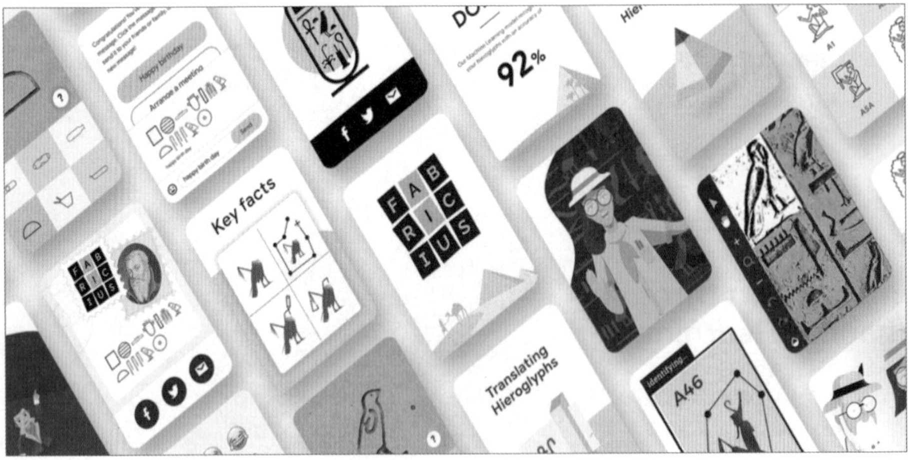

〈그림 1-17〉 파브리시우스 구성요소

출처: https://artsexperiments.withgoogle.com/fabricius/en

이하 UQAM), 미국의 하버드대학교와 브라운대학교 등의 연구기관이 프로젝트팀과 협력하여 번역 프로세스에 대한 이해, 3단계 번역을 위해 만든 도구와 인공지능 모델에 대한 피드백을 제공해주었다.

파브리시우스를 한마디로 요약하면, 이미지의 시각적 유사성을 인식 및 식별하는 머신 러닝을 사용해서 고대 언어를 해독하는 도구다.[66] 구글 아트 & 컬처 연구소와 사이클 인터랙티브는 상형문자를 인식하기 위한 머신 러닝 모델을 만들기 위해 구글 클라우드(Google Cloud)의 자동화된 머신 러닝 비전(AutoML Vision)[67]을 사용했다.[68] 이 과정에서 프로젝트팀은 상형문자의 시각적 유사성으로 인해 해독하는 데 오랜 시간이 소요되므로 해독의 정확성보다 효율성에 주력했다.

파브리시우스의 번역 파이프라인[69]은 사전 프로세싱(pre-processing), 글자 모양 시퀀싱(glyph sequencing), 글자 모양 분류(glyph classification), 사전과의 일치(dictionary matching), 번역(translation) 등의 연결된 구조를 갖추고 있으며,[70] 학습(Learn), 놀이(Play), 연구(Work) 등 세 가지 기능으로 구성되어 있다. 학습의 경우, 상형문자의 역사와 연구를 소개하는 6단계 과정으로 진행되는데, 머신 러닝을 기반으로 사용자의 상징 기호에 대한 작업의 정확성을 분석해준다. 예를 들어, 사용자가 상징 기

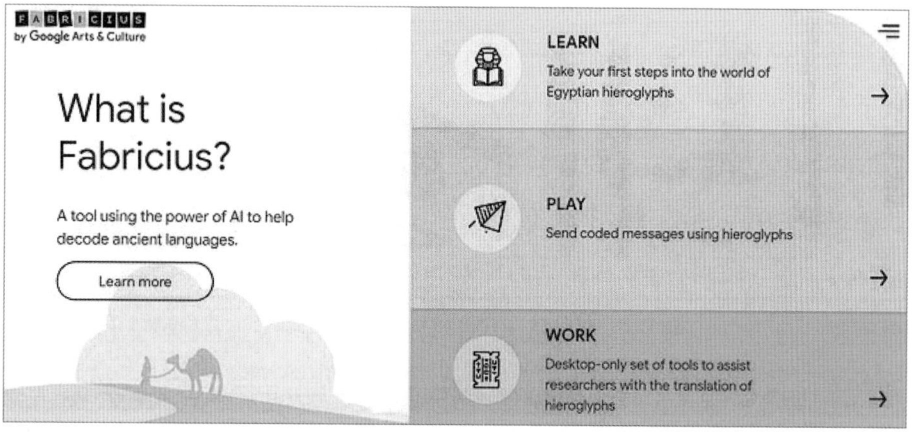

〈그림 1-18〉 파브리시우스의 세 가지 기능

출처: https://artsexperiments.withgoogle.com/fabricius/en

호를 5초 동안 본 후에 그 상징 기호를 그리면, 사용자가 그린 그림의 정확성을 평가해준다. 각각의 그림은 구글의 머신 러닝 플랫폼을 사용해서 800가지가 넘는 상형문자와 즉각적으로 비교된다. 또한 사용자는 메모리에서 상형문자를 그리거나 터치업(touch-up)을 사용해서 머신 러닝에서 심하게 손상된 상형문자를 디지털로 복원해서 그 결과를 생성 및 출력할 수 있다. 이 외에도 학습 세션은 학습자원으로 '투탕카멘왕', '기자의 피라미드', '사자의 서'에 대한 이야기를 제공하고 있다.

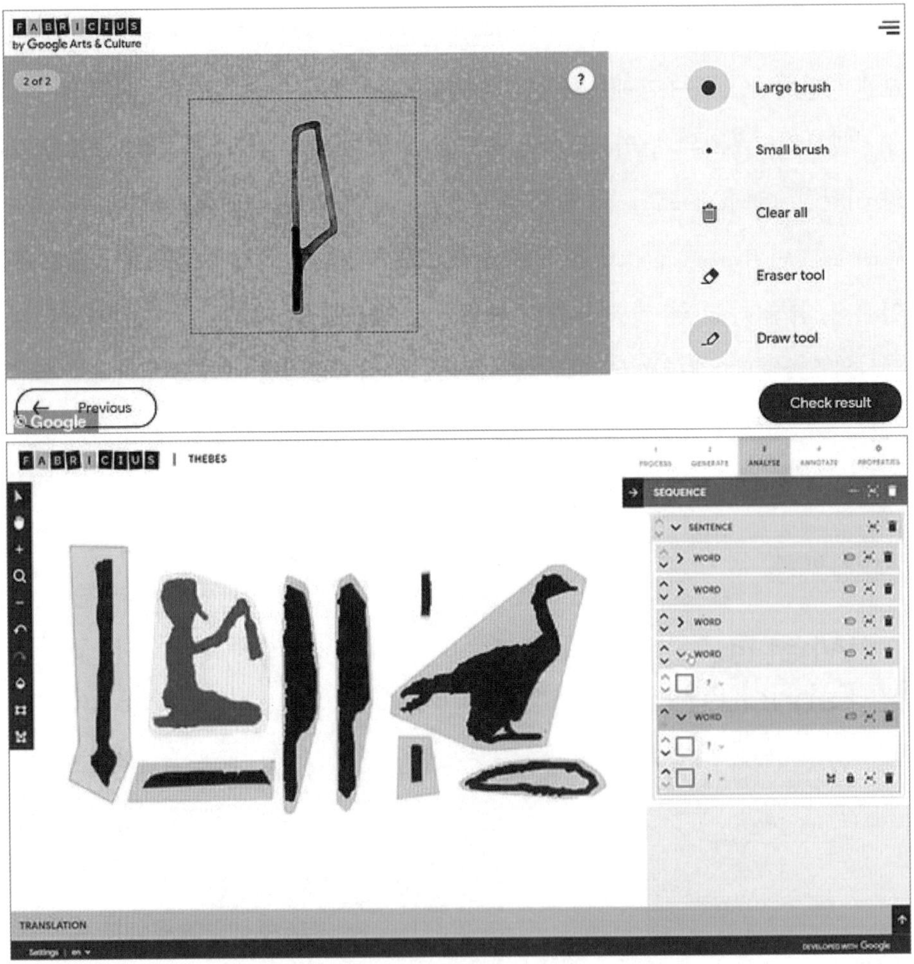

〈그림 1-19〉 파브리시우스 학습 기능의 그림 그리기 및 번역 기능 인터페이스

출처: https://www.dailymail.co.uk/sciencetech/article-8540329/Google-launches-hieroglyphics-translator-uses-AI-decipher-Ancient-Egyptian-script.html

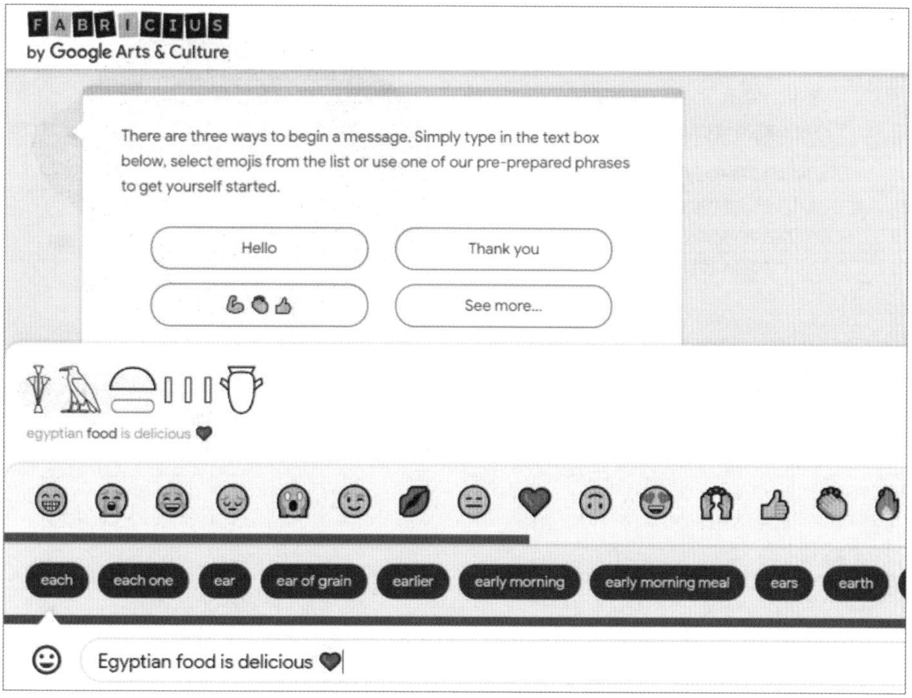

〈그림 1-20〉 파브리시우스 놀이 인터페이스

출처: https://egyptianstreets.com/2020/07/16/want-to-try-your-hand-at-hieroglyphs-google-just-created-a-translator/

학습과 달리 놀이(Play) 기능은 게임화(gamification) 콘텐츠를 통해 사용자에게 재미를 주기 위한 목적으로 기획되었다. 사용자는 파브리시우스 사이트를 방문해서 상형문자로 메시지를 작성할 수 있다. 예를 들어, 사용자가 텍스트를 입력하면 시스템이 상형문자로 메시지와 가장 가까운 근사값을 생성해준다. 또한 사용자는 상형문자로 번역된 메시지를 소셜 미디어나 이메일을 통해 친구나 가족과 공유할 수 있다.

마지막으로, 파브리시우스의 연구 기능은 고대 언어의 번역 및 해독 등 학술 연구를 위한 새로운 방법론을 제공해준다. 한 세기가 넘게 고대 언어를 번역하는 방법은 수동적인 방법에 의존했다. 상술한 것처럼 파브리시우스는 머신 러닝을 기반으로 이집트의 상형문자를 해독할 수 있다. 연구자들은 워크벤치(workbench)[71]에 이미지를 업로드해서 데스크톱에서 작업 섹션을 확인한 다음 파일에 있는 기호를

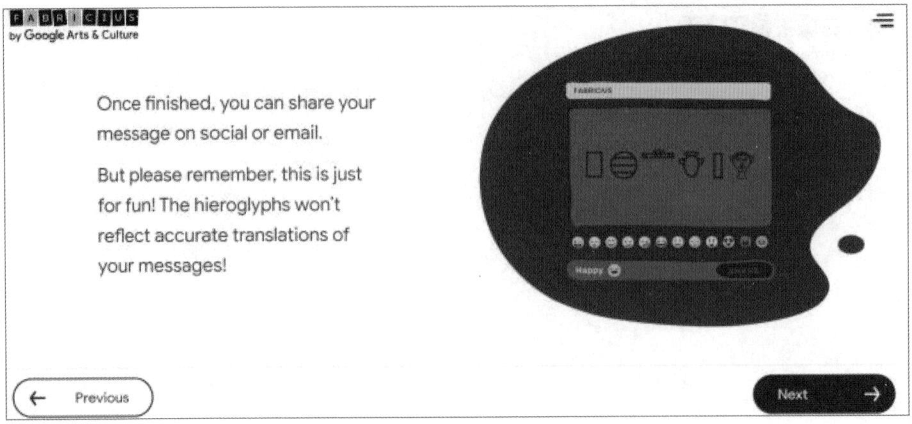

〈그림 1-21〉 놀이(Play)의 인터페이스

출처: https://www.engadget.com/google-fabricius-egyptian-hieroglyphics-decode-ai-192533491.html

해독할 수 있다. 프로젝트팀은 고대 언어 연구를 지원하기 위해 깃허브에서 소스 데이터를 공개하고 있다.[72] 이 머신 러닝 기반의 플랫폼은 사용자의 세계 문화사와 언어에 대한 지식 및 고대 언어 번역의 효율성 증진뿐만 아니라 이를 재미있게 학습하고 즐길 수 있는 새로운 방법을 제공해준다.

4

인공지능 + 해커톤(AI + Hackathon)

Metropolitan Museum of Art × Microsoft × MIT

5천 년에 걸친 150만 개의 예술작품을 소장하고 있는 메트로폴리탄미술관의 경우, 2017년 37만 5천 점의 예술작품을 '크리에이티브 커먼즈 제로(Creative Commons Zero, 이하 CCO)' 라이선스로 지정해서 일반인에게 이미지를 무료 공개함으로써 누구나 자유롭게 미술관 소장품에 대해 접근하거나 이용할 수 있도록 했다.[73] 이러한 결정은 미술관의 오픈 액세스 정책(Open Access Policy)에 기반을 두고 있으며, 디지털 시대의 소장품에 대한 접근 증진을 위해, 그리고 미술관의 설립취지를 달성할 수 있는 최선의 방법이라는 판단하에 이루어졌다.[74] [75] 특히 크리에이티브 커먼즈 제로 라이선스로 지정된 이미지의 90% 이상은 위키미디어 커먼즈(Wikimedia Commons) 플랫폼에 탑재되었는데, 이로 인해 온라인 소장품 검색 빈도와 검색량이 17% 이상 증가했을 뿐만 아니라 이미지 다운로드도 64%나 증가하는 성과를 거두었다.[76]

2018년 12월, 메트로폴리탄미술관은 마이크로소프트, 매사추세츠공과대학교(Massachusetts Institute of Technology, 이하 MIT)와의 협업을 통해 이틀 동안 '인공지능+해커톤(AI+Hackathon)'을 개최했다. 이는 응용 프로그램 인터페이스(Application Programming Interface, 이하 API) 이미지, 데이터 및 새로운 주제 키워드 데이터 셋을 활용하여 인공지능이 세계 최고의 미술관 소장품과 전 세계 관람객을 연결하는 혁신적인 방법을 탐색하기 위한 목적으로 개최되었다. 각각의 영역에서 대표성을 지닌 세 기관

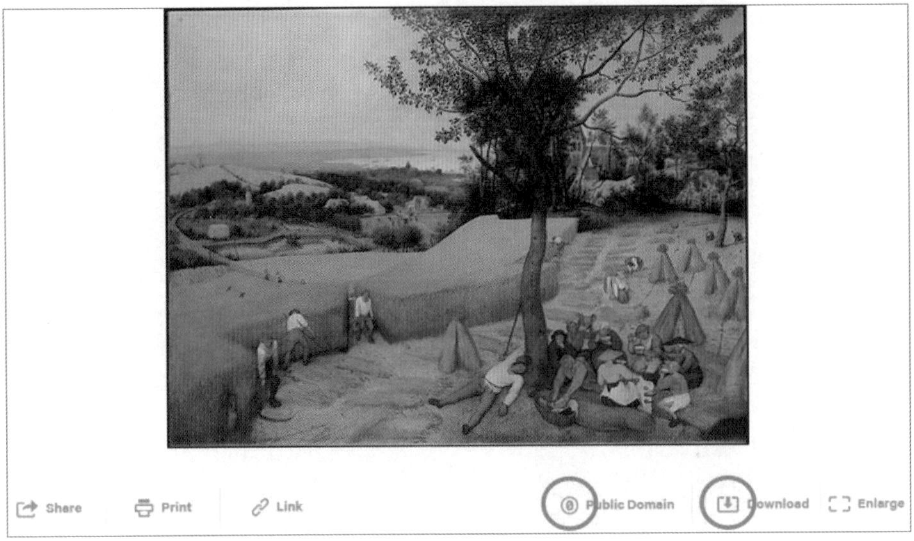

〈그림 1-22〉 메트로폴리탄미술관의 오픈 액세스 플랫폼

출처: metmuseum.org/openaccess

의 협력은 메트로폴리탄미술관이 추진하고 있는 오픈 액세스 프로그램(Open Access Program)의 지속적 확장 및 성장에 매우 중요한 의미를 지녔는데, 세 기관 모두 메트로폴리탄미술관의 오픈 데이터와 인공지능의 결합이 수십만 개의 소장품 이미지와 학술적인 성과에 대한 디지털 접근을 대외적으로 확장시키는 효과를 발생시킬 것으로 기대했다.

메트로폴리탄미술관의 디지털 파트너십 선임 프로그램(Senior program manager for digital partnership) 관리자인 마리아 키슬러(Maria Kesseler)에 의하면, 인공지능은 인간의 육안으로 확인할 수 없는 것을 볼 수 있으며, 더 나아가 예술 이면에 놓여 있는 정보의 패턴을 서로 연결할 수 있다.[77] 이는 인공지능이 "관람객이 단순히 각각의 예술작품을 관조하는 방식을 벗어나 자신의 고유한 관심에 따라 예술작품과 관계를 맺으며, 의미 있는 관람 경험을 창출하는 것을 지원해줄 수 있는 잠재력이 있다"라는 것을 의미한다.

마이크로소프트는 해커톤을 위해 애저 인식 서비스(Azure Cognitive Services),[78] 애저 인식 검색(Azure Cognitive Search),[79] 애저 쿠버네티스 서비스(Azure Kubernetes Service),[80]

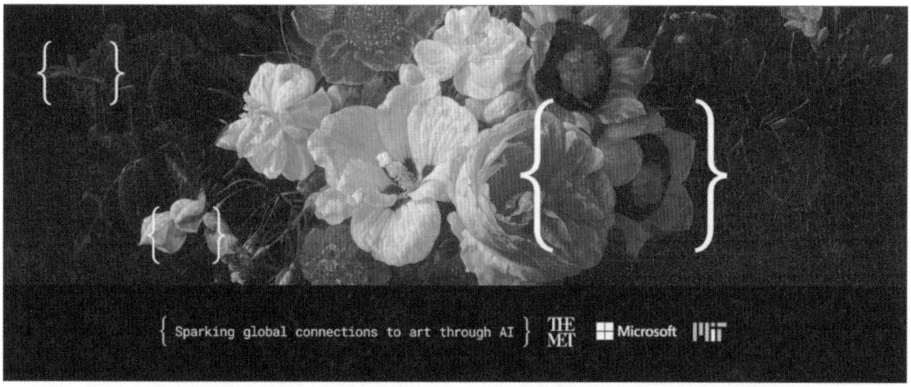

〈그림 1-23〉 마이크로소프트, 메트로폴리탄미술관, 매사추세츠공과대학교가 공동으로 주관한 해커톤 포스터
출처: https://www.metmuseum.org/about-the-met/policies-and-documents/open-access/met-microsoft-mit

대화형 인공지능(Conversational AI),[81] 마이크로소프트 머신 러닝(Microsoft Machine Learning), 애저 머신 러닝(Azure Machine Learning)[82] 등 기존에 구축된 응용 프로그램 인터페이스(API)를 포함한 인공지능 플랫폼을 제공했으며,[83] 뉴잉글랜드 연구개발센터(New England Research & Development, 이하 NERD)에 작업 공간을 마련해주었다. 매사추세츠 공과대학교의 경우, 오픈러닝 및 지식미래그룹(Open Learning & Knowledge Futures Group)을 주도하는 학생 및 교수가 참가했으며, 메트로폴리탄미술관에서는 큐레이터를 비롯한 미술관 전문인력 및 연구원, 디지털 부서의 직원이 참여했다.

해커톤 참여자들은 소규모 그룹을 구성해서 이틀 동안 예술과 인공지능의 새로운 연결을 탐색한 결과를 기반으로 디자인 콘셉트를 개발한 후 '젠 스튜디오(Gen Studio)', '마이 라이프, 마이 멧(My Life, My Met)', '스토리텔러(Storyteller)', '오늘의 예술 작품(Artwork of the Day)', '태그, 바로 그거야(Tag, That's it!)' 등 다섯 가지 프로토타입을 개발했다. 이 해커톤을 통해 주제어 및 데이터 셋, 오픈 액세스 프로그램(open access program), 인공지능의 잠재력이 입증되었으며, 메트로폴리탄미술관 소장품이 전 세계로 확산될 가능성이 확인되었다.

1) 젠 스튜디오(Gen Studio)

'젠 스튜디오'는 마이크로소프트의 인공지능을 이용하여 메트로폴리탄미술관의 오픈 액세스 소장품의 공유 기능 및 영역을 시각적으로 탐색했다. 또한 메트로폴리탄미술관의 방대한 소장품을 탐험하고 검색 및 몰입할 수 있는 정교한 '생성적 적대 신경망(Generative Adversarial Network, 이하 GAN)'을 기반으로 가상의 하이브리드 이미지를 생성했다.[84]

몬트리올대학교의 이언 굿펠로(Ian Goodfellow)와 요수아 벤지오(Yoshua Benjio) 등의 논문에서 제안된 이미지를 생성하는 방법론의 하나인 GAN은 2014년 처음으로 등장한 이후 머신 러닝 분야에서 지난 10년간 가장 흥미로운 아이디어로 인정되면서 매우 빠르게 확산되었으며, 다양한 방법론과 응용이 학계에 발표되었다. 단순히 이미지를 생성하는 수준에서 주어진 이미지를 다른 화풍의 이미지로 바꾸는 양식 변형에 이르기까지 다양한 응용이 가능하며, 기존 이미지 인식의 성능을 향상시킬 수 있다.

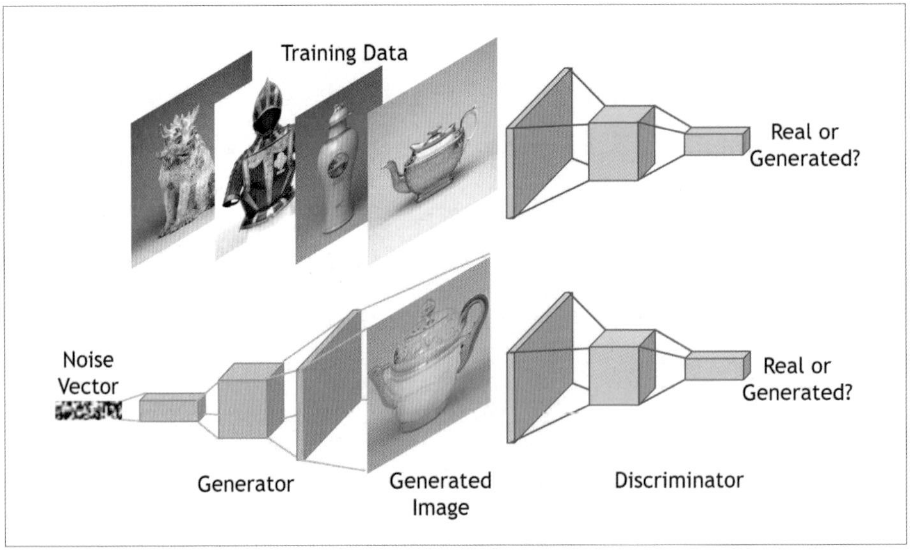

〈그림 1-24〉 젠 스튜디오에서 사용된 GAN

출처: https://github.com/Microsoft/GenStudio

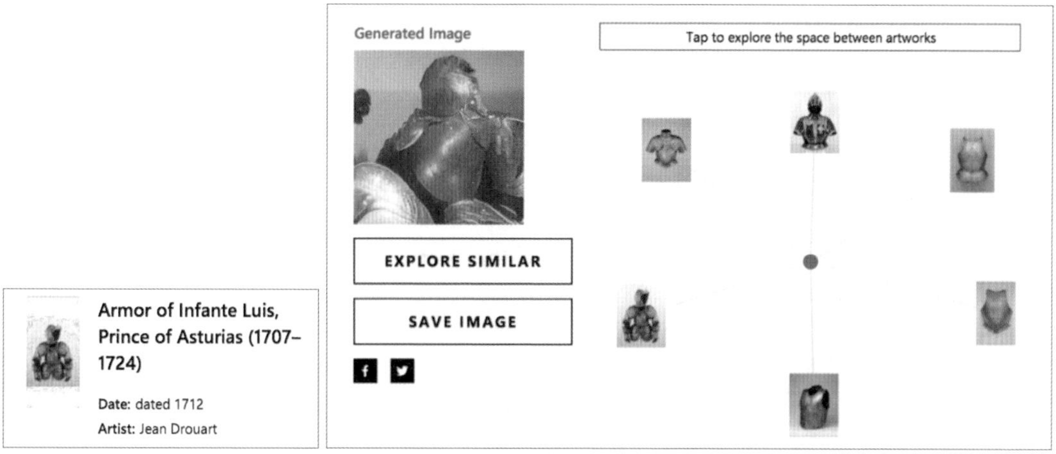

〈그림 1-25〉 젠 스튜디오에서 원본 이미지(왼쪽)와 생성적 적대 신경망을 기반으로 새롭게 생성된 작품 이미지(오른쪽)

출처: https://gen.studio/map/%3Fid%3D24937%26ids%3D%5B22270%2C23143%2C35652%2C22848%2C24937%2C25114%5D

새로운 이미지를 만드는 GAN은 기본적으로 두 부분으로 구성된다. '생성기(Generator)'라고 하는 첫 번째 부분은 해당 이미지 범주에 대해 알고 있는 내용을 기반으로 이미지를 생성한다. 두 번째 부분은 '판별기(Discriminator)'인데, 생성기를 통해 신경망이 가상의 예술작품 이미지를 만들면, 판별기가 경쟁 신경망이 만든 예술작품의 이미지를 판별한다. 이를 통해 예술작품이 가짜라고 판단되면 생성기는 더 정확한 이미지를 만들도록 진화하고, 반대로 판별기도 이미지의 판단 정확도를 점점 높여가게 되는데, 이 과정을 반복하면서 결과적으로 가상 예술 생성 인공지능의 정확도가 점차 높아진다. 해커톤에서 개발된 프로토타입은 정교화 과정을 거쳐 현재 젠 스튜디오 사이트에서 제공되고 있으며, 이 사이트에서 사용자는 예술 창작을 위한 GAN을 시각적으로 탐색할 수 있다.[85]

2) 마이 라이프, 마이 멧(My Life, My Met)

'마이 라이프, 마이 멧'은 마이크로소프트의 인공지능을 이용하여 인스타그램(Instagram)의 게시물을 분석하고, 메트로폴리탄미술관의 소장품에 가장 근접한 오픈 액세스 예술작품으로 이미지를 대체한다. 메트로폴리탄미술관의 오픈 액세스 프로그램을 통해 40만 개가 넘는 이미지가 제공되며, 매일 9,500만 개가 넘는 사진 이미지와 비디오가 인스타그램에서 공유되고 있다.

이 인공지능 결과물은 인스타그램에 게시된 일상생활과 예술의 시각적 관계 탐색을 가능케 하므로 일상생활을 예술로 전환시키는 도구라 할 수 있다. 예를 들

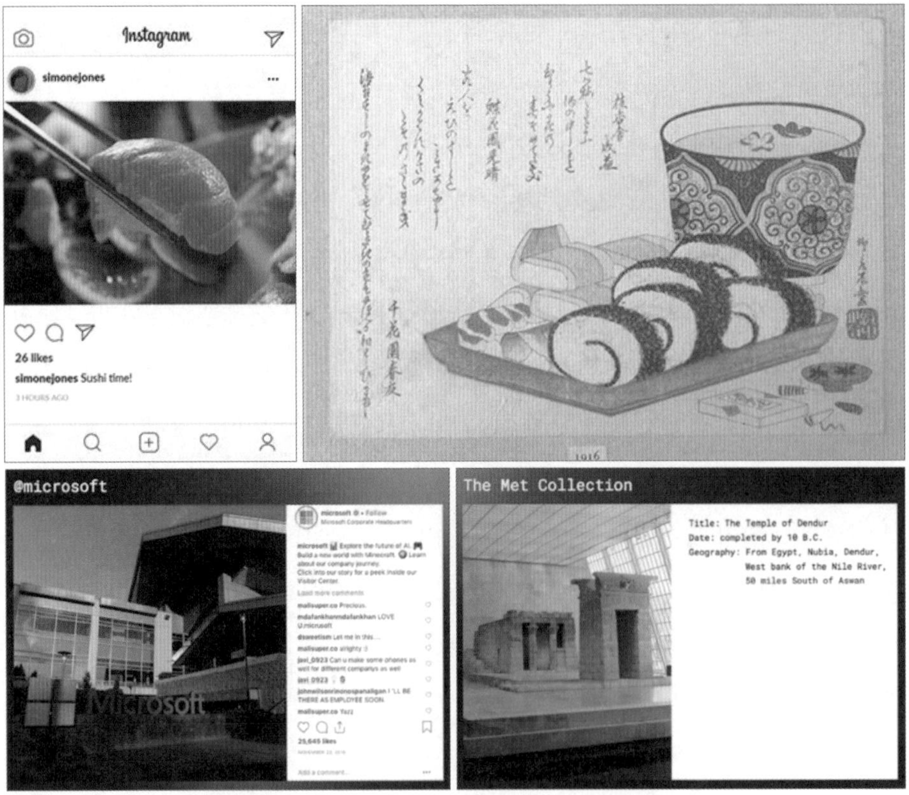

〈그림 1-26〉 인스타그램의 사진이 메트로폴리탄미술관 소장품으로 대체된 사례

출처: https://mmm.pubpub.org/my-life-my-met ;
https://www.microsoft.com/inculture/uploads/prod/2019/02/mylife-my-met.pdf

어, 식당에서의 저녁 식사 사진은 류류쿄 신사이(Ryūryūkyo Shinsai)의 일본 음식이 묘사된 예술작품으로, 마이크로소프트 본사는 기원전 15년경에 지어진 이집트의 덴두르 신전(the Temple of Dendur)으로 대체될 수 있다.[86]

3) 스토리텔러(Storyteller)

음성인식 인공지능을 사용하는 스토리텔러는 사용자들이 토론과 이야기를 나누고, 그 이야기를 연상시키는 메트로폴리탄미술관의 소장품을 공유하는 방식으로 구성되었다. 그 이야기는 개인적이거나 상상력이 풍부한 이야기 또는 인류의 역사가 될 수도 있다. 개인 또는 집단이 이야기나 토론을 마치면 소셜 미디어를 통해 이야기의 줄거리를 공유할 수 있으며, 인공지능이 선택한 예술작품을 기반으로 투어를 하거나 인쇄가 가능한 형태로 작품을 편집할 수도 있다. 스토리텔러는 60개가

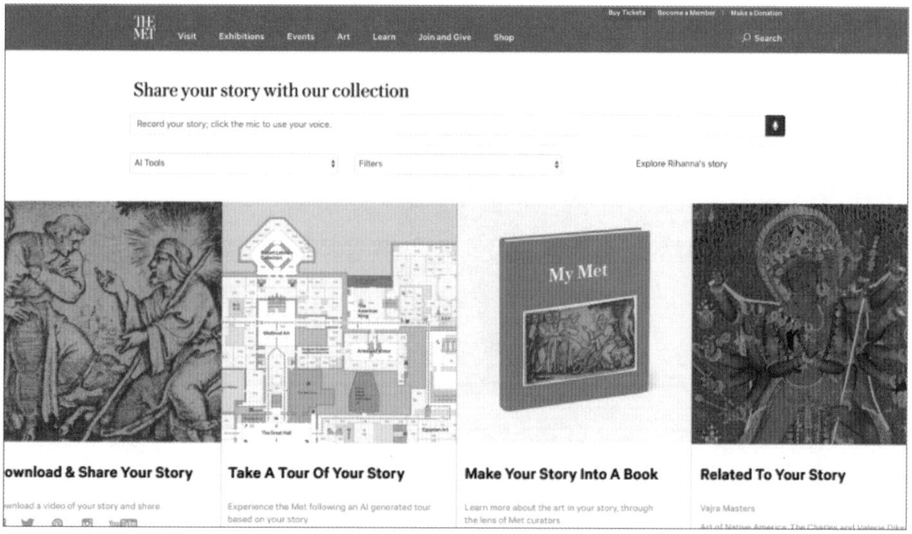

〈그림 1-27〉 스토리텔러 웹사이트

출처: https://www.metmuseum.org/about-the-met/policies-and-documents/open-access/met-microsoft-mit

넘는 언어로 작업이 가능하고, 언제 어디서나 이야기를 나눌 수 있으며, 메트로폴리탄미술관 소장품을 찾아볼 수 있다.

4) 오늘의 예술작품(Artwork of the Day)

'오늘의 예술작품'은 전 세계에서 발생하는 사건, 위치, 날씨, 뉴스, 역사적 데이

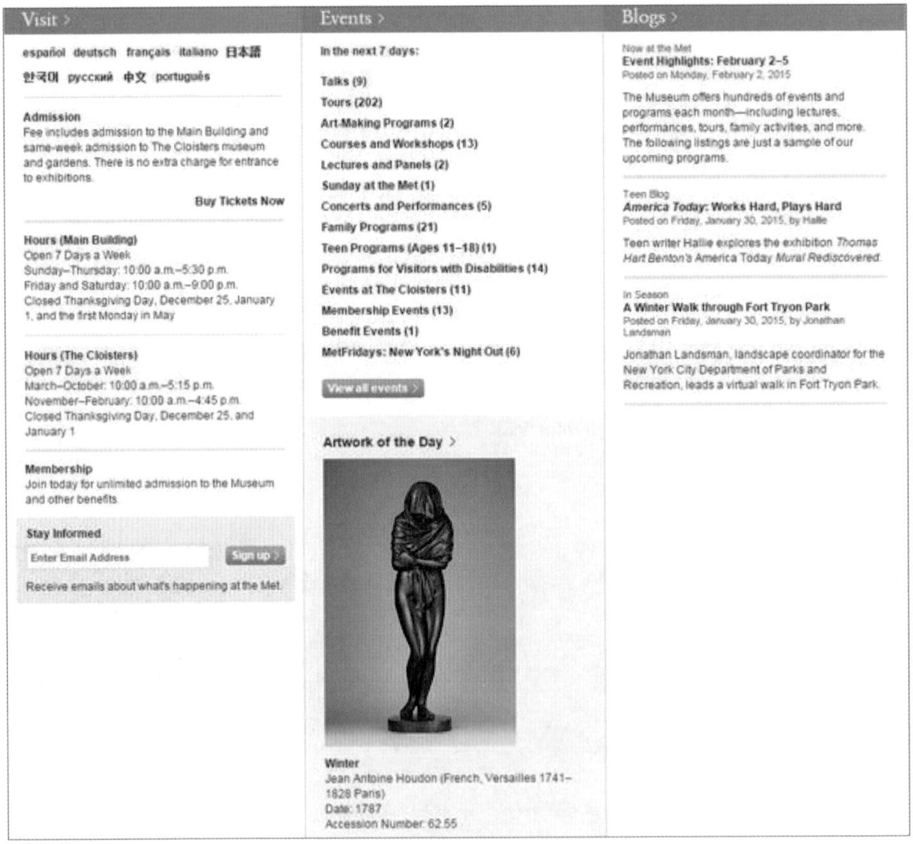

〈그림 1-28〉

'오늘의 예술작품'으로 선정된 장 앙투안 우동(Jean Antonie Houdon)의 〈추위를 잘 타는 여인(Winter, 1787)〉

출처: https://www.metmuseum.org/blogs/digital-underground/2015/artwork-of-the-day

터 등의 오픈 데이터 셋을 마이크로소프트의 인공지능으로 분석한 다음 이들 데이터 셋과 관련된 예술작품을 선정해서 사용자에게 메트로폴리탄미술관 소장품에 대한 새로운 시각을 제공해준다. 이 프로토타입은 사용자 각자에게 상이한 예술작품을 선정해서 전달해주므로 개인화의 특성이 내재해 있다. 어떤 사용자가 매일 사용하는 경우, 매일 다른 작품이 전달된다. 또한 전 세계 어디서나 모든 언어로 사용이 가능하며, 응용 프로그램 인터페이스(API)로 쉽게 변환되는 특성을 지닌다.

5) 태그, 바로 그거야(Tag, That's it!)

2018년, 메트로폴리탄미술관은 소장품에 대한 '주제 키워드 태깅 프로젝트(subject-keyword tagging project)'를 시작했다. 디지털 부서는 이 프로젝트가 진행되는 동안 주제 키워드를 소장품의 30만 개 이상의 디지털화된 예술작품에 추가했다.

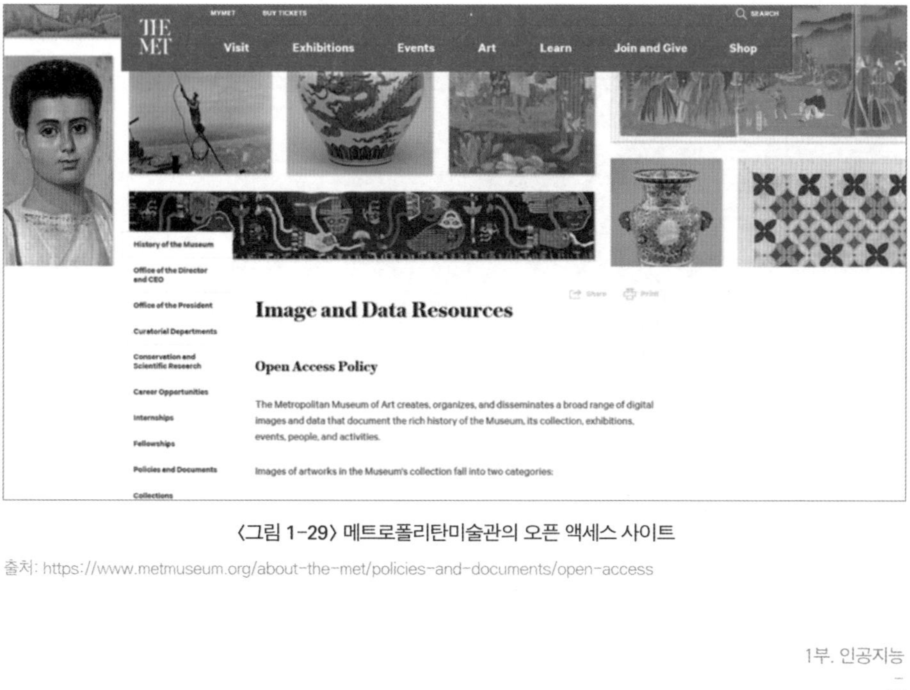

〈그림 1-29〉 메트로폴리탄미술관의 오픈 액세스 사이트

출처: https://www.metmuseum.org/about-the-met/policies-and-documents/open-access

이 프로젝트의 목적은 통일성이 내재한 메타 데이터를 구축하는 데 있었다. 메트로폴리탄미술관은 40만 개 이상의 이미지, 작품 기록, 새로운 주제 키워드 데이터 셋을 실험하고,[87] 인공지능 기반 프로젝트의 프로토타입을 개발하기 위해 위키미디어(Wikimedia) 커뮤니티 회원을 해커톤에 초대했다. 메트로폴리탄미술관의 주제 키워드 데이터 셋에 영감을 얻은 참가자들은 머신 러닝 학습 모델을 통해 새로운 주제 키워드 데이터 셋이 인공지능과 결합되어 추가 예술작품의 태그를 정확하게 예측할 수 있는지를 조사하도록 요청했다.

'태그, 바로 그거야'는 위키미디어 플랫폼에서 상호작용하는 수백만의 사용자를 위해 메트로폴리탄미술관의 소장품에 대한 접근성을 높일 목적으로 인간과 인공지능을 파트너로 연결했다. 한편, 이 프로토타입은 인공지능 모델로 생성된 주제 키워드 결과를 조정하는 클라우드 소싱 도구다. 주제 키워드 데이터 셋은 가장 관

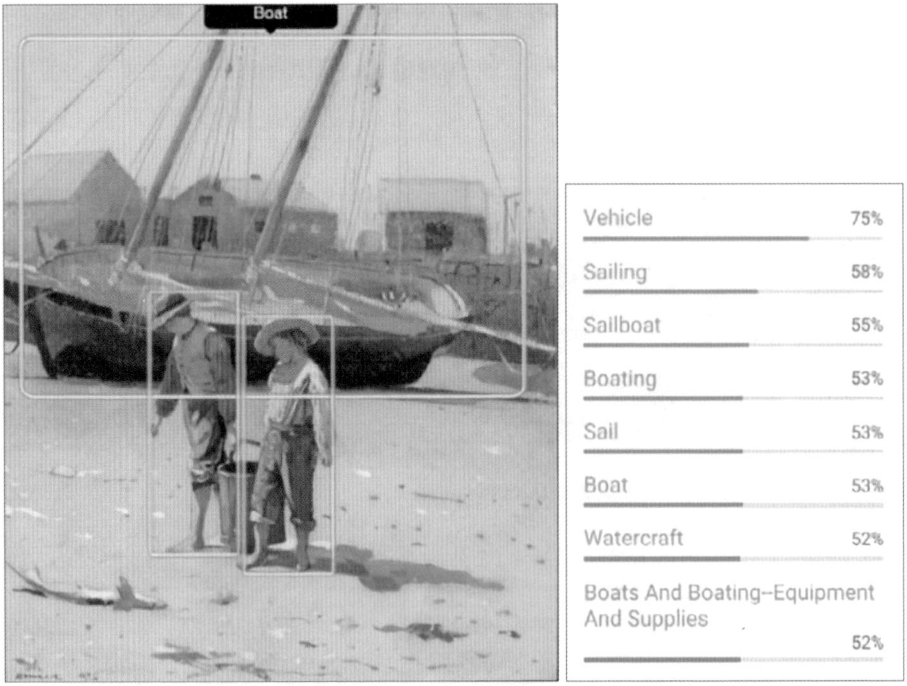

〈그림 1-30〉 윈슬로 호머(Winslow Homer)의 〈조개바구니(A Basket of Clams, 1873)〉에 대한 주제 키워드

출처: O. Murphy & E. Villaespesa, 2020

련성이 높은 예술작품의 발견 및 연결을 지원하는데, 참가자들은 미술관의 주제 키워드 데이터를 위키데이터(Wikidata)에 연결하고, 더욱 정확한 키워드를 자동으로 생성하기 위해 구글 클라우드 비전(Google Cloud Vision)[88] 및 마이크로소프트의 클라우드 플랫폼인 마이크로소프트 애저(Microsoft Azure)을 사용했다.

그다음 단계에서는 이러한 인공지능이 생성한 제안을 수락 또는 거절하는 방법을 만들기 위해 사용자의 반복적인 의사결정을 지원하는 위키데이터의 게임 인터페이스를 사용했다. 결과적으로, 약 1,063단어의 어휘와 대표 이미지를 사용하여 머신 러닝 학습 모델의 개념 증명을 개발했으며,[89] 인공지능과의 협력을 통해 수백만 명의 사용자가 위키미디어 플랫폼에서 메트로폴리탄미술관의 소장품을 이용할 수 있게 되었다.

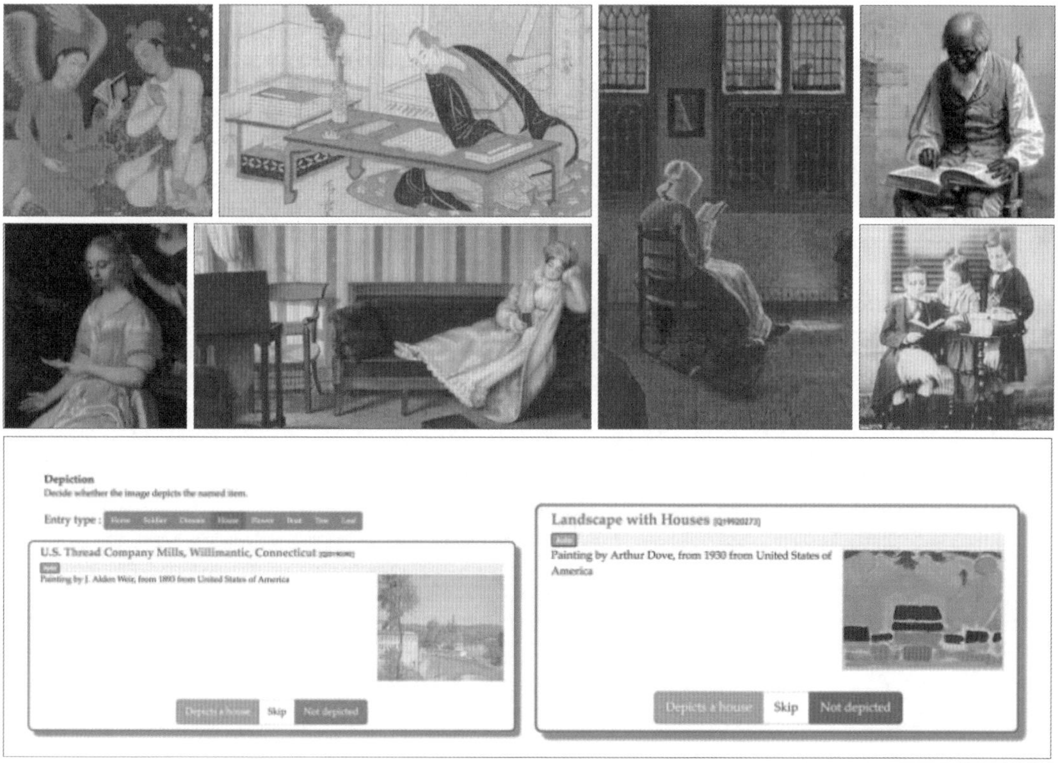

〈그림 1-31〉 메트로폴리탄미술관의 소장품 가운데 '독서'라는 주제어로 검색한 결과와 디픽션(Depiction) 스크린샷

출처: https://www.metmuseum.org/blogs/now-at-the-met/2019/wikipedia-art-and-ai

해커톤이 끝난 후, 문화예술기관과 위키미디어 플랫폼 간의 지속 가능한 협력 모델을 찾던 위키미디어는 '연결된 오픈 데이터(linked open data)'와 박물관 및 미술관의 예술작품 관련 데이터를 통합하는 방법을 고민했다.[90] 이에 위키미디어는 메트로폴리탄미술관과의 협력을 통해 특정 어휘를 위키데이터 아이템에 매핑했다. 또한 인공지능이 생성한 키워드 제안이 포함된 '디픽션(Depiction)'이라고 불리는 분산형 게임 플랫폼에서 프로그램을 론칭했으며, 이후 테스트를 성공적으로 마친 후 위키데이터 게임을 대중에게 공개했다.[91]

5

아트 익스플로러(Art Explorer)

Metropolitan Museum of Art × Microsoft

각각의 예술작품 이면에는 작가의 역사, 영향, 양식 등에 관련된 이야기가 들어 있다. 특히 실제로 소장품을 분류 및 태깅하는 작업은 매우 복잡하며 노동집약적 특성이 내재되어 있다. 메트로폴리탄미술관이 인공지능을 연구하는 이유는 이러한 분류 및 태깅 작업을 단순화하고 확장하기 위해서다. 메트로폴리탄미술관은

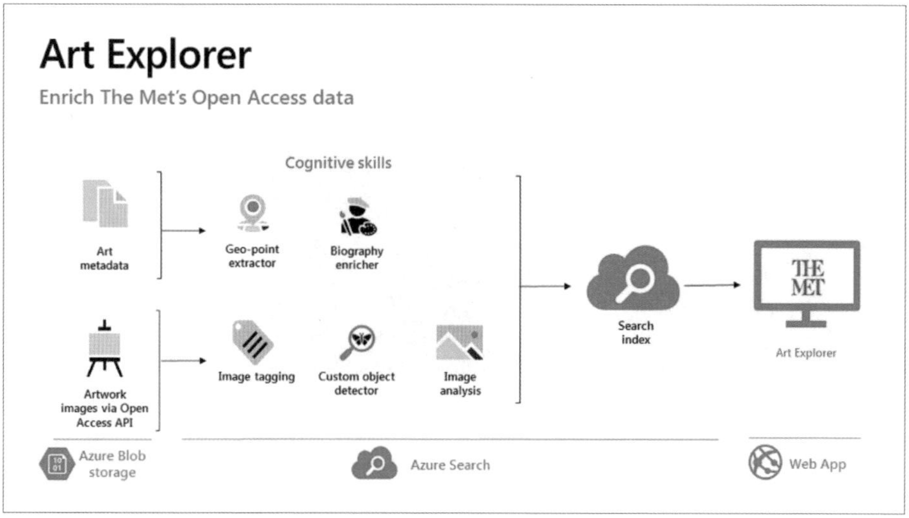

〈그림 1-32〉 아트 익스플로러의 시스템 구조

출처: https://customers.microsoft.com/en-gb/story/the-metropolitan-museum-of-art-nonprofit-azure

마이크로소프트, 매사추세츠공과대학교와 함께 '인공지능+해커톤(AI+Hackathon)'을 진행한 이후, 마이크로소프트의 응용 인공지능팀(Applied AI)과 함께 마이크로소프트 애저 인식 서비스(Azur Cognitive Service)를 기반으로 각각의 예술작품을 자동으로 분류하고 태깅 등의 정보를 생성하는 '아트 익스플로러(Art Explorer)'라는 개념 증명 작업을 했다.[92] [93]

아트 익스플로러의 경우, 예술작품의 디지털 이미지와 메타 데이터가 애저 인식 서비스에 수집되면, 이들 정보는 예술작품에 묘사된 사물, 시각적으로 유사한 다른 예술작품, 예술작품과 관련된 지리적 좌표를 식별하는 인식 검색 기술 파이프라인에 제공되었다. 파이프라인의 다른 부분은 작가에 대한 웹 지식을 끌어냈고, 결과적으로 풍부한 메타 데이터가 검색 색인에 배포되어 애저(Azure)의 웹 애플리케이션(web application)을 통해 제공되었다.[94]

사용자 측면에서 살펴보면, 디지털 이미지가 아트 익스플로러에 펼쳐지면 인식 검색기술이 작품에 묘사된 사물, 소장품 내에 유사한 다른 예술작품 및 정보를 표시해주므로 사용자는 메트로폴리탄미술관이 온라인에서 개방한 소장품을 다양한 차원에서 탐색하고, 시각적으로 유사한 예술작품에 대한 흥미로운 결과를 확인

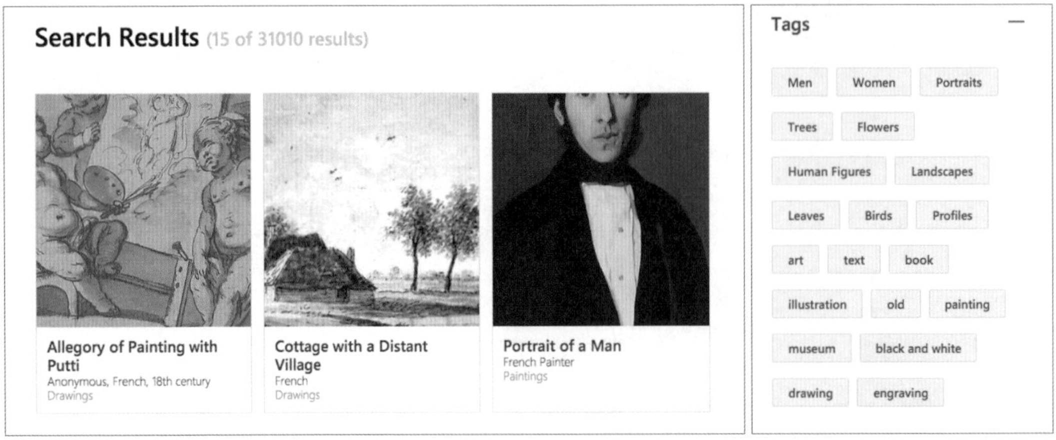

〈그림 1-33〉 '프랑스 회화(French painting)'라는 단어로 예술작품을 검색했을 때의 검색 결과와 태그

출처: https://www.metmuseum.org/blogs/now-at-the-met/2019/met-microsoft-mit-exploring-art-open-access-ai-whats-next

할 수 있다.

예를 들어, 빈센트 반 고흐의 〈올리브 나무(Olive Tree, 1889)〉를 검색한 사용자는 고흐의 〈사이프러스(Cypresses, 1889)〉, 로버트 프레더릭 블럼(Robert Frederick Blum)의 〈아티스트 창, 그로브가(Artist's Window, Grove Street, 1900)〉와 같이 유사한 색상의 나무를 묘사한 다른 작품뿐만 아니라 17세기 후반의 인도 그림 〈동물 수족과 싸우는 악마(Demons fighting over animal limb)〉도 확인할 수 있다. 인간의 관점으로 보면 고흐의 〈올리브 나무〉를 인도 작품에 연결시키는 것은 의외의 결과라고 생각할 수 있지만, 인공지능은 나무의 색상이나 외형적 특성에서 인간이 쉽게 인지하지 못하는 패턴을 감지해서 그 결과를 제공해주었다.

그다음 단계에서 데이터는 검색 가능한 주제어 기반의 색인으로 구성되어 소장품의 예술작품 간의 관계를 파악하고, 각 예술작품에 대한 지식을 온라인으로 확

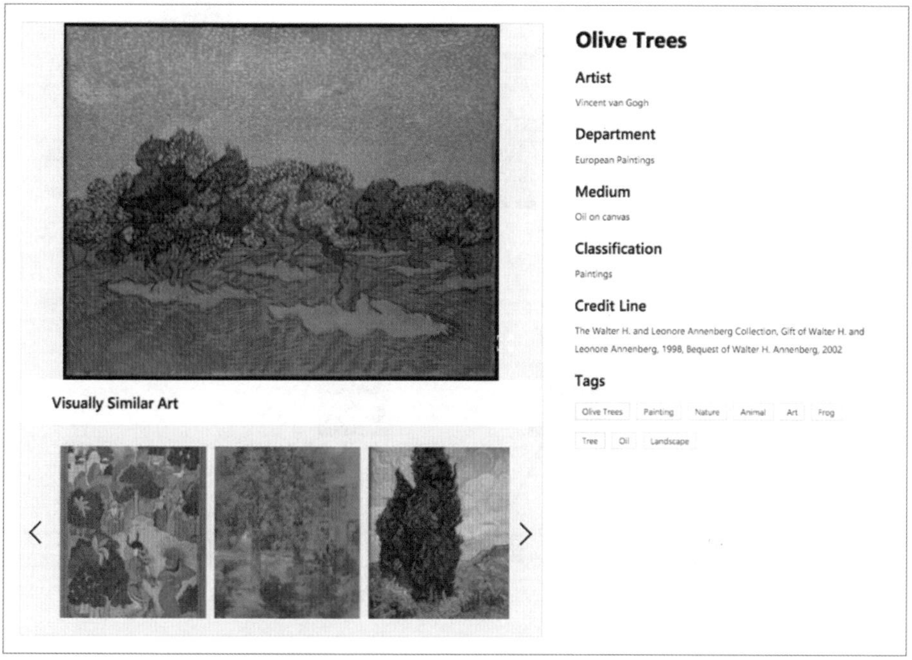

〈그림 1-34〉 반 고흐의 〈올리브 나무〉와 유사하다고 분석된 세 가지 작품.
〈동물 수족과 싸우는 악마〉, 〈아티스트 창, 그로브가〉, 〈사이프러스〉

출처: https://art-explorer.azurewebsites.net/art/437998

장한다. 따라서 인공지능의 사물 인식 기능을 갖춘 아트 익스플로러의 주제어 태그는 사용자에게 예술작품에서 묘사된 주제에 대한 정보를 제공해주는데, 여기에는 미술관의 오픈 액세스 소장품의 37만 5천 개 이상의 주제어 태그도 추가되었다.

비록 인공지능의 태그 예측 정확성이 완벽하지는 않지만, 소장품의 태그 지정

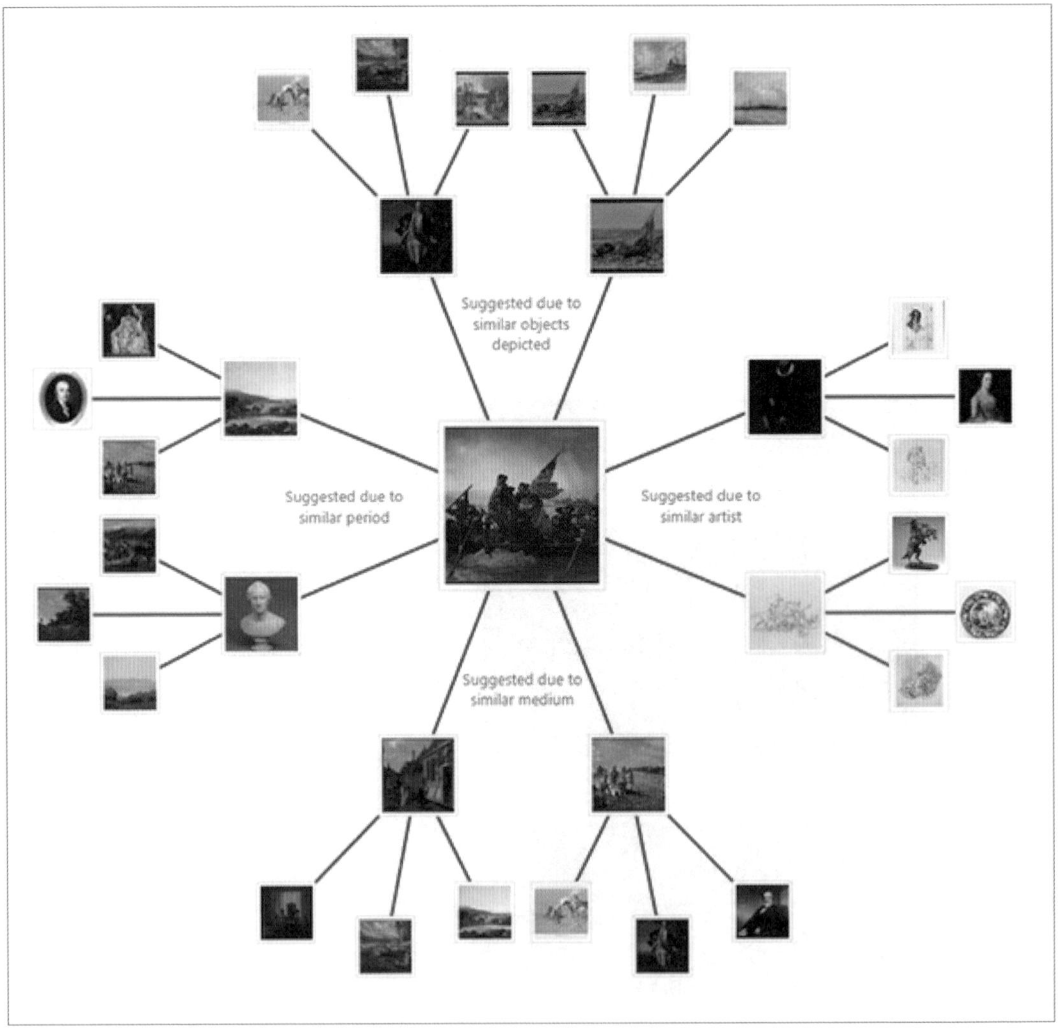

〈그림 1-35〉 유사한 특성을 지닌 예술작품을 제안하는 아트 익스플로러의 네트워크 그래프 기능

출처: https://www.metmuseum.org/blogs/now-at-the-met/2019/met-microsoft-mit-exploring-art-open-access-ai-whats-next

에 소요되는 비용, 시간, 인력 등의 자원과 업무 효율성은 증진되었다. 마지막으로, 아트 익스플로러의 네트워크 그래프 기능은 예술작품 간 시각적 관계성을 제시해 주므로 사용자는 유사한 주제, 예술가, 특정 시기의 작품이나 유사한 매체의 작품을 볼 수 있다. 사용자는 이러한 인터랙티브 그래프를 통해 소장품을 좀 더 심층적으로 탐색할 수 있으며, 육안으로 발견하지 못한 예술작품 간의 관련성도 확인할 수 있다.

아트 익스플로러는 이전과는 차별화된, 그리고 혁신적인 방식으로 예술작품으로부터 관심사를 찾거나 영감을 얻는 것을 가능하게 해줌으로써 더 많은 사람이 예술작품을 발견하고, 예술작품과 의미 있는 관계를 형성할 기회를 제공해준다. 현재 메트로폴리탄미술관은 한층 진화된 방식으로 전 세계 39억 명의 인터넷 사용자가 소장품에 접근 및 이용할 수 있도록 마이크로소프트와 인공지능을 탐색하며 지속적인 협력을 이루고 있다.

6

〈불쾌한 골짜기: 인공지능 시대에 인간으로 존재한다는 것〉

(Uncanny Valley: Being Human in the Age of AI)

de Young Museum

오늘날 인공지능과 알고리즘이 다양한 분야에서 활용되는, 예술을 통해 인간의 의미와 인공지능에 의해 제기된 문제에 대해 철학적 · 정치적 · 은유적 방식으로 성찰할 기회가 마련되었다. 올해 샌프란시스코에 위치한 드 영 미술관(De Young Museum)이 개최한 〈불쾌한 골짜기: 인공지능 시대에 인간으로 존재한다는 것[Uncanny Valley: Being Human in the Age of AI(2020. 2. 20~10. 25), 이하 〈불쾌한 골짜기 전시〉]는 현대 미술의 관점을 통해 이러한 성찰에 대한 답변을 탐색하면서 지능, 자연, 인공물에 대한 새로운 사고방식을 제안한 세계 최초의 전시에 해당한다.

'불쾌한 골짜기(uncanny valley)'라는 개념은 1970년 일본의 로봇공학자 모리 마사히로(森雅弘)가 제안한 인간이 로봇이나 기계에 대해 느끼는 감정과 관련된 로보틱스 개념인 동시에 인간과 자율기계 간의 관계에 대한 은유다. 한마디로, 로봇이 점점 사람과 유사해질수록 친밀도가 증가하다가 어떤 시점부터 거부감을 준다는 것이 이 개념의 핵심이다.[95]

〈불쾌한 골짜기 전시〉에서 모리 마사히로의 '불쾌한 골짜기'에 대한 개념이 자크 블라스(Zach Blas), 이언 쳉(Ian Cheng), 사이먼 데니(Simon Denny), 스테파니 딘킨

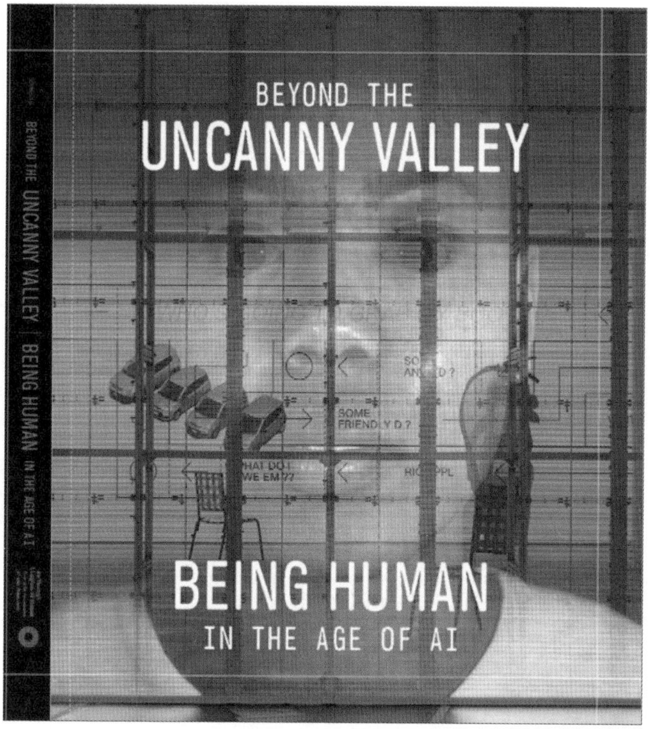

〈그림 1-36〉〈불쾌한 골짜기〉의 전시 카탈로그

출처: https://deyoung.famsf.org/exhibitions/uncanny-valley

스(Stephanie Dinkins), 런던대학교의 포렌식 아키텍처 연구 그룹(Forensic Architecture), 린 허시먼 리슨(Lynn Hershman Leeson), 크리스토퍼 쿠렌드란 토머스(Christopher Kulendran Thomas)와 애니카 쿨만(Annika Kuhlmann), 아그네츠카 커런트(Agnieszka Kurant), 로렌스 렉(Lawrence Lek), 트레버 패글렌(Trevor Paglen), 히토 슈타이얼(Hito Steyerl), 마틴 심스(Martine Syms), 자이르 컬렉티브(Zairja Collective), 피에르 위그(Pierre Huyghe) 등에 의해 성찰되었다.

전시 참여 작가 가운데 스테파니 딘킨스, 포렌식 아키텍처 연구 그룹, 린 허시먼 리슨, 트레버 패글렌, 히토 슈타이얼, 마틴 심스는 인공지능의 메커니즘을 직접적으로 제시하면서 '불쾌한 골짜기'의 개념을 독자적인 방식으로 재해석해주었다. 실제로 '불쾌한 골짜기'는 더 이상 인간을 닮은 로봇이나 생각하는 기계에 대한 이미지로 제한되지 않는다. 그 대신 일상생활과 사회적 상호작용을 촉진 및 형성하면서 인간의 모든 요구를 예상하도록 열망하는 응용 프로그램의 원리에 의해 정의된다. 다시 말해, 인간의 행동을 수집 및 분석하고, 이를 미래에 투영하도록 설계된 수많은 알고리즘의 계산에 의해 '불쾌한 골짜기'의 위치가 설정된다. 인간과 관련된 데이터가 지구상에서 가장 중요한 자원으로 인정되면서 새로운 형태의 인공지능 개발은 산업 및 정책 입안자들의 산업이나 경제적 수익성 판단에 따라 추진되고 있다. 이러한 맥락에서 보면 오늘날의 '불쾌한 골짜기'는 사회, 경제, 생태의 형성을 재구성하는 행동 디자인과 자동화에 초점을 맞춘 구조라 할 수 있다.[96]

지난 2년 반 동안 이 전시를 총괄 및 기획한 샌프란시스코미술관(Fine Arts Museums of San Francisco)의 클라우디아 슈무클리(Claudia Schmuckli)에 의하면, 미국과 유럽에서 참여한 14명의 작가가 선보인 인터랙티브 미디어는 인간과 사고하는 기계 간의 불편한 관계와 데이터에 대한 악의적인 편견이 객관성을 상실시킨 문제점을 조명했을 뿐만 아니라 대중문화에 널리 확산되어 있는 인공지능에 대한 대립적임과 동시에 감각적인 담론을 새로운 시각으로 접근할 기회를 제공해주었다.[97] 또한 〈불쾌한 골짜기 전시〉는 인간과 기계 간 관계 설정을 위한 새로운 시각적 어휘를 제안하기 위해 알터 에고(alter ego),[98] 스웜 지능 모델(swam intelligence model),[99] 데이터 마이닝 알고리즘(data mining algorithm)[100] 등의 기술적 모델과 현대적 은유를 결합했다.[101]

미술관 1층에서 조우할 수 있는 작품은 마틴 심스의 인터랙티브 미디어 〈신화적 존재(Mythic being, 2018)〉다. 마틴 심스는 안티-시리(anti-Siri)를 표방하면서 시리(Siri)와 아마존의 알렉사(Alexa) 같은 인공지능 에이전트의 복종성에 대해 비판적인 시각으로 접근했다. 작가는 '티니(Teeny)'라고 불리는 아바타를 시뮬레이션하기 위해 자신의 몸을 작품에 차용했는데, 티니는 의도적으로 과장된 자기 중심적인 방식의 행동을 취하면서 텍스트를 통해 관람객과 상호작용한다. 작가는 이 작품을 통해 인종적 불평등 및 사회적 불의에 대한 개인적 견해와 감정을 표명했으며, 동시에 남성 주도의 공학 세계에 대한 시각 등 해결해야 할 편견에 도전했다.[102]

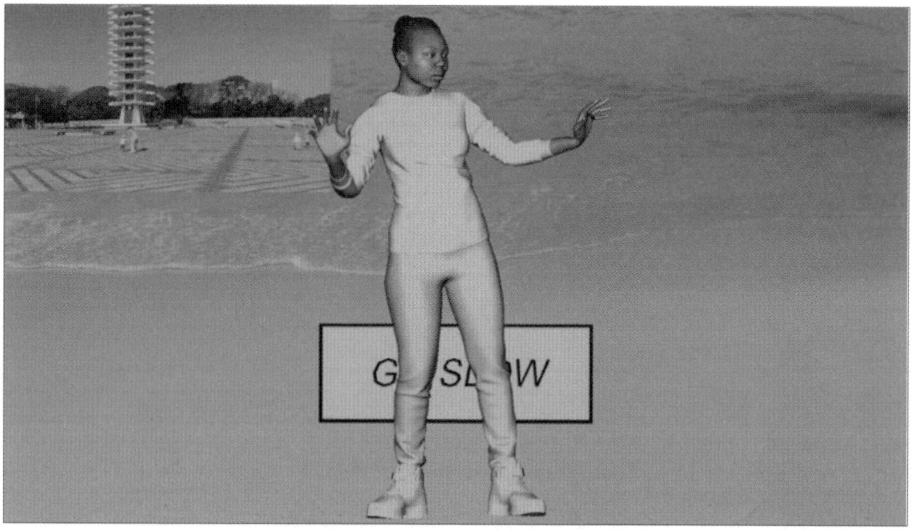

〈그림 1-37〉 마틴 심스의 〈신화적 존재〉
출처: https://deyoung.famsf.org/exhibitions/uncanny-valley

개념미술가 아그네츠카 커런트의 설치작품 〈인공 인공지능[A. A. I.(artificial artificial intelligence), 2017]〉의 경우, 데이터에 대한 권리, 온라인에서 벌어지고 있는 노동 착취, 대기업의 힘에 대한 현대적 문제를 탐구했다. 작가는 이 작품에서 빅데이터와 인공지능이 주도하는 현대사회 관점에서 테크놀로지의 본질을 조명하면서 데이터와 테크놀로지에 의해 우리의 삶이 변화되는 방식을 표현했다.

아그네츠카 커런트는 아마존의 설립자이자 최고경영자인 제프 베조스(Jeff Bezos)의 '인공 인공지능(artificial artificial intelligence)'이라는 문구를 작품명에 차용했으며, 인공지능이 세계 경제에 미치는 영향력을 다루기 위해 '아마존 메커니컬 터크(Amazon Mechanical Turk)' 같은 분산된 노동 플랫폼을 사용해서 인간 프리랜서에게 디지털 방식으로 아웃소싱하는 과정을 작품에 녹였다.[103] 작가는 플로리다대학교 곤충학자와의 협업을 통해 금과 수정으로 장식된 녹색, 파란색, 보라색, 노란색, 주황색 인공 모래로 만든 일련의 형광 흰개미 판을 설치하여 최저임금 이하의 임금을 받는 노동자들의 상황을 시각적으로 연출했다.[104]

트레버 패글렌과 케이트 크로포드(Kate Crawford)는 〈불쾌한 골짜기 전시〉에

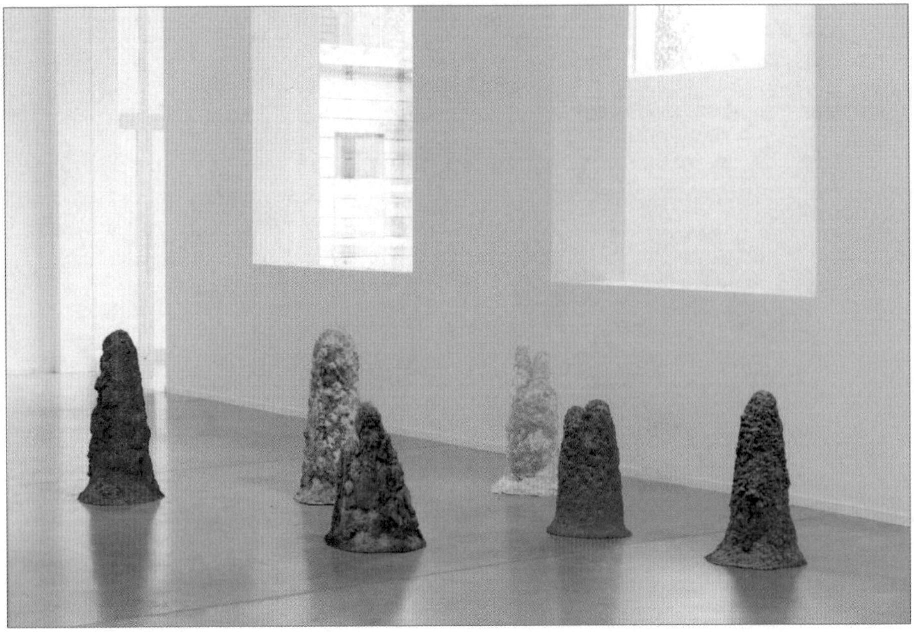

〈그림 1-38〉 아그네츠카 커런트의 〈인공 인공지능〉

출처: https://deyoung.famsf.org/exhibitions/uncanny-valley

50만 개가 넘는 데이터베이스 '이미지넷(ImageNet)'을 기반으로 작업한 〈그들은 피고인과 죽은 자의 얼굴을 가져갔다[They Took the Faces from the Accused and the Dead…(SD18)]〉를 출품했다. 컴퓨터 비전과 인공지능 시스템을 기반으로 인간을 인식하는 실험적인 작업을 진행해온 트레버 패글렌과 인공지능 연구원 케이트 크로포드의 협업 결과는 2019년에 열린 〈인간 훈련시키기(Training Humans, 2019)〉에서 선보였다. 두 작가는 전 세계 최고의 온라인 데이터베이스인 이미지넷의 사람을 분류하는 방식의 문제점을 제기했으며, 그 결과 트레버 패글렌은 컴퓨터 비전 알고리즘 '이미지넷 룰렛(ImageNet Roulette)'[105]을 개발했다. 상술한 전시에서는 1960년부터 현재까지 훈련 이미지의 역사를 추적했는데,[106] 당시 두 작가는 이들 이미지를 '기계 언어(machine vernacular)'라고 표현했다.

트레버 패글렌과 케이트 크로포드가 〈불쾌한 골짜기 전시〉에 출품한 〈그들은 피고인과 죽은 자의 얼굴을 가져갔다〉의 경우, 마치 페이스앱(FaceApp)[107]이나 구글 아트 & 컬처(Google Arts & Culture)의 아트 도플갱어-파인더(Art Doppelgänger-finder) 애플리케이션[108]의 결과를 한 곳에 모아놓은 것처럼 보인다. 하지만 이 작품은 미국국가표준협회(American National Standard Institute)의 승인을 받아 아카이브 데이터베이스에 보관되어 있는, 유죄 판결을 받거나 기소된 사람들의 머그샷 이미지를 안면 인식 알고리즘으로 실험 및 평가했다. 이 이미지 분석 알고리즘은 미국 정부에 의해 개발되었는데, 수감자의 동의 없이 이미지가 사용되었다.[109] 트레버 패글렌과 케이트 크로포드는 상술한 안면 인식 알고리즘이 개인정보와 사생활 침해의 소지가 있으며, 훈련 데이터가 인종적 편견을 야기했다는 점을 비판했다.[110]

3,240개의 사진 이미지가 인공지능의 알고리즘에 의해 형식적 유사성으로 배열된 이 작품은 은색 젤라틴 프린트로 구성된 대형 그리드에 설치되었는데, 사진 이미지의 수치와 그리드의 크기에는 개인정보 침해를 일삼는 기업의 규모에 대한 상징적인 의미가 담겨 있다.[111] 또한 이 이미지들은 유사성에 따라 머신 러닝 알고

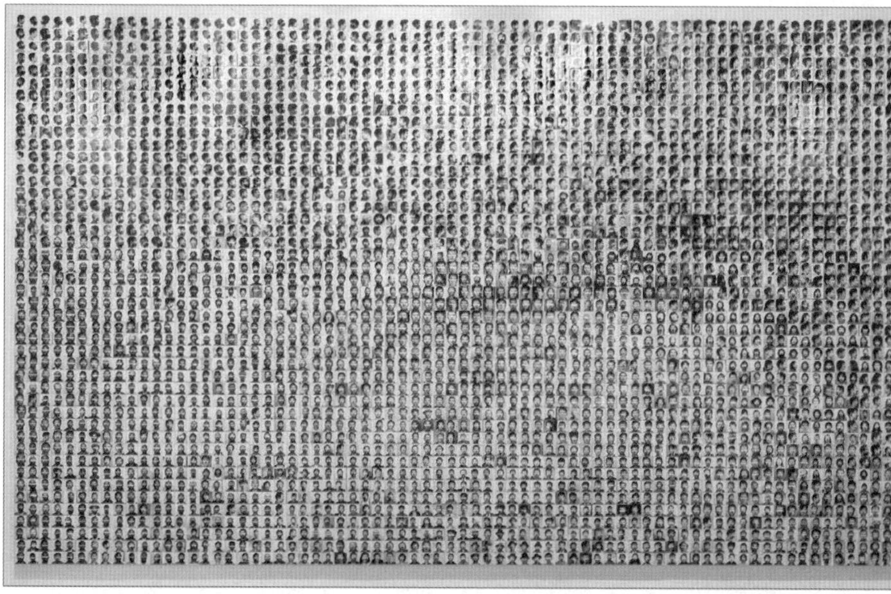

〈그림 1-39〉 개인정보 침해의 위법성을 드러낸 트레버 패글렌과 케이트 크로포드의 〈그들은 피고인과 죽은 자의 얼굴을 사가져갔다〉

출처: https://deyoung.famsf.org/exhibitions/uncanny-valley

리즘에 의해 분류되었고, 이미지에 등장하는 인물의 익명성을 보장하기 위해 눈 부분에 두꺼운 선을 표시했다. 두 작가는 이미지넷 룰렛(ImageNet Roulette)이 분석한 결과를 기반으로 한 작품을 통해 오늘날 인공지능이 인간을 분류하는 데 사용되는 데이터 셋에 내재된 편견, 그리고 이러한 시스템을 만든 권력자의 분석 결과에 미치는 정치적 영향력의 의미를 전달했다.[112]

박물관 정원에 설치된 피에르 위그의 〈엑소마인드(Exomind, 2017)〉의 경우, 웅크린 여성 나체 조각상의 머리 부분에 살아있는 벌집이 매달려 있다. 이 작품은 주변의 식물을 오염시키는 벌의 군집을 통해 생물학적 뇌의 신경 네트워크 모델링과 자연적 특성이 내재한 형태를 사용해서 인공지능에 대해 은유적으로 접근했다.

한편 스테파니 딘킨스의 〈Bina48과의 대화(Conversations with Bina48, 2014)〉는 가치 시스템이 인공지능에 의해 형성되는 방법과 정체성 구축에 대한 문제를 확장하여 알고리즘으로 소셜 로봇의 테크놀로지, 인종, 성별, 사회적 평등을 다루었다. 이

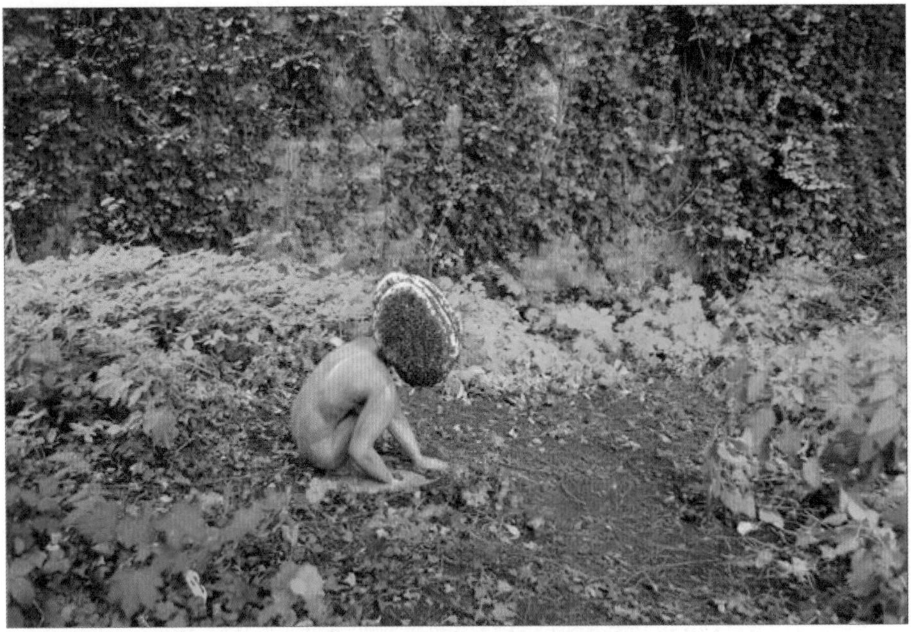

〈그림 1-40〉 피에르 위그의 〈엑소마인드〉

출처: https://artlinked.com/Object/20501/pierre-huyghes-exomind-deep-water-2017

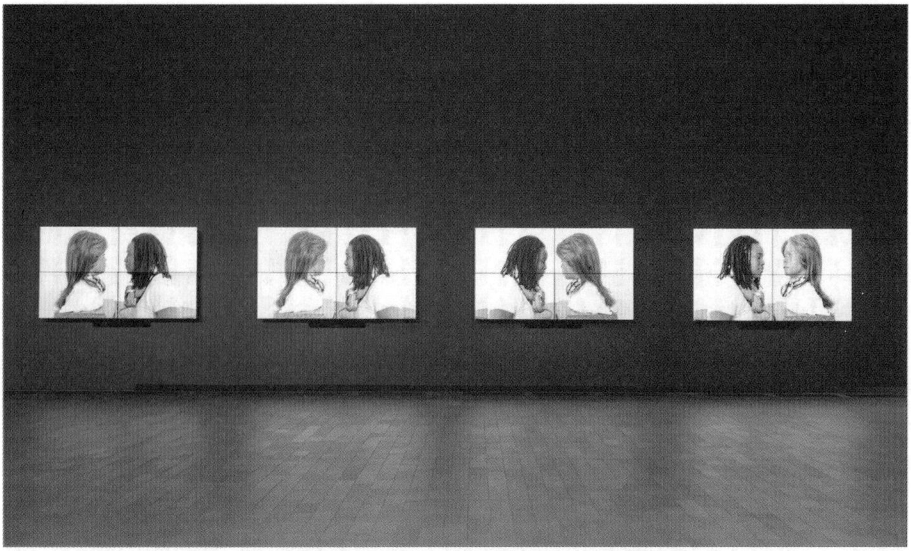

〈그림 1-41〉 스테파니 딘킨스의 〈Bina48과의 대화〉

출처: https://www.artandobject.com/press-release/uncanny-valley-being-human-age-ai

작품의 경우, 작가는 휴머노이드 소셜 로봇 Bina48과 일련의 대면형 대화를 시도했다. 한슨 로보틱스(Hanson Robotics)가 제작한 Bina48은 실제 아프리카계 미국 여성을 모델로 삼았으며, 복잡한 기계 시스템을 사용해서 애니메이팅된 합성 피부는 인간의 표정에 대한 해부학적 정확성을 높여주었다.[113]

런던대학교의 건축학과 교수이자 독립적 연구기관 '포렌식 아키텍처'의 설립자 이얄 와이즈먼(Eyal Weizman)은 2018년부터 머신 러닝과 인공지능을 사용해서 인도주의를 지원하기 위한 방법을 고안했다. 2019년 포렌식 아키텍처는 프랙시스 필름(Praxis Film)과 함께 휘트니 비엔날레(Whitney Biennial)에 11분 정도의 영상 설치작품인 〈트리플 체이서(Triple Chaser, 2019)〉를 출품했다.[114] 이얄 와이즈먼은 머신 러닝 분류기를 학습시키기 위해 3D 모델 기반의 디지털 렌더링을 사용해서 전 세계 시위 현장에서 사용되고 있는 트리플 체이서를 비롯한 최루 가스 용기 및 화학 폭탄을 식별했고, 이에 대한 영상 미디어를 제작했다.[115]

〈불쾌한 골짜기 전시〉에 설치된 〈모델 동물원(Model Zoo, 2020)〉은 상술한 〈트리플 체이서〉와 동일한 맥락에서 작업이 이루어졌다.[116] 포렌식 아키텍처는 전시공간

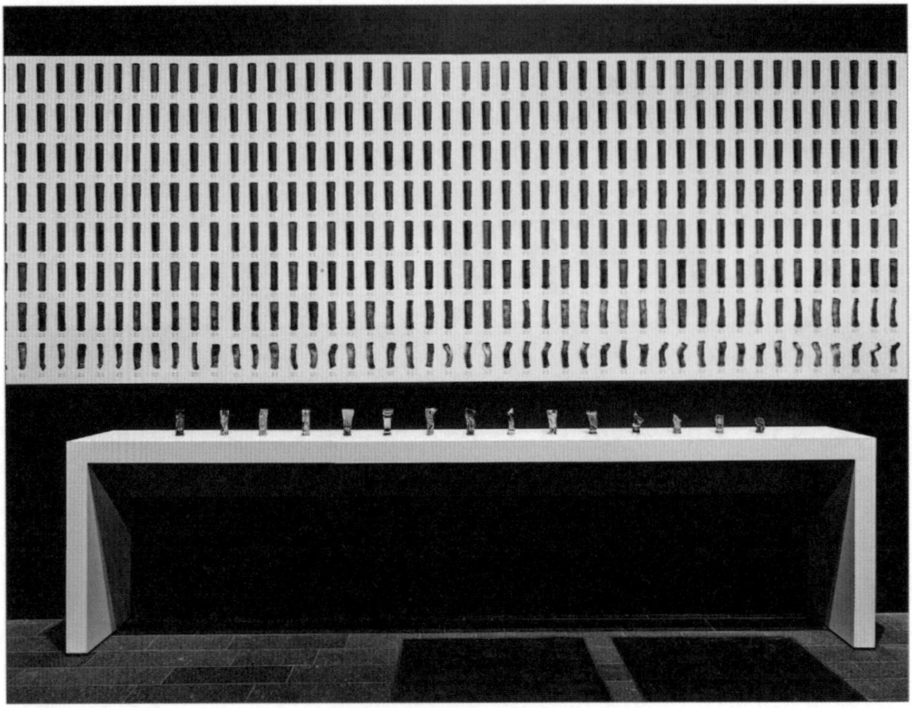

〈그림 1-42〉 포렌식 아키텍처가 출품한 〈모델 동물원〉

출처: https://deyoung.famsf.org/exhibitions/uncanny-valley

에 탄약과 무기의 3D 모델, 무기의 카탈로그를 만들도록 학습된 다양한 인공지능 분류기를 하나의 컬렉션처럼 구성 및 설치했다. 이 작업에는 포렌식 아키텍처가 온라인에 게시된 다수의 영상을 사용해서 현재 무력 충돌에 사용되는 탄약, 무기, 군용 차량, 미사일 파편, 최루 가스, 화학 폭탄 등을 자동화 방식으로 검색 및 식별하기 위해 개발한 알고리즘 모델이 사용되었다. 일반적으로 이미지 분류기를 학습시키기 위해서는 수천 개의 레이블이 지정된 이미지가 필요하지만, 포렌식 아키텍처는 자원봉사자가 촬영한 수십 개의 트리플 체이서에 대한 사진만 보유하고 있었다. 이에 트리플 체이서 사진에 다양한 손상 상태와 각도를 적용하여 수천 가지의 변형된 모습으로 생성된 모델링을 렌더링한 결과가 머신 러닝의 분류기를 학습시키기 위한 데이터로 사용되었다.

미주

1 M. de Cock Buning, 2018, Artificial Intelligence and the creative industry: new challenges for the EU paradigm for art and technology by autonomous creation. In Research Handbook on the Law of Artificial Intelligence, p. 511-535, https://www.elgaronline.com/view/edcoll/9781786439048/9781786439048.00032.xml

2 S. Schlackman (April. 22, 2016) The Next Rembrandt: Who Holds the Copyright in Computer Generated Art, http://artlawjournal.com/the-next-rembrandt-who-holds-the-copyright-in- computer-generated-art

3 S. Schlackman (February 11, 2019) How can museums copyright the works of old masters, https://alj.artrepreneur.com/how-can-museums-copyright-the-works-of-old-masters/

4 S. Cascone (April 5, 2016) New Rembrandt artwork created vis 168,263 painting fragments, https://news.artnet.com/art-world/new-rembrandt-through-data-analysis-466517

5 S. Yanisky-Ravid, 2017, Generating Rembrandt: Artificial Intelligence, Copyright, and Accountability in the 3A Era: The Human-like Authors Are Already Here: A New Model, Michigan State Law Review, https://digitalcommons.law.msu.edu/lr/vol2017/iss4/1

6 D. Meyer (April 6, 2016) Algorithms and 3D printers paint convincing Rembrandt simulation, https://fortune.com/2016/04/06/next-rembrandt-algorithms/

7 마이크로소프트 애저는 2010년 시작된 마이크로소프트의 클라우드 컴퓨팅 플랫폼이다.

8 가상머신(VM)은 컴퓨팅 환경을 소프트웨어로 구현한 것. 즉 컴퓨터를 에뮬레이션하는 소프트웨어이며, 가상머신 상에서 운영체제나 응용 프로그램을 설치 및 실행할 수 있다.

9 A. Guadamuz, 2017, Do androids dream of electric copyright? Comparative analysis of originality in artificial intelligence generated works. Intellectual property quarterly, 2, 169-186.

10 심층학습 또는 딥러닝은 "여러 비선형 변환 기법의 조합을 통해 높은 수준의 추상화를 시도하는 기계 학습 알고리즘의 집합"으로 정의되며, 인간의 사고방식을 컴퓨터에게 학습시키는 머신 러닝의 한 분야다.

11 A. Giadamuz (October 2017) Artificial intelligence and copyright, WIPO Magazine, p. 14-29.

12 G. Sartor, F. Lagioia & G. Contissa, 2018, The use of copyrighted works by AI systems: Art works in the data mill, https://papers.ssrn.com/sol3/papers.cfm?abstract_id=3264742

13 The Next Rembrandt newsroom (April 5, 2016) Can technology and data bring back to life one of the greatest painters of all time? https://thenextrembrandt.pr.co/125449-can-technology-and-data-bring-back-to-life-one-of-the-greatest-painters-of-all-time

14 Dutch Digital Design (Jan 24, 2018) The Next Rembrandt: bring the old master back to life, https://medium.com/@DutchDigital/the-next-rembrandt-bringing-the-old-master-back-to-life-35dfb1653597

15 A. Guadamuz, 2017, Do androids dream of electric copyright? Comparative analysis of originality in artificial intelligence generated works. Intellectual property quarterly, 2, 169-186.

16 P. Mezei, 2020, From Leonardo to the Next Rembrandt – The Need for AI-Pessimism in the Age of Algorithms. https://papers.ssrn.com/sol3/papers.cfm?abstract_id=3592187

17 컴퓨터그래픽에서 하이트 맵 또는 하이트 필드는 2차 입면 모델링에서 주로 이산 글로벌 그리드로 사용되는 래스터 이미지이며, 각각의 픽셀은 3D 컴퓨터그래픽으로 표시하기 위한 표면 고도 데이터와 같은 값을 저장한다.

18 X-선 형광 분석(XRF)은 기본 X-선과 물질 간의 고유한 상호작용을 이용하는 기술로, 다양한 샘플 유형의 화학 조성 확인에 사용되는 분석 기법이다.

19 A. Guadamuz (October 2017) Artificial intelligence and copyright, WIPO Magazine, pp. 14-19.

20 W. Marius (April 21, 2020) The Next Rembrandt, https://digital.hbs.edu/platform-digit/submission/the-next-rembrandt/

21 컴퓨터과학에서 래스터 그래픽스 이미지, 곧 비트맵은 일반적으로 직사각형 격자의 화소, 색의 점을 모니터, 종이 등의 매체에 표시하는 자료 구조이며, 이러한 이미지는 다양한 포맷의 그림 파일로 저장할 수 있다.

22 C. Baraniuk (April 6, 2016) Computer paints new Rembrandt after old works analysis, https://www.bbc.com/news/technology-35977315

23 강은정 · 장윤정 · 이보아, 2018, 「인공지능기반의 융복합 예술창작물 사례분석 및 고찰」, 『한국과학예술포럼』, 35, 1-13쪽.

24 The Next Rembrandt: Data's new leading edge role in creativity (June 17, 2016) (https://thenextrembrandt.pr.co/130454-the-next-rembrandt)

25 S. Stephens (September 19, 2013). Tate unveils digital plan, https://www.museumsassociation.org/museums-journal/news/19092013-tate-unveils-digital-plans

26 Tate, Artificial intelligence arrives at Tate Britain: IK Prize 2016 unveiled, https://www.tate.org.uk/press/press-releases/artificial-intelligence-arrives-tate-britain-ik-prize-2016-unveiled

27 Microsoft, Tate IK Prize, https://www.microsoft.com/inculture/arts/tate/

28 AMA culture hive, Artificial intelligence and the future of museums, https://www.culturehive.co.uk/resources/artificial-intelligence-and-the-future-of-museums/

29 '인식'의 소스 코드는 깃허브(GitHub) 사이트(https://github.com/jolibrain/recognition)에서 확인할 수 있다.

30 Tate, IK Prize 2016: Recognition, can a machine make us look afresh at great art through the lens of today's world? https://www.tate.org.uk/whats-on/tate-britain/exhibition/ik-prize-2016-recognition

31 B. Cieko, 2017, Examining the impact of artificial intelligence in museums. Museums and the Web. https://mw17.mwconf. org/paper/exploring-artificialintelligence-in-museums.

32 Artificial intelligence arrives at Tate Britain-IK Prize 2016 unveiled (September 2, 2016) https://www.tate.org.uk/press/press-releases/artificial-intelligence-arrives-tate-britain-ik-prize-2016-unveiled

33 DeepDetect는 졸리브레인의 공학자들이 기업을 위해 만든 오픈소스 딥러닝 플랫폼이다.

34 DenseCap은 스탠퍼드대학교 비전 랩(Vision Lab)의 리페이페이(Fei-Fei Li) 교수와 박사과정 학생들이 합성곱 신경망(CNN)과 순환신경망(RNN)을 기반으로 개발한 알고리즘이다.

35 N. Davis (August 28, 2016). Tate Britain project uses AI to pair contemporary photos with paintings, https://www.theguardian.com/artanddesign/2016/aug/28/tate-britain-project-recognition-artificial-intelligence-photography-paintings

36 M. Harris (September 05, 2016). This site uses AI to find Tate Britain's paintings that look like photos from today's news. https://www.digitalartsonline.co.uk/news/illustration/this-site-uses-ai-matches-today-news-photos-tate-britain-paintings/

37 K. Deighton (September 05, 2016) How Microsoft is Partnering with Tate Britain to Prove AI has a Place in a

World of 'Warm Emotion', http://www.thedrum.com/news/2016/09/05/how-microsoft-partnering-tate-britain-prove-ai-has-place-world-warm-emotion

38 C. Dunne (September 8, 2016) Tate uses AI to match old British art to new photojournalism. https://hyperallergic.com/321407/tate-uses-ai-to-match-old-british-art-to-new-photojournalism/

39 Awesome Technology, Artificial intelligence as a bridge for art and reality, https://awesomedisplay.wordpress.com/category/set/vrar3d/page/56/

40 Re][cognition, http://recognition.tate.org.uk/#intro

41 A. Williams (September 5, 2016). Recognition AI system sorts art from news. https://www.electronicsweekly.com/blogs/gadget-master/general/recognition-ai-system-sorts-art-news-2016-09/

42 K. Deighton (September 05, 2016) How Microsoft is Partnering with Tate Britain to Prove AI has a Place in a World of 'Warm Emotion', http://www.thedrum.com/news/2016/09/05/how-microsoft-partnering-tate-britain-prove-ai-has-place-world-warm-emotion

43 N. Davis (August 28, 2016). Tate Britain project uses AI to pair contemporary photos with paintings, https://www.theguardian.com/artanddesign/2016/aug/28/tate-britain-project-recognition-artificial-intelligence-photography-paintings

44 J. J. Dobrzynaski (October 25, 2016) Artificial intelligence as a bridge for art and reality, https://www.nytimes.com/2016/10/30/arts/design/artificial-intelligence-as-a-bridge-for-art-and-reality.html

45 A. Williams (September 5, 2016) Recognition AI system sorts art from news. https://www.electronicsweekly.com/blogs/gadget-master/general/recognition-ai-system-sorts-art-news-2016-09/

46 구글 아트 & 컬처 연구소의 다양한 실험은 다음의 웹사이트에서 확인이 가능하다. https://experiments.withgoogle.com/collection/arts-culture

47 GLSL(OpenGL Shading Language)은 C언어를 기초로 한 상위 레벨 셰이딩 언어다.

48 다양한 작업에 대해 데이터 흐름 프로그래밍을 위한 오픈소스 소프트웨어 라이브러리다.

49 객체 기반의 스크립트 프로그래밍 언어다. 이 언어는 웹 브라우저 내에서 주로 사용하며, 다른 응용 프로그램의 내장 객체에도 접근할 수 있는 기능을 가지고 있다.

50 웹 기반의 그래픽 라이브러리다.

51 웹 브라우저에서 애니메이션 3차원 컴퓨터그래픽스를 만들고 표시하기 위해 사용되는 크로스 브라우저 자바스크립트 라이브러리다.

52 D. Henry (November 15, 2016) Experiencing at the crossroads of Machine Learning and Art, https://www.googblogs.com/experimenting-at-the-crossroads-of-machine-learning-and-arts-3/

53 J. Chokkattu (November 15, 2016) Google mixes art and machine learning to create new interactive experiments, https://www.digitaltrends.com/web/google-arts-and-culture-experiments/

54 구글 실험 웹사이트: https://experiments.withgoogle.com/x-degrees-of-separation

55 세계의 박물관 프로젝트 웹사이트: https://experiments.withgoogle.com/the-museum-of-the-world

56 A. Wilson (Mach 23, 2020) 10 of the world's best virtual museum and art gallery tours. https://www.theguardian.com/travel/2020/mar/23/10-of-the-worlds-best-virtual-museum-and-art-gallery-tours

57 Google's latest AT experiment reveals hidden color connections in art (April 9, 2018) https://www.wallpaper.

com/art/google-arts-and-culture-art-palette

58 J. Vincent (May 17, 2018) Google used AI to sort millions of historical life photos you can explore online: From aardvark to Zumba and more, https://www.theverge.com/2018/3/7/17091392/google-ai-photo-tagging-life-archive

59 Experiment with Google, LIFE Tags, https://experiments.withgoogle.com/life-tags

60 최근린 분류방법은 새로운 데이터가 입력되었을 때 가장 가까이 있는 것이 무엇인가를 중심으로 새로운 데이터의 종류를 정해주는 알고리즘이다.

61 N. Owano (Mach 13, 2018) Google and MOMA collaboration enlivens modern art connections, https://techxplore.com/news/2018-03-google-moma-collaboration-enlivens-modern.html

62 MoMA, A project with Google Arts and Culture Lab, https://www.moma.org/calendar/exhibitions/history/identifying-art

63 MoMA, Identifying art through machine learning" A project with Google Arts & Culture Lab, https://www.moma.org/calendar/exhibitions/history/identifying-art

64 Google Arts & Culture, About Fabricius Project, https://artsexperiments.withgoogle.com/fabricius/en/about

65 M. Smith (July 15, 2020), Talk like an ancient Egyptian: the google translate of hieroglyphics is here, https://wired.me/technology/artificial-intelligence/google-translate-for-egyptian-hieroglyphics/

66 C. Low (July 16, 2020) Google's Fabricius uses machine learning to decode hieroglyphs, https://www.engadget.com/google-fabricius-egyptian-hieroglyphics-decode-ai-192533491.html

67 자동화된 머신 러닝인 AutoML은 반복적 머신 러닝 모델 개발 작업을 자동화하는 프로세스로, 광범위한 프로그래밍 지식 없이 머신 러닝 솔루션 구현, 시간 및 자원 절약, 신속한 문제 해결, 데이터 과학 모범 사례 활용 등을 수행할 수 있다. 또한 AutoML Vision을 사용하면 지도 학습을 통해 레이블이 지정된 이미지 데이터셋의 패턴을 인식하도록 컴퓨터를 학습시킬 수 있다.

68 C. Coughenour (July 15, 2020) Unravel the symbols of ancient Egypt, https://blog.google/outreach-initiatives/arts-culture/unravel-symbols-ancient-egypt/

69 컴퓨터공학에서 파이프라인은 한 데이터 처리 단계의 출력이 다음 단계의 입력으로 이어지는 형태로 연결된 구조를 지칭한다.

70 Ubisoft, The hieroglyphics initiative, https://hieroglyphicsinitiative.ubisoft.com/en-GB/update

71 워크벤치는 SQL 개발과 관리, 데이터베이스 설계, 생성 그리고 유지를 위한 단일 개발 통합 환경을 제공하는 비주얼 데이터베이스 설계 도구다.

72 파브리시우스 오픈소스 웹사이트: https://github.com/googleartsculture/workbench

73 Open Access at the Met. https://www.metmuseum.org/about-the-met/policies-and-documents/open-access

74 L. Tallon (February 7, 2017). Introducing open access at the met. https://www.metmuseum.org/blogs/digital-underground/2017/open-access-at-the-met

75 Europeana (October 27, 2017). Insights from Met open access: why the Metropolitan Museum of Art has opened up its collections. https://medium.com/open-glam/learnings-from-the-met-open-access-reasons-why-the-metropolitan-museum-of-art-is-opening-up-its-f22d60b33071

76 B. Ciecko, 2020, AI sees what? The good, the bad and the ugly of machine vision for museum collection, The

Museum Review, 5 (1), http://articles.themuseumreview.org/tmr_vol5no1_ciecko

77 Microsoft, A digital renaissance is helping global audiences connect with art, https://www.microsoft.com/inculture/arts/met-microsoft-mit-ai-open-access-hack/

78 개발자가 직접적인 AI 또는 데이터 과학 기술이나 지식 없이도 지능형 애플리케이션을 제작하는 데 도움을 줄 수 있는 API, SDK 및 서비스다.

79 관련성 있는 콘텐츠를 쉽게 식별하고 방대한 규모에서 검색할 수 있도록 모든 유형의 정보를 강화하는 기본 제공 인공지능 기능이 구현된 클라우드 검색 서비스다.

80 구글이 설계한 디플로이 자동화, 스케일링, 컨테이너화된 애플리케이션을 관리하기 위한 오픈소스 시스템이자 플랫폼이다.

81 대화의 맥락을 이해하고 지능적인 반응을 통해 사람과 유사한 수준의 대화가 가능한 음성 인공지능을 의미한다.

82 전통적인 기계학습부터 딥러닝, 감독학습 및 자율학습에 이르는 모든 종류의 기계학습 및 딥러닝에 사용될 수 있다.

83 MIT, The Met, Microsoft and MIT explore the impact of artificial intelligence on how global audiences connect with art, https://openlearning.mit.edu/news/met-microsoft-and-mit-explore-impact-artificial-intelligence-how-global-audiences-connect-art

84 E. Kinsella (February 5, 2019) The Met Museum envisions a future where artificial intelligence helps you find #art posts for your Instagram. https://news.artnet.com/art-world/the-met-ai-1456774

85 젠 스튜디오 웹사이트: https://gen.studio/

86 '마이 라이프, 마이 멧'의 결과는 마이크로소프트의 웹사이트에서 확인이 가능하다. https://www.microsoft.com/inculture/uploads/prod/2019/02/mylife-my-met.pdf

87 E. Kinsella (February 5, 2019) The Met museum envisions a future where artificial intelligence helps you find #art posts for your Instagram, https://news.artnet.com/art-world/the-met-ai-1456774

88 2016년 구글에서 공개한 머신 러닝 기반 이미지 인식 응용 프로그램 인터페이스이며, 안면 인식, 텍스트 인식, 감정 인식이 가능하다.

89 A. Lih (March 4, 2019) Combining AI and human judgement to build knowledge about art on a global scale, https://www.metmuseum.org/blogs/now-at-the-met/2019/wikipedia-art-and-ai

90 K. Maher & L. Tallon (April 19, 2018) Wikimedia and the Met: A shared digital vision. https://www.metmuseum.org/blogs/now-at-the-met/2018/wikimedia-and-the-met-digital-vision

91 A. Lih (March 4, 2019) Combining AI and human judgement to build knowledge about art on a global scale, https://www.metmuseum.org/blogs/now-at-the-met/2019/wikipedia-art-and-ai

92 A digital renaissance is helping global audiences connect with art. https://www.microsoft.com/inculture/arts/met-microsoft-mit-ai-open-access-hack/

93 The MET (May 6, 2019) The Metropolitan Museum of Art is exploring the use of AI to build a deeper understanding of its encyclopedia collection, https://customers.microsoft.com/en-gb/story/the-metropolitan-museum-of-art-nonprofit-azure

94 The MET (May 6, 2019) The Metropolitan Museum of Art is exploring the use of AI to build a deeper understanding of its encyclopedia collection, https://customers.microsoft.com/en-gb/story/the-metropolitan-museum-of-art-nonprofit-azure

95 M. Mori, K. F. MacDorman & N. Kageki, 2012. The uncanny valley [from the field]. IEEE Robotics & Automation Magazine, 19(2), pp. 98-100.

96 de Young Museum, Uncanny Valley: Being Human in the age of AI, https://deyoung.famsf.org/uncanny-valley-being-human-age-ai

97 Z. Jack (January 6, 2020) Putting the art in artificial intelligence: The robots have come for our art. A pair of show explore what it means to be human in the age of artificial intelligence, https://altaonline.com/artificial-intelligence-art-san-francisco/

98 MIT 미디어 랩의 아르나브 카푸르(Arnav Kapur)가 개발한 인간의 생각을 읽을 수 있는 음성 인식 인공지능으로, 골전도 스피커가 내장되어 있어 귀뒤뼈를 이용해서 내이에 소리를 전달한다. 또한 사용자의 생각을 읽기 위해 턱 아래쪽에 위치한 신경근에 전극을 부착해서 신호를 감지한다.

99 '스웜 지능(swarm intelligence)' 또는 '떼 지능'은 분산된 집단적 행동과 자기조직시스템에 기반을 둔 인공지능이다. 이 용어는 1989년 제라도 베니(Gerado Beni)와 징 왕(Jing Wang)이 발표한 셀룰라 로봇 시스템(cellular robotic system)에서 처음으로 사용되었다.

100 데이터 마이닝 알고리즘은 대규모로 저장된 데이터 안에서 체계적이고 자동적으로 통계적 규칙이나 패턴을 찾아내는 알고리즘이다.

101 S. Cascone (September 26, 2019) A High-Tech Museum Show in San Francisco Will Tackle Algorithmic Bias and the Low-Wage AI Economy—Just a Stone's Throw from Silicon Valley, https://news.artnet.com/exhibitions/uncanny-valley-de-young-museum-1662343

102 S. Captain (February 21, 2020) These works of art mess with our perceptions of AI and humanity, https://www.fastcompany.com/90464750/these-works-of-art-mess-with-our-perceptions-of-ai-and-humanity

103 A De La Garza (March 2, 2020) There's No Story That Stays Stable for Too Long.' How Artists Are Using Artificial Intelligence to Confront Modern Anxieties, https://time.com/5792613/ai-art/

104 S. Cascone (September 26, 2019) A High-Tech Museum Show in San Francisco Will Tackle Algorithmic Bias and the Low-Wage AI Economy—Just a Stone's Throw from Silicon Valley, https://news.artnet.com/exhibitions/uncanny-valley-de-young-museum-1662343

105 이미지넷은 인공지능의 이미지 인식 훈련에 사용되는 온라인 최대의 이미지 데이터베이스다.

106 트레버 패글렌은 사진, 비디오, 설치, 조각 등 다매체를 활용하여 군사와 정보 조직의 비밀스러운 감시 장비를 암시적으로 노출하는 작가다. 또한 철저한 조사와 연구의 결과물을 추상적 색상과 형식적 탐구로 시각화하면서 정치와 미학을 결합하는 독특한 양식을 창조하는 작가로 인정받아 2018년 백남준아트센터 국제예술상을 수상했다.

107 와이어리스 랩(wireless Lab)에서 개발한 페이스앱(FaceApp)은 사진 및 비디오 편집 응용 프로그램이다. 이 애플리케이션은 인공지능을 기반으로 신경망을 사용하여 사진에서 사람의 얼굴을 매우 사실적으로 변환시킨다.

108 아트 도플갱어-파인더(Art Doppelgänger-finder)는 구글 아트 & 컬처 애플리케이션에서 사용할 수 있는 애플리케이션으로, 사용자의 셀피와 유사한 예술작품을 찾아서 보여준다.

109 C. Schmuckli (June 19, 2020) Trevor Paglen, "They took the faces from the accused and the dead… (SD18)", https://deyoung.famsf.org/trevor-paglen-they-took-faces-accused-and-dead-sd18

110 C. Ruiz (September 23, 2019) Leading online database to remove 600,000 images after art project reveals its racist bias, https://www.theartnewspaper.com/news/trevor-paglen

111 S. Captain (February 21, 2020) These works of art mess with our perceptions of AI and humanity, https://www.

fastcompany.com/90464750/these-works-of-art-mess-with-our-perceptions-of-ai-and-humanity

112 N. Rea (September 23, 2019) How ImageNet Roulette, an art project that went viral by exposing facial recognition's biases, is changing people's minds about AI, https://news.artnet.com/art-world/imagenet-roulette-trevor-paglen-kate-crawford-1658305

113 S. Captain (February 21, 2020) These works of art mess with our perceptions of AI and humanity, https://www.fastcompany.com/90464750/these-works-of-art-mess-with-our-perceptions-of-ai-and-humanity

114 이 작품은 최근 미국과 멕시코 국경에서 사용된 최루 가스를 생산하는 무기제조업체 사파리랜드(Safariland)를 고발하는 내용을 담고 있다. 포렌식 아키텍처는 전 세계에서 최루 가스가 사용된 현장을 다룬 5천여 점의 이미지를 다이어그램과 지도 등으로 제시하고, 이에 대한 설명을 내레이션으로 제공했다.

115 De Young Museum (February 20,2020) Statement on Eyal Weizman of Forensic Architecture, https://deyoung.famsf.org/statement-forensic-architecture

116 J. Pes (February 20, 2020) It will have a chilling effect: Forensic Architecture's Eyal Weizman on a secretive government algorithm that stopped him entering the US, https://news.artnet.com/art-world/forensic-architecture-algorithm-us-ban-1782441

2부

로봇

1. 콤파이 로봇(Kompai Robot) Musée de la Grande Guerre
2. 더블 로봇(Double Robot) Hastings Contemporary Art Museum
3. 애프터 다크 로봇 이벤트(After Dark Robot Event) Tate Britain
4. 베렌슨 로봇(Berenson Robot) Musée du Quai Branly
5. 나오 & 기도 로봇(Nao & Guidoi Robot) Grand Duke Jean Museum of Modern
6. 페퍼 로봇(Pepper Robot) Smithsonian Institute

1

콤파이 로봇(Kompai Robot)

Musée de la Grande Guerre

모바일 로봇의 원격 제어를 연구하던 코테다주르대학교(Université Côte d'zur)의 연구팀은 실시간 통신을 구현하는 웹 브라우저 간에 플러그인의 도움 없이 서로 통신할 수 있도록 설계된 응용 프로그램 인터페이스(WebRTC)[1]를 사용하여 2016년 대전쟁박물관(Musée de la Grande Guerre)과 '아즈카 프로젝트(Le Projet AZKAR, 2014~2017)'를 실행했다. 이 프로젝트의 일환으로 연구팀은 모든 사람이 컴퓨터로 로봇을 조정해서 박물관을 관람할 수 있는 텔레-프레즌스(tele-presence)의 특성을 지닌 '콤파이(Kompai) 로봇' 개발에 착수했다. 프랑스 공공투자은행(BPI France: Banque Publique d'investissement)의 지원을 받은 이 프로젝트는 도슨트를 로봇으로 대체하기 위한 목적이 아니라 박물관에 대한 접근이 용이하지 않은 장애인 관람객에게 서비스를 제공하기 위해 진행되었다.

연구팀은 우선적으로 대전쟁박물관의 주요 장면과 이를 구성하는 전시물, 관심 지점(point of interest, 이하 POI), 박물관 전시 동선 트레일(museum trail), 미디어 등 실험 기간 동안 다양한 장면을 설명하기 위한 온톨로지(ontology)[2]를 설계했다. 또한 다수의 프랑스 박물관에서 사용하는 관계형 데이터베이스에서 웹상의 자원을 기술하기 위한 W3C 표준인 RDF(Resource Description Framework)[3] 데이터 셋을 만들었는데, 여기에는 박물관 카탈로그의 전시물에 대한 상세 설명이 포함되어 있을 뿐만 아니라 휴먼 가이드가 설계한 동선이 조정되었다.[4] 다시 말해, 콤파이 로봇은 박물관 전시물 및 장면에 대한 온톨로지 기반 설명 같은 시맨틱 웹(semantic web)[5] 기반의 자원

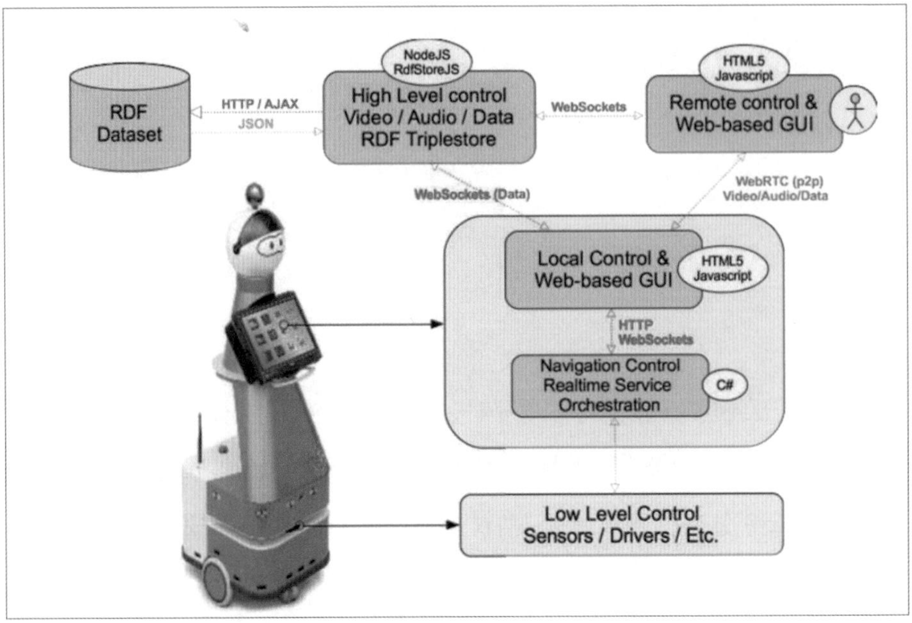

〈그림 2-1〉 아즈카 로봇의 웹 기술 기반의 설계

출처: http://www.azkar.fr/wp-content/uploads/2016/10/PPT-AZKAR-pour-vid%C3%A9o-ISWC.pdf

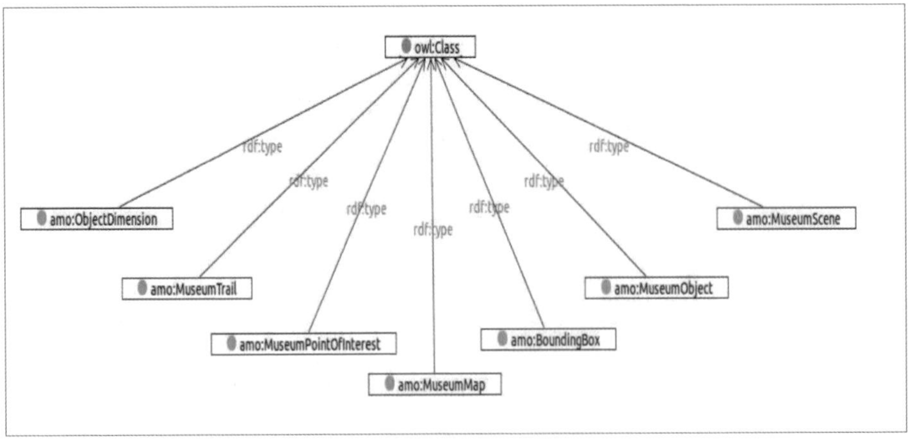

〈그림 2-2〉 아즈카 로봇의 온톨로지

출처: http://www.azkar.fr/wp-content/uploads/2016/10/PPT-AZKAR-pour-vid%C3%A9o-ISWC.pdf

을 이용함으로써 원격 방문객이 박물관에서 이동하면서 전시물이나 장면과 상호작용할 수 있도록 했다. 또한 시스템은 게임 콘솔 컨트롤러 기반의 내비게이션을 넘어서서 소장품에 대한 문화적 지식과 박물관 설정 및 웹에 대한 데이터를 결합하여 주제 기반 관람 같은 추상적 목표를 지원해주었다.[6]

2016년 6월 대전쟁박물관으로부터 800킬로미터 떨어진 장소에서 운영자가 로봇을 제어하는 실험을 실행했다. 이 실험은 어린이 단체 관람객을 지원한 목표로 실행되었는데, 운영자는 웹 브라우저를 통해 간단한 명령을 내릴 수 있다. 예를 들어 원격 로봇을 제어하고, 관심 지점(POI), 동선, 위치 선정, 로봇의 방향, 장면, 멀티미디어 자원에 대한 제안 등을 설계해주었다.

기존의 박물관 투어 로봇과 달리, 콤파이 로봇은 박물관 접근성이 낮은 대중과 장애인을 대상으로 전시 투어를 제공해주었다. 이 로봇은 센서, 웹캠(webcam), 마이크, 레이저 등으로 구성되었으며,[7] 센서 덕분에 박물관에서 제공되는 정보를 보고 들으며 가이드와 상호작용할 수 있게 함으로써 원거리 사용자도 몰입감을 느낄 수

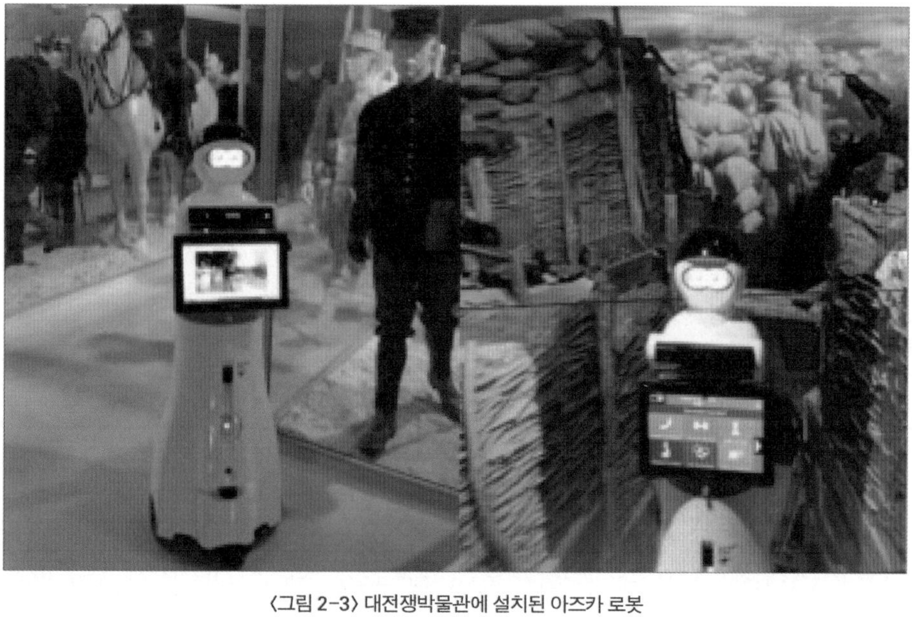

〈그림 2-3〉 대전쟁박물관에 설치된 아즈카 로봇

출처: https://hal.inria.fr/hal-01400924/document

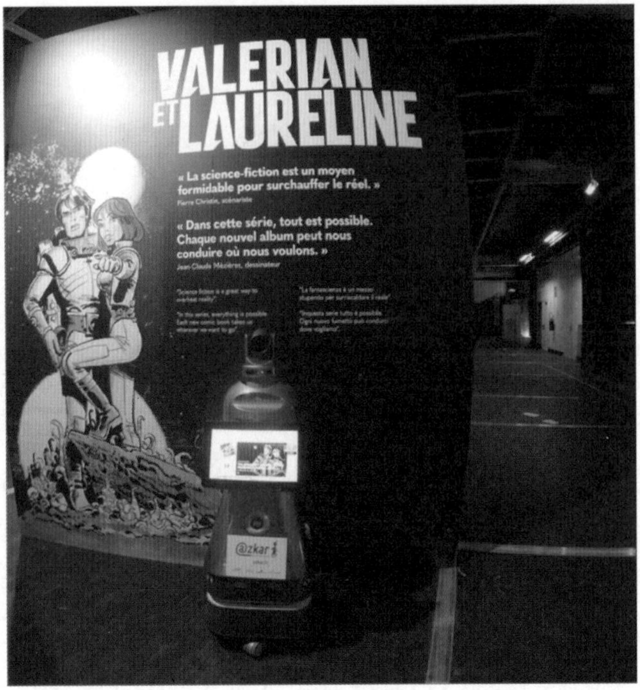

〈그림 2-4〉〈발레리안과 라우렐린〉에 출품된 콤파이 로봇

출처: https://www.azkar.fr/category/news/

있었다. 사용자는 독립적으로 박물관을 방문하거나 멀리 있는 친구를 동반해서 전시를 감상했다. 이들은 내비게이션 시스템에 의존했는데, 이 시스템은 로봇을 하나의 대화식 관심 지점(POI)에서 다른 지점으로 안내해주었다.

또한 로봇은 웹 인터페이스를 통해 전시실 내의 작품에 대한 정보 제공뿐만 아니라 SPARQL[8] 요청에 의해 비디오, 아카이브, 사운드 클립, 위키피디아 등의 외부 미디어와 연동되어 있는 정보를 사용자에게 제공했다. 현재 사용자와 로봇 간의 상호작용을 위해 자연어 처리 기능에 대한 보완 과정이 진행되고 있으며, 사용자 프로필 기반의 데이터 분석을 통해 전시 동선에 대한 추천 기능이 추가되었다.[9] 프로젝트 완료 후, 2017년 6월 13일 파리의 과학산업박물관(Cité des Sciences et de l' Industrie)에서 열린 〈발레리안과 라우렐린(Valérian et Laureline, 2017. 6. 13~2018. 1. 14)〉에 콤파이 로봇이 출품되었다.

2

더블 로봇(Double Robot)

Hastings Contemporary Art Museum

2020년 코로나19(COVID-19)의 확산으로 인해 전 세계적으로 박물관 및 미술관이 잠정적으로 휴관됨에 따라 실질적인 온라인 콘텐츠 서비스가 활성화되었다. 최근 영국의 헤이스팅스현대미술관(Hastings Contemporary Art Museum)의 경우에도 혁신적인 솔루션을 사용해서 폐쇄된 미술관을 가상으로 둘러볼 수 있는 새로운 대화식 방식을 선보였다. '더블(Double)'이라고 불리는 2개의 바퀴와 카메라가 장착된 이 로봇은 본래 사회적으로 고립된 사람들에게 보조 기구를 지원하기 위해 예술 및 인문학 연구위원회(Arts and Humanities Research Council)가 진행한 'D4D 프로젝트'의 일환으로 개발되었다.[10]

특히 이들 기관은 장애인과 협력해서 텔레프레젠스 로봇이 경험할 수 없는 공간에 접근하는 방법에 대해 탐구했고, 그 결과 미술관이 선정되었다.[11] 더블 로봇은 미술관으로 그 용도를 확장하기 위해 헤이스팅스현대미술관, 브리스톨 로보틱스 랩(Bristol Robotics Lab), 장애인 권리기관인 D4D 프로젝트와 액센추에이트 UK(Accentuate UK) 간의 협력을 통해 부분적으로 개조되었다.[12] [13] 이 멋진 원격 조작 키트를 통해 가이드와 최대 5명의 방문객이 갤러리를 둘러보며 개별 작품을 확대해서 감상할 수 있으며,[14] 1명의 참가자가 집에서 로봇을 안내하면서 그룹으로 구성된 참가자들과 감상한 작품에 대해 대화를 나눌 수 있다.

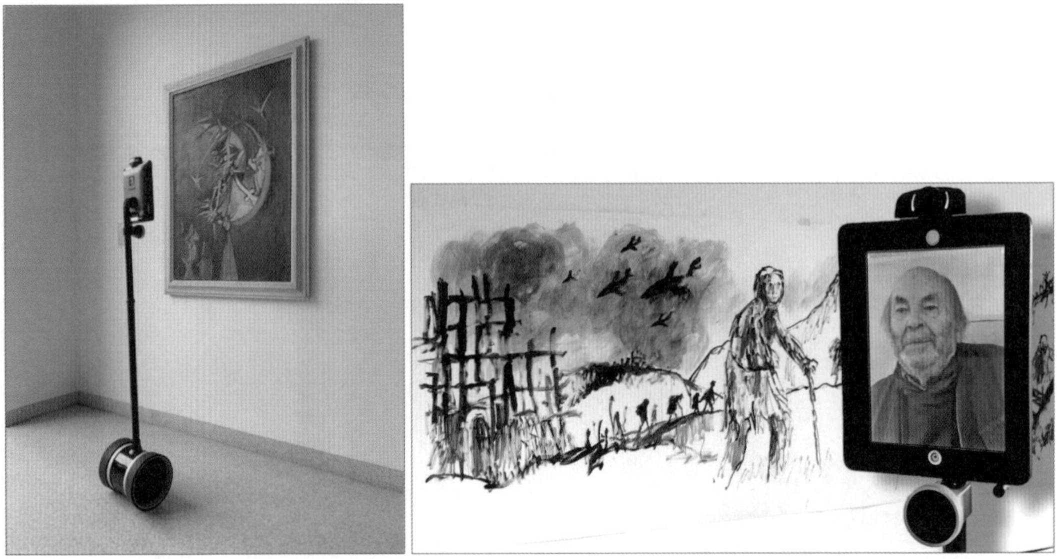

〈그림 2-5〉 전시실에서 작품을 응시하고 있는 더블 로봇과 더블 로봇으로부터
작품에 대한 설명을 듣고 있는 원격 사용자

출처: https://www.hastingscontemporary.org/exhibition/robot-tours/; https://www.thetimes.co.uk/article/robot-takes-virtual-visitors-on-tour-of-quentin-blake-exhibition-in-hastings-t0nxzgnxk

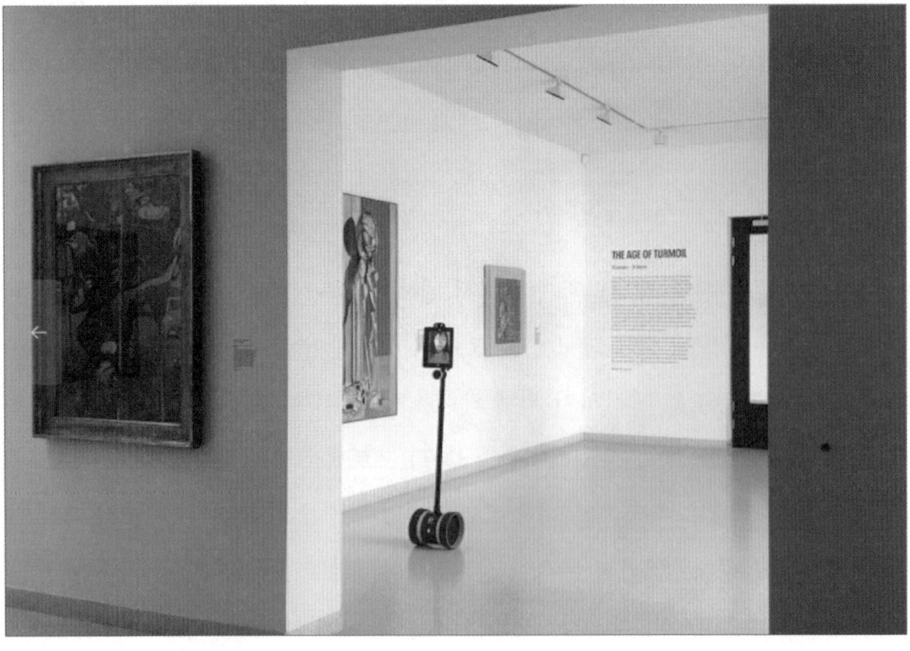

〈그림 2-6〉 〈The Age of Turmoil: Burra, Spencer, Sutherland〉 전시실에 설치된 더블 로봇

출처: https://www.nytimes.com/2020/04/15/arts/museums-robots-coronavirus.html

헤이스팅스현대미술관 측면에서 볼 때, 이 로봇 프로젝트는 이동이 제약적이거나 불가능한 사람들에게 현대미술관과 예술작품에 대한 접근을 제공하기 위한 목적에서 출발했다. 텔레프레즌스의 특성을 지닌 이 로봇의 작동은 비교적 간단하다. 로봇의 카메라와 사용자의 카메라를 연결하는 웹 브라우저를 사용해서 키보드의 방향키를 조종할 수 있다.

미술관이 로봇 투어를 발표한 이후, 초기에는 리즈 길모어(Liz Gilmore) 관장, 큐레이터팀, 전시팀이 진행하는 투어를 일주일에 4회, 30분 동안 제공하고 있다. 또한 이 투어에서는 미술관의 과거와 현재 전시와 관련된 이미지, 비디오 콘텐츠, 인터뷰 및 정보 공유가 이루어질 수 있다. 현재는 〈Anne Ryan: Earthly Delites〉과 〈The Age of Turmoil: Burra, Spencer, Sutherland〉라는 두 가지 전시를 관람할 수 있다.

헤이스팅스현대미술관의 로봇 투어는 사회적 격리가 진행되는 위기 상황에

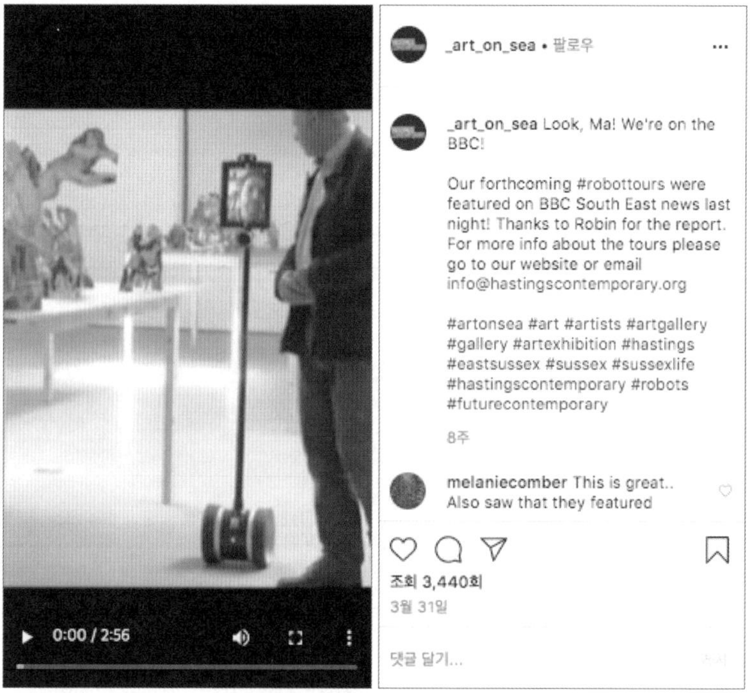

〈그림 2-7〉 헤이스팅스현대미술관의 공식 인스타그램 계정에 게시된 더블 로봇 이용 후기

출처: https://www.instagram.com/tv/B-ZZAlnlOMV/

서 예술에 대한 접근성을 극복하는 혁신적인 대안을 제공해줄 뿐만 아니라 오히려 더 많은 관람객이 미술관에 참여할 수 있는 계기를 마련해주고 있다.[15] 또한 실제로 장애인에게 협력적인 방식으로 미술관 및 소장품과 소통할 수 있는 기회를 마련해주었다는 데 의미를 둘 수 있다. 이 로봇 투어는 360도 카메라로 촬영한 사진 이미지 사용으로 제한되어 있는 구글 아트 & 컬처(Google Arts & Culture)가 제공하는 버추얼 투어를 대체할 수 있는 대화식 및 몰입형 투어 방안에 대한 가능성도 제시해주었다.[16]

3

애프터 다크 로봇 이벤트(After Dark Robot Event)

Tate Britain

2014년 영국의 테이트 브리튼은 '애프터 다크(After Dark)'라는 로봇을 이용해 컴컴한 미술관 안을 탐험하듯이 돌아다닐 수 있는 특별한 로봇 이벤트를 진행했다. '만일 나 혼자 미술관에 남겨진다면, 전시실에서는 무슨 일이 벌어질 수 있을까?'라는 창의적인 상상에서 출발한 '애프터 다크 이벤트'는 결과적으로 이러한 상상을 디지털 테크놀로지를 통해 실험해볼 기회를 마련해주었다.[17] 미술관 측이 로봇 이벤트를 개최한 이유는 전 세계의 관람객에게 미술관을 소개하고 싶었고, 한편으로는 한밤에 미술관을 혼자 돌아다녀보는 상상을 충족시켜주기 위해서였다.

온라인 경험을 기반으로 한 로봇 이벤트의 핵심은 전 세계 인터넷 접속자들이 미술관 폐관 시간에 로봇을 통해 라이브 스트리밍(live streaming) 방식으로 미술관을 관람한다는 데 있었다.[18] 2014년 8월 13~17일 5일간 밤 10시부터 새벽 3시까지 이 특별한 경험에 참여하고 싶은 사람이라면 누구나 애프터 다크 웹사이트에 접속할 수 있었는데,[19] 그중 가장 먼저 접속한 사람 순으로 준비된 4개의 로봇 중 하나를 조종하여 미술관 내부를 자유롭게 돌아다니며 작품을 관람할 수 있도록 했다.

이벤트에 사용된 4개의 로봇인 '레오나르도(Leonardo)', '미켈란젤로(Michelangelo)', '도나텔로(Donatello)', '라파엘(Raphael)'은 RAL 스페이스(RAL Space)와 영국 스페이스 에이전시(UK Space Agency, 이하 UKSA)에 의해 제작되었고, 더 워커스(The Workers)의 토

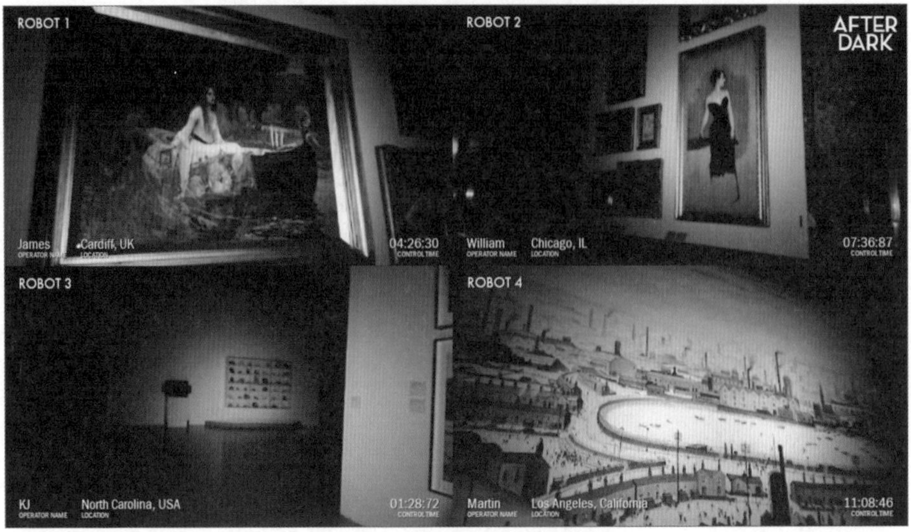

〈그림 2-8〉 애프터 다크 라이브 스트리밍

출처: https://afterdark.io/

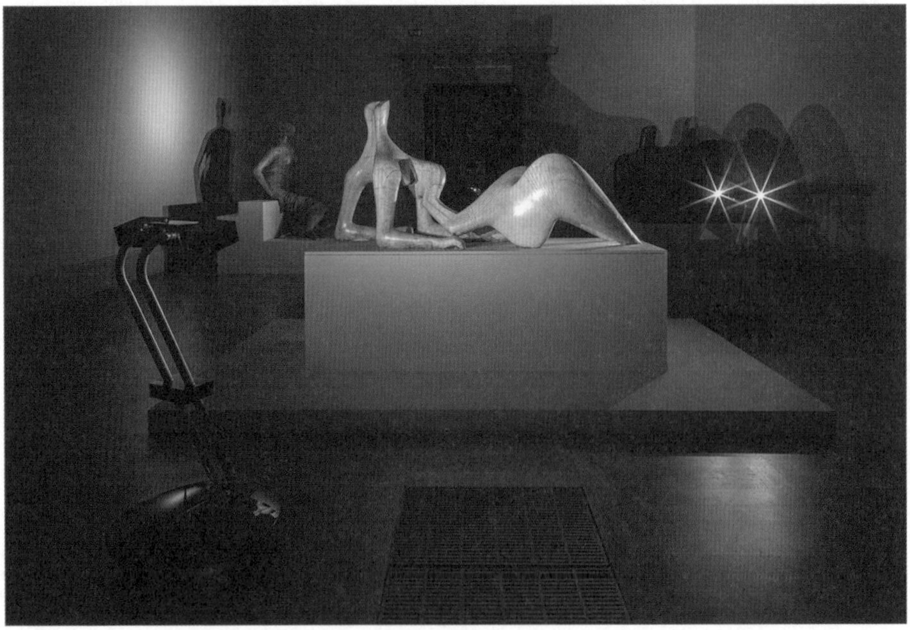

〈그림 2-9〉 작품 앞에 서 있는 로봇 가이드

출처: http://www.graceadam.com/after_dark.html

머스 랜저(Thomas Lanza), 로스 케언스(Ross Cairns), 다비드 디 두카(David Di Duca)가 디자인 개발에 참여했다. 이들 로봇은 영국 RAL 스페이스 연구소의 화성 탐사 로봇 '마스 로버(Mars Rover)'를 참고하여 개발되었다.

이 프로젝트를 위해 특별히 설계된 로봇에는 카메라와 맞춤형 조명이 장착되었으며, 카메라는 전시실에 놓인 예술작품을 보여주기 위해 위아래로 움직였다. 로봇 사용자는 온 스크린 버튼(on-screen buttons) 또는 키보드의 방향키를 사용하여 360도 회전하고 앞으로 이동할 수 있다.[20] 로봇은 소중한 예술작품의 손상을 방지하기 위해 초음파 기술 기반의 센서를 통해 주변의 장애물을 감지했으며, 이와 관련된 정보는 운영자에게 전달되었다.

애프터 다크 웹사이트의 모든 방문자에게 1인 실시간 비디오 피드백 및 라이브 해설이 스트리밍되었는데,[21] 이는 박물관이나 미술관 환경에서 이루어진 최초의 실시간 스트리밍 프로젝트였다. 실제로 이벤트 첫날 '애프터 다크' 웹에 접속한 10만 명이 로봇과 함께 미술관 관람에 참여했는데, 전체 참가자 가운데 500명은 각

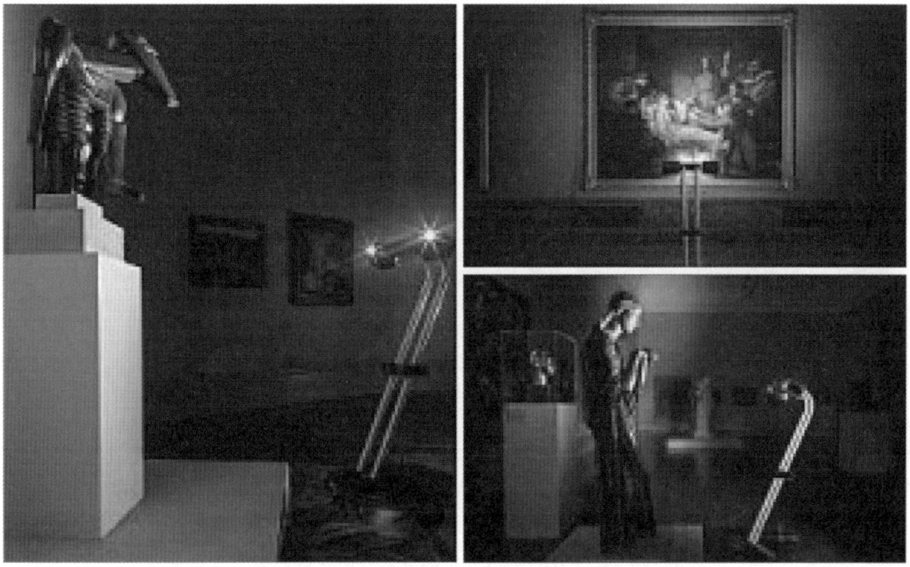

〈그림 2-10〉 애프터 다크로 볼 수 있는 전시실 전경

출처: https://www.dailymail.co.uk/sciencetech/article-2722995/Explore-Tate-Britain-dark-Scheme-lets-art-lovers-remotely-drive-robots-museum-gone-home.html

기 12분씩 로봇을 직접 조종해볼 기회를 가졌다. 카메라가 장착된 4개의 로봇 가이드는 이벤트가 진행되는 5일 동안 갤러리를 돌아다니면서 밤새 테이트 브리튼을 둘러싼 일련의 시간별 투어를 미술 애호가에게 전달해주었다.[22]

로봇의 눈에는 카메라와 맞춤식 조명이 장착되었고, 시선 이동이 가능하도록 설계되었으며, 로봇의 회전과 이동은 키보드를 통해 조정되었다. 작품에 너무 가까이 다가가는 경우, 로봇은 움직임을 멈추고 조종자에게 알림 메시지를 보내거나 초음파 기술로 장애물을 감지해서 이동했으며, 장애물 관련 정보를 다시 운영자에게 전송해서 전시실 탐색을 지원했다. 2014년 이 프로젝트는 디지털 기술을 통해 예술에 대한 접근성 증진에 대한 기여도를 인정받아 세계적인 미술관 그룹인 테이트(Tate)가 주관한 디지털 크리에이티브 공모전 'IK 프라이즈(IK Prize)'의 첫 수상작으로 선정되었다.[23]

4

베렌슨 로봇(Berenson Robot)

Musée du Quai Branly

2016년 프랑스 케브랑리박물관(Musée du Quai Branly)의 〈페르소나, 이상할 만큼 인간적인(Persona, Étrangement Humain)〉 전시에서는 예술비평가 역할을 하는 로봇이 등장했다. 이 로봇을 한마디로 표현하면, '타인의 취향에 따라 학습을 실행하는 로봇'이다.[24]

예술비평가로 활동했던 버나드 베렌슨(Bernard Berenson)의 이름을 딴 '베렌슨(Berrenson)' 로봇은 세르지퐁투아즈대학교(University of Cergy-Pontoise)의 로보틱스 및 인공지능학과 필리프 고시에(Phillipe Gaussier) 교수와 디드로대학교(Universités Paris Diderot)의 이주 및 사회 연구 유닛-개발연구센터(de l'Institut de recherche pour le développement-L'Unité de Recherche Migrations et Société, IRD-URMIS)의 인류학 선임연구원 데니스 비달(Denis Vidal)의 공동 참여로 설계되었다.[25]

데니스 비달과 필리프 고시에는 '미적 취향의 발달과 인지, 이러한 취향의 사회적 상호작용에 미치는 영향력'에 대한 연구를 진행하고 있었다. 이들 연구자에 의하면, 베렌슨 로봇은 이름과 달리 예술비평가나 박물관 투어 가이드 역할을 하기 위해 개발된 것이 아니다.[26] 본래의 목적은 로봇의 미적 판단 가능성을 인지적 수준과 인터랙션 관점에서 탐구하고, 궁극적으로 이를 통해 '인공적인 취향(artificial taste)'을 획득 · 개발 · 표현 · 공유할 수 있는 로봇을 제작하는 것이었다.[27] 실제로 케브랑

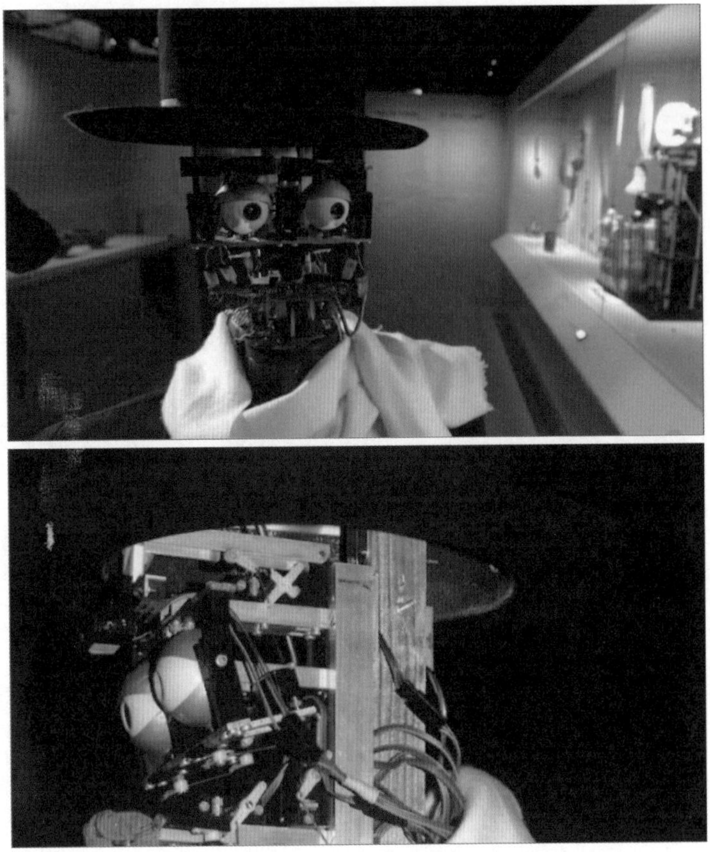

〈그림 2-11〉 전시실 내 베렌슨 로봇의 정면과 측면 모습

출처: https://www.widewalls.ch/berenson-the-robot-vidal-gaussier/; https://www.vice.com/en_us/article/aenq45/robot-art-critic-berenson

리박물관에서도 이들 연구자에게 '로봇이 관람객과 인터랙션을 하는 과정에서 미적 선호도를 측정할 수 있는지에 대해 고민해줄 것'을 요청했다.[28]

베렌슨 로봇은 구조적으로 로봇 본체와 원격 작업도구로 구성되었는데, 로봇 본체는 와이파이(Wi-Fi) 기반의 무선 네트워크로 작동되는 로보소프트(Robosoft)의 RobuLAB-10 모델이 사용되었다.[29] 로봇의 총 무게는 20킬로그램 정도이고, 높이는 1.80미터이며, 센서와 시스템을 움직이거나 제어하는 데 사용되는 액추에이터(acturator)를 관리하기 위해 소형 컴퓨터가 탑재되었다. 또한 장애물을 피할 수 있도록 근접 센서, 15개의 적외선 센서 및 9개의 초음파 레인저 및 레이저가 장착되었

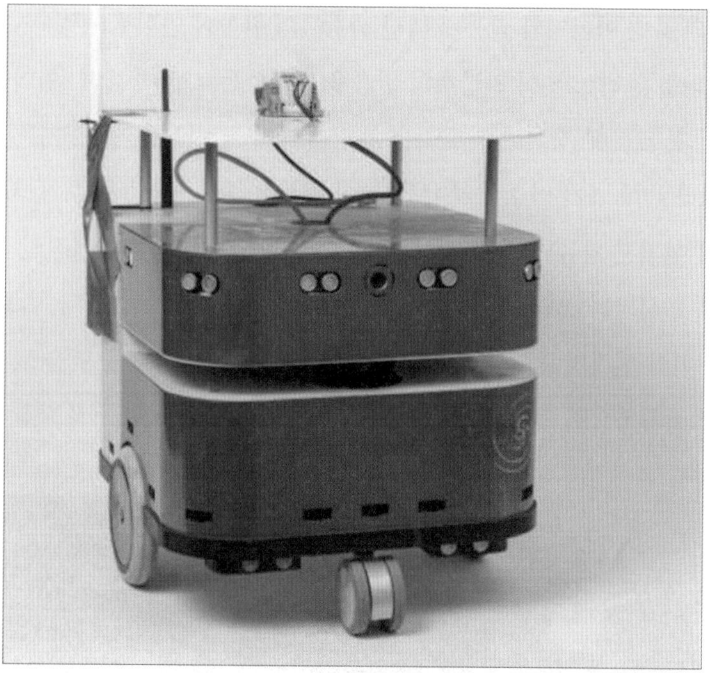

〈그림 2-12〉 베렌슨 로봇의 본체에 사용된 RobuLAB-10

출처: C. Blum & V. V. Hafner, 2014.

다.[30] 머리 부분의 경우 눈썹, 입, 앞 기울기, 눈 기울기 등으로 구성되었다. 또한 프로젝트 연구팀은 베렌슨 로봇이 사회적 상호작용이나 행동을 할 수 있도록 하기 위해 간단한 센서-모터 아키텍처(sensory-motor architecture, 이하 PerAc)를 사용했다.[31]

중절모, 검은색 외투, 흰색 스카프를 멋지게 착용한 베렌슨 로봇은 2단계 학습 과정을 거쳤다. 첫 번째 단계에서는 관람객이나 예술작품과 정서적 가치(긍정 또는 부정)를 연결하는 방법을 학습했으며, 두 번째 단계에서는 예술작품에 다가가 관련된 가치를 표현하는 방법을 배웠다.[32] 박물관은 베렌슨 로봇이 이러한 학습을 할 수 있도록 박물관 매개자(museum mediator)를 동원했는데, 이들은 조이 스틱을 사용해서 예술작품 앞에서 로봇을 작동시키고 방향을 제어해서 로봇 시야의 중앙에 예술작품이 놓이도록 조정해주었다. 그 결과, 로봇은 관람객처럼 작품을 탐색했으며, 관람객과의 상호작용에 따라 작품에 반응하면서[33] 오른쪽 눈에 장착된 카메라를 통해

예술작품의 흑백 이미지와 작품에 대한 사람들의 반응을 인식했다.[34]

카메라를 통해 로봇이 관람객의 반응을 기록하는 과정에 대해 좀 더 설명하면 다음과 같다. 로봇에 장착된 카메라는 관람객의 얼굴 반응을 인지하고, 이를 긍정과 부정이라는 두 가지 범주로 분류했다. 이 기록은 '프로메테(Prométhé)'라는 박물관 벽 뒷면에 설치된 컴퓨터 신경망 시뮬레이터로 전달되는데,[35] 긍정적인 반응은 녹색 원으로 표시되는 반면, 부정적인 반응은 빨간색 원으로 표시된다. 이를 위해 연구자들은 여러 신경망을 동시에 시뮬레이션하여 시각적 자극을 학습 및 인식하도록 했다.[36] 결과적으로, 원의 색상을 기준으로 베렌슨 로봇이 스스로 예술작품에 대

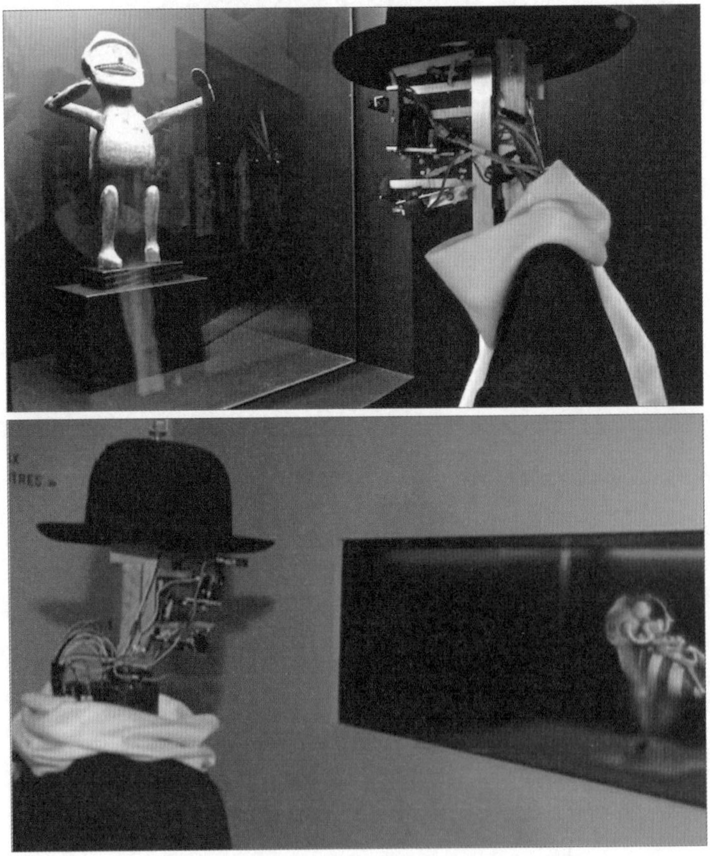

〈그림 2-13〉 작품을 감상하고 있는 베렌슨 로봇의 모습

출처: https://www.vice.com/en_us/article/aenq45/robot-art-critic-berenson ; https://www.widewalls.ch/berenson-the-robot-vidal-gaussier/

한 반응을 결정할 수 있게 되었다. 즉, 베렌슨 로봇은 신경망 시뮬레이터를 통해 관람객의 예술작품에 대한 반응과 관련된 데이터를 수집하고, 이 데이터를 근거로 예술작품에 대한 느낌이나 반응을 표현한다. 예를 들어, 긍정적인 경우에는 베렌슨 로봇이 미소를 지으면서 작품을 향해 다가가는 반면, 부정적인 경우에는 얼굴을 찡그리면서 이동했다.

베렌슨 로봇은 매일 30개의 조각상과 지역 전망에 대한 학습을 지속했으며, 관람객은 학습한 예술작품에 대해 긍정적 또는 부정적 가치를 평가하는 베렌슨 로봇과 적극적인 인터랙션을 나누었다.[37] 로봇을 관찰하고 인터랙션의 경험을 갖고 있는 관람객을 대상으로 진행된 설문조사에 의하면, 70.0% 이상의 설문 참여자가 로봇에 대해 호기심과 놀라움을 느꼈다. 또한 28개의 예술작품 가운데 18개의 작품에 대해서는 베렌슨 로봇의 정서적 반응에 오류가 발생했다는 사실이 확인되었다. 결과적으로 베렌슨 로봇에 대한 연구와 박물관에서의 실제 사용은 동물과 인간이 장소, 시야 또는 사물에 대한 인식 방법에 대해, 그리고 취향에 대한 학습을 통해 로봇이 인공적인 취향을 가질 수 흥미로운 실험적 탐색이라는 긍정적인 평가를 받았다.[38]

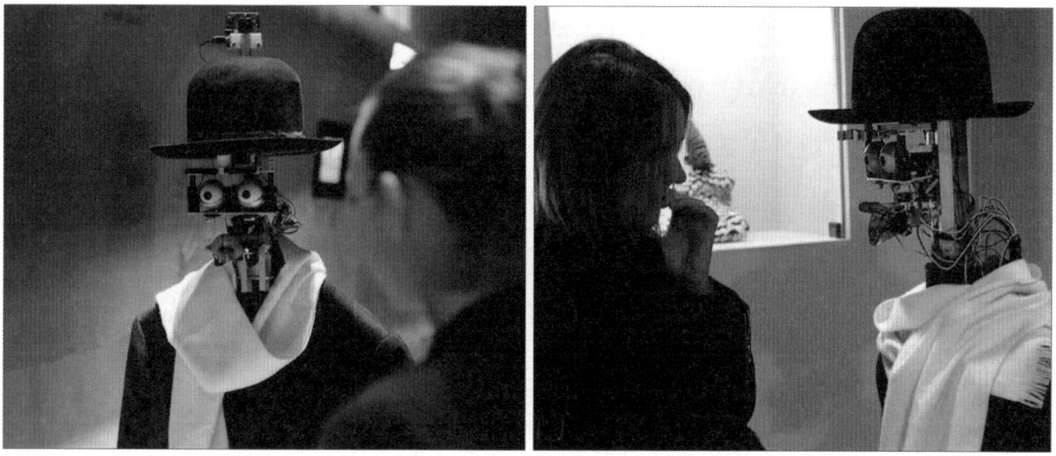

〈그림 2-14〉 관람객을 응시하는 베렌슨 로봇

출처: https://news.artnet.com/art-world/robot-art-critic-berenson-436739 ; https://www.businessinsider.com/berenson-robot-critiques-art-at-paris-museum-2016-2

5
나오 & 기도 로봇(Nao & Guidoi Robot)

Grand Duke Jean Museum of Modern

2015년 열린 '예술과 기술의 공용 공간(Art et Technique, Un Espace Partagé)'이라는 부제가 달린 그랜드 듀크 장 현대미술관(Grand Duke Jean Museum of Modern Art, 이하 룩셈부르크구립현대미술관)의 〈에푸르 시 무오베(Eppur si muove, 2015. 7~2016. 1)〉는 몇 세기 동안 지속적으로 테크놀로지와 과학의 영역에서 논의되고 있던 시각예술과 테크놀로지의 관계를 조명했다. 이 전시는 18세기부터 현재까지 파리의 유명 박물관 소장품인 70개의 작품과 130개의 시각예술작품 등 예술가들이 과학 및 공학적 발견을 재해석하거나 기계를 분해해 다양한 부품을 예술적으로 배치한 전시물로 구성되었다. 예를 들면, 1907년 제작된 프랑스의 자동차 구조물, 디자인이 탁월한 이탈리아의 스쿠터도 전시에 포함되었다.

이 전시에는 룩셈부르크대학교(University of Luxembourg)의 보안신뢰연구소(L'Interdisciplinary Centre for Security, Reliability and Trust, 이하 SnT)가 룩셈부르크시와 학제 간 '코로보(CoRobots) 프로젝트'를 통해 개발한 휴머노이드 이족보행 로봇 '나오(Nao)'가 등장했다.[39] 두 기관은 근미래 미술관의 예술교육 문제와 잠재적 예술 중재자로서 로봇의 기능에 중점을 두고 프로젝트를 진행했다.[40] 하지만 인간과 로봇의 협업 및 로봇과 로봇의 협업에 대한 함의가 담겨 있는 나오가 룩셈부르크국립현대미술관의 〈에푸르 시 무오베〉에 활용된 목적은 박물관 가이드의 역할이 아니라 미술관 홍보

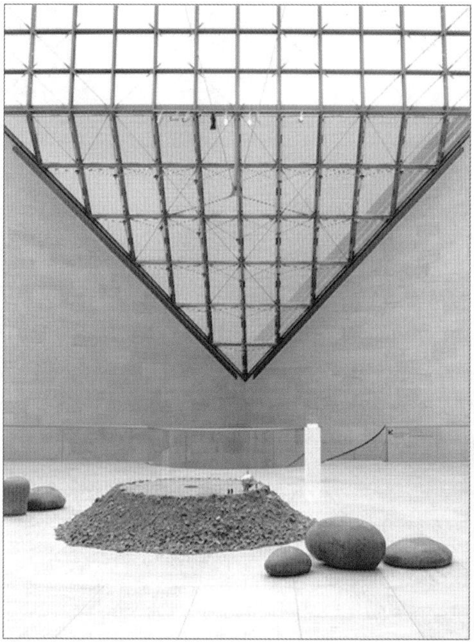
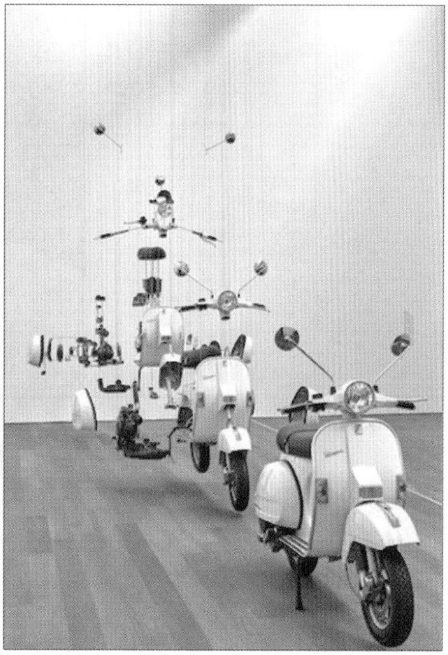

〈그림 2-15〉 예술과 공학이 결합된 〈에푸르 시 무오베〉에 출품한 프랑크 드부테(Frank Debouté)와 다미안 오르테가(Damián Ortega)의 작품

출처: https://archive1018.mudam.lu/fr/expositions/details/exposition/eppur-si-muove/

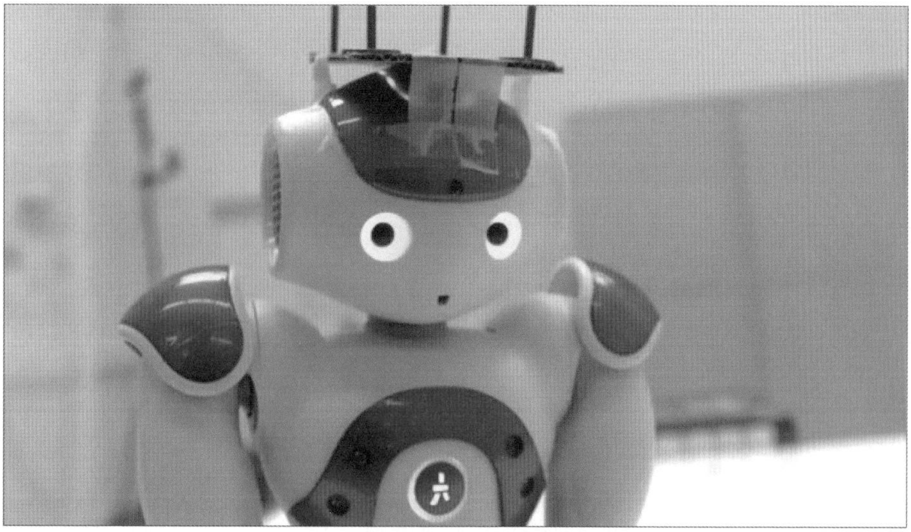

〈그림 2-16〉 나오

출처: https://chronicle.lu/category/others/14688-art,-robots-and-festive-drinks-for-final-girls-in-tech-event-of-the-year

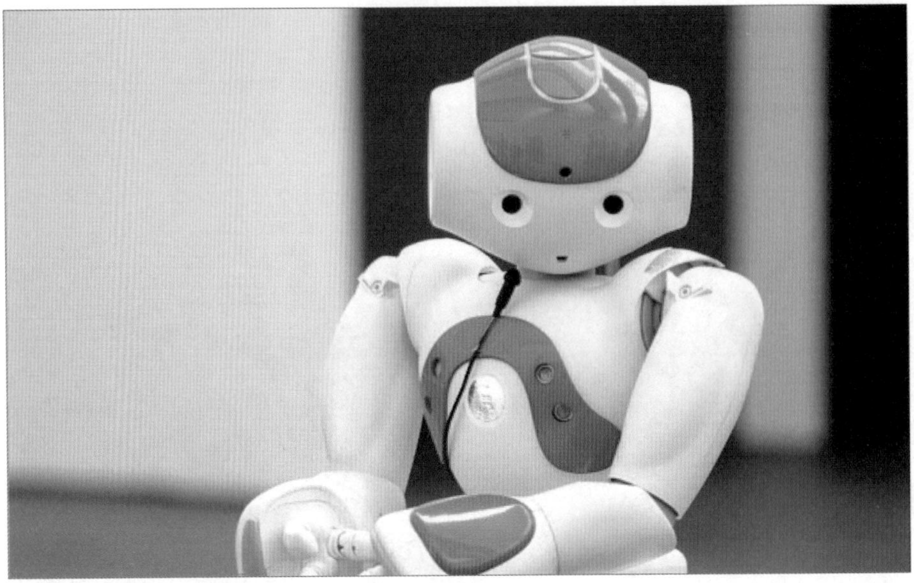

〈그림 2-17〉 기도

출처: https://blog.kpmg.lu/ever-fallen-in-love-with-a-robot-you-shouldnt-have/

를 지원하기 위해서였다.[41]

3년 동안의 연구를 통해 탄생한 인간형 이족보행 로봇 '나오'는 전시 기간 동안 매주 수요일과 목요일에 미술관 곳곳을 돌아다니면서 관람객을 환대하며 인터랙션을 나누었다.[42] 모바일 기반의 원격 조종이 가능한 이 로봇의 경우, 위기 대처 능력도 탁월했다. 코로보 연구팀은 나오의 통신 모듈을 무인비행체 드론과 연결해서 자동 교신이 가능하도록 함으로써 나오가 방향을 가리키면 드론이 그쪽으로 날아가 관람객을 안내하는 방식을 구현했다.[43]

이후 룩셈부르크국립현대미술관은 상반신은 나오 로봇과 동일하지만 하반신은 자동차처럼 바퀴가 달린 몸체를 지닌 로봇 '기도(Guido)'도 사용했다. 이 로봇에는 영국 카디프대학교(Cardiff University) 소속의 프랑스 예술가 폴 그랑종(Paul Granjon)과 룩셈부르크국립현대미술관의 수석 큐레이터인 클레망 미니게티(Clément Minighetti)의 비전이 반영되었으며, 낭시대학교(École des Mines de Nancy)의 파트리크 에나프(Patrick Hénaff) 교수 연구팀이 참여했다.[44] 이 로봇에는 '관람객에게 예술작품을 해설하고 가이드를 제공한다'라는 의미에서 '기도(Guido)'라는 이름이 붙여졌다. 그랑종은 이족보행 로봇이어서 빨리 걸을 수 없는 나오의 단점을 보완하기 위해 3개의 바퀴와 원격 조종 장비를 장착했다. 그 결과, 관람객의 걸음걸이에 맞춰 동행하거나 호출을 듣고 이동해서 안내하는 것이 가능해졌다.[45]

2016년 룩셈부르크국립현대미술관 전시에서 코로보가 성공을 거둔 이후, 룩셈부르크대학교의 보안신뢰연구소 자동화 및 로봇공학 연구 그룹은 룩셈부르크 시립역사박물관(Luxembourg City Museum of History)에서 새로운 연구 프로젝트에 착수했다. 연구팀은 룩셈브루크 시립역사박물관에 휴머노이드 모바일 서비스를 갖춘 로봇을 설치하는 프로젝트를 진행했다.[46] 이 로봇은 관람객과 상호작용하고, 제안된 박물관의 이벤트 등을 추천하며, 관람객에게 소장품 및 전시에 대한 추가 정보를 제공해주었다.

2017년 프랑스의 라로셸자연사박물관(the Museum of Natural History of La Rochelle)은 라로셸대학교(University of La Rochelle)의 다미엥 몽듀(Damien Mondou), 아르멜 프리젱(Armelle Prigent), 아르노 레벨(Arnaud Revel) 등의 연구진과의 협업을 통해 실험적으로 젊은 계층의 관람객을 위해 나오와의 인터랙티브 게임을 개발했다.[47] 이 게임은 나오 로봇에 내장되었으며, 관람객은 마이크와 스피커를 통해 나오와의 인터랙션

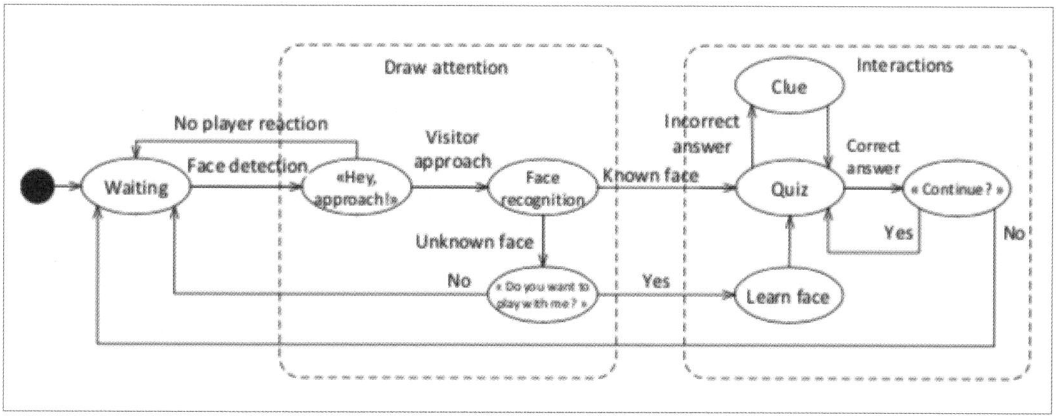

〈그림 2-18〉 게임 시나리오

출처: D. Mondou, A. Prigent & A. Revel, 2017.

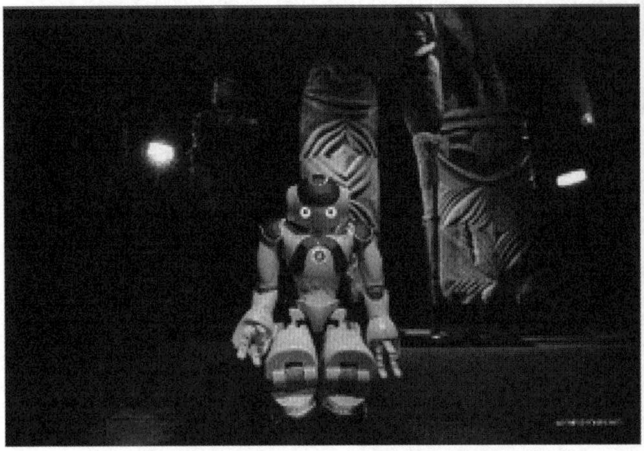
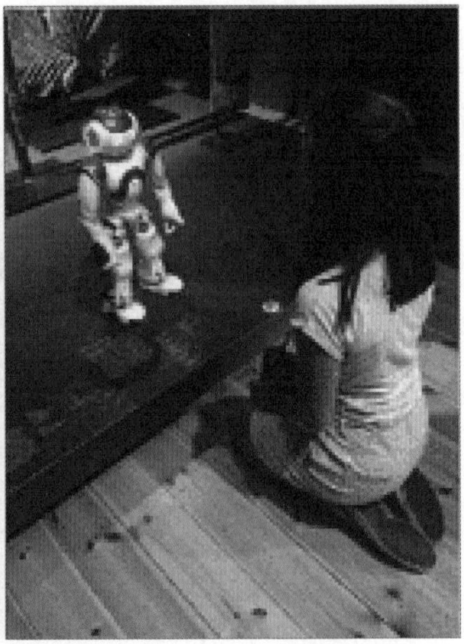

〈그림 2-19〉 박물관 전시실에 앉아 있는 나오와 퀴즈 게임을 하는 관람객

출처: D. Mondou, A. Prigent & A. Revel, 2017.

을 나누면서 카낙 마스크(Kanak mask) 소장품을 찾는 것이었다. 이 게임은 나오가 주관했는데, 나오가 관람객에게 몇 가지 대화식 퀴즈를 제시하면, 관람객이 박물관 주위를 이동하면서 답변을 찾아 로봇에게 제공했다.

나오는 안면 인식 알고리즘을 통해 자신과 퀴즈 게임을 하고 있는 관람객이 누구인지를 식별할 수 있었으므로 안면을 인식하면 관람객과 함께 질문 순서를 다시 시작했다. 나오가 얼굴을 인식하지 못하는 경우 관람객에게 게임을 계속하고 싶은지를 물어보는데, 이때 관람객이 거부하면 나오는 대기 모드로 전환되었고, 반면에 관람객이 게임을 수락하면 나오는 관람객의 얼굴을 식별자로 기록하고 퀴즈를 시작했다.[48] 라로셸자연사박물관과 라로셸대학교의 연구팀은 현재 나오의 행동을 추가하기 위해 머신 러닝 알고리즘을, 관람객의 실시간 지리적 위치에 대한 인식률을 높이기 위해 비콘을 적용하는 중이다.

6
페퍼 로봇(Pepper Robot)

Smithsonian Institute

2018년 워싱턴 D. C.의 스미스소니언연구소(Smithsonian Institution)는 일본 소프트뱅크 로보틱스(Softbank Robotics)가 기증한 인터랙티브 휴머노이드 로봇 '페퍼(Pepper)'를 박물관 투어 가이드로 운영하기 시작했다. 특히 소프트뱅크는 안내 직원 수가 부족한 박물관에 관람객 유치를 위한 실험의 일환으로 로봇을 기증했다. 소프트뱅크 로보틱스가 되기 이전, 브루노 매소니에(Bruno Maisonnier)가 설립한 알데바란 로보틱스(Aldebaran Robotics)는 로메오(Romeo) 프로젝트에 참여했으며, 후속 프로젝트 로메오 2(Romeo 2)를 진행하면서 신체적 또는 인지적 지원이 필요한 사람들을 지원하기 위한 동반형 휴머노이드 로봇을 만들었다.[49]

알데바란 로보틱스가 개발한 대화형 휴머노이드 로봇 '나오(Nao)'는 1.2m 높이의 사용자 친화적인 매력적인 외형을 가지고 있으며, 동작을 기호와 그림으로 기록하는 기술인 코리그라피(Choregraphe) 소프트웨어[50]로 프로그래밍되어 부드럽고 유연한 움직임과 함께 장애물을 감지하고 피할 수 있다.[51] 나오의 크기, 모양, 음성 등에 관한 사용자 피드백이 페퍼 로봇에 반영되었으며, '불쾌한 골짜기' 현상을 방지하기 위해 외형적 측면에서 인간과의 유사성을 최대한 지양했다.

2012년 일본의 소프트뱅크 모바일과 알데바란 로보틱스가 페퍼의 공동 개발에 착수했으며, 2014년 6월에 출시된 기업과 기업 간의 비즈니스 모델(B2B)에 대한

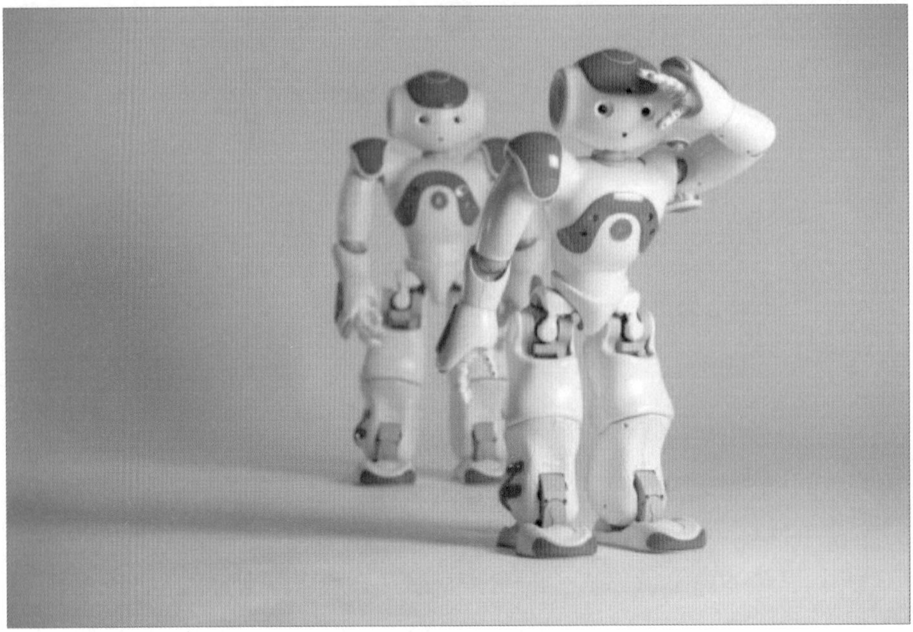

〈그림 2-20〉 알데바란 로보틱스가 개발한 나오

출처: http://www.epnc.co.kr/news/articleView.html?idxno=45442

요구에 따라 제작된 후 기업과 고객 간 서비스(B2C) 목적에 맞게 조정된 산업용 로봇이다. 페퍼는 세계 최초의 감성 인식 로봇에 해당한다. 휴머노이드 로봇인 페퍼는 주변 사람들과의 다중 통신을 위한 기능과 고급 인터페이스, 그리고 다양한 멀티 모달 표현 제스처 및 동작을 위해 설계되었다.[52] 또한 이 로봇은 내장된 와이파이(Wi-Fi) 통신 모듈을 통해 인터넷에 접속하여 수많은 정보를 수집할 수 있으며, 클라우드 인공지능과 데이터베이스와의 연계도 가능하다.

페퍼에는 LG CNS가 소프트뱅크에 공급한 터치 기반의 10.1인치 인터랙티브 패널이 로봇의 가슴 부분에 장착되어 있어 사람과 로봇의 일대일 커뮤니케이션을 지원해준다. 이 인터랙티브 패널은 태블릿 컴퓨터와 유사하지만, 로봇의 잦은 이동과 배터리 용량, 운영시스템과 인터페이스 등을 고려하여 질량과 크기, 전력 소모량, 운영시스템 등 로봇에 최적화되도록 설계되었다.[53]

특히 우아하고 표현력 있는 신체언어를 위한 17개의 관절, 매끄럽게 움직일 수 있는 전 방향 휠 3개, 논스톱 활동을 위한 12시간 이상의 배터리 수명 및 재충전 기능이 포함되어 있다.[54] 또한 로봇은 신체 언어뿐만 아니라 주변 환경을 인식해서 움직일 수 있으며, 음성 및 감정 인식의 최신 기술과 알고리즘으로 관람객의 표현과 음성 톤을 분석해서 인터랙션을 발생시킨다.

스미스소니언연구소는 우선적으로 국립아프리카미술관(National Museum of African Art), 국립 아프리카 미국인 역사문화박물관(National Museum of African American History and Culture), 허시혼박물관 및 조각정원(Hirshhorn Museum and Sculpture Garden), 스미소니언 본관(Smithsonian Institution Building) 및 스미스소니언 환경연구센터(Smithsonian Environmental Research Center) 등에 페퍼를 설치했다. 초기의 파일럿 프로젝트는 페퍼가 대화를 통해 박물관 경험이 적은 관람객에게 어떠한 도움을 제공할 수 있는지, 그러한 도움이 박물관에 대한 관람객의 관심과 참여를 유도할 수 있는지 등과 같은 일반적인 문제를 해결하기 위해 착수되었다.[55]

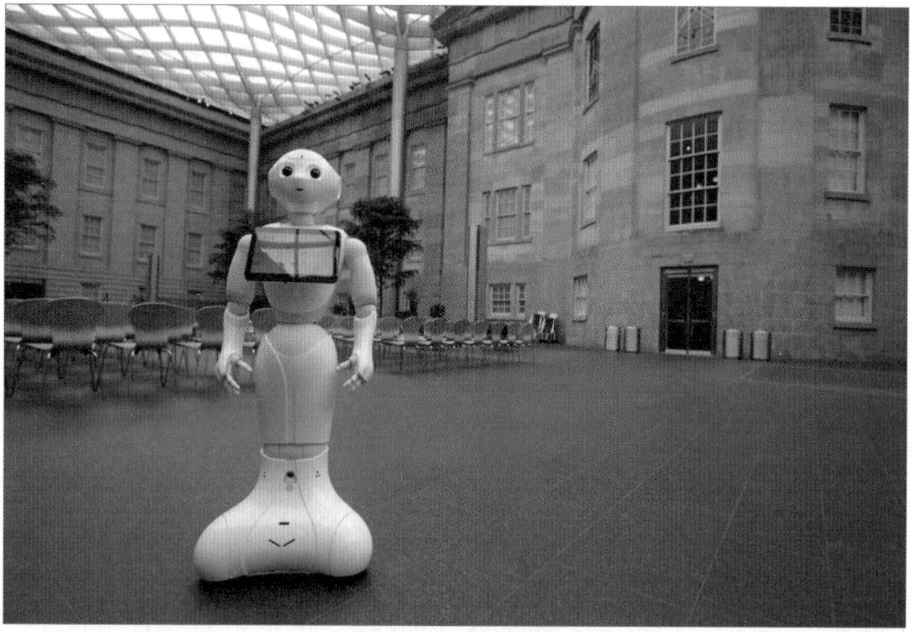

〈그림 2-21〉 로봇 페퍼의 모습

출처: https://news.artnet.com/art-world/smithsonian-introduced-interactive-robots-facilitate-viewers-experience-1274915; https://americanart.si.edu/blog/eye-level/2018/21/57922/more-pepper-please

상술한 박물관에서 페퍼의 역할은 다소 달랐다. 예를 들어, 국립아프리카미술관의 경우에는 새로운 전시 〈지평의 세계: 인도양을 가로지르는 스와힐리어 예술(World on the Horizon: Swahili Arts Across the Indian Ocean)〉을 찾은 관람객을 위해 스와힐리어를 번역해준 반면, 허시혼박물관 및 조각정원에서는 페퍼와 도슨트를 팀으로 구성해서 관람객이 전시를 이해하는 데 도움을 주었고, 환경연구센터는 지역 고등학생들이 페퍼에 사용된 컴퓨터 프로그래밍을 실습할 기회를 제공해주었다.[56]

대화형 로봇 페퍼는 음성 및 동작으로 관람객의 질문에 답변하기, 정보 수집하기, 이야기 들려주기, 춤추기, 게임하기 등 박물관 관련 안내 정보 및 교육, 관람객 맞춤형 서비스를 제공할 뿐만 아니라 도슨트와 관람객 간의 소통, 셀카 촬영을 도와주거나 관람객과 함께 셀카를 찍기 위해 포즈를 취하기도 한다.[57] 또한 가슴에 부착된 태블릿 스크린에 이미지, 텍스트, 비디오를 전송해서 관람객과 인터랙션을 시도한다.[58]

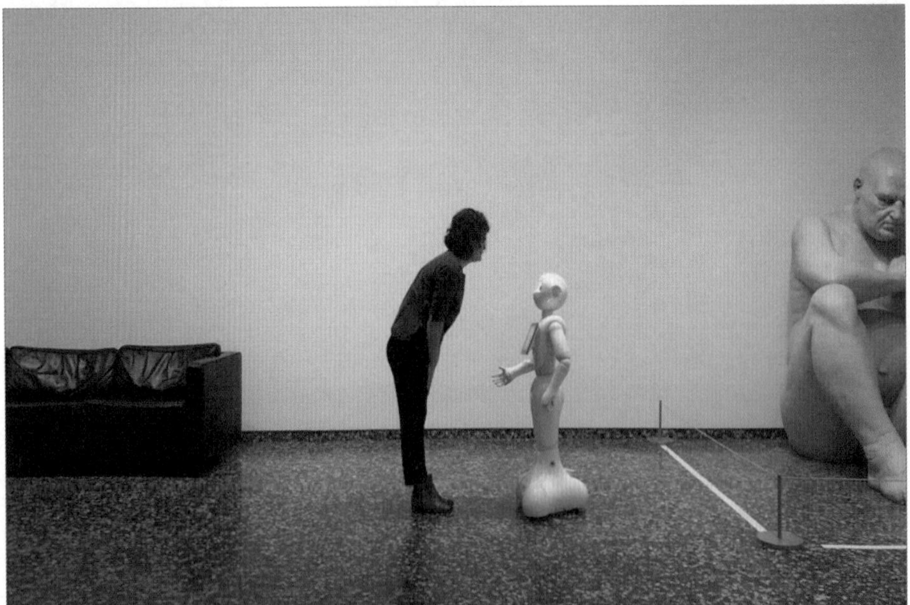

〈그림 2-22〉 스미스소니언의 허시혼박물관에서 관람객에게 도움을 제공하는 페퍼

출처: https://hirshhorn.si.edu/event/meet-pepper/2018-04-30/

페퍼는 현재 전시에 참여하여 교육자와 관람객을 참여시키고 즐거움을 제공해주는 새로운 도구로서의 역할을 함으로써 관람 경험을 풍부하게 만들고 있다. 현재 자연어 처리 대화 기술의 적용이 과제로 남아 있지만, 박물관은 시범 서비스 기간 동안 페퍼의 관람 행태에 대한 영향력을 분석한 후 소프트웨어 업그레이드를 통해 스미스소니언연구소 산하 박물관과 연구센터에 추가로 도입할 예정이다.[59] [60]

미주

1 웹 브라우저 간에 플러그인의 도움 없이 서로 통신할 수 있도록 설계된 응용 프로그램 인터페이스(API)다.

2 사람들이 보고 듣고 느끼고 생각하는 것에 대해 서로 간의 토론을 통해 합의를 이룬 바를 개념적이고 컴퓨터에서 다룰 수 있는 형태로 표현한 모델로, 개념의 타입이나 사용상의 제약 조건들을 명시적으로 정의한 기술이다. 온톨로지는 시맨틱 웹을 구현할 수 있는 도구로, 지식개념을 의미적으로 연결할 수 있으며 RDF, OWL, SWRL 등의 언어를 이용해 표현한다.

3 자원 기술 프레임워크는 웹상의 자원 정보를 표현하기 위한 규격으로, 상이한 메타데이터 간의 어의, 구문 및 구조에 대한 공통적인 규칙을 지원한다.

4 M. Buffa, et al., 2016, Semantic Web Technologies for improving remote visits of museums, using a mobile robot. https://hal.inria.fr/hal-01400924/document

5 시맨틱 웹은 '의미론적인 웹'이라는 뜻으로, 현재의 인터넷 같은 분산 환경에서 리소스에 대한 정보와 자원 사이의 관계-의미 정보를 기계가 처리할 수 있는 온톨로지 형태로 표현하고, 이를 자동화된 기계가 처리하도록 하는 프레임워크인 동시에 기술이다.

6 F. Gandon & A. Giboin, 2017, Paving the WAI: Defining Web-Augmented Interactions. In Proceedings of the 2017 ACM on Web Science Conference, pp. 381-382.

7 M. Buffa, et al., 2016, Semantic Web Technologies for improving remote visits of museums, using a mobile robot. https://hal.inria.fr/hal-01400924/document

8 RDF 질의어, 즉 데이터베이스를 위한 시맨틱 질의어로, 자원 기술 프레임워크 형식으로 저장된 데이터를 검색 및 조작할 수 있다. 월드 와이드 웹 컨소시엄의 RDF DAWG에 의해 표준화되었으며, 시맨틱 웹의 주요 기술 가운데 하나다.

9 H. Aouzal, et al., 2016, Semantic web technologies for improving remote visits of museums, using a mobile robot, 15th International Semantic Web Conference (ISWC 2016), Germany: Springer-Verlag, p. 3.

10 D4D(Dis/engagement, Dis/enfranchisement, Dis/parity and Dissent) 프로젝트는 장애인이 커뮤니티를 표현 · 수행 · 경험 · 실천하는 방법을 조사하는 지속적인 연구 프로그램이다.

11 Hastings Contemporary launches robot-assisted gallery tour amid closure, https://artdaily.com/news/122100/Hastings-Contemporary-launches-robot-assisted-gallery-tours-amid-closure#.XtXaSZ4zais

12 C. Noyes (April 03, 2020). Hastings Contemporary offering Robot tours. https://www.artandobject.com/news/hastings-contemporary-offering-robot-tours

13 Robot brings Hastings gallery art into people's homes, https://www.bbc.com/news/av/uk-england-sussex-52136258/robot-brings-hastings-gallery-art-into-people-s-homes

14 L. Buck (April 03, 2020). Exhibition Wall-E: robot leads tour of Hastings Contemporary, https://www.theartnewspaper.com/blog/robot-gives-tour-of-hastings-contemporary-exhibitions-during-lockdown

15 L. Buck (April 03, 2020) Exhibition Wall-E: robot leads tour of Hastings Contemporary, https://www.theartnewspaper.com/blog/robot-gives-tour-of-hastings-contemporary-exhibitions-during-lockdown

16 S. Reiner-Roth (April 6, 2020) Contemporary art gallery provides robot-assisted tours to beat stay-at-home orders, https://archpaper.com/2020/04/hastings-contemporary-robot-tours/

17 After 10 after dark @ Tate Britain (August 12, 2014) http://i.co.uk/2014/08/12/after-10-after-dark-tate-britain/

18 M. L. Lupetti, C. Germak & L. Giuliano, 2015, Robots and cultural heritage: new museum experiences. Electronic Visualisation and the Arts (EVA 2015), pp. 322-329.

19 애프터 다크 웹사이트: https://www.tate.org.uk/whats-on/tate-britain/special-event/ik-prize-2014-after-dark

20 Tate, Tate After Dark, MW2015: Museums and the web 2015, https://mw2015.museumsandtheweb.com/bow/tate-after-dark/

21 애프터 다크 웹사이트: https://www.tate.org.uk/whats-on/tate-britain/special-event/ik-prize-2014-after-dark

22 Explore Tate Britain after dark: Scheme lets art lovers remotely drive robots around the museum once everyone has gone home (August 12, 2014) https://www.dailymail.co.uk/sciencetech/article-2722995/Explore-Tate-Britain-dark-Scheme-lets-art-lovers-remotely-drive-robots-museum-gone-home.html

23 Tate, IK Prize 2014: After Dark, https://www.tate.org.uk/whats-on/tate-britain/special-event/ik-prize-2014-after-dark

24 Berenson: le robot amateur d'art (February 28, 2017) https://www.u-cergy.fr/fr/recherche-et-valorisation/actualites-recherche/berenson-le-robot-amateur-d-art.html

25 L. Pereira (March 16, 2016) The Story Behind Berenson the Robot-Interview with Denis Vidal and Philippe Gaussier, https://www.widewalls.ch/berenson-the-robot-vidal-gaussier/

26 L. Pereira (March 16, 2016) The story behind Berenson the Robot: Interview with Denis Vidal and Philippe Gaussier, https://www.widewalls.ch/magazine/berenson-the-robot-vidal-gaussier

27 Berenson: le robot amateur d'art (February 28, 2017) https://www.u-cergy.fr/fr/recherche-et-valorisation/actualites-recherche/berenson-le-robot-amateur-d-art.html

28 AMA culture hive, Artificial intelligence and the future of museums, https://www.culturehive.co.uk/resources/artificial-intelligence-and-the-future-of-museums/

29 C. Blum & V. V. Hafner (2014). Gradient-based taxis algorithms for network robotics. arXiv preprint arXiv:1409.7580.

30 C. Blum & V. V. Hafner (2014). Gradient-based taxis algorithms for network robotics. arXiv preprint arXiv:1409.7580.

31 A. Moualla, A. Karaouzene, S. Boucenna, D. Vidal & P. Gaussier (2017). Readability of the gaze and expressions of a robot museum visitor: impact of the low level sensory-motor control. In 2017 26th IEEE International Symposium on Robot and Human Interactive Communication (RO-MAN), pp. 712-719.

32 A. Moualla, A. Karaouzene, S. Boucenna, D. Vidal & P. Gaussier (2017). Readability of the gaze and expressions of a robot museum visitor: impact of the low level sensory-motor control. In 2017 26th IEEE International Symposium on Robot and Human Interactive Communication (RO-MAN), pp. 712-719.

33 C. Munro (February 29, 2016) Meet Berenson, the Robot art critic: Should art critics fear for their jobs? https://news.artnet.com/art-world/robot-art-critic-berenson-436739

34 D.J. Pangburn (February 26, 2016) This diaper robot is an art critic: A robot named Berenson is quietly judging art at the 'Persona: Oddly Human' exhibition at Paris' Musée du quai Branly. https://www.vice.com/en_us/article/aenq45/robot-art-critic-berenson

35 L. Pereira (March 16, 2016) The story behind Berenson the Robot https://www.widewalls.ch/berenson-the-robot-vidal-gaussier/

36 Musée du Quai Branly: Berenson et l'exposition Persona. https://www.ensea.fr/fr/musee-du-quai-branly-berenson-et-lexposition-persona-496

37 AMA culture hive, Artificial intelligence and the future of museums, https://www.culturehive.co.uk/resources/artificial-intelligence-and-the-future-of-museums/

38 Euronews (February 03, 2016) Putting the art into artificial intelligence as a critic robot tour Quai Branly in Paris. https://www.euronews.com/2016/03/02/art-critic-robot-tours-quai-branly-in-paris

39 Béatrice Arend & Patrick Sunnen, 2017, Coping with Turn-taking: Investigating Breakdowns in Human-robot Interaction from a Conversation Analysis (CA) Perspective, The 8th International Conference on Society and Information Technologies, FL: International Institute of Informatics and Systemics, pp. 149-154.

40 Girls in Tech: Art, Technology & mulled wine at Mudam (December 16, 2015), https://chronicle.lu/event/4527-girls-in-tech-art-technology-mulled-wine-at-mudam

41 Art, robots and festive drinks for final girls in tech event of the year (December 07, 2015). https://chronicle.lu/category/others/14688-art,-robots-and-festive-drinks-for-final-girls-in-tech-event-of-the-year

42 D. Mondou, A. Prigent & A. Revel (2017). A dynamic scenario by remote supervision: a serious game in the museum with a Nao robot. In International Conference on Advances in Computer Entertainment, pp. 103-116.

43 이보아(2018),「초연결성의 박물관(Hyper-connected Museum): 테크놀로지 기반의 해외 박물관 서비스 혁신 사례 고찰」,『박물관학보』, 35, 89-111쪽.

44 N. Oskian, Ever fallen in love… with a robot you shouldn't have? https://blog.kpmg.lu/ever-fallen-in-love-with-a-robot-you-shouldnt-have/

45 Loria(Laboratoire Lorrain de Recherche en Informatique et ses Applications), 2015, Guido: A robot-guide at MUDAM, Loria Homepage, www.loria.fr/en/guido-a-robot-guide-at-mudam/

46 이보아(2018), 위의 논문, 35, 89-111쪽.

47 D. Mondou, A. Prigent & A. Revel (2017). A dynamic scenario by remote supervision: a serious game in the museum with a Nao robot. In International Conference on Advances in Computer Entertainment, pp. 103-116.

48 D. Mondou, A. Prigent & A. Revel (2017). A dynamic scenario by remote supervision: a serious game in the museum with a Nao robot. In International Conference on Advances in Computer Entertainment, pp. 103-116.

49 A. K. Pandey & R. Gelin, 2018, A mass-produced sociable humanoid robot: pepper: the first machine of its kind. IEEE Robotics & Automation Magazine, 25(3), pp. 40-48.

50 코리그라피는 애니메이션, 행동 및 대화 만들기, 로봇 모니터링 및 제어 등의 작업을 수행하는 다중 플랫폼 데스크톱 응용 프로그램이다.

51 J. Lafaye, D. Gouaillier & P. B. Wieber, 2014, Linear model predictive control of the locomotion of Pepper, a humanoid robot with omnidirectional wheels. In 2014 IEEE-RAS International Conference on Humanoid Robots, pp. 336-341.

52 J. Lafaye, D. Gouaillier & P. B. Wieber, 2014, Linear model predictive control of the locomotion of Pepper, a humanoid robot with omnidirectional wheels. In 2014 IEEE-RAS International Conference on Humanoid Robots, pp. 336-341.

53 소프트뱅크 로봇 페퍼에 국내 패널 공급(2014. 6. 8), http://www.irobotnews.com/news/articleView.html?idxno=2719

54 A. K. Pandey & R. Gelin, 2018, A mass-produced sociable humanoid robot: pepper: the first machine of its kind. IEEE Robotics & Automation Magazine, 25(3), pp. 40-48.

55 Smithsonian launches pilot program of pepper robots: Softbank robotics donates robots as part of significant gift (April 24, 2018) https://www.si.edu/newsdesk/releases/smithsonian-launches-pilot-program-pepper-robots

56 T. Dafoe (April 27, 2018) The robots are coming for your docents: Meet Pepper, the Smithsonian's new automated tour guide. https://news.artnet.com/art-world/smithsonian-introduced-interactive-robots-facilitate-viewers-experience-1274915

57 L. Styx (March 18, 2019) How are museums using artificial intelligence, and is AI the future of museums? https://www.museumnext.com/article/artificial-intelligence-and-the-future-of-museums/

58 Smithsonian Institution, 2018, Pepper the Robot, Washington D.C.: Smithsonian Institution Homepage, https://www.si.edu/

59 T. Dafoe (April 27, 2018). The robots are coming for your docents: Meet Pepper, the Smithsonian's new automated tour guide. https://news.artnet.com/art-world/smithsonian-introduced-interactive-robots-facilitate-viewers-experience-1274915

60 Meet Pepper, https://hirshhorn.si.edu/event/meet-pepper/2018-04-30/

3부

빅데이터

1. 빅데이터 기반 관람객 분석 (1) National Gallery × Dexibit
2. 빅데이터 기반 관람객 분석 (2) British Museum × Microsoft
3. 빅데이터 기반 관람객 분석 (3) Art Institute of Chicago
4. 머신 비전 및 빅쿼리 기반의 빅데이터 활용 Metropolitan Museum of Art
5. 소장품 기반 데이터 시각화 Tate
6. 예술과 데이터의 만남(Art + Data Day) San Francisco Museum of Modern Art × Stamen Design
7. 글로벌 박물관 및 미술관 온라인 플랫폼 Google Art & Culture
8. 테크놀로지 기반의 하이브리드 전시 Louvre-DNP Museum Lab
9. 닌텐도 오디오 가이드 Louvre Museum

1

빅데이터 기반 관람객 분석 (1)

National Gallery × Dexibit

최근 몇 년 동안 해외 주요 박물관을 중심으로 '머신 러닝'과 '인공지능'의 적용 가능성이 실험되고 있다. 상술한 두 가지 기술은 데이터에서 반복적으로 학습하는 알고리즘을 사용해서 데이터 이면에 내재하는 통찰력을 발견하게 한다.[1] 박물관 및

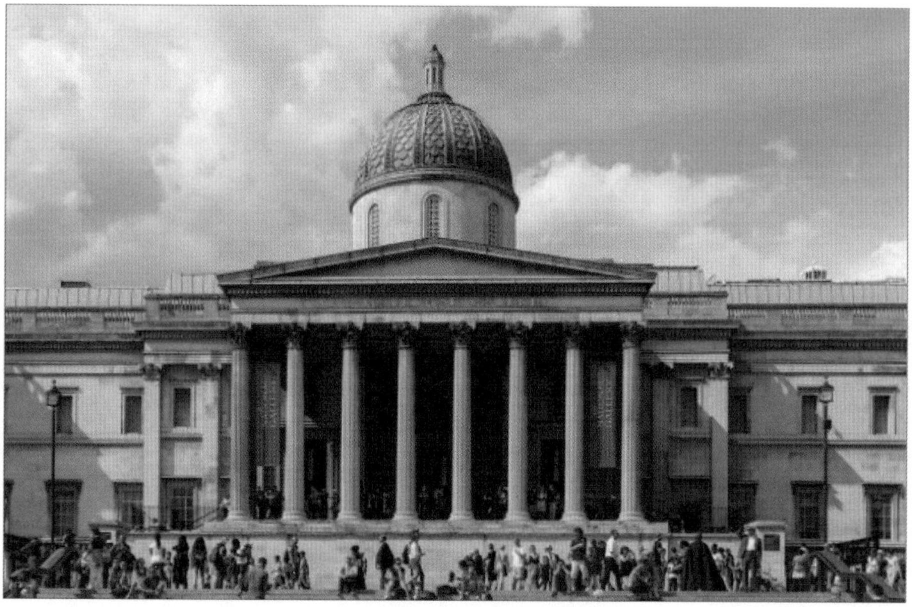

〈그림 3-1〉 국립미술관 전경

출처: https://idealog.co.nz/tech/2017/08/meet-new-zealand-data-company-revolutionising-museum-industry

미술관의 경우, 이들 기술은 관람객에 대한 이해를 증진시키며, 새로운 유형의 재정적 지속 가능성에 대한 정책 및 전략 구축에 도움을 준다.

매년 600만 명 이상의 관람객이 방문하는 영국의 국립미술관(National Gallery)은 재정 지속성과 관람객에 대한 통찰력을 확보하기 위해 인공지능의 수용을 결정했다.[2] 이러한 결정은 미시적으로 관람객에 대한 예측 역량을 강화하기 위해 요구되는 빅데이터 분석에 대한 효율성 증진, 그리고 거시적으로 디지털 전략 실천의 지속적인 성장과 밀접한 관련성이 있었다.[3] 2017년부터 국립미술관은 영국 최초로 인공지능 기반의 분석을 도입했으며, 뉴질랜드 출신의 테크놀로지 스타트업 업체인 덱시빗(Dexibit)과의 협력을 통해 머신 러닝 알고리즘을 기반으로 관람객 수 예

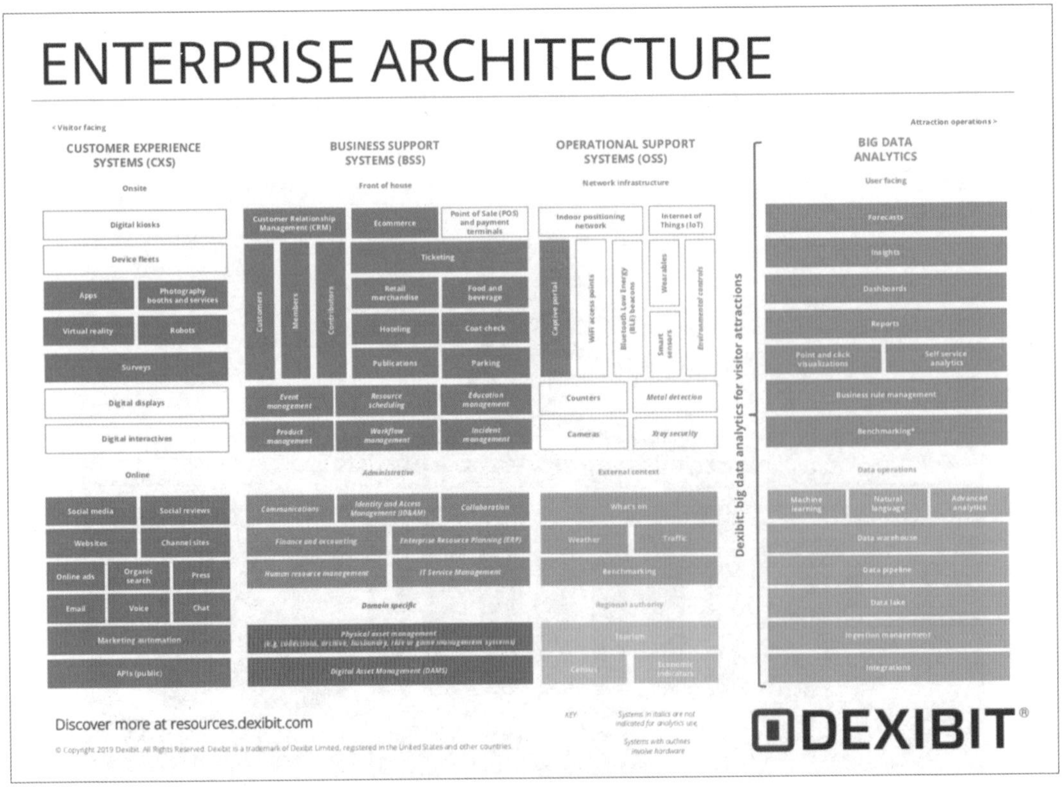

〈그림 3-2〉 덱시빗 시스템 아키텍처

출처: https://dexibit.com/home/resources/framework-integration-architecture/

측, 전시 기획, 관람 경험에 대한 이해, 관람 행태 분석, 입장료의 차별화, 관람객 참여 등 경험 증진, 미술관 사업, 디지털 전략에 대한 통찰력을 증진시키는 연구를 진행하고 있다.[4]

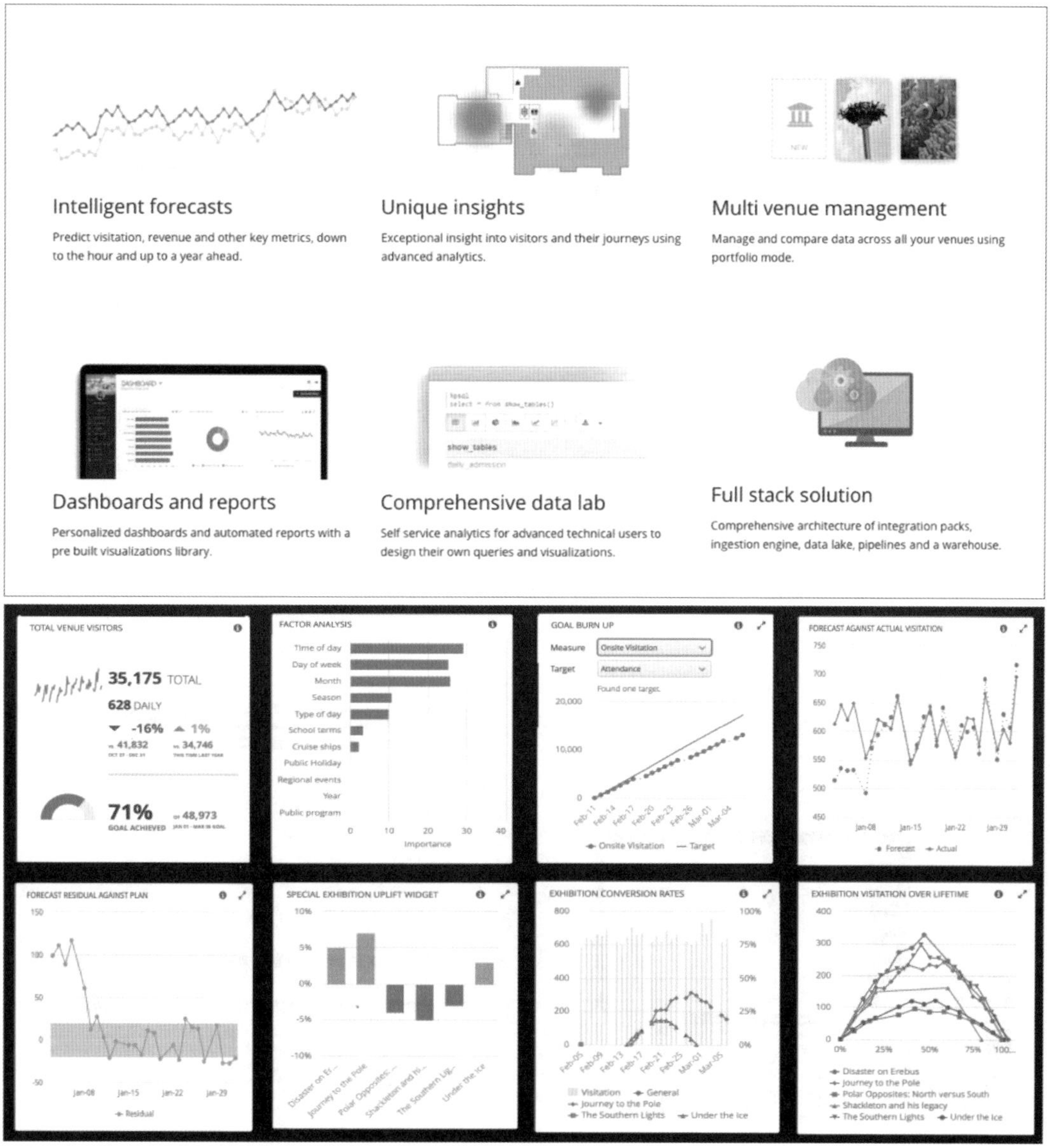

〈그림 3-3〉 덱시빗 서비스 유형

출처: https://dexibit.com/home/tour/

국립미술관은 실질적으로 매년 100만 명에 이르는 데이터와 최대 1천 개의 데이터 포인트를 축적해왔으며, 기획 전시에 대한 잠재적 수요를 예측하는 것이 미술관이 직면한 가장 핵심적인 문제였다.[5] [6] 이 연구 프로젝트를 진행하기 위해 국립미술관과 덱시빗은 상용 시스템으로 도출한 역사적 데이터, 와이파이(Wi-Fi) 데이터, 웹사이트 방문 등의 미술관 데이터, 영국 통계청(Office for National Statistics, 이하 ONS)의 관광 수치 등과 같은 다양한 오픈소스 데이터를 결합했다.[7]

또한 덱시빗은 미술관 현장과 관련된 데이터, 온라인과 모바일 접속 빈도나 접속량, 소셜 미디어, 입장권 발매, 카페, 뮤지엄 숍, 멤버십 등으로 발생한 매출, 날씨 등 상이한 데이터 수집에 집중했다. 특히 온라인 접속 빈도나 접속량의 경우 관람객 수, 클립보드에 기록된 정보 등이 활용되었다. 이들 데이터는 아마존 웹 서비스(Amazon Web Service)와 마이크로소프트 플랫폼(Microsoft platform)을 기반으로 방대한 양의 데이터를 분석하고, 관람객 행동 및 운영 시스템에 대한 통찰력을 제공하는 클라우드 소프트웨어로 개발되었다.[8]

이 소프트웨어는 미술관 내에 설치된 센서에 감지된 스마트폰의 MAC(Media Access Control) 주소를 통해 관람객의 존재 여부를 익명으로 분석하는데, 각각의 관람

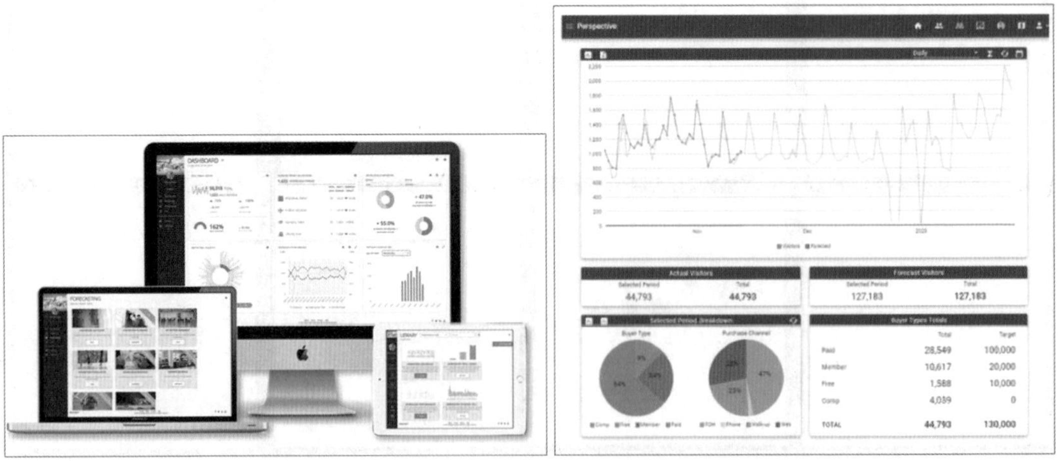

〈그림 3-4〉 덱시빗의 개인화된 대시보드와 국립미술관에서 사용하는 예측 분석 대시보드의 화면 캡처

출처: https://dexibit.com/home/tour/; O. Murphy & E. Villaespesa, 2020

마다 수천 개의 데이터 포인트가 생성된다.[9] 이러한 데이터 포인트는 관람객의 이동 경로, 예를 들어 다양한 장소에서 체류한 시간, 카페에서 식사를 했는지, 또는 뮤지엄 숍에서 쇼핑을 했는지 등 관람객이 미술관에 체류하는 동안의 활동에 대한 정보를 제공해준다.

상술한 데이터 분석 결과는 개인화된 대시보드의 형태로 제공되는데, 이는 시각화 및 자동 보고, 도구, 자동으로 처리하고 분석해서 맞춤형으로 추천해주는 데이터 콘시어지(data concierge) 이상의 의미를 지니며, 또한 자동 생성된 최종보고서는 모바일 디바이스에서 공유될 수 있다. 이러한 방식으로 덱시빗은 미술관 경영진이 수백만 달러 규모의 전시, 직원 및 기타 운영 문제에 대해 더 나은 의사결정을 내

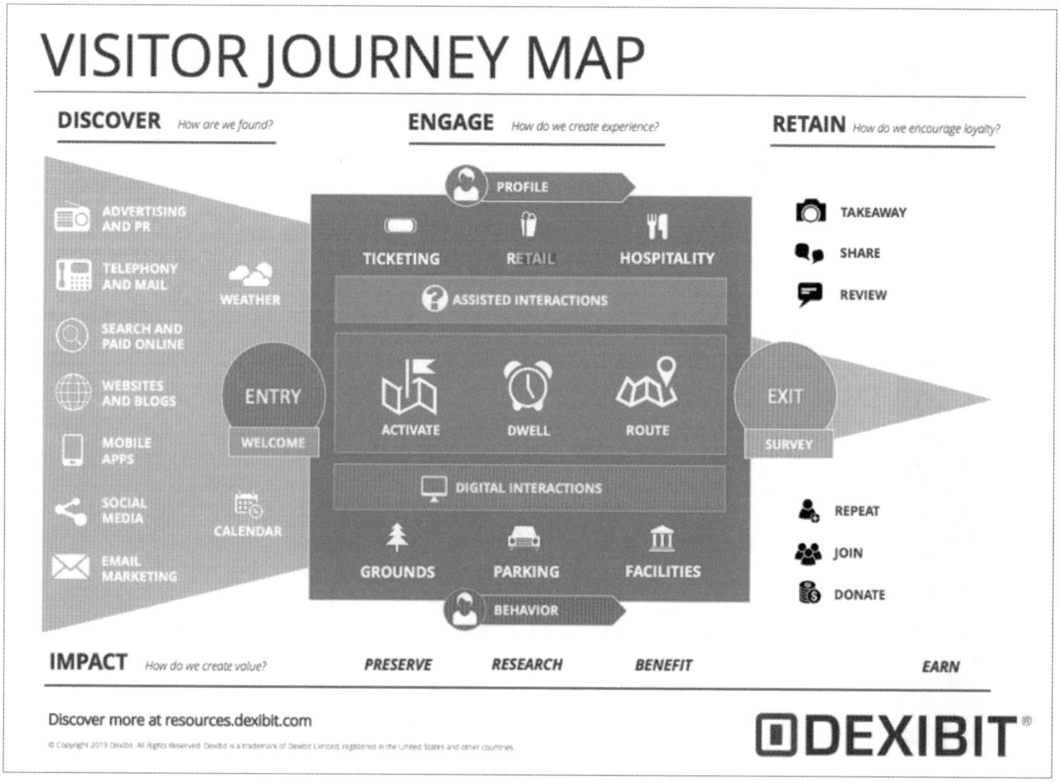

〈그림 3-5〉 관람객의 이동 경로에 대한 시각화

출처: https://dexibit.com/wp-content/uploads/2019/09/Dexibit-resource-Visitor-journey-map.pdf

릴 수 있도록 시의적절하고 정확한 정보를 제공한다. 덱시빗의 빅데이터 분석은 박물관 및 미술관뿐만 아니라 도서관, 아카이브, 유적지, 동물원 및 수족관, 테마파크, 공연예술 등에도 적용되고 있으며,[10] 관람객 경험 및 향후 전시 운영 방법에 대한

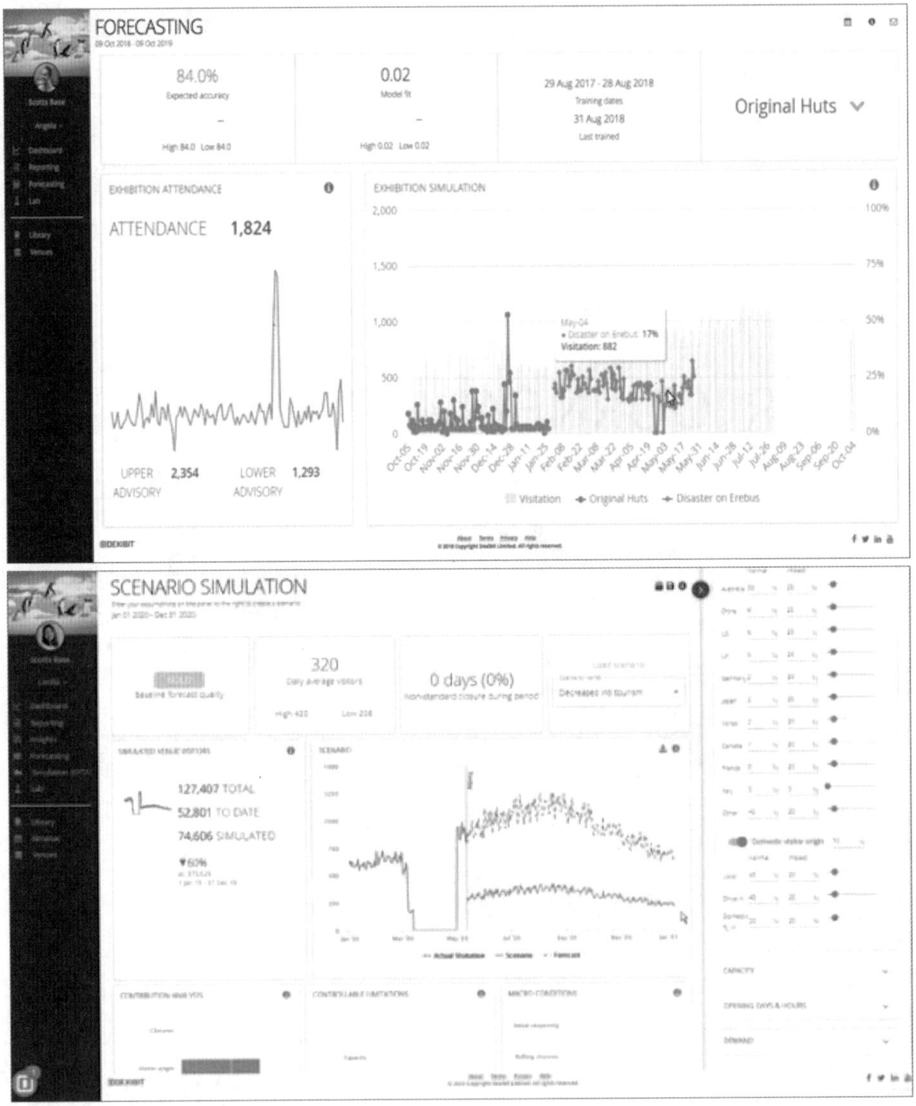

〈그림 3-6〉 전시에 대한 예측과 시나리오 시뮬레이션 예시

출처: https://dexibit.com/wp-content/uploads/2018/10/Screen-Shot-2018-10-08-at-17.46.25.png; https://dexibit.com/home/tour/tour-simulation/

심층적인 이해뿐만 아니라 자금을 확보하는 데도 도움이 될 수 있다.

덱시빗은 2018년부터 국립미술관의 데이터 & 인사이트팀(Data and Insights Team)과 함께 머신 러닝과 통제할 수 있는 가설을 결합하여 특정 장소에서 발생하는 데이터를 모델링한 시나리오를 시뮬레이션함으로써 다양한 시장 조건과 운영 역학을 제어 · 분석 · 모니터링하고 있다.[11] 이러한 시뮬레이션의 사례 가운데 주목할 만한 것은 '전시 관람객 시뮬레이션'이다.[12] 전시 관람객 시뮬레이션이란 실제로 전시를 기획하거나 개최했을 때, 전시 개최 12~18개월 전에 잠재 관람객을 예측하는 것이다.[13] 하지만 이 수치는 단순한 숫자 문제가 아니다. 오히려 그 숫자의 표면 아래 숨겨져 있는 다양한 요인에 의해 결정된다. 예를 들어 전시의 주제적 특성, 예술 사조, 영국 대중이 특정 작가의 유료 전시회를 관람할 가능성, 목표 관람객, 예산, 장소, 전시회 개최 기간, 전시 마케팅 비용, 입장료 등이 이러한 요인에 포함된다.

덱시빗은 국립미술관을 시작으로 현재 뉴질랜드의 운송 및 테크놀로지 박물관(Museum of Transport and Technology, MOTAT), 뉴질랜드의 테 파파 통가레와 박물관(Museum of Te Papa Tongarewa), 스미스소니언연구소 등과 협업을 진행하고 있다.[14] 특히 테 파파 통가레와 박물관의 경우, 덱시빗의 관람객 예측 정확도는 90% 정도였다.[15] 2018년 푸아와이탕가 상(Puawaitanga Award)은 덱시빗의 설립자 앤지 저지(Angie Judge)와 투자자 다나 매켄지(Dana McKenzie)에게 수여되었다. 덱시빗은 크리에이티브 부문을 위한 혁신적인 소프트웨어 및 최우수 기술 솔루션 부문에서 2개의 권위 있는 하이테크 어워드를 수상했다.[16] 2020년 덱시빗은 코로나19(COVID-19)의 확산에 따른 관람객 유입에 대한 시나리오 시뮬레이션을 진행해서 제공하고 있다.

2
빅데이터 기반 관람객 분석 (2)

British Museum × Microsoft

아트뉴스페이퍼(The Art Newspaper)의 관람객 통계 자료에 의하면, 영국의 국립박물관은 2018년 582만 명(6위)에 이어 2019년에는 623만 9,983명(5위)를 기록했다.[17] 평균적으로 연간 600만 명(1일 기준 1만 7천 명)의 관람객 유입이 이루어지고 있는 영국의 국립박물관의 경우, 관람객의 박물관 체류 시간, 유인력이 높은 전시물, 전시실 이용 방식 및 전시 동선, 전시물과의 인터랙션 방식 등 관람 경험에 대한 통찰력 강화가 박물관 경영 전략 가운데 주요 우선순위에 해당한다.

2016년 영국 국립박물관은 고객 서비스를 지원하고, 박물관 관람과 관련된 피드백 및 문의에 대해 실행 가능한 해결 방안을 만들기 위한 목적으로 '관람객 인사이트팀(visitor insight team)'을 구성했다. 이 팀의 목표는 관람객과 관련된 주요 연구 주제를 식별하고, 시간 경과에 따른 특정 경향을 측정하며, 발견한 주요 내용을 박물관의 다른 부서와 공유하며, 관람객에 대한 실시간 데이터를 기반으로 의사결정을 내리는 것이었다.[18] 관람객 인사이트팀이 구축한 시스템은 박물관 투어부터 가족 관람객의 활동에 대한 긍정적인 피드백에 이르는 광범위한 메시지를 분류했다. 초기에는 이메일과 메모 카드로 범위가 제한되었지만, 점차 트위터나 페이스북 등의 소셜 네트워크 서비스(Social Network Service, 이하 SNS)에 게시된 직접적인 메시지의 피드백으로 확장되었다.

관람객 인사이트팀이 수집한 데이터는 박물관 업무나 관람객 서비스를 실질적으로 개선하는 데 매우 유용했다. 예를 들어, 이 팀은 웹사이트에 박물관의 수하물 정책을 명시함으로써 이에 대한 관람객의 불만을 해소시켰으며, 화장실에 비치된 유아용 매트나 핸드 드라이어의 교체도 이들 데이터를 기반으로 이루어졌다. 이 데이터의 가장 큰 강점은 실질적으로 습득한 데이터를 사용해서 관람객의 선호를 효과적으로 측정할 수 있다는 것이었는데, 이 측정을 통해 도출된 정량적인 데이터는 각 부서에서 진행하고 있거나 향후 진행하고자 하는 박물관 업무에 대한 실행 타당성의 근거를 마련해주었다. 하지만 이메일이나 SNS를 통해 전달되는 메시지는 매우 극단적인 특성(예를 들면 관람 경험이 매우 행복하거나 매우 불만족하거나)이 있었을 뿐만 아니라 강한 언어 편견이 내재했으며, 전반적인 경험에 대한 설명도 부족했다.

여행 관련 웹사이트인 트립어드바이저(TripAdvisor)는 리뷰와 평점을 근거로 매년 세계 최고의 박물관 열 곳을 선정해서 웹사이트에 공개하고, 박물관에 리뷰를 전달하는 서비스를 무료로 제공하고 있다.[19] 트립어드바이저의 리뷰 서비스는 전 세계 사용자를 대상으로 다양한 언어로 제공하고 있으며, 관람 경험에 미치는 요인에 대해 자유롭게 논의하면서 관람만족도를 평가하고, 그 경험이 긍정적인 경우에는 다른 사람들에게 관람을 추천해준다.[20]

이 기관은 박물관 연구자들과 함께 〈런던 박물관에 대한 트립어드바이저 리뷰(TripAdvisor Review of London Museums)〉라는 보고서를 발간하는데,[21] 이 보고서는 관람객이 처음 박물관을 방문하더라도 정보를 풍부하게 제공하는 박물관을 선택한다는 중요한 사실을 제시해주었다.[22] 국립박물관 또한 트립어드바이저[23]로부터 한 달에 평균 1천 개의 리뷰와 평점을 받는다.

특히 트립어드바이저의 리뷰 서비스는 이메일이나 SNS에 게시되지 않은 관람 경험에 대한 상세한 설명이나 반응을 제공하므로 국립박물관이 새로운 시각으로 관람 경험에 접근하는 데 도움이 되었다. 예를 들면, 전시실의 온도, 특정 날짜의 관람객 규모, 언어 및 길 찾기 문제 등 다양한 시각에서 관람 경험에 접근했기 때문에 관람객이 어떤 서비스에 만족하는지, 또는 어떤 서비스 부문에 개선이 필요한지를

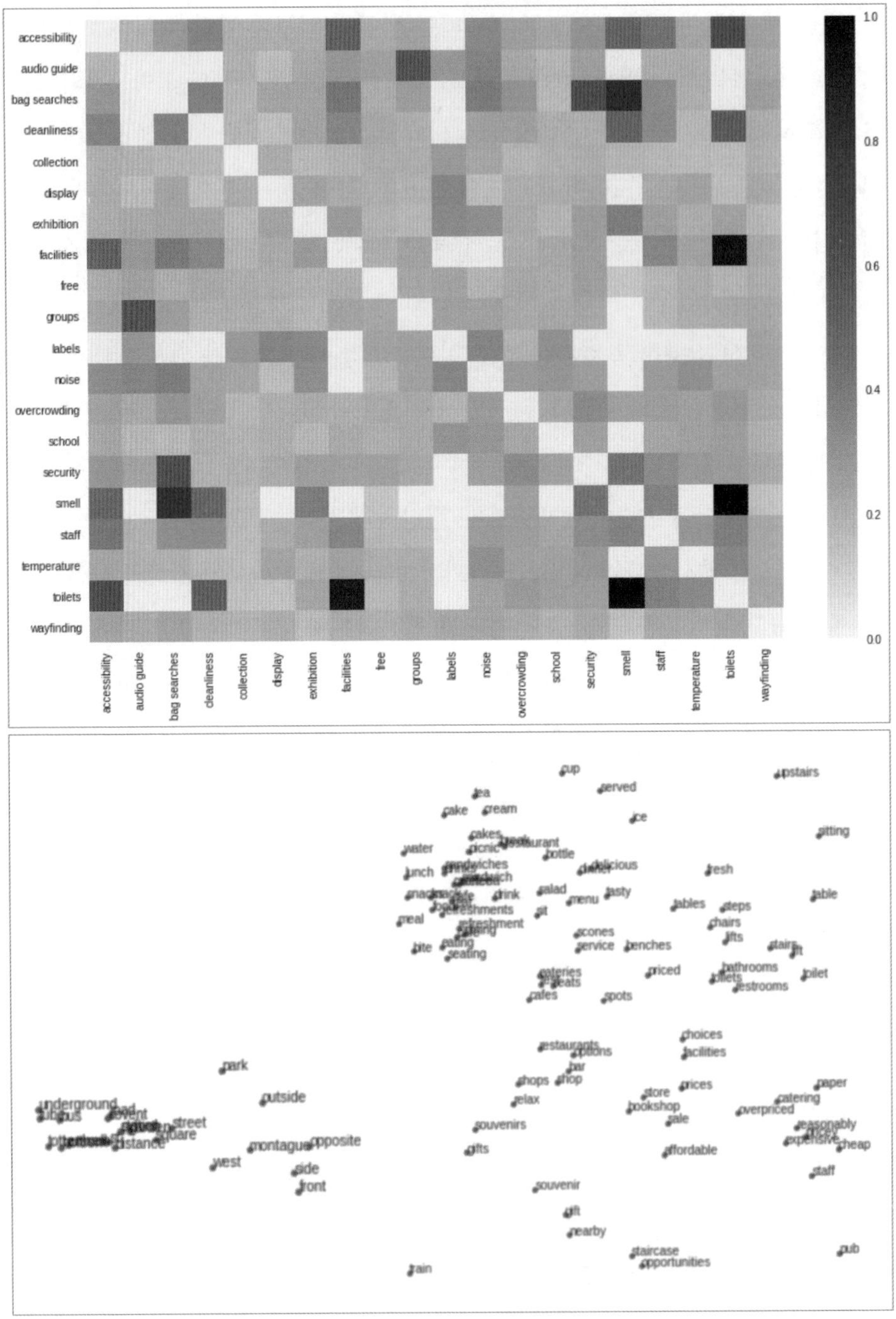

〈그림 3-7〉 트립어드바이저 리뷰 데이터 셋에 대한 요인 분석 결과와 단어의 군집화 결과

출처: https://museum-id.com/invisible-insights-learning-from-tripadvisor-reviews/

파악하는 것을 가능하게 해주었다.

국립박물관 입장에서는 이러한 무료 리뷰 서비스의 유용성을 인지했지만, 무엇보다 이 데이터 셋이 박물관이 직접 수집하거나 소유한 것이 아니었고, 현실적으로 매달 1천 개의 리뷰를 분석하기 위해서는 상당히 많은 시간과 자원이 소요된다는 것을 알고 있었다. 트립어드바이저가 국립박물관에 리뷰 서비스를 제공하기 시작했을 때 관람객 인사이트팀은 이에 대해 매우 수동적인 입장을 취했지만, 실험적으로 진행된 특정 주제에 대한 일회성 리뷰 분석은 박물관 전문인력이 관심을 가질 정도의 매우 흥미로운 결과를 도출해냈다. 그다음 단계의 분석을 실행하기 위해 요구된 것은 정성적인 특성을 지닌 방대한 데이터 셋이었는데, 트립어드바이저는 국립박물관과의 협의를 통해 2년 동안 데이터를 무상으로 제공해주기로 했다.[24]

새로운 분석 단계에서는 관람객 인사이트팀을 맡고 있는 콜린 쿠우(Coline Cuau)와 디지털 분석팀(Digital Analytics Team)의 데이터공학자 해리슨 핌(Harrison Pim)이 연구를 주도했으며, 방대한 리뷰 데이터 셋에 자동으로 태그를 지정하기 위해 매우 간단한 알고리즘이 사용되었다.[25] 그 결과, 관람만족도에 영향을 미치는 요인이 식별되었으며, 요인 간 상관관계도 제시되었다. 또한 자연어 처리 기술을 사용해서 개별 단어의 의미론적 유사성과 주요 연구 주제가 군집화되었다. 국립박물관은 리뷰에 내재된 정서적 반응과 리뷰 안에 사용된 단어의 확률론적 추론을 이끌어내기 위해 머신 러닝을 적용했다.

머신 러닝을 데이터 셋에 적용한 결과, 주요 연구 주제에 소장품, 관람객 군집 현상, 박물관 규모, 이집트 소장품, 무료 입장, 전시 투어와 갤러리 토크, 가족 관람객, 문화재 반환, 해석, 오디오 가이드 등이 제시되었다. 이들 연구 주제는 국립박물관이 그동안 수집 및 축적해온 데이터에서는 발견되지 않은 언어권에 따라 관람객이 보인 관심의 유사성과 상이성을 현저하게 드러내주었다. 예를 들어, 프랑스어권 관람객을 제외한 모든 언어권에서 소장품에 대한 관심이 가장 높게 나타났으며, 관람객 군집 현상은 영어권과 프랑스어권 관람객에게 중요한 영향력을 미쳤다. 또한 비영어권 관람객은 오디오 가이드에 대한 의존도가 높았고, 프랑스어권 관람객은 가족과 함께 박물관을 동반 관람한다는 사실이 제시되었다.

상술한 연구 결과는 국립박물관의 다른 부서들과 공유되었으며, 관람객 개발 및 고객 지원 서비스에 대한 장기 전략 수립에 반영되었다. 특히 비영어권 관람객을 위해 다국어 모바일 애플리케이션이 개발된 것은 상기 연구의 큰 성과라 할 수 있다. 이 연구를 통해 국립박물관은 관람객과 관련된 데이터 셋을 머신러닝으로 분석한 최초의 문화기관으로 인정받게 되었다. 또한 국립박물관 연구에서 입증된 바와 같이 트립어드바이저 리뷰는 박물관 평가 도구인 동시에 매우 유용한 정보원으로,[26] 박물관에 다양한 관람객 서비스 전략을 제시해줄 잠재력이 내재해 있다는 사실이 확인되었다.[27]

국립박물관은 2017년부터 방대한 박물관 공간에서 관람객의 경험을 분석하기 위해 마이크로소프트사와의 협력을 통해 빅데이터 기반의 분석에 착수했다.[28] 상술한 바와 같이 국립박물관은 오디오 가이드, 전시물, 디지털 서비스 등 다양한 경로를 통해 관람객에 대한 정보 수집에 주력하면서[29] 관람객 데이터를 통합적인 방법으로 구축 및 분석할 수 있는 방법을 개발하기 위해 고민해왔다.[30] 결과적으로, 박물관 내부에서의 빅데이터 분석은 관람객이 필요한 정보를 적시에 적절한 언어로

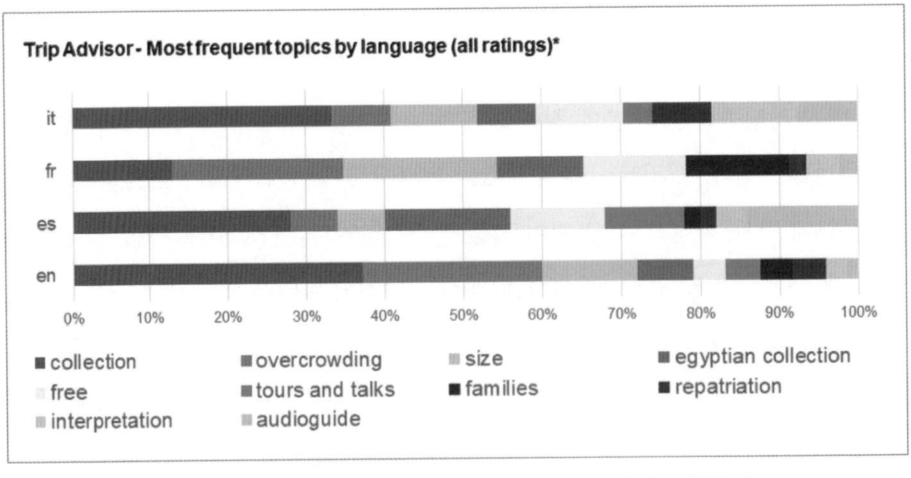

〈그림 3-8〉 트립어드바이저 리뷰 데이터 셋 분석에서 도출된 주요 연구 주제

출처: https://museum-id.com/invisible-insights-learning-from-tripadvisor-reviews/

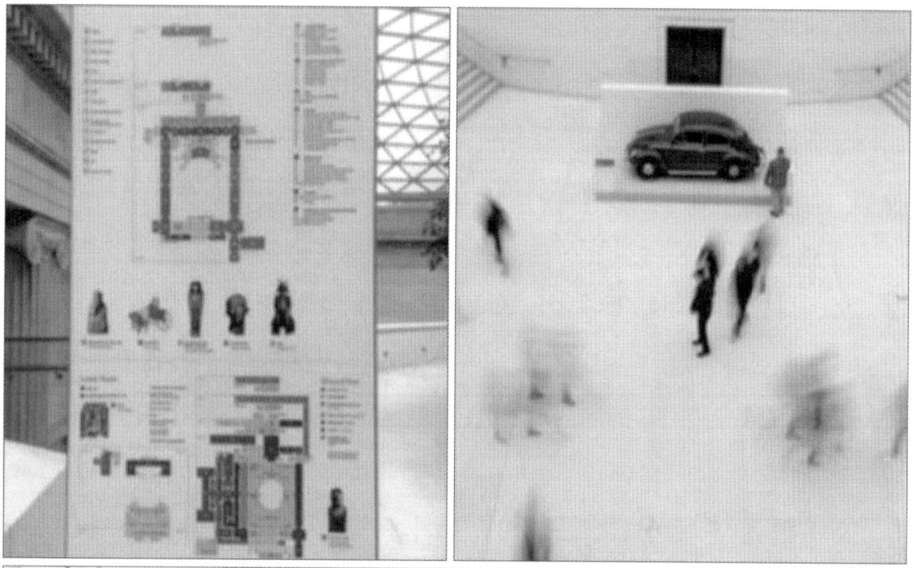

```r
#-------------CISCO API Connection to collect CISCO data-------------
#DATE : 03/06/2016
#AUTHOR: Alice Daish adaish@britishmusuem.org

#-----Install and Load packages
library(httr)
library(jsonlite)

#Load password and username code file
source("logincisco.R")

#----FIND THE LIST OF SITES-------
sites<-GET("https://cmxcisco.com/api/config/v1/sites",authenticate(user, password))
# gets the URL api content including authroziation

#testing different export formats
str(content(sites)) #see content
sitelist<-content(sites, "text") #collects content as text string
sitelist<-fromJSON(sitelist) #convert to table format from string
head(sitelist) #see the top of the table

#List of site name and siteId
siteId<-cbind(sitelist$aesUidString,sitelist$name)

#EXAMPLE COLLECT HOURLY DATA OF ALL SITE FOR ONE DAY (14/05/2016)
hourdata<-matrix(NA,nrow = 97*1, ncol = 27) #blank matrix
colnames(hourdata)<-c("SiteID","SiteName","Date","0","1","2","3","4","5",
                      "6","7","8","9","10","11","12","13","14","15","16",
                      "17","18","19","20","21","22","23") #Label columns

  hourly<-GET(paste0("https://1nzgy2.cmxcisco.com/api/presence/v1/visitor/hourly?siteId=",
                     siteId[i,1],"&date=2016-05-14"),authenticate(user, password))

  hourdata[i,1]<-siteId[i,1] #ID
  hourdata[i,2]<-siteId[i,2] #Name of site
  hourdata[i,3]<-"2016-05-14"
  hourdata[i,4]<-content(hourly)$`0`
  hourdata[i,5]<-content(hourly)$`1`
  hourdata[i,6]<-content(hourly)$`2`
  hourdata[i,7]<-content(hourly)$`3`
```

〈그림 3-9〉 관람객의 동선을 추적하는 와이파이(Wi-Fi) 설치 장소 및 수집된 데이터 예시

출처: Daish, A. Data-driven museums ; https://zenodo.org/record/321812#.XuSAc54zYsI

제시해줄 가능성에 대한 공감대가 형성되었다.

국립박물관의 데이터공학자로 구성된 '빅데이터팀(Bigdata Team)'을 설치하고, 2018년까지 박물관의 운영 방식을 데이터 중심으로 전환하는 목표를 수립했다. 예를 들어, 빅데이터팀은 데이터를 기반으로 관람객이 원하는 경험을 식별하고, 관람객에게 적절한 정보를 적절한 시기에 적절한 언어로 제공하며, 개장 시간 연장이나 오디오 가이드 개선 여부 등과 같은 박물관의 주요 의사결정을 뒷받침해줄 정보를 확보하고자 했다. 특히 디지털 정보 내에서 관람객 정보를 탐색할 수 있는 방법뿐만 아니라 데이터를 사용하여 관람객이 실제로 원하는 경험을 파악하는 데 초점을 맞추었다.

빅데이터팀은 마이크로소프트의 전문가와 함께 수백만 명의 연간 관람객 경험을 개선하기 위해 오디오 가이드, 와이파이(Wi-Fi) 설치 공간 및 기타 관심 지점,

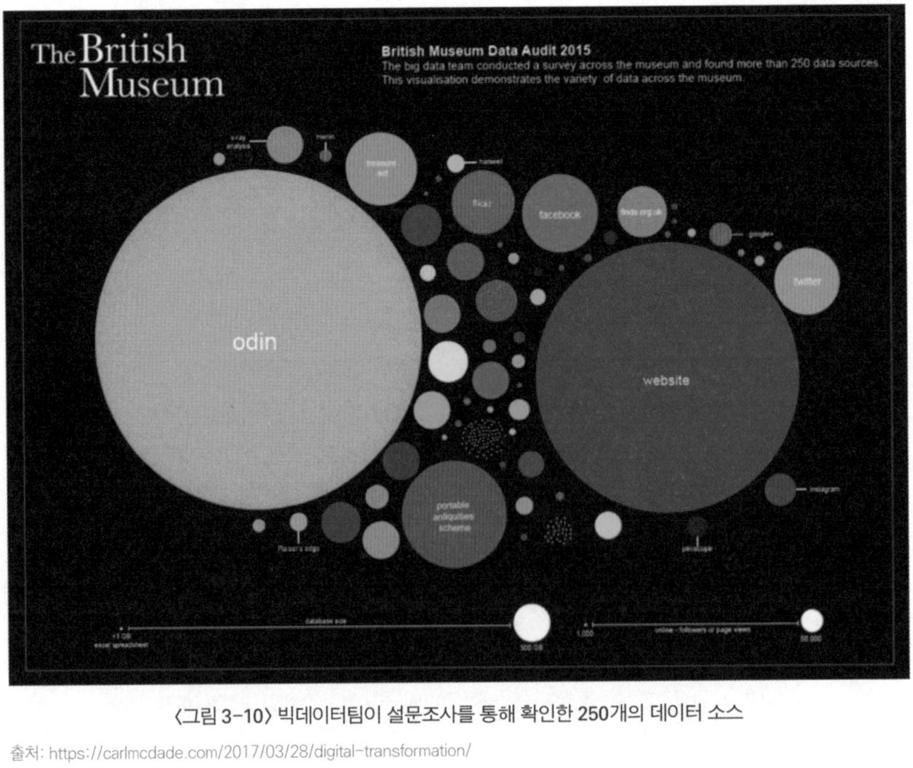

〈그림 3-10〉 빅데이터팀이 설문조사를 통해 확인한 250개의 데이터 소스

출처: https://carlmcdade.com/2017/03/28/digital-transformation/

웹사이트, 소셜 미디어 및 모바일 애플리케이션 등으로부터 데이터를 수집했다. 이 정보는 관람객이 박물관의 특정 장소나 영역에서 사용한 시간, 사용 중인 장치 및 선호하는 언어를 이해하는 데 도움을 주었으며, 소셜 미디어 스트림과 상호 참조되어 관람객이 게시한 내용을 확인시켜주었다.

그다음 단계에서는 데이터를 통합해서 250개가 넘는 데이터 소스로부터 데이터를 쿼리해서 정보를 제공하는 데이터 파이프라인을 만들었고,[31] 이들 정보는 파일 전송 프로토콜(FTP) 또는 R이나 파이선(Python) 같은 코드를 포함하여 다양한 시스템에서 공유되었다.[32] 인터랙티브 대시보드가 생성된 상태에서 마이크로소프트 애저(Microsoft Azure)와 마이크로소프트의 비즈니스 분석 및 데이터 시각화 도구인 마이크로소프트 Power BI를 사용해서 데이터 분석을 실행했다.[33]

현재 디지털 전략의 일환으로, 국립박물관의 빅데이터팀은 마이크로소프트와 함께 작업한 관람객에 대한 분석 결과 및 권장 사항을 대시보드 형태로 다른 부서들과 공유하고 있다. 또한 이들 빅데이터 기반의 관람객 분석 결과는 관내 경영진

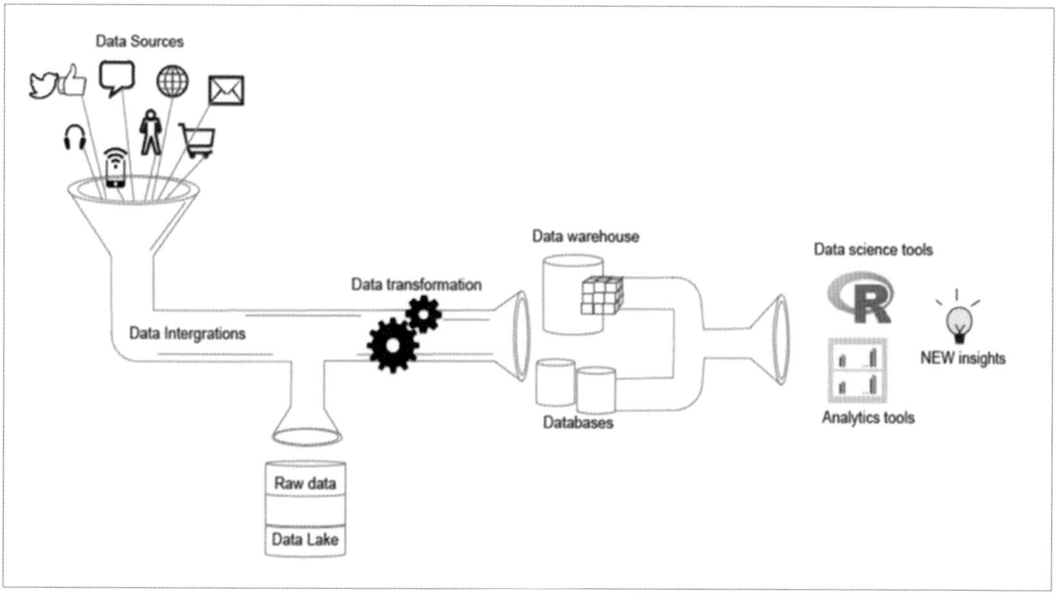

〈그림 3-11〉 국립박물관 데이터 파이프라인 다이어그램

출처: https://carlmcdade.com/2017/03/28/digital-transformation/

의 의사결정뿐만 아니라 회원제도, 오디오 가이드, 박물관 개관 시간, 재원 조성, 전시 기간, 전시 장소, 뮤지엄 숍 운영, 전시 마케팅 등과 같은 비즈니스 요소의 조정으로 그 활용이 확장되고 있다.[34]

3
빅데이터 기반 관람객 분석 (3)
Art Institute of Chicago

2013년 시카고미술원(Art Institute of Chicago)은 무선 서비스에 자유롭게 접근하고, 실내 위치추적 서비스를 활용하여 단계별 길 찾기 지원 기능을 갖춘 시카고미술원 투어 애플리케이션(Art Institute of Chicago Tours)을 개발했다.[35] 시카고미술원은 애플리케이션의 상용화 이후 관람을 유도하는 요인, 지역 관람객과 관광 관람객의 행동 편차, 관람객이 선호하는 소장품, 주요 관람객 세분화, 미술원 소장품의 강점과 약점, 온라인에서 소장품 이용 방식, 뮤지엄 숍의 구매 절차 간소화 등의 문제에 대해 관심을 가지면서 데이터 분석을 통해 문제 해결 방안을 모색했다. 하지만 초기에 데이터 셋을 식별, 유지 관리 및 처리할 수 있는 직원의 역량이나 자원의 부족은 장애요인으로 작용했다.

시카고미술원은 상술한 제약을 극복하기 위해 기업 경영 분야에서 방대한 양의 데이터를 수집 · 정리 · 분석 · 활용해서 의미 있는 정보를 제공하고, 데이터 분석을 통해 기업의 효율적인 의사결정에 활용하는 '비즈니스 인텔리전스 코어(business intelligence core)'를 개발했다. 비즈니스 인텔리전스 코어는 분석을 위해 최적화된 중앙 저장소인 데이터웨어 하우징(dataware housing)과 소프트웨어의 결합을 통해 준비 과정의 여러 단계에서 자동화를 도입하여 내부 데이터의 접근 및 처리에 소요되는 시간을 크게 감소시켰고, 추가적인 도구를 적용하여 데이터를 효율적으

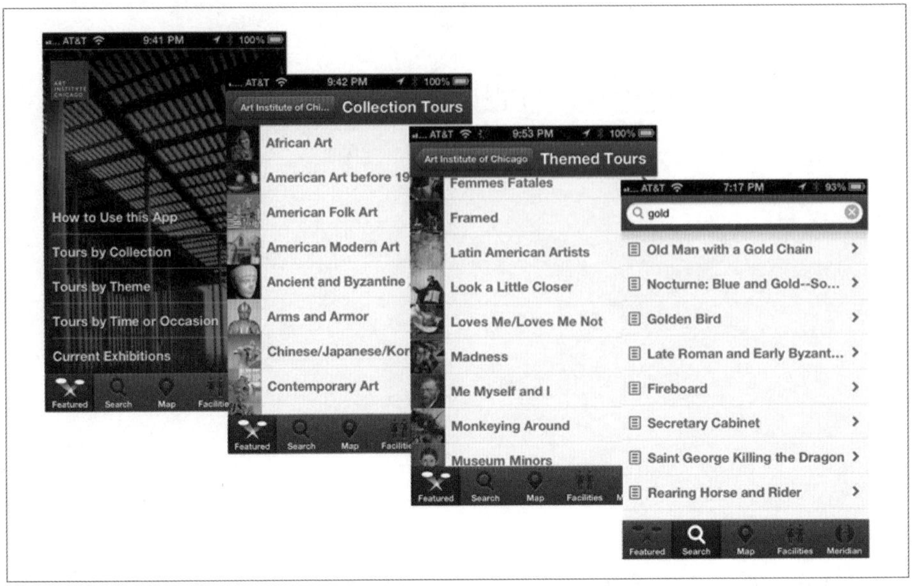

〈그림 3-12〉 시카고미술원 투어 애플리케이션의 스크린샷

출처: https://mw2013.museumsandtheweb.com/paper/extending-the-visitor-experience-with-wi-fi-at-the-art-institute-of-chicago/

로 추출, 처리 및 시각화하도록 구성했으며, 인구통계학, 심리학, 지리적 정보를 포함한 외부 데이터 셋이 적절하게 통합되었다.[36] 데이터의 의미와 영향력에 대한 명확한 의사소통의 중요성을 인지한 시카고미술원은 시각적 해석 및 논리적 추론을 위해 데이터 시각화로부터 도출된 통찰력을 전달하는 데 집중했다.

데이터 시각화 방식을 사용한 첫 번째 관람 분석 가운데 하나는 관람 분석 모델의 핵심에 해당하는 관람에 대한 추동 요인이었다. 예를 들어, 이 데이터에 접근하면 겨울보다는 여름의 관람률이 높다는 계절적 영향력에 대한 패턴이 발견되며, 회원제도에 가입한 관람객은 다른 박물관이나 미술관에서 열린 주요 전시에 영향을 받지 않는다는 사실을 알 수 있다. 이에 전시회 유형, 날씨, 시카고에서 열리는 이벤트, 시카고 공립학교 일정, 관광 등 내부 및 외부의 200여 개 추동 요인을 실험할 수 있는 모델이 개발되었고, 지리와 경로가 가장 영향력을 발휘하는 요인이라는 사실이 확인되었다.

이러한 패턴을 기반으로 잠재 관람객에게 접근하는 전략이 수정되었으며, 중요한 내부 및 외부 요인을 중심으로 일련의 관람 분석 모델이 개발되었다. 또한 지리와 경로의 관점에서 유의미한 관람률의 변화가 발생했을 때, 이를 식별 및 표시할 수 있는 시각적 대시보드를 설계했다. 상술한 시카고미술원 경영자들은 대시보드를 기반으로 마케팅 지출과 콘텐츠와 관련된 의사결정을 할 수 있었다.

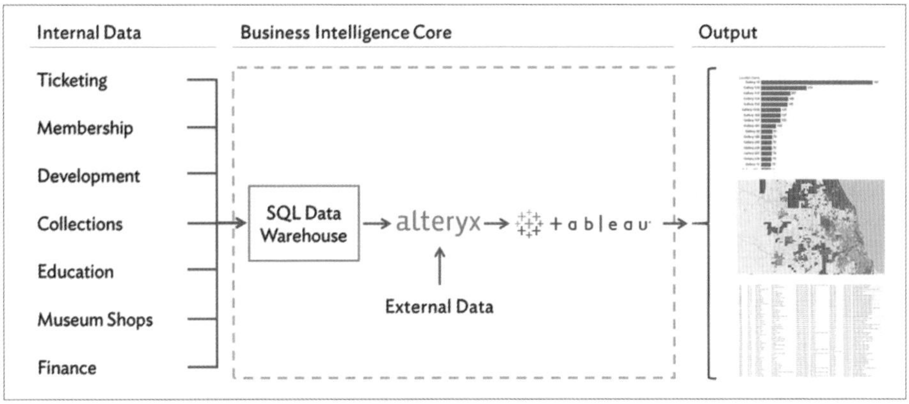

〈그림 3-13〉 시카고미술원의 데이터 처리 방식을 보여주는 개요도

출처: https://www.aam-us.org/2017/01/17/the-power-of-applied-data-for-museums/

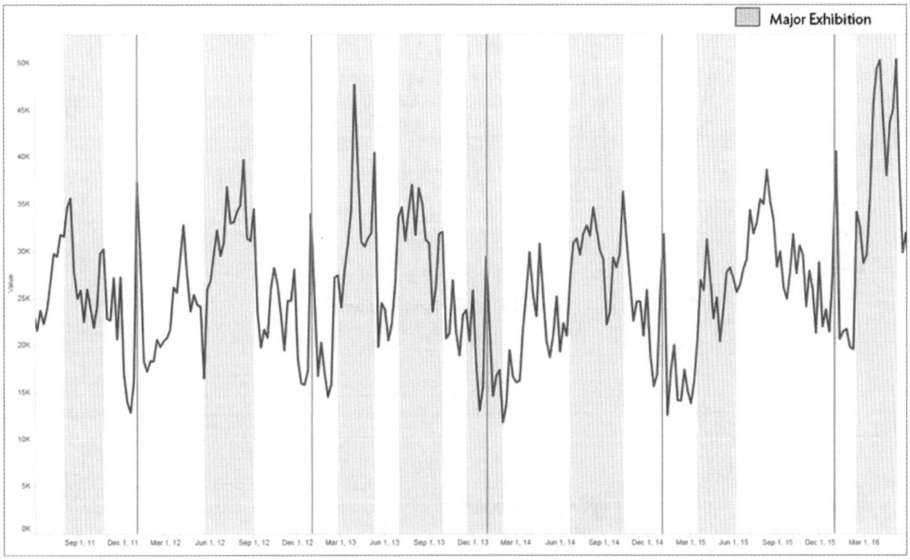

〈그림 3-14〉 주간 관람 패턴에 대한 시각화

출처: https://www.aam-us.org/2017/01/17/the-power-of-applied-data-for-museums/

아래 그림은 시카고미술원의 트립어드바이저 순위 '세계 1위 박물관(#1 Museum in the World)'에 따른 관람률을 보여준다. 상단의 차트는 실제 관람과 예상 관람을 보여주는 반면, 하단의 차트는 통계적으로 유의미한 관람의 변화를 보여주는데, 예상 관람과 실제 관람 간 편차는 200만 달러 이상의 추가 입장료 수입을 발생시켰다는 것을 알 수 있다.

2015년 시카고미술원에서 개최된 〈Degas: At the Track, on the State〉는 인상주의 화가들의 작품으로 구성된 전시다. 이 전시의 경우, 정교한 관람 모델을 기반으로 소규모 전시의 관람에 미치는 영향력에 대한 실험이 실행되었다.[37] 실험은 박물관 전체의 와이파이(Wi-Fi) 사용량을 측정하는 것에 집중되었고, 그 결과 관람객이 다른 전시실에 비해 〈Degas: At the Track, on the State〉 전시실에서 더 많은 시간을 소요했다는 사실이 제시되었다.[38]

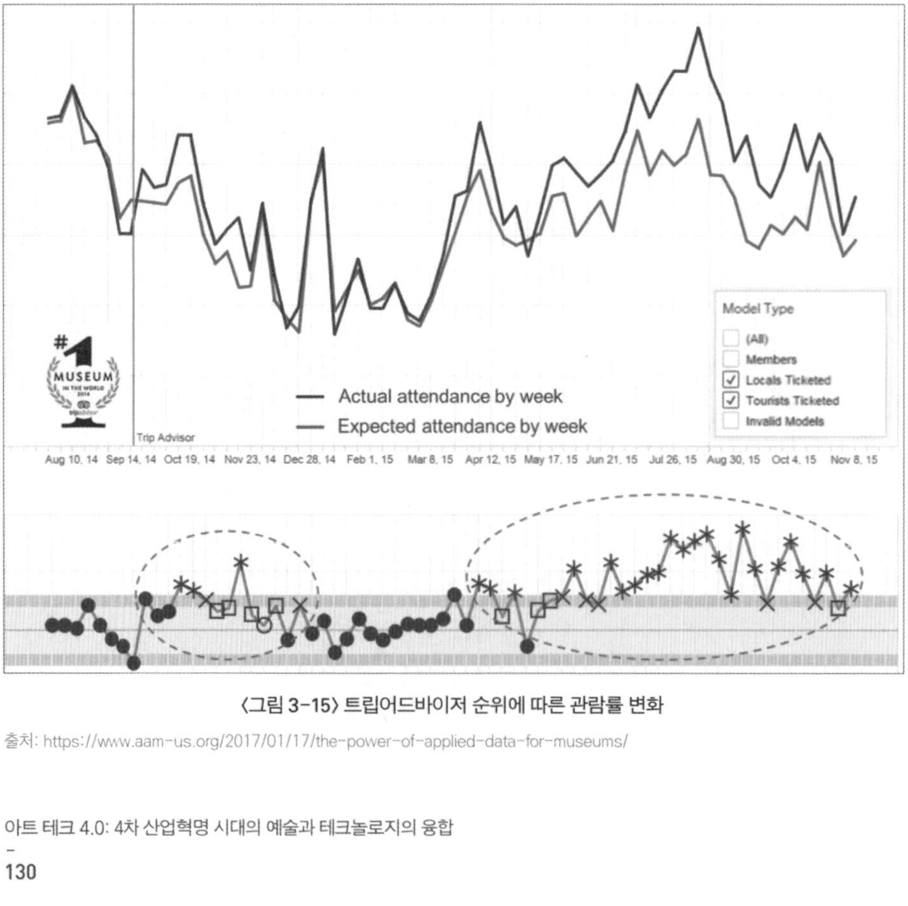

〈그림 3-15〉 트립어드바이저 순위에 따른 관람률 변화

출처: https://www.aam-us.org/2017/01/17/the-power-of-applied-data-for-museums/

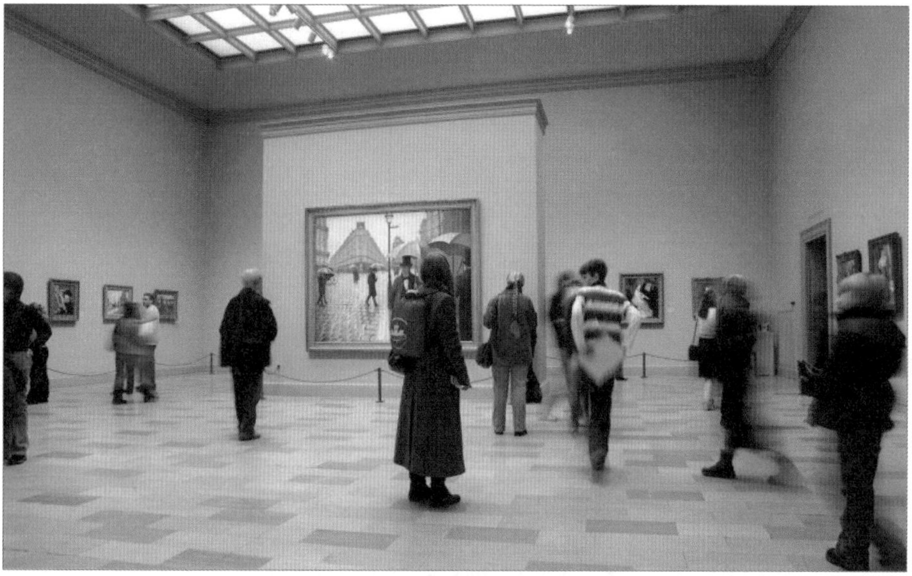

〈그림 3-16〉 시카고미술원에서 개최된 〈Degas: At the Track, on the State〉 전시실

출처: https://www.chicagobusiness.com/article/20180518/ISSUE01/180519840/art-institute-of-chicago-uses-data-to-make-exhibit-choices

또한 관람객은 미술원에 입장할 때 경로와는 상관없이 대부분 유사한 전시 동선을 이용하고 있었으며, 상설 전시에서 모바일 애플리케이션 같은 해석 기술을 사용하면 체류시간이 상당히 증가한다는 사실도 제시되었다. 이 데이터는 각각의 전시실에서 직접 관찰하는 것보다 정확성이 떨어지기는 하지만, 신속하게 유의미한 경향을 관찰하고 이에 대해 정확한 의사결정을 내리는 것을 지원해주었다. 이 실험을 계기로 시카고미술원은 평균 2주마다 소규모 전시를 개최할 것을 결정했고,[39] 매년 약 160만 명 이상의 관람객 유입과 60%의 회원제도 갱신율이라는 성과를 거둘 수 있게 되었다.

2015년부터 시카고미술원이 운영하고 있는 관람 분석 모델은 관람객의 우편번호와 관람 모델을 기반으로 하고 있다. 미술원은 관람객에 대한 데이터를 수집하기 위해 관람객이 와이파이(Wi-Fi)에 연결할 때 활성화되는 300개의 비콘으로 구성된 네트워크를 이용하고 있는데,[40] 이 비콘 네트워크를 통해 관람객과 전시물의 인터랙션에 대한 수치를 시각적으로 제시해주는 '히트맵(heat map)' 형태로 데이터가

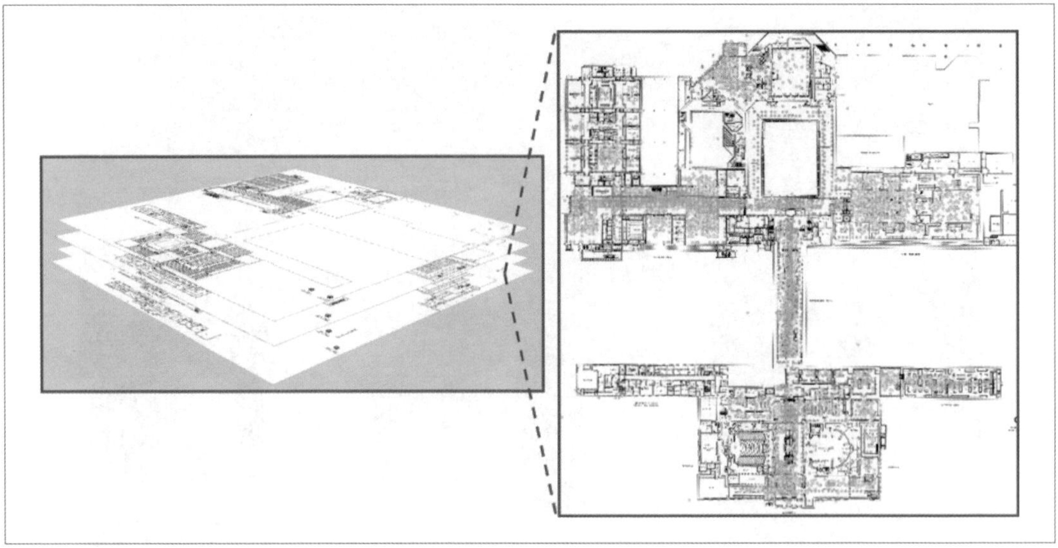

〈그림 3-17〉 관람객의 밀도를 보여주는 히트맵

출처: https://www.aam-us.org/2017/01/17/the-power-of-applied-data-for-museums/

산출되었다.

특히 히트맵은 와이파이(Wi-Fi)를 사용하는 관람객의 밀도를 보여주는데, 이 데이터를 통해 건물 전체의 관람객 유입, 체류시간, 전시 동선이나 전시실에서의 행동 패턴 등을 신속하게 관찰할 수 있다. 또한 이 관람 분석 모델은 날씨 및 휴일, 도시에서 개최되는 대형 컨벤션 유무에 이르기까지 모든 상황에 대한 관람 기준을 제공해주었다. 또한 비콘 네트워크를 통해 수집된 데이터는 2015년 1,480만 달러에서 2016년 1,190만 달러로 유료 관람을 증가시키는 데 기여했다.[41]

시카고미술원의 재무 및 전략 담당 부사장 앤드루 심닉(Andrew Simnick)에 의하면, 2017 회계연도의 경우 이러한 관람객 분석 모델이 정확도의 1% 내에서 관람과 박물관 입장을 예측했다. 미술원은 관람 분석 모델에서 사용하는 데이터를 다른 부서에 대한 평가, 뮤지엄 숍의 제품 투자, 보안 및 커뮤니티 참여 등에도 적용하고 있다.

4

머신 비전 및 빅쿼리 기반의 빅데이터 활용

Metropolitan Museum of Art

최근 머신 비전과 인공지능의 보급으로 박물관과 미술관에서도 이들 기술의 잠재력에 대해 실험적으로 적용하기 시작했다. 예를 들어, 메트로폴리탄미술관, 바니스재단(The Branes Foundation), 하버드미술관(Harvard Art Museum) 등은 머신 비전을 활용하여 소장품의 이미지를 분류 · 분석 · 해석하는 작업을 실행했다.[42] 이 가운데 메트로폴리탄미술관은 2017년 37만 5천 점의 소장품을 크리에이티브 커먼즈 제로(Creative Commons Zero, CCO) 라이선스로 지정했고, 무료 공개를 통해 일반인의 미술관 소장품에 대한 접근 및 이용을 증진시켰다.[43]

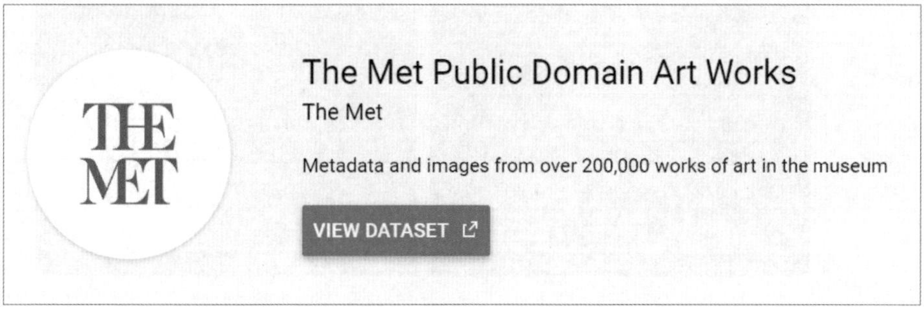

〈그림 3-18〉 메트로폴리탄미술관이 공개한 데이터 셋 사이트

출처: https://michaelhoweely.com/2020/04/12/how-to-create-a-virtual-art-gallery-in-google-data-studio/

미술관 소장품에 대한 오픈 액세스 계획(Open Access Initiative)은 고품질의 이미지 접근에 대한 확산을 목적으로 수립되었으며, 사용자의 참여가 증가하는 실질적인 성과를 거두었다. 예를 들어, 그래픽디자이너 젠 루이스(Jen Lewis)는 메트로폴리탄미술관이 트위터(Twitter)에 개설한 '페이스 스왑 더 멧(Face-Swap The Met)'에 장자크르퀴(Jean-Jacques Lequeu)의 회화작품을 활용한 디지털 콜라주를 게시했다.[44] [45]

메트로폴리탄미술관은 한 걸음 더 나아가 디지털 컬렉션의 잠재력을 최대한 활용하고 문화유산에 대한 인간의 지식을 강화하고 변화시키기 위해 머신 비전을 활용한 데이터 검색 방안을 모색했다.[46] 미술관은 오픈 액세스 정책(Open Access Policy)의 확장에 기저를 두고 클라우드 비전 API(the Cloud Vision API)와 구글 빅쿼리(Google BigQuery) 플랫폼을 활용하여[47] 전체 150만 점의 소장품 가운데 20만 점에 대한 공용 데이터 셋을 공개했다.[48]

구글 빅쿼리는 구글 클라우드에서 제공하는 기업용 서버가 필요하지 않은 구글 데이터 웨어하우스(Google data warehouse) 솔루션이며, 몇 개의 데이터 소스를 하

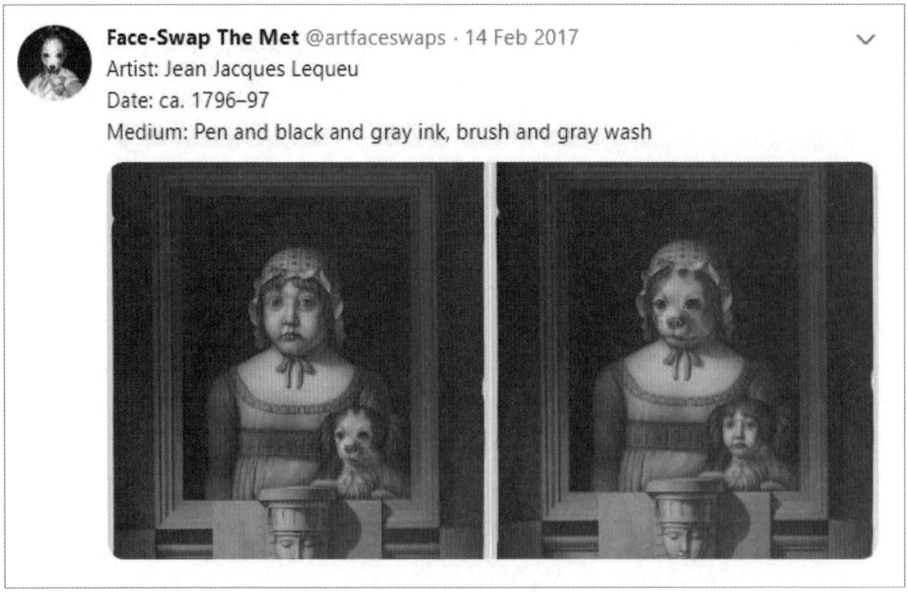

〈그림 3-19〉 젠 루이스가 트위터 '페이스 스왑 더 멧'에 게시한 디지털 콜라주

출처: https://digital.hbs.edu/platform-digit/submission/the-mets-goldmine-of-data-assets/

나로 수집하고 비즈니스를 지향하는 스키마를 사용해서 구조화된 질의어(Structured Query Language, 이하 SQL) 데이터베이스로 재구성하므로 유의미한 데이터 분석에 집중할 수 있다. 또한 공동작업자는 SQL을 통해 분석용 데이터 소스에 접근하거나 교차 소스 테이터 분석이 용이하며, 이러한 유형의 서비스는 특히 비즈니스 인텔리전스 분석가 또는 데이터공학자에게 매우 유용하다.[49]

메트로폴리탄미술관은 구글의 빅쿼리에 데이터 셋을 최초로 추가한 문화기관이다. 이 데이터 셋에는 구글의 클라우드 스토리지(Google Cloud Storage)의 이미지, 빅쿼리의 표, 유물 및 예술작품의 메타데이터와 이미지가 포함되어 있으며, 이미지 위치는 메트로폴리탄미술관의 웹사이트와 구글 클라우드 스토리지의 빅쿼리 표에서 확인할 수 있다.[50] 이들 데이터 셋은 소장품 정보에 대한 검색 및 통계 작업, 이미지 간의 관계성에 대한 분석 등을 가능하게 해준다.[51] 또한 이들 데이터 셋은 구글 데이터 스튜디오를 통해 다이어그램으로 전환되며, 클라우드 비전 응용 프로그램 인터페이스(API)로 데이터가 전송되면 이미지 분류와 데이터 시각화의 결과가 도출된다.

메트로폴리탄미술관의 데이터 셋은 구글 비전 응용 프로그램 인터페이스(API)로 인해 모든 이미지에 어노테이션(annotations)이 생성된다. 이 응용 프로그램 인터페이스에는 사전에 훈련된 다수의 컴퓨터 비전 모델이 포함되어 있어 이미지 분류, 얼굴 감지(facial detection) 및 위치 동정(localization), 광학 문자 인식(Optical Character Recognition, 이하 OCR) 등 풍부한 시각적 정보를 제공해준다.[52] 또한 데이터 셋은 이미지 링크 주소(URL)에 대한 표(the_met.images), 작품 메타데이타에 대한 표(the_met.

```
#standardSQL
SELECT department, COUNT(*) c
FROM `bigquery-public-data.the_met.objects`
GROUP BY 1
ORDER BY c DESC
```

Row	department	c
1	Drawings and Prints	43488
2	European Sculpture and Decorative Arts	30611
3	Asian Art	29844
4	Greek and Roman Art	12518
5	Egyptian Art	12278

〈그림 3-20〉 빅쿼리에 의한 박물관 부서별 소장품 분류표

출처: https://cloud.google.com/blog/products/gcp/when-art-meets-big-data-analyzing-200000-items-from-the-met-collection-in-bigquery

objects), 비전 응용 프로그램 인터페이스(API)가 생성하는 어노테이션(the_met.vision_api_data) 등의 세 가지 표로 구성된다.[53] 특히 구글 비전 응용 프로그램 인터페이스(API)의 랜드마크 어노테이션 툴(landmark annotation tool)은 사진 이미지에서 공통된 랜드마크를 식별할 수 있다.

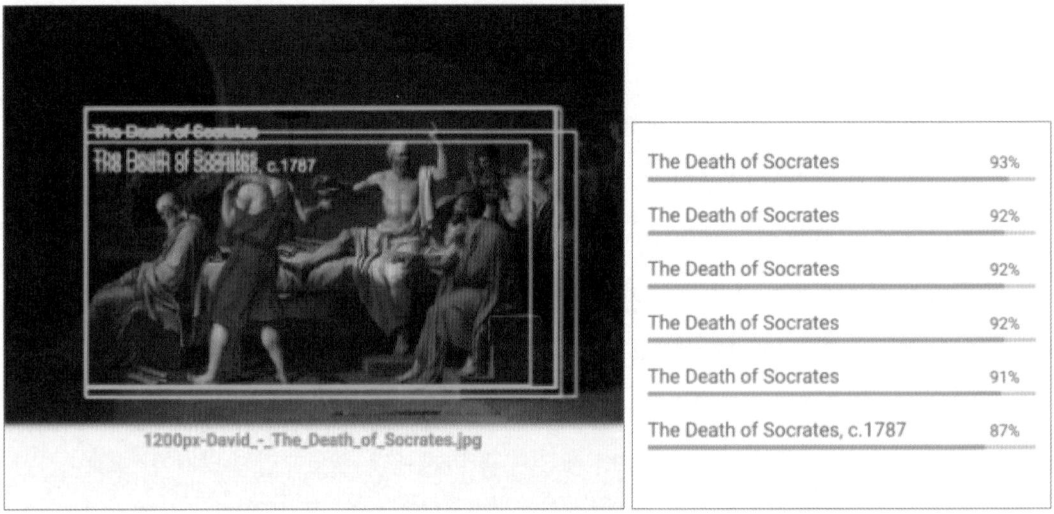

〈그림 3-21〉 구글 비전 API에서 자크 루이 다비드(Jacques-Louis David)의 〈소크라테스의 죽음(The Death of Socrates, 1787)〉에 대한 로컬 이미지의 로고 감지(logo detection) 요청 결과

출처: https://medium.com/hackernoon/bigquery-level-up-your-queries-with-these-advanced-tricks-c87de1fde235

```
#standardSQL
SELECT b.object_id, b.original_image_url, landmark.descriptic
FROM `bigquery-public-data.the_met.vision_api_data` a,
UNNEST(landmarkAnnotations) landmark
JOIN (
  SELECT object_id, original_image_url, gcs_url
  FROM `bigquery-public-data.the_met.images`
) b
ON a.object_id = b.object_id
 AND ends_with(lower(b.gcs_url), '/0.jpg')
 ORDER BY score DESC
```

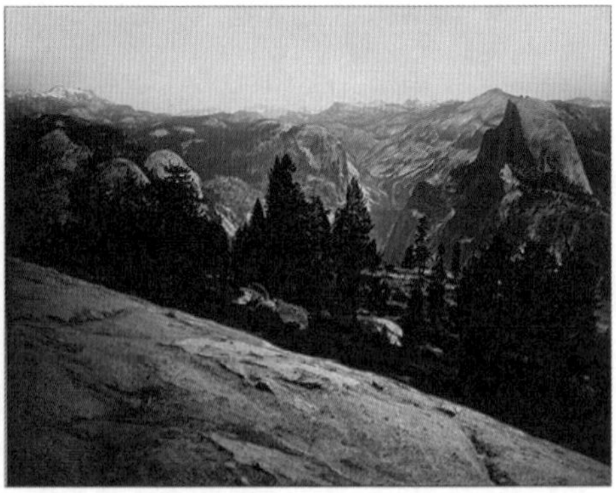

〈그림 3-22〉 빅쿼리를 이용한 랜드마크 어노테이션 툴의 분석 결과 예시

출처: https://cloud.google.com/blog/products/gcp/when-art-meets-big-data-analyzing-200000-items-from-the-met-collection-in-bigquery

구글 클라우드 비전 응용 프로그램 인터페이스(API)의 웹 감지 기능은 이미지가 존재하는 인터넷상의 모든 페이지와 시각적으로 유사한 이미지의 링크 주소, 이와 함께 웹에서 찾은 위치에 따라 이미지를 설명하는 레이블을 찾아준다. 또한 메트로폴리탄미술관의 데이터 셋의 경우, 쿼리를 통해 웹에서 이미지가 발견되는 가장 일반적인 도메인도 찾을 수 있다.[54]

2020년 코로나19(Covid-19)의 확산에 따라 최근 구글의 데이터 스튜디오(Google Data Studio)는 메트로폴리탄미술관의 빅쿼리에 있는 공공 데이터 셋을 활용해서 개발한 버추얼 투어를 제공해주고 있다.[55]

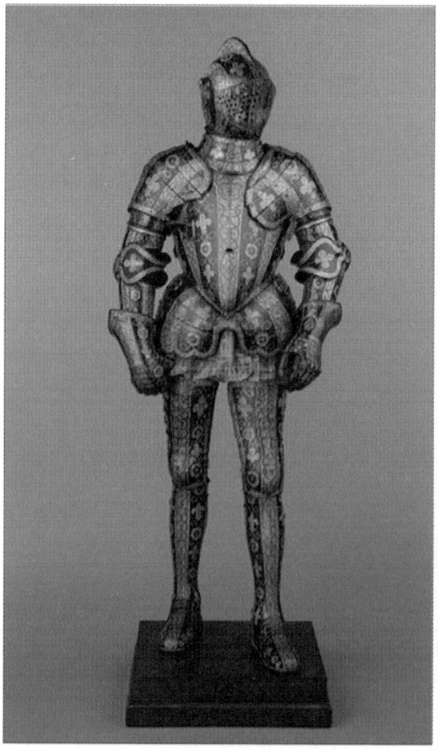

```
#standardSQL
SELECT REGEXP_EXTRACT(page.url, '//([^/]*)/?') domain, COUNT(
FROM `bigquery-public-data.the_met.vision_api_data`,
UNNEST(webDetection.pagesWithMatchingImages) as page
GROUP BY 1
ORDER BY c DESC
```

Row	domain	c
1	www.pinterest.com	119430
2	www.metmuseum.org	70717
3	www.pinterest.se	18421
4	metmuseum.org	10773
5	archive.org	7585
6	www.alamy.com	5104
7	ukiyo-e.org	5003
8	commons.wikimedia.org	3967
9	holstshop.ru	3500
10	it.pinterest.com	3339
11	art.famsf.org	2600
12	www.pinterest.pt	2242
13	en.wikipedia.org	2115
14	www.artnet.com	1981
15	www.liveinternet.ru	1968

〈그림 3-23〉 쿼리를 통해 웹에서 이미지가 발견되는 가장 일반적인 도메인 목록과 유물 이미지

출처: https://cloud.google.com/blog/products/gcp/when-art-meets-big-data-analyzing-200000-items-from-the-met-collection-in-bigquery

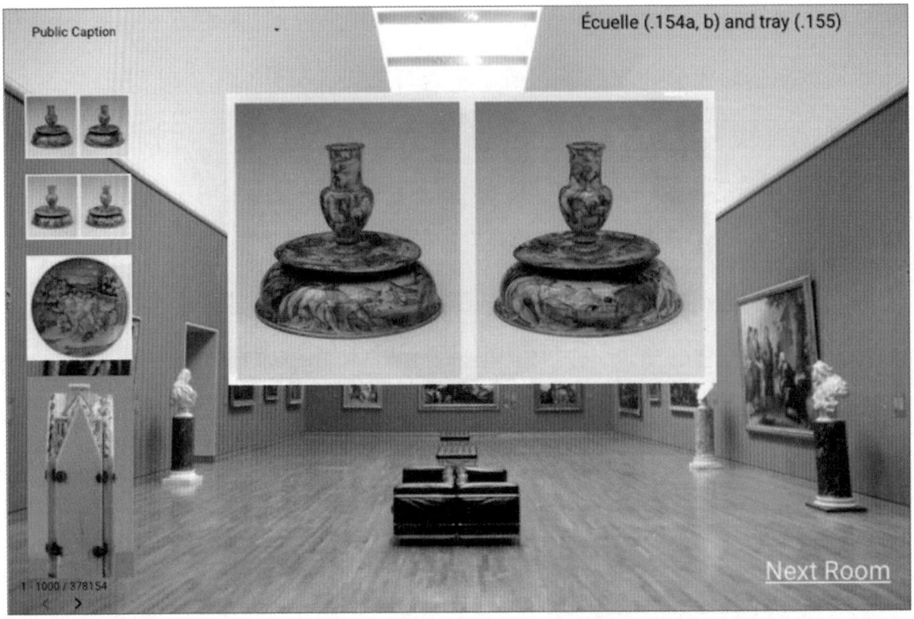

〈그림 3-24〉 구글 데이터 스튜디오가 만든 버추얼 투어

출처: https://michaelhoweely.com/2020/04/12/how-to-create-a-virtual-art-gallery-in-google-data-studio/

5
소장품 기반 데이터 시각화
Tate

2012년 영국의 국립도서관연구소(British Library Labs)가 콘텐츠를 개방한 이후, 2013년 테이트는 공유 및 협업을 위한 오픈소스 코딩 리소스 깃허브(GitHub)에 디지털 소장품 및 데이터 셋을 게시했다.[56] 테이트는 1500년부터 현재까지 국제적인 규모의 근현대 미술작품을 소장하고 있으며, 공개된 데이터 셋은 크리에이티브 커먼즈 제로(Creative Commons Zero, CC-BY-NC-ND 3.0) 라이선스로 지정된 것으로,[57] 연구와 기타 목적의 활용을 증진시키기 위해 일반에게 개방되었다.[58] [59]

테이트가 개방한 데이터 셋은 디지털화된 소장품, 이들 소장품에 대한 간단한 카탈로그 항목(Concise catalogue entries), 데미언 허스트(Damien Hirst) 같은 주요 작가의 현대 작품 700여 점, 스코틀랜드국립미술관(National Galleries of Scotland)과 공동으로 소

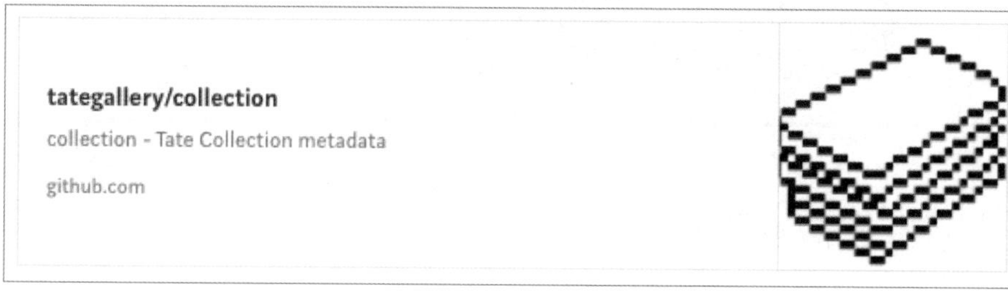

〈그림 3-25〉 깃허브에 탑재된 테이트 데이터 셋

출처: https://medium.com/berkman-klein-center/framing-the-museum-github-repository-afcc55695129

유한 약 7만 개의 작품에 대한 메타데이터와 3,500명의 관련 아티스트에 대한 메타데이터가 포함된 테이트 아카이브와 예술가의 방(Tate Archive and Artists Rooms)으로 구성되었다.[60]

상술한 간단한 카탈로그 항목의 경우 작가, 작품명, 제작 연도, 참조 번호 및

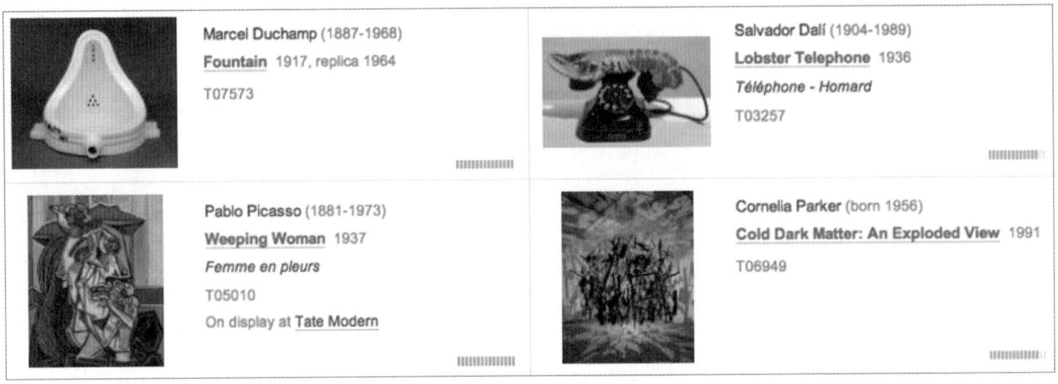

〈그림 3-26〉 테이트 소장품

출처: https://eg.okfn.org/2013/10/tate-dataset-is-published-under-the-creative-commons-zero-license/

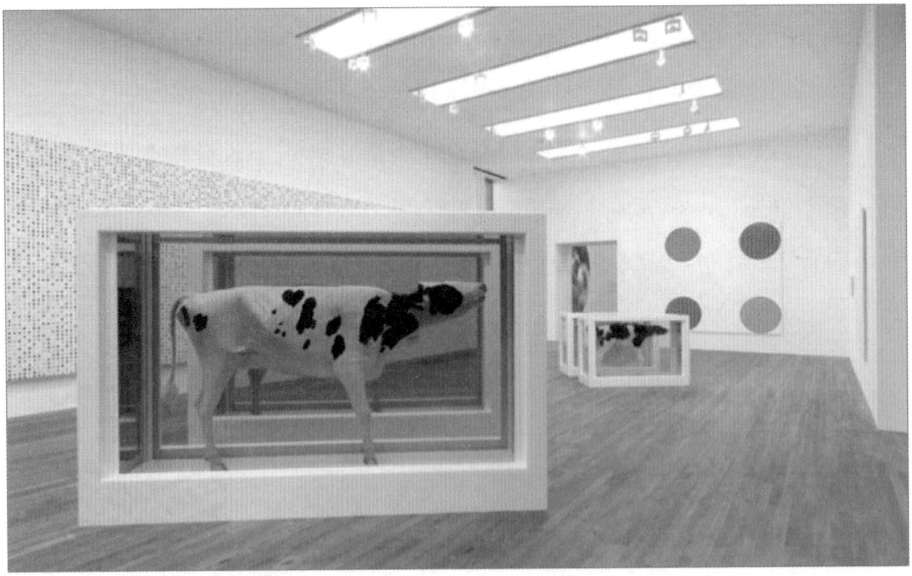

〈그림 3-27〉 1995년 터너 프라이즈(Turner Prize)를 수상한 데미언 허스트의 〈엄마와 아이(Mother and Child Divided, 1993)〉

출처: https://www.tate.org.uk/whats-on/tate-britain/exhibition/turner-prize-1995/turner-prize-1995-artists-damien-hirst

등록 번호, 매체, 테이트 웹사이트의 예술과 작가 페이지(Art & Artists section of the Tate website)의 링크 주소(URL), 주제 색인 용어, 이미지 웹 링크 주소(URL), 제공자의 이름(credit line), 미술 운동(미술사조) 등이 기록되었으며. 각각의 작가에 대한 데이터 셋에는 이름, 생년월일, 출생지, 사망지, 테이트 웹사이트의 예술과 작가 페이지의 링크 주소(URL)가 포함되었다.[61]

상술한 바와 같이 테이트 소장품에 대한 데이터 셋은 깃허브에 탑재되어 있는데, 깃허브는 응용 프로그래밍 인터페이스(API)와 달리 데이터에 대한 접근 용이성을 가지고 있을 뿐만 아니라 데이터의 공개도 가능하게 한다. 깃허브 저장소에서 이용할 수 있는 테이트의 데이터 셋은 테이트 소장품과 관련된 모든 예술가와 예술작품을 포함하는 2개의 CSV(Comma Separated Value)[62] 파일과 모든 기록이 포함되어 있는 JSON(JavaScript Object Notation)[63] 형식의 텍스트 파일로 구성되어 있다.[64]

데이터 셋이 공개된 이후, 이를 응용한 다양한 데이터 시각화가 실험적으로 이루어졌다. 이러한 일반인의 데이터 셋 활용에 대한 참여는 향후 소장품에 대한 새로운 형태의 수집 · 보급 · 해석을 촉진시킨다는 측면에서 상당히 중요한 의미를 지닌다. 예를 들어, 런던에 거주하는 스위스 출신의 디자이너 플로리안 크라우티(Florian Kräuti)의 경우, 테이트 소장품 중 연도별 작가의 작품 분포, 그리고 이에 대한 양적 변화를 데이터 시각화로 보여주었다.[65]

데이터 셋을 분석한 플로리안 크라우티는 테이트 소장품의 대부분이 1800년을 기점으로 제작되었으며, 상당량의 소장품이 1960년 이후의 현대 작품이라는 사실을 인지했다. 그뿐만 아니라 조지프 말로드 윌리엄 터너(Joseph Mallord William Turner)의 작품이 57.0%를 차지한다는 사실을 발견했다.[66] 플로리안 크라우티는 테이트의 데이터 셋을 기반으로 두 가지 유형의 데이터 시각화를 수행했다. 첫 번째 유형의 데이터 시각화에서는 극단적인 형태의 시각화가 발생하는 것을 방지하기 위해 조지프 말로드 윌리엄 터너의 작품을 제외하고 연도별 예술작품의 양적 변화를 작은 점으로 구현한 결과, 1814년과 1950~2000년에 작품의 분포가 집중된 형태로 나타났다. 이 데이터 시각화에서 한 가지 흥미로운 점은 1814년에 긴 수직선

이 형성되었는데, 이는 테이트가 이 시기에 많은 양의 작품을 구입했을 가능성을 암시했다.

두 번째 유형의 데이터 시각화의 경우, 플로리안 크라우티는 조지프 말로드 윌리엄 터너의 작품을 포함한 데이터 셋과 기포 형태의 물방울을 사용했는데, 이 물방울은 예술가의 출생연도를 기준으로 가로로 배치되었으며, 물방울의 크기는 소

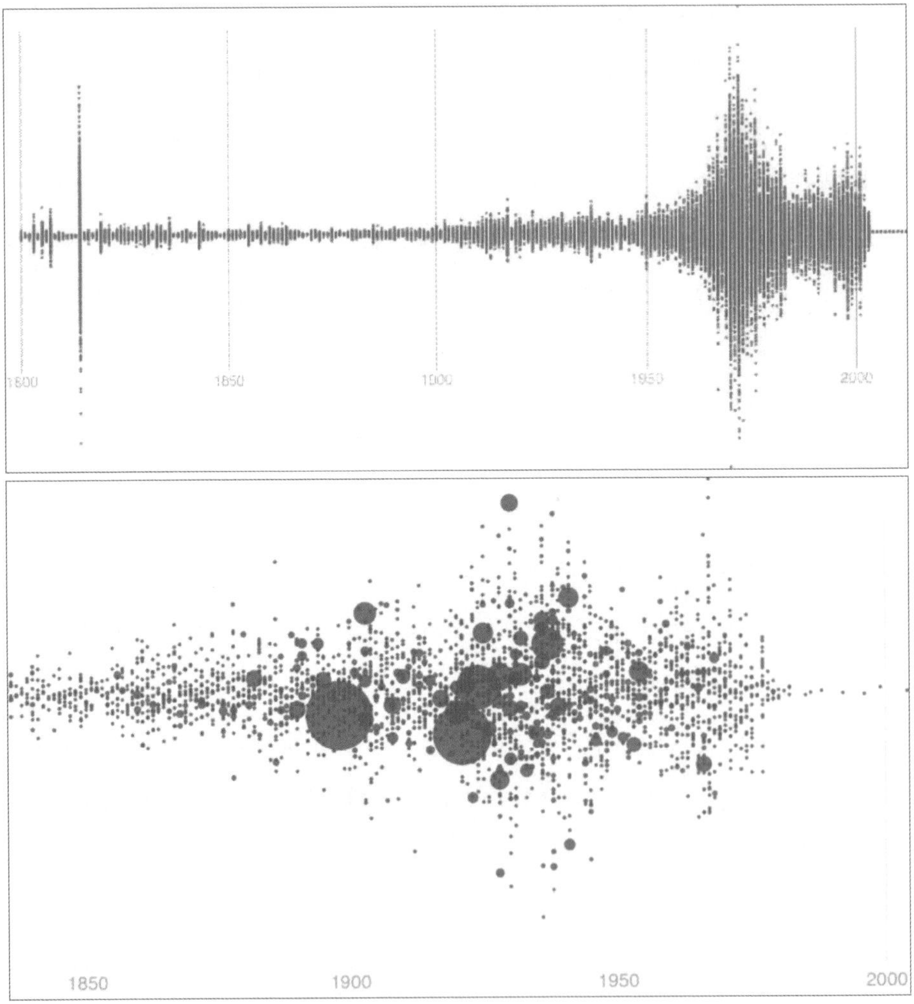

〈그림 3-28〉 플로리안 크라우티의 두 가지 유형의 데이터 시각화 결과

출처: https://www.tate.org.uk/about-us/projects/transforming-tate-britain-archives-access/archives-access-project-open-data-brings; http://museumtwo.blogspot.com/2013/11/visualizing-tates-collection-what-open.html/

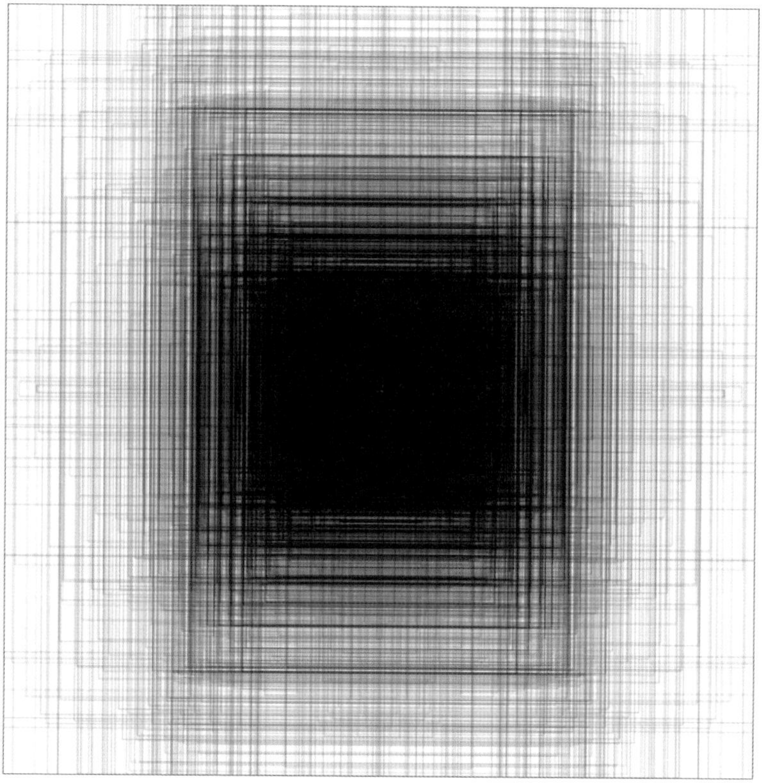

〈그림 3-29〉 짐 데번포트의 테이트 소장품에 대한 데이터 시각화 결과

출처: https://www.tate.org.uk/about-us/projects/transforming-tate-britain-archives-access/archives-access-project-open-data-brings

장품에 포함된 예술작품의 양에 비례해서 지정되었다.[67] 이 데이터 시각화 결과에서는 같은 해에 몇 명의 작가가 태어났는지에 따라 시각화가 세로로 퍼져 있지만, 예술가의 출생지에 대한 위치정보는 배제되었으며, 각각의 작품에 대한 밀도는 픽셀의 색상으로 제시되었다.[68]

이 외에도 시애틀에 거주하는 천문학자 짐 데번포트(Jim Davenport)는 테이트 데이터 셋에 포함된 모든 예술작품을 높이와 너비의 차트로 표시했으며,[69] 로브 마이어(Rob Myer)는 시간의 흐름에 따른 미술 운동을 테이트 소장품 데이터 셋의 시각화로 표현해주었다.[70]

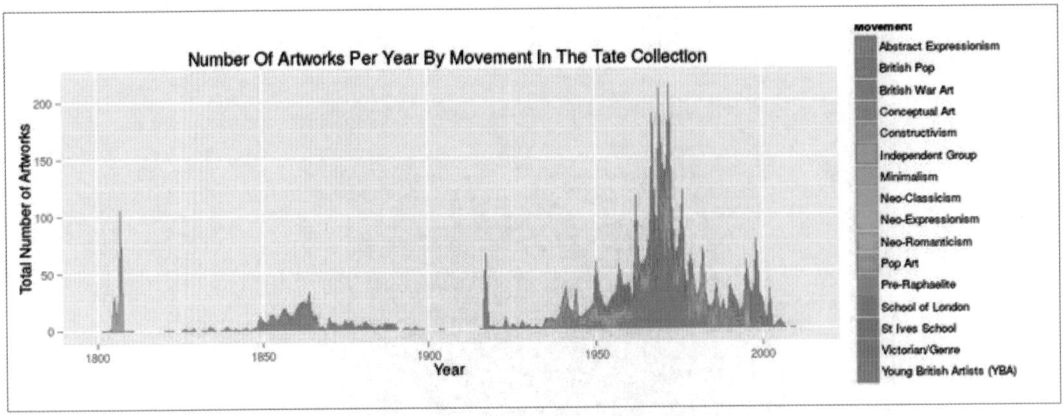

〈그림 3-30〉 로브 마이어의 테이트 소장품에 대한 데이터 시각화 결과

출처: https://www.tate.org.uk/about-us/projects/transforming-tate-britain-archives-access/archives-access-project-open-data-brings

6

예술과 데이터의 만남(Art + Data Day)

San Francisco Museum of Modern Art × Stamen Design

샌프란시스코현대미술관(San Francisco Museum of Modern Art, 이하 SFMOMA)은 2016년 재개관을 위해 새로운 디지털 스토리텔링, 미술관 소장품을 위한 사용자 경험 디자인 및 소장품 데이터 시각화 등을 실험해볼 기회를 가졌다. 이 미술관은 2014년부터 지난 75년간 축적해온 소장품 데이터에 대한 자유로운 접근을 허용하기 위해 소장품 응용 프로그램 인터페이스(API)를 구축했다. 이 소장품 응용 프로그램 인터페이스(API)는 미술관 소장품, 소장품과 연관된 사람들, 아카이빙 프로그램, 전시, 미술관 역사 등 방대한 정보에 대한 접근이 용이하도록 설계되었다.

한편 웹 및 디지털 부서는 예술, 디자인, 테크놀로지가 융합된 연구 주제를 다루기 위해 'SFMOMA 연구소(SFMOMA Lab)'를 개설했다. 이 연구소의 핵심은 예술을 경험할 수 있는 새롭고 흥미로운 방법을 찾는 것이었으며, 실험과 탐험 정신을 바탕으로 새로운 방식의 스토리텔링, 게임, 위치 인식 기술 등 21세기 박물관이 직면한 문제 성찰에 중점을 두었다. 2014년 SFMOMA 연구소는 미술관 소장품 응용 프로그램 인터페이스(API)에 대한 가능성을 진단하고,[71] 좀 더 창의적이며 혁신적인 방법으로 이 인터페이스를 활용할 방법을 고민하기 위해 데이터 시각화 디자인 스튜디오 '스태먼 디자인(Stamen Design)'과 함께 그 가능성을 탐색하는 '아트+데이터의 날(Art+Data Day, 2014. 2. 10)'을 개최했다.[72] 참여적 디자인의 특성이 강한 이 이벤트에는 개발자, 코드 아티스트, 박물관 전문인력 등 23명의 참여자가 픽셀매셔(Pixelmasher), 컨텍스트(Context), 셀피(Selfie)라는 3개의 팀으로 구성되었으며, SFMOMA의 수석 소프트웨어공학자 존 히긴스(John Higgins)는 단독으로 참여했다.[73]

미디어 아티스트 미카 엘리자베스 스콧(Micah Elizabeth Scott)이 이끄는 픽셀매셔팀은 SFMOMA 소장품의 이미지 픽셀 데이터를 기반으로 예술작품에 대한 새로운 시각화를 시도했다. 이 팀은 시각적 맥락을 통해 학습할 수 있는 것과 소장품 이미지의 픽셀에 관심을 갖고, 사용자 중심의 관점에서 1970년대의 사진 소장품에 대한 다양한 검색 방법을 고안했다. 픽셀매셔팀은 최종 결과물로 1970년대 예술작품의 검색 엔진인 '1970년대 검색(Search the Seventies)'을 제출했는데, 이 검색 엔진은 키워드에 특정 기간을 검색하고, 이미지로 가득 찬 데이터 셋을 자신의 속도로 탐색할 수 있도록 설계되었다.[74]

샌프란시스코대학교(University of San Francisco) 디자인학부의 스콧 머리(Scott Murray) 교수가 이끄는 컨텍스트팀은 예술작품과 작가에 대한 관련 콘텐츠와 좀 더 광범위한 정보를 제공하기 위해 SFMOMA 소장품 응용 프로그램 인터페이스(API)와 외부 데이터 셋과의 연결을 시도했다.[75] 이 팀은 최종 결과물로 샌프란시

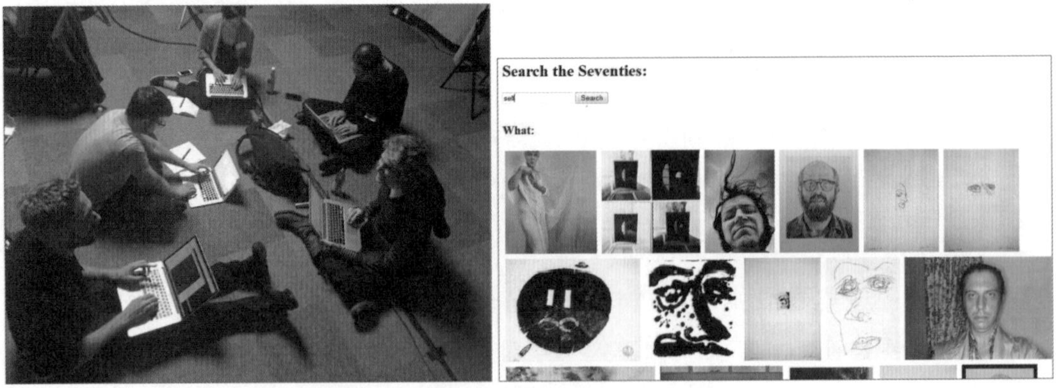

〈그림 3-31〉 픽셀매셔팀의 작업 과정 및 검색 엔진 '1970년대 검색(Search the Seventies)'

출처: https://www.sfmoma.org/read/interrogating-sfmoma-api-through-participatory-design/ ; https://mw2015.museumsandtheweb.com/paper/art-data-building-the-sfmoma-collection-api/

스코 베이 지역 예술가 로버트 아네슨(Robert Arneson)의 작품을 활용해서 3개의 수직 기둥으로 구성된 시각화를 제안했는데, 왼쪽 기둥은 예술작품을 만든 시기의 문화 및 지역, 중앙 기둥은 작품명, 크기, 미디어 등의 작품 관련 정보, 그리고 오른쪽 기둥은 작가의 전기적인 맥락을 제시해주었다.[76] 그리고 이 3개의 기둥 아래에는 SFMOMA 소장품에서 작가의 작품 수가 시각화되어 타임라인으로 표시되었다.

플리커(Flickr)의 엔지니어 버트랜드 팬(Bertrand Fan)이 이끄는 셀피팀은 SFMOMA 소장품에 대해 관람객이 생성한 작품 사진과 사람들과의 관계를 보여줄 방안을 모색했다. 이 팀은 관람객이 촬영한 이미지가 관람객과 예술작품 간의 인터랙션이나 관계에 대해 새로운 정보를 제공할 수 있는 방법과 그러한 관계에 대해 인지할 수 있는 방법을 탐구했다.[77] 또한 이들은 어떤 유형의 예술작품이 자기 기록, 즉 셀피 촬영에 영감을 주었는지에 관심을 갖고, 특정 작품이 찍힌 사진 이미지를 조사했다.

결과적으로 SFMOMA 소장품 응용 프로그램 인터페이스(API)에서 가져온 이

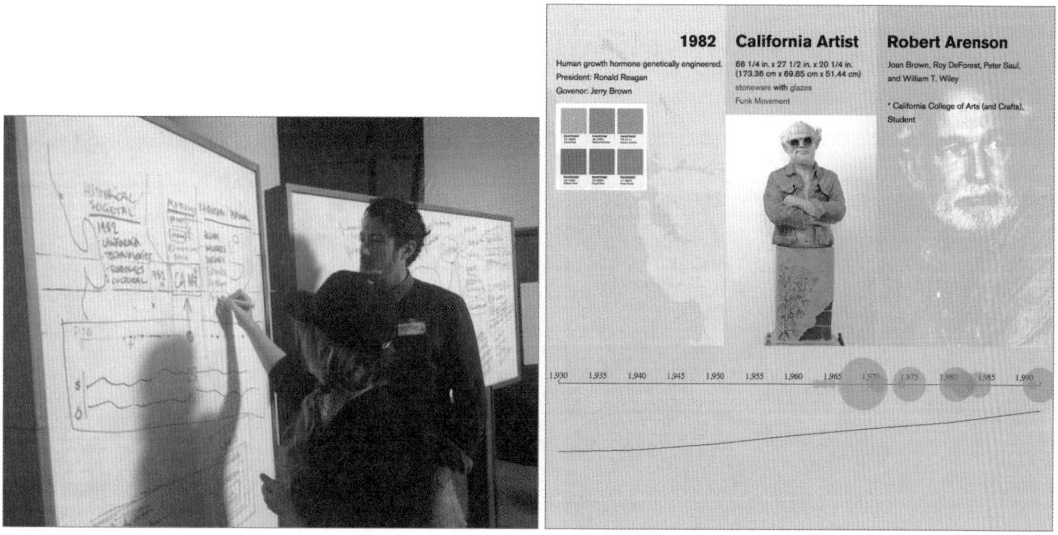

〈그림 3-32〉 컨텍스트팀의 작업 과정 및 예술작품과 작가에 대한 시각화

출처: https://www.sfmoma.org/read/interrogating-sfmoma-api-through-participatory-design/ ; https://mw2015.museumsandtheweb.com/paper/art-data-building-the-sfmoma-collection-api/

미지를 왼쪽에 배치하고, 오른쪽에는 플리커 응용 프로그램 인터페이스(API)에서 가져온 다수의 이미지를 슬라이드 쇼로 구성해서 관람객과의 인터랙션을 유도했다.[78] 예를 들어, 마크 로스코(Mark Rothko)의 'No. 14, 1960(1960)'은 관람객의 사진에서 반복적으로 가장 많이 등장한 대표적인 작품인데, 왼쪽에는 작품 이미지, 오른쪽에는 플리커 응용 프로그램 인터페이스(API)에서 가져온 이미지의 슬라이드 쇼가 진행되었다.

마지막으로, 이벤트에 원격으로 참여한 존 히긴스의 경우 예술가들이 시간경과에 따라 자신의 작품에 더 긍정적 또는 부정적으로 제목을 붙인 경향이 있는지에 대해 문제를 제기하면서 작가의 지리적 위치와 작품 제목에 내재해 있는 감정 간의 상관관계를 조명했다. 이에 히긴스는 SFMOMA 소장품의 예술작품에서 감정을 추출할 수 있는 방법을 고안하기 위해 예술작품의 제목에 의해 전달되는 감정이 작품에서 발생하는 감정에 영향을 미치는지에 대해 집중적으로 다루었으며, 이를 위해 100개의 예술작품을 선정했다.[79]

존 히긴스는 상술한 작업에서 작가의 태도를 경험하기 위해 텍스트로부터 주관적인 정보를 검색하고 추출하기 위한 목적으로 감정 분석 알고리즘(sentiment analysis algorithms)을 사용했다. SOFOMA 소장품 응용 프로그램 인터페이스(API)는

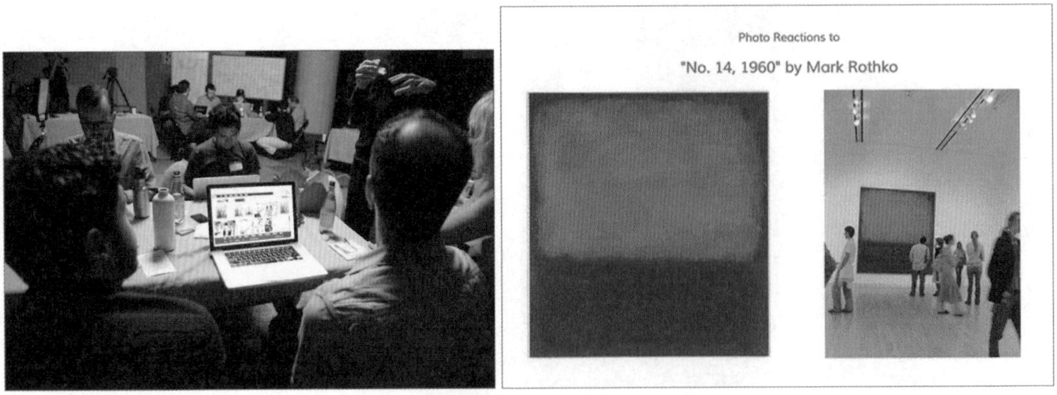

〈그림 3-33〉 셀피팀의 작업 과정 및 최종 결과물

출처: https://www.sfmoma.org/read/interrogating-sfmoma-api-through-participatory-design/ ; https://mw2015.museumsandtheweb.com/paper/art-data-building-the-sfmoma-collection-api/

작품 제목 및 날짜 목록을 가져와 각각의 제목을 감정 분석 엔진 응용 프로그램 인터페이스(API)에 전달하여 -1과 +1 사이의 숫자로 그 값이 표시되었다.[80] 예를 들어, 헤르베르트 바이어(Herbert Bayer)의 〈외로운 대도시(The Lonely Metropolitan, 1932)〉는 -0.92로 나타났다.

또한 작가의 작품 제목에 감정 분석 알고리즘을 적용하면 추가 데이터 측정 항목이 생성되었으며, 소장품 응용 프로그램 인터페이스(API)의 지리정보가 적용되면 감정 데이터 지도가 생성되었다. 하지만 논리적인 특성을 지닌 감정 분석 프로그래밍으로 인해 프랜시스 베이컨(Francis Bacon)의 작품처럼 시각적으로 복잡하고 형태가 모호한 작품에는 중립적인 점수가 부여되었다. 결과적으로 SFMOMA 소장품 응용 프로그램 인터페이스(API)와 감정 분석 엔진에 대한 응용 프로그램 인터페이

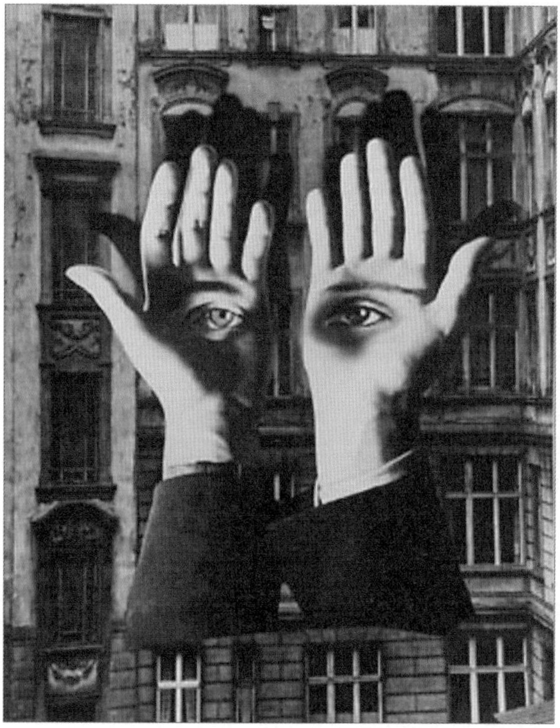

〈그림 3-34〉 헤르베르트 바이어의 〈외로운 대도시〉

출처: https://www.metmuseum.org/art/collection/search/302020

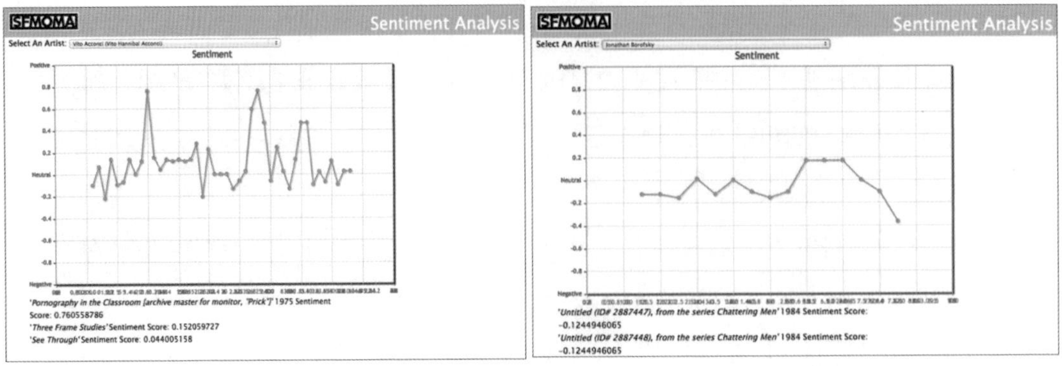

〈그림 3-35〉 비토 아콘치(Vito Acconci)와 조나단 보로프스키(Jonathan Borofsky)의 작품 제목에 대한 감정 분석 그래프

출처: https://www.sfmoma.org/read/sentiment-analysis/

스(API)는 선정된 100개의 예술작품에 대한 감정 분석 그래프를 생성시켰으며,[81] 이때 프런트 엔드 코드(front-end code), 자바스크립트(JavaScript),[82] 제이쿼리(JQuery)[83]를 통해 감정 분석 그래프 페이지가 생성되었다.

7

글로벌 박물관 및 미술관 온라인 플랫폼

Google Art & Culture

현재 구글 아트 & 컬처(Google Art and Culture)는 2011년 구글 아트 프로젝트(Google Art Project)에서 시작되었으며, 예술과 조우할 수 있는 새로운 방식뿐만 아니라 박물관 혁신 서비스에 대한 테크놀로지의 영향력을 가시화하기 위한 목적으로 착수되었다.[84] 전 세계 80개국의 2천 개 박물관 및 미술관과 협력 관계를 맺고 있는 구글은 문화 자원을 디지털화하고, 아이디어를 공유하며, 예술을 경험할 수 있는 새로운 방법을 제안하면서 테크놀로지와 문화 및 예술 간에 새로운 형태의 연결과 융합을 시도했다는 데 큰 의미를 지닌다.[85]

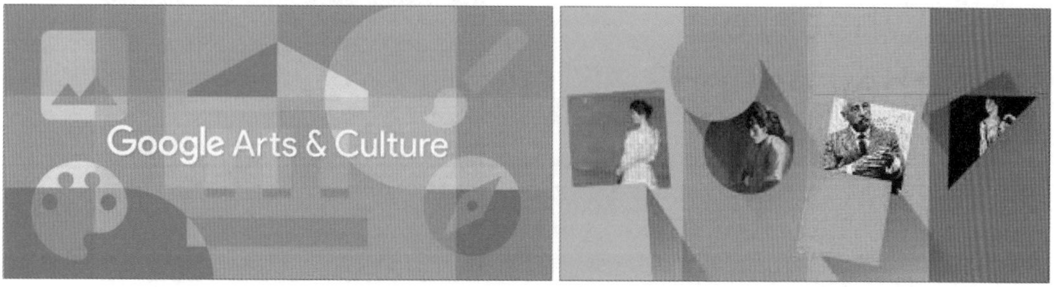

〈그림 3-36〉 구글 플레이(Google Play) 애플리케이션과 페이스북의 구글 아트 & 컬처 이미지

출처: https://play.google.com/store/apps/details?id=com.google.android.apps.cultural&hl=ko,
https://ko-kr.facebook.com/googleartsculture/

또한 구글 아트 & 컬처는 구글 앱 엔진(Google App Engine, 이하 GAE)[86]을 비롯한 3D 모델링 기술, 텐서플로(TensorFlow),[87] 구글 클라우드(Google Cloud),[88] 구글 스트리트 뷰(Google Street View),[89] 고해상도 촬영 기술 등의 광범위한 테크놀로지를 통해 거대한 온라인 통합 가상 박물관 플랫폼을 구축함으로써 디지털 공간에서 박물관 및 미술관, 그리고 예술작품에 대한 사용자의 접근 이용성 증진 및 탐색을 가능케 해 주었다.[90 91 92]

구글 아트 & 컬처의 경우 다양한 주제별 검색이 가능한데, 박물관 및 미술관의 명칭, 예술가의 이름, 예술작품, 사용자 갤러리별로 아트 프로젝트의 검색이 가능하다. 또한 예술작품 검색의 경우 재료, 장소, 사건, 미디어 유형 등 상세 키워드를 통해 검색이 가능하다. 사용자가 구글 계정으로 로그인할 경우에는 원하는 작품을 선택해서 나만의 갤러리를 만들 수 있고, 세부 정보를 추가할 수도 있으며, 다른 작품과 비교도 가능하다. 또한 미술관 작품을 활용한 활동(Mazes, coloring and more)이

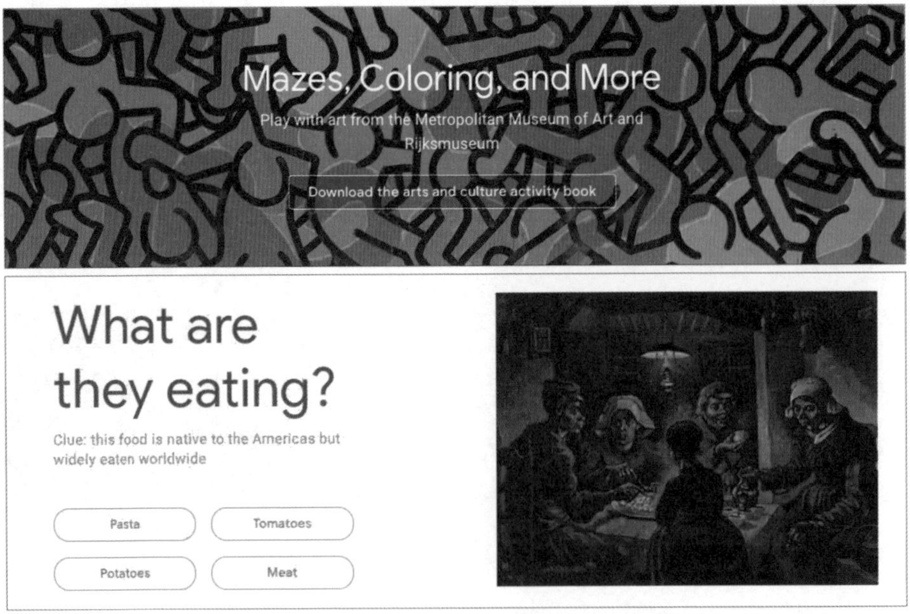

〈그림 3-37〉 미술관 소장품을 활용한 활동지와 작품 속 인물들이 먹고 있는 음식에 대한 탐색

출처: https://artsandculture.google.com/

나 작품 속 인물들이 먹고 있는 음식에 대한 탐색(What are they eating?)도 용이하다.

4만 5천 점 이상의 예술작품 이미지를 제공하고 있는 구글 아트 프로젝트는 초고해상도의 이미지 품질을 유지한다. 이미지 정보에서 기가픽셀 표시가 있는 경우에는 초고해상도 이미지 캡처 기술을 이용해서 근접 촬영된 것인데, 이들 이미지는 약 70억 화소로 이루어져 있어 육안으로는 볼 수 없었던 섬세한 필적의 방향, 유화의 재질이나 균열 등 작품의 시간적 흔적과 세부를 확인하는 것이 가능하며, 사용자에게 예술작품에 대한 시각적 깊이감과 몰입적 경험을 제공해준다.

또한 요하네스 베르메르, 렘브란트 하르먼손 판 레인, 클로드 모네, 프리다 칼로, 빈센트 반 고흐, 피터 브뤼겔 등의 작품이 수록된 아트 카메라(Art camera)의 경우 줌인과 줌아웃으로 작동하면서 상세 이미지를 확인할 수 있으며, 이와 함께 동영상으로 작품에 대한 설명도 제공해주고 있다. 특히 비하인 더 신(Behind the Scenes)의 경우, 초고해상도 촬영이 이루어지는 과정과 스트리브 뷰 기술로 직접 박물관을 걸어 다니거나 자전거를 타고 박물관을 촬영하는 과정이 담겨 있다.

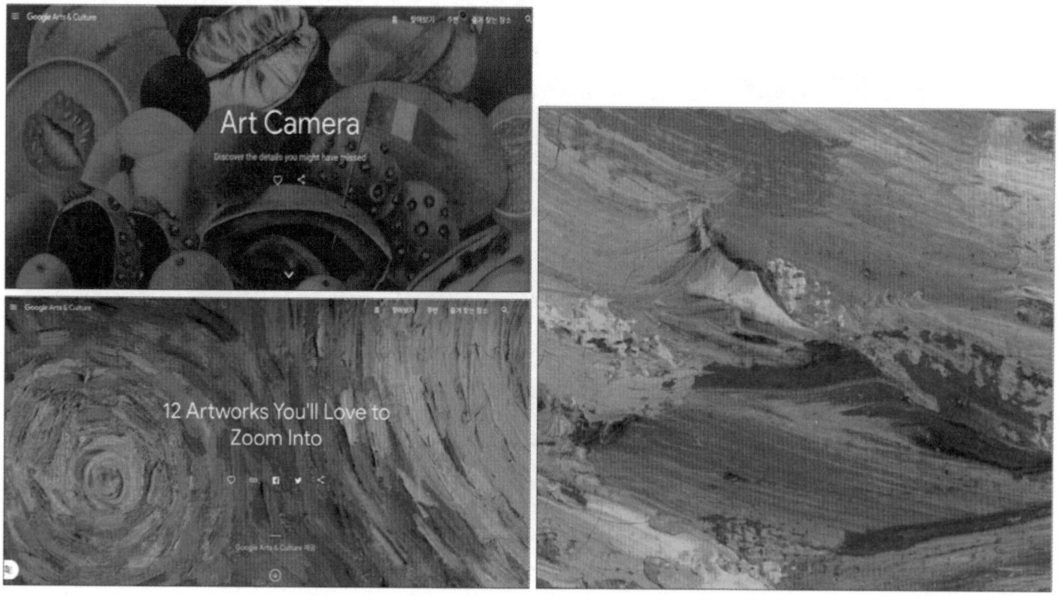

〈그림 3-38〉 아트 카메라로 촬영된 예술작품 이미지의 질감

출처: https://artsandculture.google.com/project/art-camera

2D 이미지 중심이던 구글 아트 & 컬처는 박물관 소장품에 대한 데이터를 디지털 큐레이션 및 가상 체험으로 확장했다. 예컨대, 실내 지도 기술을 사용해서 제작된 스트리트 뷰는 360도로 박물관 및 미술관 전시 공간을 둘러볼 기회를 제공하며, 사용자는 박물관 내에서의 위도와 경도에 따라 배치된 예술작품에 대한 상세 정보를 이용할 수 있다. 좌측에는 박물관 내에서 위치 확인이 가능한 평면도가 표시되고, 하단에는 박물관 내에 있는 작품 가운데 구글 아트 & 컬처에 제공되는 작품을 확인할 수 있다.

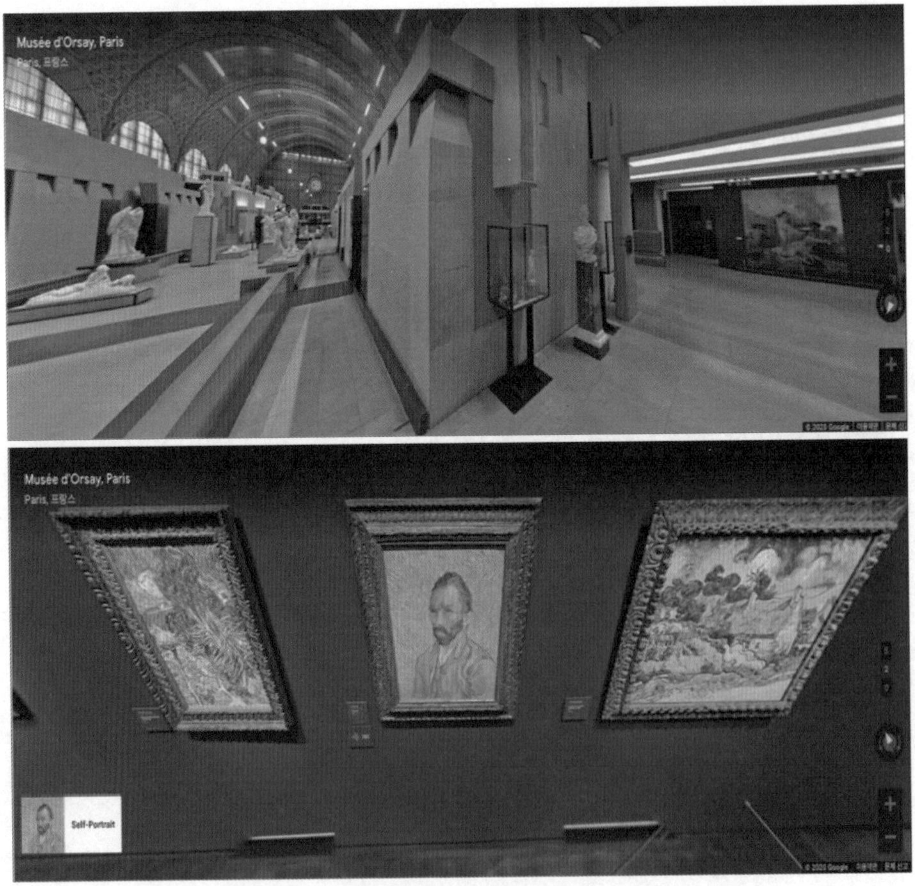

〈그림 3-39〉 구글 아트 & 컬처의 오르세미술관 가상 투어

출처: https://artsandculture.google.com/streetview/mus%C3%A9e-d%E2%80%99orsay-paris/KQEnDge3UJkVmw?hl=ko&sv_lng=2.327089926444344&sv_lat=48.85968476784497&sv_h=252&sv_p=0&sv_pid=FjndSjvl55w81vbNYu5DfA&sv_z=1.0000000000000002

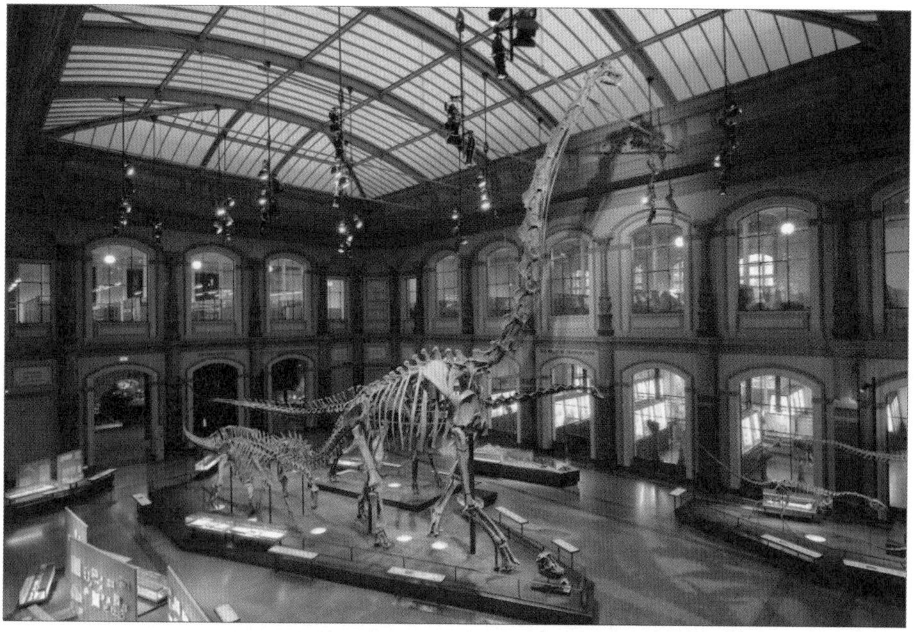

〈그림 3-40〉 베를린 자연사박물관의 브라키오사우루스

전시 공간의 내부 이미지를 360도 방향에서 찍어 각 이미지를 통합해서 개발된 스트리트 뷰 트롤리(Trolly) 서비스는 박물관 전시실 이동의 편리성을 증진시켰다. 구글 아트 & 컬처는 예술작품 및 유물뿐만 아니라 런던 자연사박물관에 전시된 해룡, 베를린 자연사박물관의 브라키오사우르스 등 자연사박물관의 소장품을 가상 체험할 수 있는 기회를 제공하고 있다.

2018년 구글 아트 & 컬처는 국내 문화 기관과의 협업을 통해 '코리안 헤리티지(Korean Heritage)' 프로젝트를 시작했다. 2,500점 이상의 왕실 유물과 2만 8천여 점에 달하는 민속 유물 등 3만 점 이상의 유물과 작품을 비롯하여 유네스코 세계유산에 등재된 창덕궁과 수원화성, 경주의 신라 유적지, 서울의 5대 고궁, 종묘 등 신라와 조선 및 대한제국의 주요 유적지 18곳을 전 세계 사용자가 편리하게 감상할 수 있도록 구성되었다. 이 프로젝트의 경우, 구글 아트 카메라를 사용해서 조선 왕실 장식화, 기록화 및 풍속화, 지도, 천문도 등 130여 점이 초고해상도 이미지로 촬영되었으며, VR 투어와 360도 VR영상으로 조선 왕실 행차도가 재현되었다.[93]

8
테크놀로지 기반의 하이브리드 전시
Louvre-DNP Museum Lab

일본의 출판 및 정보통신기업인 다이닛폰인쇄(Dai Nippon Printing Co., LTD)는 메세나 파트너로서 루브르박물관과 오랫동안 협력적인 관계를 유지해왔다. 그뿐만 아니라 다이닛폰인쇄는 1998년부터 루브르-랑스(Le Louvre-Lens) 분관 건립을 위해 무선주파수 자동식별기술(Radio Frequency Identification, 이하 RFID) 등의 기술적 지원을

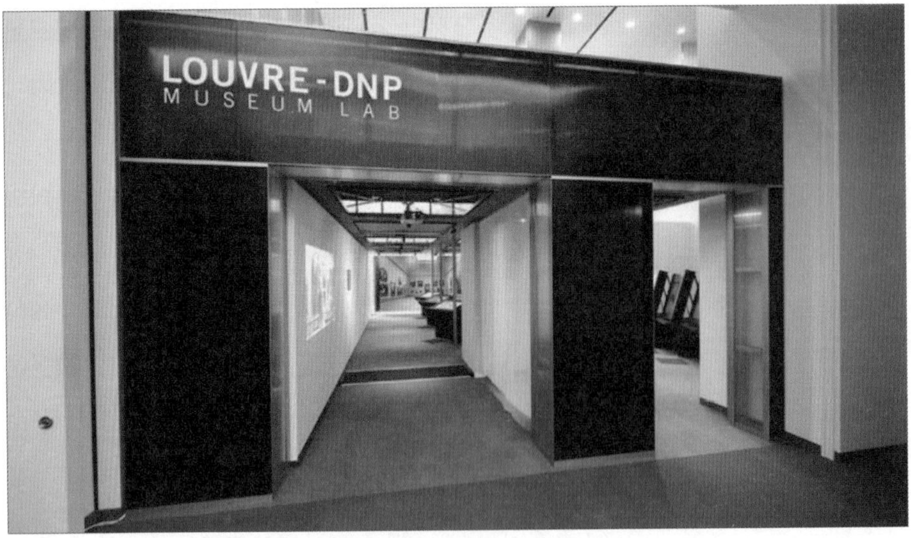

〈그림 3-41〉 루브르 디엔피 박물관 연구소

출처: https://www.tokyocreative.com/sights/1844-louvre-dnp-museum-lab

제공했다. 루브르-랑스에 이어 아부다비에 분관 설립을 결정한 루브르박물관은 정보통신기술과 디지털 이미징 기술 등 첨단 테크놀로지 역량을 보유한 다이닛폰인쇄와의 협력을 통해 소장품의 빅데이터와 첨단 테크놀로지를 융합하는 프로젝트의 착수에 합의했다. 이 합의에 의해 2006년 다이닛폰인쇄의 도쿄 본사에 설립된 것이 '루브르 디엔피 박물관 연구소(Louvre-DNP Museum Lab)'다.[94]

루브르 디엔피 박물관 연구소는 설립 초기부터 테크놀로지를 통해 예술작품을 재매개하고, 동시에 관람객과 예술작품을 인터랙션을 통해 매개하는 멀티미디어 전시 기법에 집중했다. 연구소는 2006년부터 2013년까지 10회에 걸쳐 실험적 특성이 강한 인터랙티브 멀티미디어 전시를 개최했는데, 이들 프로젝트는 루브르박물관의 큐레이터와 다이닛폰인쇄의 엔지니어 간의 협업을 통해 이루어졌다.[95] 또한 루브르박물관은 매 전시마다 연구소에 전시의 핵심 주제와 관련된 유물을 한두 점씩 대여해주었는데, 이를 통해 세계 최초의 '하이브리드 전시'가 탄생했다.

루브르 디엔피 박물관 연구소의 세 가지 연구 주제는 예술과 인간 간의 풍부한 관계 형성 및 증진을 위해 관람객이 '보는 것(seeing)', '이해하는 것(understanding)', '경험하는 것(experiencing)'이었다.[96] 연구소는 우선적으로 다양한 테크놀로지와 RFID를 기반으로 전시 환경의 최적화에 주력했다. 그 결과, 루브르박물관에서 대여해준 유물과 연구소가 개발한 인터랙티브 미디어를 통해 전시물과 관람객 간의 인터랙션이 활성화됨에 따라 관람 소요시간이 증가했다. 루브르 디엔피 박물관 연구소 측에서 보면, 멀티미디어 기반의 인터랙티브 미디어는 관람객에게 전시물과의 친밀

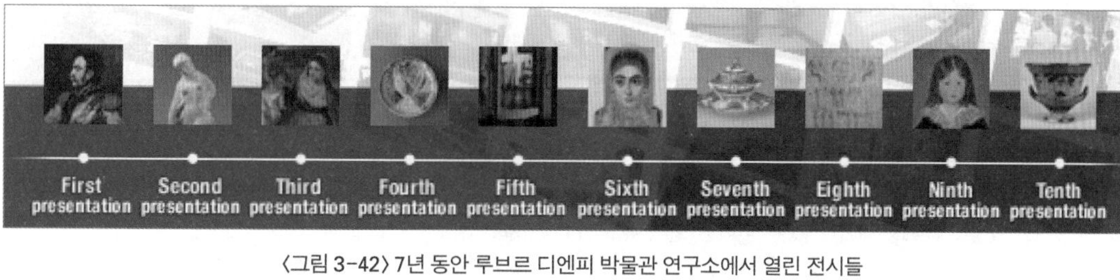

〈그림 3-42〉 7년 동안 루브르 디엔피 박물관 연구소에서 열린 전시들

출처: https://www.museumlab.eu/

한 관계성을 형성할 기회를 제공하면서 시공간을 초월해서 예술작품과의 지속적인 대화를 발생 및 유지시키는 매개 장치(Mediation Tool)로서의 의미를 지닌다.

또한 연구소는 예술작품에 접근하는 새로운 방법을 개발하기 위해 회화적 요소와 도상학적 요소 등 예술작품 감상을 지원하는 정보를 멀티미디어에 탑재했다.[97] 예를 들어, 관람객은 멀티미디어가 제공한 정보를 기반으로 예술작품을 면밀히 살펴보면서 그 구도를 이해할 수 있고, 작품에 내재한 창의성을 확인할 수 있다. 특히 인터랙티브 미디어가 제공하는 게임이나 해설이 제공되는 애니메이션은 예술작품에 대한 이해와 전시물과의 상호작용에 대한 참여를 증진시켰다.

기술적 관점에서 볼 때 루브르 디엔피 박물관 연구소의 대표적인 매개 장치는

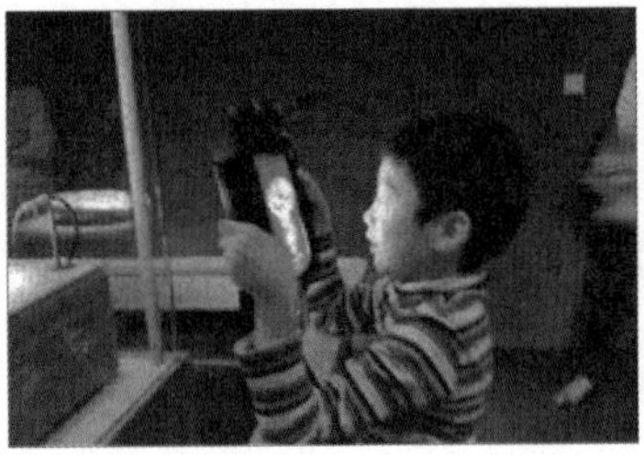

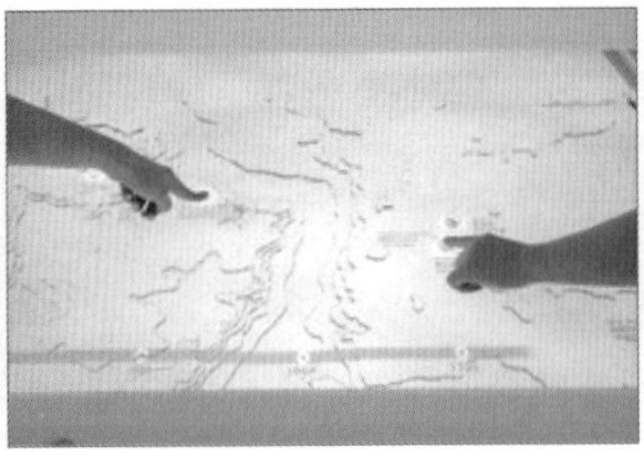

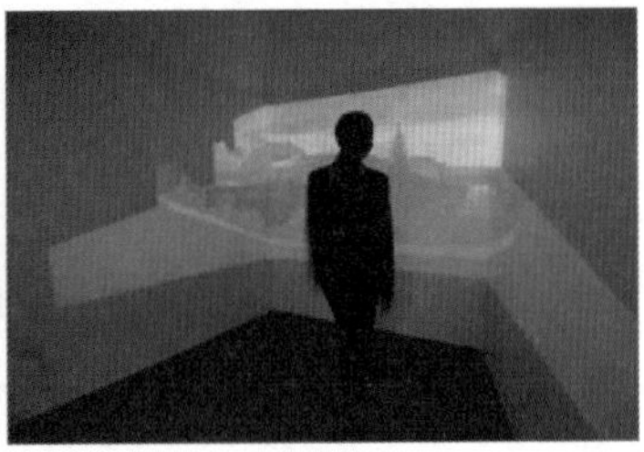

〈그림 3-43〉 루브르 디엔피 박물관 연구소의 세 가지 연구 주제

출처: https://www.museumlab.eu/greeting/concept.html

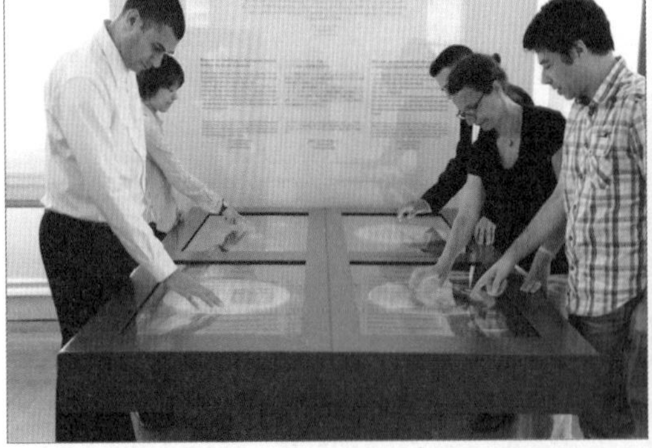

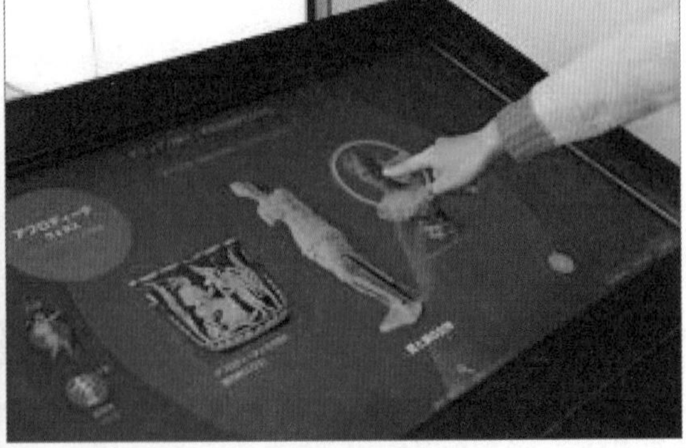

〈그림 3-44〉 〈이집트에서 여인의 초상(Portraits of women in Egypt, 1800 years ago, 2009)〉과 〈타나그라: 고대 그리스의 여성 조각상〉 전시에 사용된 터치스크린 기반의 인터랙티브 미디어

출처: https://www.museumlab.eu/exhibition/06/tech.html

터치스크린인데, 한 번에 한 사람만 이용할 수 있는 한계를 극복하고 소수의 관람객이 터치스크린을 장시간 독점하는 것을 통제하기 위해 작품에 대한 정보를 담은 오디오 가이드와 PDA 형태의 해석 매체를 함께 비치해놓음으로써 박물관에 대한 피로감 완화와 정보 접근에 대한 용이성을 증진시켰다.

그리스 고대 조각상을 다룬 〈타나그라: 고대 그리스의 여성 조각상(Tanagras: Female figures of ancient Greece, 2007)〉의 경우, 3D 형태의 예술작품을 조작해볼 수 있는 미디어(Touch), 조각상에 대한 정형적 분석(Look), 조각상의 기능과 의미(Interpret), 역사 및 지형학적 맥락(Explore), 고고학적 발굴의 재구성(Excavate), 조각상 만들기(Create), 조각상의 의상 재발견하기(Rediscover) 등 다양한 인터랙브 경험을 제공해주었다.

특히 세 번째 전시에 해당하는 〈토끼와 함께 있는 성모(the Madonna of the rabbit, 2007~2008)〉부터는 테크놀로지의 적용이 확장 및 심화되었다. 멀티미디어 인터페이스에는 16세기 이탈리아 화가 티치아노 베첼리오의 회화작품 〈토끼와 함께 있는 성모〉가 관람객과 마주 보는 위치에 놓여 있다. 관람객이 작품을 감상하는 동안 '아이 트래킹(eye tracking)' 기술로 적외선 카메라가 눈동자의 움직임을 추적하고, 오른쪽에 큐레이터가 작품에서 주요 부분을 마킹해놓은 것과 비교하게 함으로써 관람

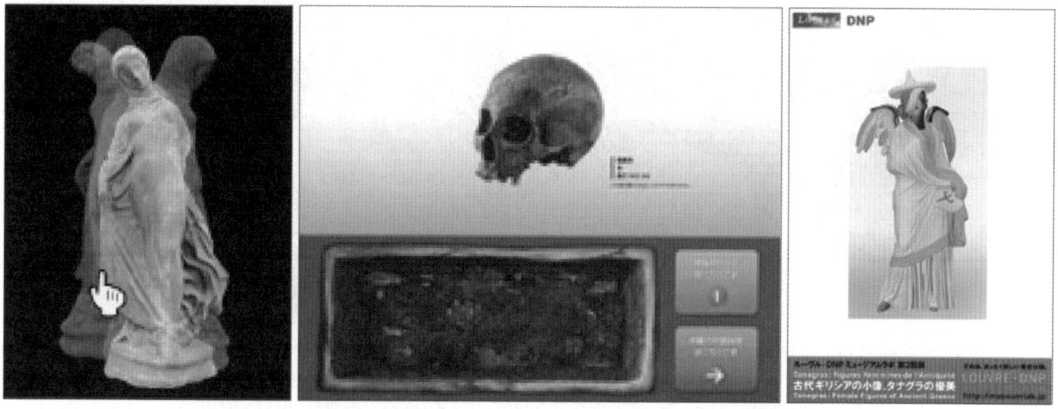

〈그림 3-45〉 〈타나그라: 고대 그리스의 여성 조각상〉에 사용된 다양한 인터랙티브 미디어

출처: https://www.museumlab.eu/exhibition/02/contents.html

객이 보는 방식과 큐레이터의 시각 간의 편차를 확인시켜주었다.

2008년부터 루브르 디엔피 박물관 연구소는 전시를 통해 프로젝션 매핑뿐만 아니라 멀티 포인트 터치 시스템(a multi-point touch system) 기반의 인터랙티브 지도(interactive map), 이미지 인식 인터랙티브 테이블(image recognition interactive table), 증강현실(Augmented Reality) 가이드,[98] 증강현실 기반의 인터랙티브 팸플릿,[99] 비접촉 터치

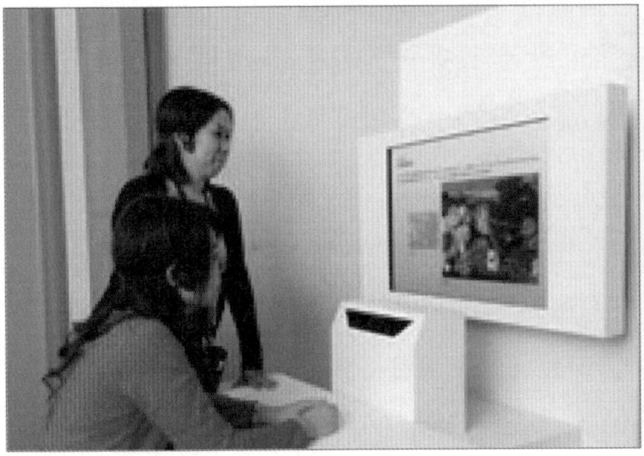

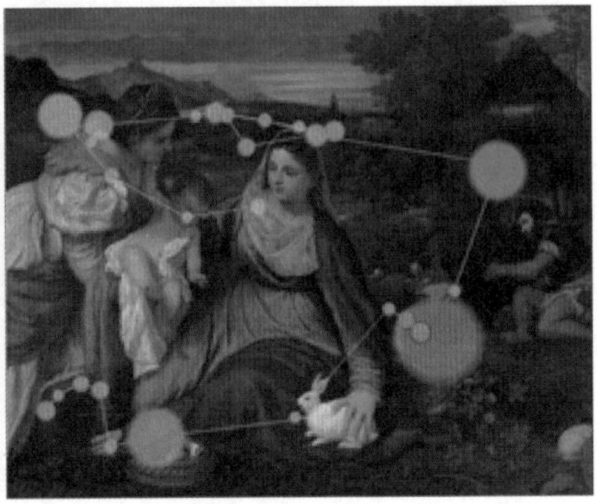

〈그림 3-46〉 아이 트래킹 기술 기반의 '둘러보기(Looking around)' 기능

출처: https://www.museumlab.eu/tech/03tech.html

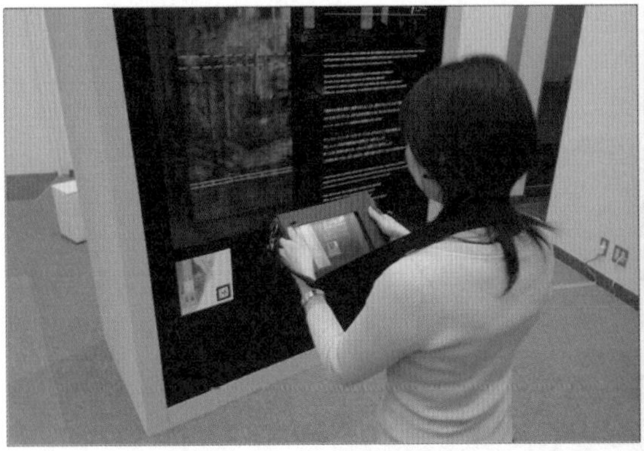

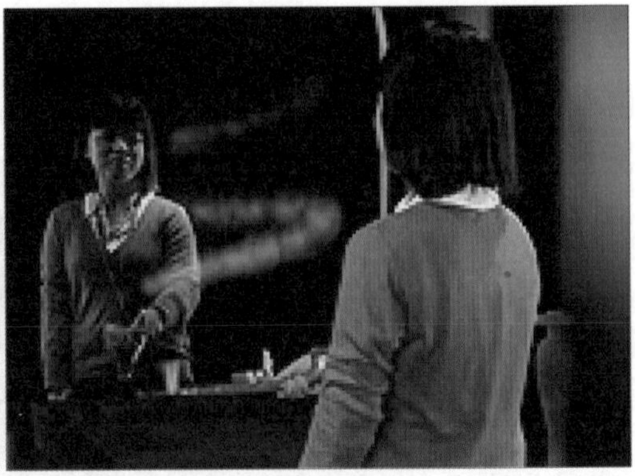

〈그림 3-47〉 〈반 호흐스트라텐의 슬리퍼: 눈으로 실험하기(Van Hoogstratem the Slippers: Experimenting with one's gaze, 2008~2009)〉에 사용된 증강현실(AR) 가이드와 〈고대 이집트에서 영원을 위한 봉납: 생존에 대한 질문(Offering for eternity in ancient Egypt: A question of survival, 2011~2012)〉에서 사용된 안면 인식 기반의 증강현실(AR)

출처: https://www.museumlab.eu/tech/04tech.html ; https://www.museumlab.eu/exhibition/08/tech.html

패널(contactless touch panel), 동작 기반 인터페이스(gestural interface) 등 다양한 테크놀로지를 선보였다.

루브르 디엔피 박물관 연구소의 혁신적이며 실험적인 프로젝트는 테크놀로지를 활용한 예술과 관련된 지식의 지속적인 발전 및 확산, 그리고 관람객과 박물관을 혁신적인 방식으로 연결하려는 루브르박물관의 의지와 실천 역량을 가시적으로 보여주었으며, 현재 파리 본관뿐만 아니라 랑스와 아부다비에 위치한 루브르박물관에 루브르 디엔피 박물관 연구소의 결과물들이 부분적으로 적용되고 있다.[100]

9
닌텐도 오디오 가이드

Louvre Museum

게임회사인 닌텐도와 협력관계를 맺고 있는 루브르박물관의 경우, 2012년 5000 Nintendo 3DS 콘솔(consoles)을 활용하여 핸드헬드 기반의 닌텐도 오디오 가이드(Nintendo audio guide)를 개발했다. 해석 매체의 관점에서, 닌텐도 오디오 가이드의 예술작품에 대한 상세하고 풍부한 정보는 관람객에게 도슨트나 버추얼 가이드(virtual guide)의 역할을 기대할 수 있었다.[101] 닌텐도 오디오 가이드의 개발 배경에

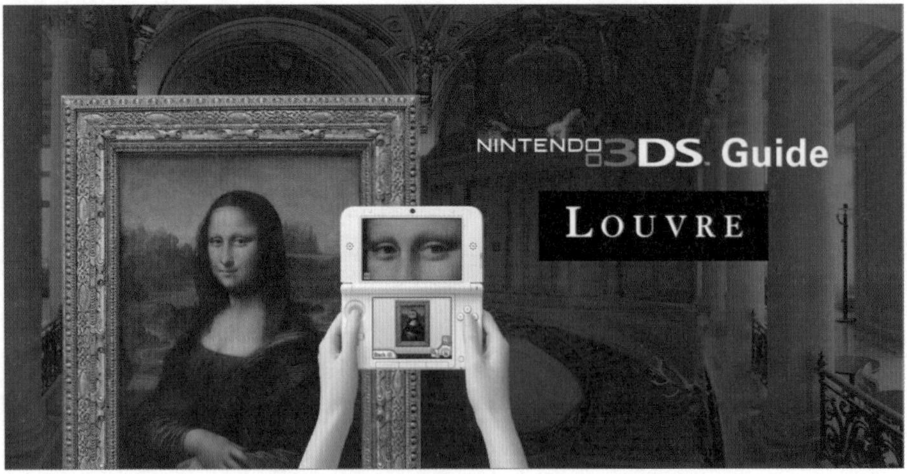

〈그림 3-48〉 닌텐도 오디오 가이드

출처: https://www.nintendo.co.uk/Games/Nintendo-3DS/Nintendo-3DS-Guide-Louvre-822301.html

는 외견적으로 소장품에 대한 새로운 시각 제공, 인터랙티브 경험 제공, 해석 매체 제공을 통한 관람 경험의 증진이라는 명분이 존재했지만, 실질적으로는 박물관에 비치된 오디오 가이드의 이용률이 4.0%에 그쳐 이에 대한 대안 마련이 시급한 상황이었다.

닌텐도 오디오 가이드는 관람객이 친숙하게 느끼는 닌텐도 3DS 시스템(Nintendo 3DS systems), 예술작품에 대한 메타데이터, 인터랙티브한 게임 요소, 가상현실 기술이 결합한 결과물이라 할 수 있다. 이 오디오 가이드의 주요 기능은 '예술작품 감상하기(Look at the artwork)'와 '루브르박물관 방문하기(Visit the Louvre)'로 구성된다. 전자의 경우, 관람객이 관심 있는 특정 작품을 일곱 가지 언어로 검색할 수 있는 기능이다. 이 기능은 600여 점의 작품에 대한 2D/3D 이미지, 400개 이상의 전시

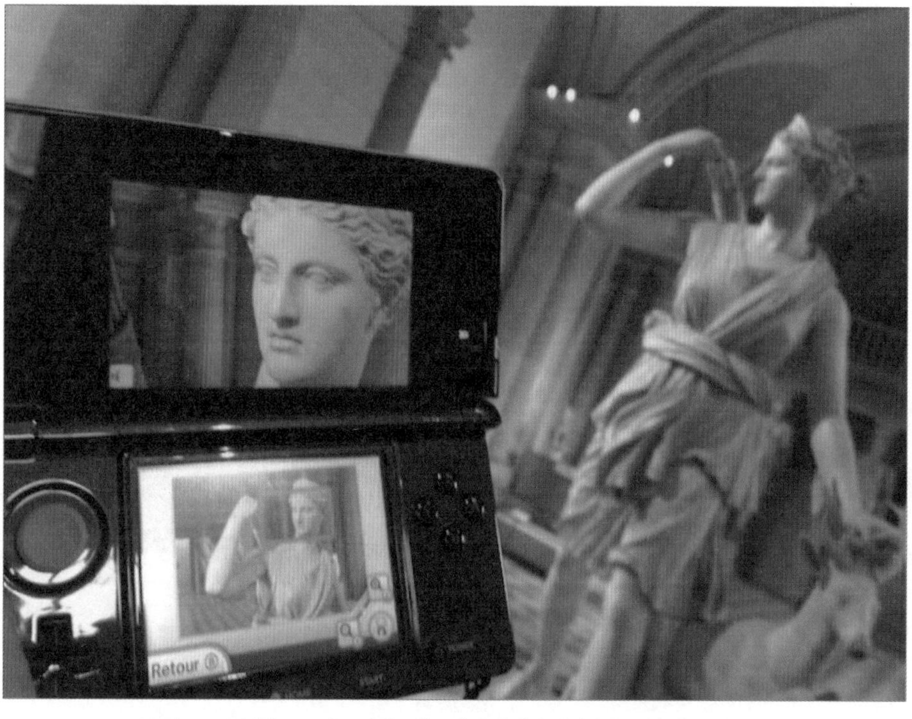

〈그림 3-49〉 닌텐도 오디오 가이드의 고화질 이미지 기반의 3D 이미지 및 줌 기능

출처: https://www.tor.com/2015/03/27/how-navigating-the-louvre-with-a-nintendo-3ds-made-me-rethink-the-future-of-gaming-art-and-virtual-reality

실에 대한 사진 이미지, 오디오 정보와 동영상뿐만 아니라 1,200개 작품에 대한 3D 이미지 및 애니메이션을 제공해준다.[102] 이러한 맥락에서 이 가이드는 인터랙티브 멀티미디어 가이드라고 할 수 있다.

이 오디오 가이드에는 고해상도 이미지가 사용되어 회화작품의 경우에는 붓터치나 균열된 부분을 상세하게 보거나 줌(zoom) 기능을 사용해서 이미지의 특정 부분을 확대 및 축소해서 이용할 수 있다.[103] 특히 조각의 경우, 3차원 공간에 객체를 2차원 화면인 하나의 장면에 바꾸어 표현하는 렌더링(rendering)을 통해 구현되어 안경을 착용하지 않고도 모든 각도에서 3D 이미지를 이용할 수 있다.

후자의 경우, 자유 탐험(Free exploration), 명작 투어(Masterpiece Tour), 전시 동선 생성하기(Build a Trail), 가족 관람객 투어(Family Tour: The ancient Egyptian) 등으로 구성되는데, 이러한 투어는 오디오 가이드의 핵심적인 기능이다. '자유 탐험'의 경우, 터치스

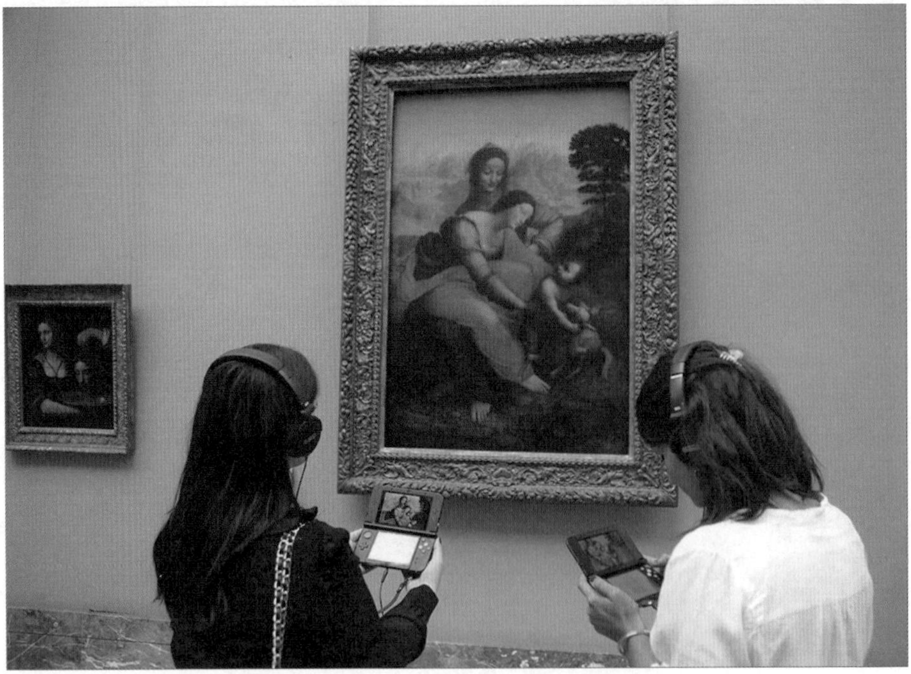

〈그림 3-50〉 닌텐도 오디오 가이드를 사용하고 있는 관람객

출처: https://www.nintendo.co.uk/Games/Nintendo-3DS/Nintendo-3DS-Guide-Louvre-822301.html; https://www.louvre.fr/en/museum-audio-guide

크린 기반의 내비게이션을 통해 전시실을 이동하면서 선택한 전시물을 상세히 볼 수 있다. 특히 전시물의 선택, 감상, 오디오 정보의 생성 등 일련의 과정이 매우 자연스럽게 연결되어 있다. 관람객은 해당 경로의 지점에 도달할 때마다 닌텐도 디바이스에 내장된 스피커로 작품에 대한 설명을 이용할 수 있는데, 이때 관람객을 위한 추천 전시 동선도 제공된다.

'명작 투어'의 경우, 〈모나리자〉나 밀로의 〈비너스〉 같은 루브르박물관을 대표하는 예술작품으로 구성되었으며, 투어에 50분 정도가 소요된다.[104] 동반 관람객과의 경험 증진을 위해 개발된 '고대 이집트 가족 관람객 투어(family tour: the ancient

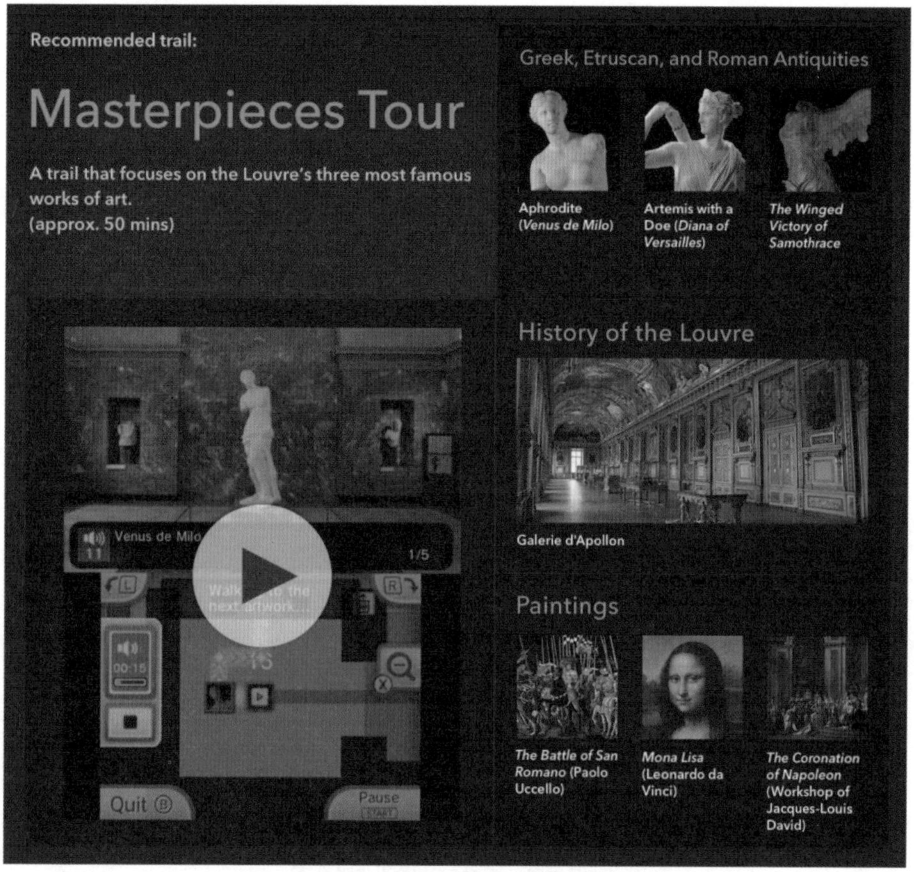

〈그림 3-51〉 닌텐도 오디오 가이드 '명작 투어' 메뉴

출처: https://www.nintendo.co.uk/Games/Nintendo-3DS/Nintendo-3DS-Guide-Louvre-822301.html

Egyptian)'는 고대 이집트에 대한 상세 설명을 제공해준다. 그뿐만 아니라 음악 및 사운드 효과가 적용된 이집트에 대한 멀티미디어 게임과 퀴즈가 탑재되어 있는데, 이러한 엔터테인먼트적 특성은 가족 관람객에게 관람에 대한 즐거움과 재미를 강화해준다.[105]

잠재 관람객이나 예술애호가에게 매우 유용한 기능인 '전시 동선 생성하기'는 유형별로 분류된 작품 가운데 관람객이 최대 12개의 작품을 선택해서 각각의 작품에 대한 상세 정보를 이용할 수 있다. 또한 선택된 전시물을 기반으로 가장 효과적인 전시 동선이 자동으로 생성되며, 수동 또는 자동 방식으로 관람 속도를 조절하는 것이 가능하다. '전시 동선 생성하기'와 마찬가지로, 상술한 세 가지 투어는 수동 또는 자동 방식으로 관람을 선택할 수 있는데, 이들 투어는 사전에 설계되어 비록 전시물의 수가 제한적이지만 구조적 완성도와 사용 용이성이 매우 높다.

이 오디오 가이드의 또 한 가지 특징은 루브르박물관의 체험 메뉴를 통해 박물관의 지도를 보고 자유롭게 이동하거나 지도상에 표시되는 전시 동선을 따라가며

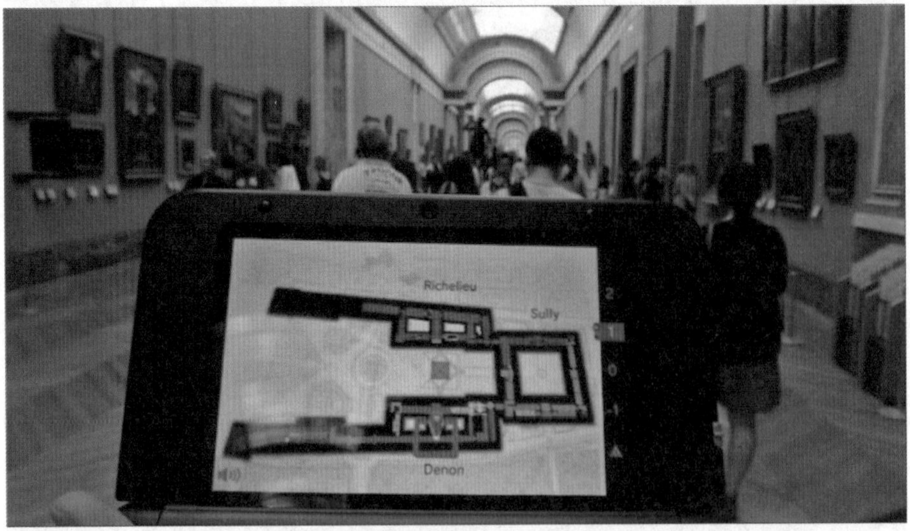

〈그림 3-52〉 닌텐도 오디오 가이드의 내비게이션 기능

출처: https://www.tor.com/2015/03/27/how-navigating-the-louvre-with-a-nintendo-3ds-made-me-rethink-the-future-of-gaming-art-and-virtual-reality/

감상할 수 있다는 점이다. 지도의 경우, 터치스크린에 3D 형태의 전시 공간이 제시되므로 인터랙티브 특성을 지니며, 위치인식 기능은 관람객에게 현재의 위치, 화면에 나타나는 작품과 공간 등을 아이콘을 통해 확인시켜준다. 또한 관람객은 지도에 표시된 현재의 위치에서 작품까지의 이동 시간을 확인할 수 있을 뿐만 아니라 다른 전시실의 예술작품 장르도 확인할 수 있다. 관람객은 화살표 방향에 따라 관람 방향을 선택할 수 있으며, 관람 속도의 통제도 가능하다.[106]

미주

1 B. Ciecko (February 25, 2016) Exploring artificial intelligence in museums, https://cuseum.com/blog/exploring-artificial-intelligence-in-museums

2 MuseumNext (September 13 2017) The National Gallery predicts the future with artificial intelligence, https://www.museumnext.com/article/national-gallery-predicts-future-artificial-intelligence/

3 Dexibit, The National Gallery predicts the future with artificial intelligence (August 16, 2017), https://dexibit.com/about/media/the-national-gallery-predicts-the-future-with-artificial-intelligence/

4 C. Dobinson (August 28, 2017) The National Gallery Turns to AI to Better Predict Attendance Figures, https://www.computerworlduk.com/data/national-gallery-uses-predictive-analytics-overhaul-museum-3663144/

5 J. Henderson (August 16, 2017) NZ-made start-up paints an AI picture for UK National Gallery, https://www.reseller.co.nz/article/626055/nz-made-microsoft-start-up-paints-an-ai-picture-uk-national-gallery/

6 O. Murphy & E. Villaespesa, 2020, The Museums + AI Network, Pratt & University of London.

7 S. Pound (June 7, 2018) How Dexibit is revolutionizing museums and galleries using bid data solutions, https://thespinoff.co.nz/podcasts/business-is-boring-callaghan/07-06-2018/how-dexibet-is-revolutionising-museums-and-galleries-using-big-data-solutions/

8 A. Judge Does my data look big in this? http://visitors.org.uk/wp-content/uploads/2018/03/AJ_Dexibit-VSG-London.pdf

9 Auckland Tourism, Events and Economic Development (March 23, 2018) Making museums perform efficiently, https://www.aucklandnz.com/business/start-and-grow/success-stories/dexibit

10 S. Baker (August 16, 2017) Kiwi data analytics startup Dexibit goes GLAM with London's National Gallery, https://bizedge.co.nz/story/kiwi-data-analytics-startup-dexibit-goes-glam-londons-national-gallery

11 Dexibit, Prepare for an uncertain future, https://dexibit.com/home/tour/tour-simulation/

12 Dexibit, Exhibition simulator, https://dexibit.com/new-exhibition-simulator/

13 O. Murphy & E. Villaespesa, 2020, The Museums + AI Network, Pratt & University of London.

14 S. Pound (June 7, 2018) How Dexibit is revolutionizing museums and galleries using bid data solutions, https://thespinoff.co.nz/podcasts/business-is-boring-callaghan/07-06-2018/how-dexibet-is-revolutionising-museums-and-galleries-using-big-data-solutions/

15 Idealog (August 17, 2017) Meet the New Zealand data company revolutionising the museum industry, https://idealog.co.nz/tech/2017/08/meet-new-zealand-data-company-revolutionising-museum-industry

16 Puawaitanga & Kotahitanga Award Winners 2018 (November 19, 2018) https://www.angelassociation.co.nz/tag/technology/

17 2018년과 2019년 아트뉴스페이퍼의 관람객 통계 관련 웹사이트: https://www.theartnewspaper.com/visitor-figures; https://www.theartnewspaper.com/analysis/art-s-most-popular-here-are-2019-s-most-visited-shows-and-museums

18 C. Cuau (February 28, 2018) Invisible insights for the British Museum: learning from TripAdvisor review, https://

medium.com/mcnx-london/invisible-insights-learning-from-trip-advisor-reviews-b5c825fa4409

19 최근에는 매달 1억 명 이상의 사용자와 리뷰가 이루어지고 있는 클라우드 소싱 커뮤니티 옐프(Yelp)가 트립어드바이저와 유사한 서비스를 제공하기 시작했다.

20 E. L. Maurer (2011). My TripAdvisor: Mining Social Media for Visitors' Perceptions of Museums vs. Attractions. Exhibitionist, Spring, pp. 28-35.

21 이 보고서 제작에 참여한 연구자들은 대다수 관람객이 구글 검색을 통한 박물관 웹사이트 방문, 트위터 계정, 국립박물관 위키(British Museum Wiki) 페이지, 트립어드바이저 순으로 국립박물관에 대한 정보를 검색한다는 사실을 밝혀주었다.

22 M. Bibby (August 25, 2019) TripAdvisor for museums: best practice, https://www.museumnext.com/article/tripadvisor-for-museums-best-practice/

23 트립어드바이저는 호텔 등 여행에 관한 가격 비교를 제공하는 웹사이트다.

24 C. Cuau (February 28, 2018) Invisible insights for the British Museum: learning from TripAdvisor review, https://medium.com/mcnx-london/invisible-insights-learning-from-trip-advisor-reviews-b5c825fa4409

25 이에 대한 소스 데이터는 연구에 참여한 데이터공학자 해리슨 핌이 게시한 깃허브 웹사이트에서 확인할 수 있다. https://github.com/harrisonpim

26 Cuseum (December 12, 2018) The impact of TripAdvisor & Yelp on cultural attractions, https://cuseum.com/blog/2018/12/12/the-impact-of-tripadvisor-amp-yelp-on-cultural-attractions

27 V. D. Alexander, G. Blank, & S. A. Hale (2018). TripAdvisor reviews of London museums: A new approach to understanding visitors. Museum International, 70(1-2), pp. 154-165.

28 R. Carlsson (March 15, 2020) Big data and museums, https://www.museumnext.com/article/big-data-and-museums/

29 S. Dudley, 2017, British Museum Harnesses Big Data to Analyze Visitor Trends, http://www.technologyrecord.com/Article/british-museum-harnesses-big-data-to-analyse-visitor-trends-59292

30 R. Carlsson (March 15, 2020) Big data and museums, https://www.museumnext.com/article/big-data-and-museums/

31 Digital Transformation: Microsoft Tech Summit, https://carlmcdade.com/2017/03/28/digital-transformation/

32 Microsoft (July 4, 2017) The British Museum is using big data to help visitors learning more about history, https://news.microsoft.com/en-gb/2017/07/04/the-british-museum-is-using-big-data-to-help-visitors-learn-more-about-history/

33 Microsoft (July 4, 2017) The British Museum is using big data to help visitors learning more about history, https://news.microsoft.com/en-gb/2017/07/04/the-british-museum-is-using-big-data-to-help-visitors-learn-more-about-history/

34 C. McDade (2017) Digital Transformation: Microsoft Tech Summit, https://carlmcdade.com/2017/03/28/digital-transformation/

35 S. Quigley, 2013, Extending the visitor experience with Wi-Fi at the Art Institute of Chicago, https://mw2013.museumsandtheweb.com/paper/extending-the-visitor-experience-with-wi-fi-at-the-art-institute-of-chicago/

36 A. Simnick (January 17, 2017) The power of applied data for museums, https://www.aam-us.org/2017/01/17/

the-power-of-applied-data-for-museums/

37 S. Rodney, 2019, The Personalization of the Museum Visit: Art Museums, Discourse, and Visitors, Routledge.

38 L. Bertagnoli (May 18, 2018) Art Institute uses data to give visitors what they want, https://www.chicagobusiness.com/article/20180518/ISSUE01/180519840/art-institute-of-chicago-uses-data-to-make-exhibit-choices

39 Cuseum (August 7, 2019) 4 ways AI is the next big game-changer in museum membership & attendance, https://cuseum.com/blog/2019/8/7/4-ways-ai-is-the-next-big-game-changer-in-museum-membership-amp-attendance

40 S. Rodney, 2019, The Personalization of the Museum Visit: Art Museums, Discourse, and Visitors, Routledge.

41 R. Chun (September 22, 2016). Can Big Data Make for Better Exhibitions?, https://www.artsy.net/article/artsy-editorial-can-big-data-make-for-better-exhibitions

42 B. Ciecko, 2020, AI sees what? The good, the bad and the ugly of machine vision for museum collection, The Museum Review, 5 (1), http://articles.themuseumreview.org/tmr_vol5no1_ciecko

43 The Metropolitan Museum of Art Collection API, https://metmuseum.github.io/

44 K. Pang (November 11, 2019) The Met's goldmine of data assets, https://digital.hbs.edu/platform-digit/submission/the-mets-goldmine-of-data-assets/

45 S. Cascone (August 10, 2017) With open access, the Met Museum's digital operation has a bona fide hit on its hands, https://news.artnet.com/art-world/metropolitan-museum-open-access-photos-1046006

46 B. Ciecko, 2020, AI sees what? The good, the bad and the ugly of machine vision for museum collection, The Museum Review, 5 (1), http://articles.themuseumreview.org/tmr_vol5no1_ciecko

47 구글 빅쿼리는 페타바이트 단위의 데이터에 대한 확장 가능한 분석을 가능하게 하는 서버리스 데이터웨어 하우스 또는 ANSI SQL을 사용한 쿼리를 지원하는 서버리스 소프트웨어 서비스이며, 머신 러닝 기능이 내장되어 있다.

48 L. Tallon (August 7, 2017) Celebrating six months of open access, plus the Met on Google BigQuery, https://www.metmuseum.org/blogs/digital-underground/2017/six-months-of-open-access-plus-google-bigquery

49 S. Truong (September 13, 2018) BigQuery: level up your queries with these advanced tricks, https://medium.com/hackernoon/bigquery-level-up-your-queries-with-these-advanced-tricks-c87de1fde235

50 Kaggle, How to Query the Metropolitan Museum of Art, https://www.kaggle.com/paultimothymooney/how-to-query-the-metropolitan-museum-of-art

51 S. Robinson, 2017, When art meets big data: Analyzing 200,000 items from the Met collection in BigQuery, Google Cloud Big Data & Machine Learning Blog, https://cloud.google.com/blog/big-data/2017/08/when-art-meets-big-data-analyzing-200000-items-from-the-met-collection-in-bigquery

52 S. Truong (September 13, 2018) BigQuery: level up your queries with these advanced tricks, https://medium.com/hackernoon/bigquery-level-up-your-queries-with-these-advanced-tricks-c87de1fde235

53 S. Truong (September 13, 2018) BigQuery: level up your queries with these advanced tricks, https://medium.com/hackernoon/bigquery-level-up-your-queries-with-these-advanced-tricks-c87de1fde235

54 S. Robinson (August 7, 2017) When art meets big data: analyzing 200,000 items from the MET collection in BigQuery, https://cloud.google.com/blog/products/gcp/when-art-meets-big-data-analyzing-200000-items-from-the-met-collection-in-bigquery

55 M. Howe-Ely (April 12, 2020) How to create a virtual art gallery in Google Data Studio, https://michaelhoweely.com/2020/04/12/how-to-create-a-virtual-art-gallery-in-google-data-studio/

56 Exploring the Tate collection, http://www.shardcore.org/shardpress2019/2013/11/06/tate-data-explorer/

57 R. Barrett-Small, Archives & access project: open data brings beauty and insight, https://www.tate.org.uk/about-us/projects/transforming-tate-britain-archives-access/archives-access-project-open-data-brings

58 T. Amr (October 31, 2013) Tate dataset is published under the Creative Commons Zero license, https://eg.okfn.org/2013/10/tate-dataset-is-published-under-the-creative-commons-zero-license/

59 Tate, Creative Commons licenses and the Tate: How to access material and use Creative Commons licenses for works in our archive and main collection, https://www.tate.org.uk/about-us/policies-and-procedures/creative-commons-licences-tate

60 L. Payne (November 21, 2013) Tate releases data on Github, https://www.stylus.com/sypgsl

61 Tate, Collection data, https://www.tate.org.uk/about-us/digital/collection-data

62 CSV는 몇 가지 필드를 쉼표(,)로 구분한 텍스트 데이터 및 텍스트 파일이다. 확장자는 .csv이며, MIME 형식은 text/csv다.

63 JSON은 '속성-값 쌍' 또는 '키-값 쌍'으로 이루어진 데이터 오브젝트를 전달하기 위해 인간이 읽을 수 있는 텍스트를 사용하는 개방형 표준 포맷이다. 비동기 브라우저/서버 통신을 위해 넓게는 XML을 대체하는 주요 데이터 포맷이다.

64 YYYY-MM-DD, The Tate collection on Github, http://research.kraeutli.com/index.php/2013/11/the-tate-collection-on-github/

65 Digital meets Culture (June 25, 2020) The participatory museum: what open data makes possible, https://www.digitalmeetsculture.net/article/the-participatory-museum/

66 H. D. Wall (March 15, 2016) Tate data peak years, https://medium.com/@WallHelen/tatedata-8b6742c7bf6d

67 Florian Krauti, The Tate collection on Github, http://research.kraeutli.com/index.php/2013/11/the-tate-collection-on-github/

68 Florian Krauti, The Tate collection on GitHub, http://www.kraeutli.com/index.php/2013/11/02/the-tate-collection-on-github/

69 Museum 2.0 (November 27, 2013) Visualizing the Tate's collection: what open data makes possible, http://museumtwo.blogspot.com/2013/11/visualizing-tates-collection-what-open.html/

70 B. Myers (February 19, 2014) Exploring Tate art open data 0, https://robmyers.org/category/art-open-data/

71 C. Sikes & S B. Hogarty (November, 2014) Interrogating the SFMOMA API through participatory design, https://www.sfmoma.org/read/interrogating-sfmoma-api-through-participatory-design/

72 S. B. Hogarty and et al., Art + data: building the SRMOMA collection API, https://mw2015.museumsandtheweb.com/paper/art-data-building-the-sfmoma-collection-api/

73 Stamen Design, Art + Data Day: Museums and the Web by Beth (April 7, 2015) https://hi.stamen.com/art-data-day-museums-the-web-by-beth-38442fc6750c

74 B. Carberry (2015) Team Pixelmasher, https://www.sfmoma.org/read/team-Pixelmasher/

75 D. Rademacher (2015). Team Context, https://www.sfmoma.org/read/team-context/

76 S. B. Hogarty and et al., Art + data: building the SRMOMA collection API, https://mw2015.museumsandtheweb.com/paper/art-data-building-the-sfmoma-collection-api/

77 S. B. Hogarty and et al., Art + data: building the SRMOMA collection API, https://mw2015.museumsandtheweb.com/paper/art-data-building-the-sfmoma-collection-api/

78 A. Carey (2015) Team Selfie, https://www.sfmoma.org/read/team-selfie/

79 Stamen Design, Art + Data Day: Museums and the Web by Beth (April 7, 2015) https://hi.stamen.com/art-data-day-museums-the-web-by-beth-38442fc6750c

80 S. B. Hogarty and et al., Art + data: building the SRMOMA collection API, https://mw2015.museumsandtheweb.com/paper/art-data-building-the-sfmoma-collection-api/

81 J. Higgins (2015). Sentimental analysis, https://www.sfmoma.org/read/sentiment-analysis/

82 자바스크립트는 객체 기반의 스크립트 프로그래밍 언어다. 웹 브라우저 내에서 주로 사용하며, 다른 응용 프로그램의 내장 객체에도 접근할 수 있는 기능을 가지고 있다. 또한 Node.js 같은 런타임 환경과 같이 서버 프로그래밍에도 사용된다.

83 제이쿼리는 HTML의 클라이언트 사이드 조작을 단순화하도록 설계된 크로스 플랫폼의 자바스크립트 라이브러리이며, 존 레식(John Resig)이 2006년 뉴욕시 바캠프에서 공식적으로 소개했다.

84 A. Bayer, 2014, Evangelizing the 'Gallery of the Future': A critical analysis of the Google Art Project narrative and its political, cultural and technological stakes, Western University, MA Thesis.

85 J. Xiao & Y. Furukawa , 2014, Reconstructing the world's museums, International Journal of Computer Vision, 110(3), pp. 243-258.

86 구글에서 제공하는 서비스 중 하나이며, PHP · Python · Java · Go 언어를 사용하여 웹 응용 프로그램을 개발하고, 구글의 인프라에서 실행하고 버전을 관리할 수 있다.

87 다양한 작업에 대해 데이터 흐름 프로그래밍을 위한 오픈소스 소프트웨어 라이브러리다.

88 클라우드 컴퓨팅은 클라우드를 통해 가상화된 컴퓨터의 시스템 리소스를 요구하는 즉시 제공한다. 인터넷 기반 컴퓨팅의 일종으로, 정보를 자신의 컴퓨터가 아닌 클라우드에 연결된 다른 컴퓨터로 처리하는 기술을 의미한다.

89 구글에서 제공하는 실사 웹 지도 서비스다.

90 K. Beil, 2013, Seeing syntax: Google art project and the twenty-first- century period eye. Afterimage, 40(4), pp. 22-27.

91 S. Vosinakis & Y. Tsakonas, 2016, Visitor experience in Google Art Project and in Second Life-Based Virtual Museums: A comparative study. Mediterranean Archaeology & Archaeometry, 16(5), pp. 19-27.

92 B. Rhee & G. Choi, 2019, An analysis of user experiences of the Google Art Project, International Journal of Engineering & Technology, 7(4.4), pp.51-54.

93 구글, 한국문화유산 온라인 전시회 코리안 헤리티지 프로젝트 오픈(2018. 6. 21) http://m.itbiznews.com/news/newsview.php?ncode=179524686563207

94 J. Ichino, K. Isoda, T. Ueda & R. Satoh, 2016, Effects of the display angle on social behaviors of the people around the display: A field study at a museum. In Proceedings of the 19th ACM Conference on Computer-Supported Cooperative Work & Social Computing, pp. 26-37.

95 2006년부터 2013년까지 루브르 디엔피 박물관 연구소에서 열린 전시는 다음과 같다. Théodore Géricault, A

Carabineer (2006-2007), Tanagras: Female figures of ancient Greece (2007), the Madonna of the rabbit (2007-2008), The city of Susa and its ceramics in the first centuries of Islam (2008), Van Hoogstratem the Slippers: Experimenting with one's gaze (2008-2009), Portraits of women in Egypt, 1800 years ago (2009), Offering for eternity in ancient Egypt: A question of survival (2011-2012), El niño azul, Goya and Spanish painting in the Louvre (2012), A masterpiece of Ancient Greece: a world of men, gods and heroes (2013).

96 Louvre-DNP Museum Lab, Concept, https://www.museumlab.eu/greeting/concept.html

97 N. Hall (2009). Titian, Tintoretto, Veronese: Rivals in Renaissance Venice. https://www.louvre.fr/sites/default/files/medias/medias_fichiers/fichiers/pdf/louvre-press-release-titian-tintoretto.pdf

98 C. Maehara, K. Yatsugi, D. Kim & T. Ushiama, T. (2012). An exhibit recommendation system based on semantic networks for museum. Innovations in Intelligent Machines (2) , pp. 131-141.

99 T. Ueda, A. Hanai & K. Kamei (2011, November). Intuitively interactive pamphlets using augmented reality. In Proceedings of the 8th International Conference on Advances in Computer Entertainment Technology, pp. 1-2.

100 N. Hall, 2009, Titian, Tintoretto, Veronese: Rivals in Renaissance Venice. https://www.louvre.fr/sites/default/files/medias/medias_fichiers/fichiers/pdf/louvre-press-release-titian-tintoretto.pdf

101 T. Whitehead, 2013, Hands On: Nintendo 3DS Guide: Louvre Guide, http://www.nintendolife.com/news/2013/12/hands_on_nintendo_3ds_guide_louvr

102 P. Tieryas (2015) How Navigating the Louvre with a Nintendo 3DS Made Me Rethink the Future of Gaming, Art, and Virtual Reality, http://www.tor.com/2015/03/27/how-navigating-the-louvre-with-a-nintendo-3ds-made-me-rethink-the-future-of-gaming-art-and-virtual-reality/

103 H. S. Loh, 2015, Augmented Tour Solution, Universiti Tunku Abdul Rahman, Doctoral dissertation.

104 N. Sander (2014) Nintendo 3DS Guide: Louvre Review. http://www.nintendoworldreport.com/review/36655/nintendo-3ds-guide-louvre-review

105 R. Katrina (2011) Simpler museum tours with the Louvre and Nintendo. https://www.brandingmag.com/2011/12/21/the-louvre-upgrades-museum-tours-with-nintendo/

106 T. Whitehead (2013) Hands On: Nintendo 3DS Guide: Louvre Guide. http://www.nintendolife.com/news/2013/12/hands_on_nintendo_3ds_guide_louvre

4부

가상현실(VR), 증강현실(AR), 혼합현실(MR)

1. 아다 & 그레이스(Ada & Grace) Science Museum
2. 몽생미셸(Mont-Saint-Michel) 혼합현실 프로젝트 Musée des Plans-Reliefs
3. 구글 탱고 기반의 증강현실 Detroit Institute of Art × National Museum of Singapore
4. 리블링크(Reblink) Art Gallery of Ontario
5. 가상현실에서 만나는 모나리자 (Monalisa, Beyond the Glass) Louvre Museum
6. 가상현실기술과 홀로그램으로 만나는 홀로코스트 생존자의 증언(New Dimension in Testimony) USC Institute for Creative Technologies
7. 디지털 아담(Digital Adam) Metropolitan Museum of Art
8. 병마용 전시(Terracotta Warriors of the First Emperor) Franklin Institute

1
아다 & 그레이스(Ada & Grace)

Science Museum

2009년 서던캘리포니아대학교(University of Southern California, 이하 USC)의 크리에이티브 테크놀로지 연구소(USC Institute for Creative Technologies)와 보스턴에 위치한 과학박물관(The Museum of Science)은 인터페이스 프로젝트(The InterFaces Project)를 통해 버

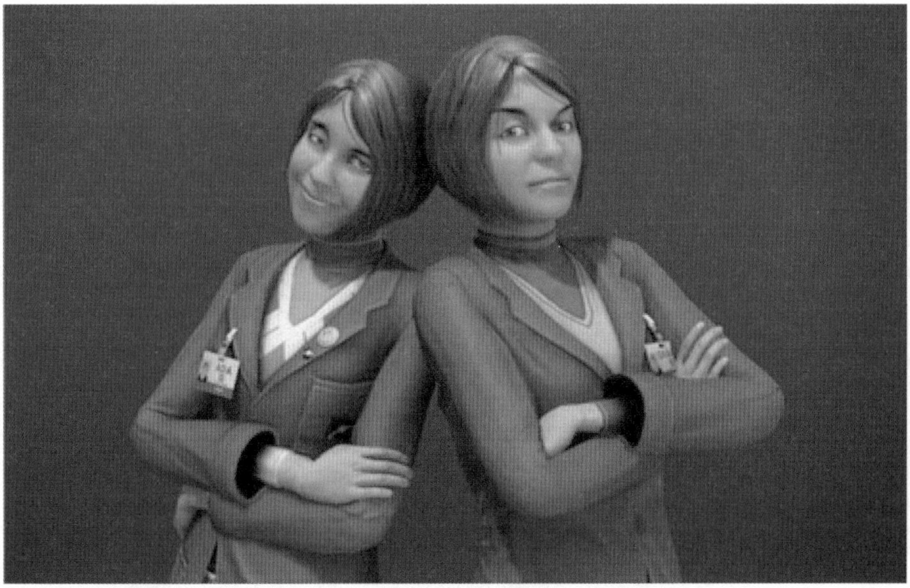

〈그림 4-1〉 버추얼 휴먼 가이드 아다와 그레이스

출처: https://ict.usc.edu/prototypes/museum-guides/

추얼 휴먼 박물관 가이드인 '아다와 그레이스(Ada & Grace)'를 개발했으며, 현재까지 20만 명 이상의 관람객과 상호작용을 나누었다.[1]

컴퓨터공학의 발전에 기여한 두 여성 학자의 이름을 딴 이들 버추얼 가이드는 박물관 관람객과 대면 방식으로 대화를 나눈 최초의 디지털 도슨트이며, 컴퓨터 사이언스에 대한 대중의 인식과 참여, 그리고 과학 · 기술 · 공학 · 수학(STEM)에 대한 청소년 계층의 관심 및 인식을 증대시키기 위한 목적으로 개발되었다. 쌍둥이 형태의 이들 버추얼 가이드는 물리적으로 컴퓨터 및 로봇 관련 기술에 관한 전시를 개최하는 캐너 컴퓨터 플레이스(Cahners Computer Place) 내부의 키오스크에 위치하고 있다.

이들 버추얼 가이드는 과학기술, 박물관 전시물 및 그 자체에 대한 다양한 질문에 답변하도록 설계되었으며, 언어 자동 인식 및 자연어 처리 기술 등이 사용되어 단어를 인식한다. 또한 통계 분류기를 사용하여 사전에 마련된 약 150개의 답변으로부터 사용자의 질문과 관련된 최적의 답변이 선택된다. 그다음 단계에서 말, 몸짓, 시선 및 신체 움직임 등이 답변과 합성되었다.[2]

초기에 개발된 프로토타입의 경우, 아다와 그레이스는 관람객과 직접적으로

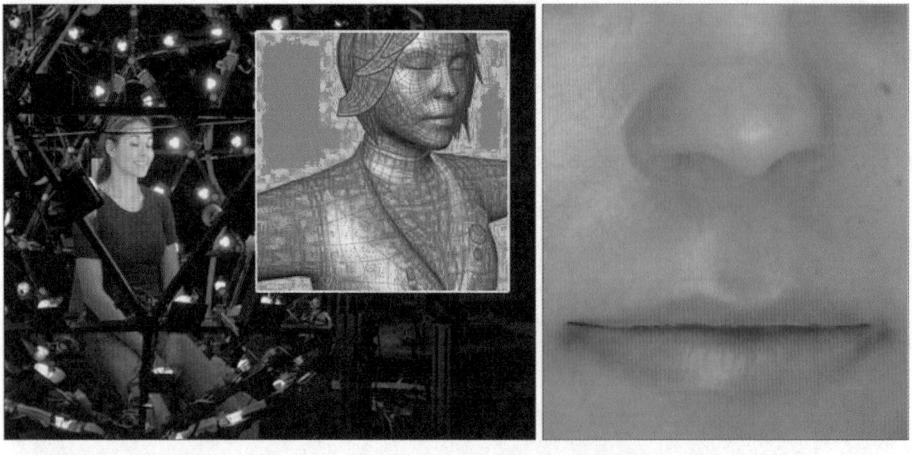

〈그림 4-2〉 라이트 스테이지 5를 사용한 아다와 그레이스의 제작 과정과 셰이더(shader)

출처: https://www.katiecohen.com/portfolio/museum-of-science-boston/; https://sail.usc.edu/publications/files/ada_and_grace.pdf

상호작용을 하지 않았다. 그 대신에 박물관 직원이 마이크로폰을 머리에 착용하고 버추얼 가이드에게 질문을 던졌는데, 자신의 질문 또는 관람객의 질문을 전달할 수 있었다. 초기에는 표준 유선 USB 마이크가 사용되었다가 2010년 무선 마이크로 대체되었는데, 이는 관람객의 음성에 집중할 수 있는 고정 마이크가 필요했기 때문이다. 2011년부터는 누름 버튼이 통합된 마이크 'Shure 522 페이징' 및 디스패치 응용 프로그램이 사용되고 있다.

과학박물관의 버추얼 가이드 프로젝트에는 사실적인 느낌을 전달하고 움직임이 자연스러운 캐릭터를 만들기 위해 서던캘리포니아대학교(USC)의 크리에이티브 테크놀로지 연구소(ICT)가 개발한 고해상도 안면 스캔 시스템인 '라이트 스테이지 5(Light Stage 5)'가 사용되었다. 지름 2미터의 구 형태인 라이트 스테이지 5는 156개의 균일한 간격의 흰색 LED 광원이 모든 각도에서 중심을 향했으며, 하나의 세트로 이루어진 2개의 스테레오 고해상도 디지털 스틸 카메라는 다양한 조명 조건에서 배우의 얼굴을 촬영했다.

편광 조명 조건을 사용하면 얼굴의 각 지점에서 0.1mm 해상도로 피부색, 표면 광택 및 표면 방향을 독립적으로 측정할 수 있으며, 각 픽셀의 표면 방향을 측정하여 피부 모공, 주름, 돌출 및 주름의 모양이 형성된다. 이 데이터를 바탕으로 피사체 얼굴의 3D 모델링이 만들어졌으며, 렌더링 소프트웨어는 ICT 그래픽 연구소(ICT

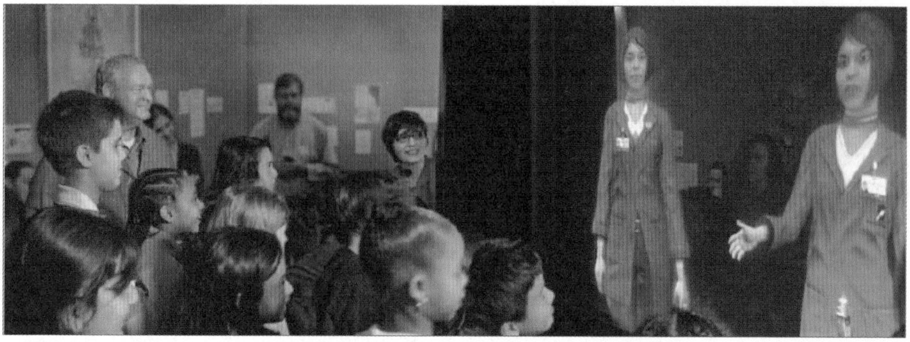

〈그림 4-3〉 아다 및 그레이스와 상호작용하는 관람객

출처: https://www.researchgate.net/figure/Visitors-engaging-with-Ada-and-Grace_fig3_225743155

Graphics Laboratory)가 개발한 하이브리드 노멀 맵 렌더링 기술(hybrid normal map rendering technique)을 그래픽 처리 장치(GPU)에 적용해서 사람의 얼굴을 실시간으로 렌더링했다.[3] 박물관 역사상 최초로 사용된 과학박물관의 버추얼 휴먼 가이드는 관람객의 질문에 대한 답변과 테크놀로지에 대한 설명뿐 아니라 버추얼 휴먼 가이드와의 인터랙션 단계를 인식 장치를 통해 제시해주고 전시물을 추천함으로써 관람 경험을 의미 있고 풍부하게 만들었다.[4]

2
몽생미셸(Mont-Saint-Michel) 혼합현실 프로젝트

Musée des Plans-Reliefs

2019년 마이크로소프트는 인공지능(AI) 기술을 활용한 인류 문화유산 보호 및 홍보 활동인 '문화유산을 위한 AI(AI for Cultural Heritage)' 프로젝트를 발표했다. '착한 AI 프로젝트(AI for Good)'는 마이크로소프트가 5년 동안 1억 2,500만 달러(약 1,475억 원)를 투자해 진행하는 대규모 프로젝트다. 마이크로소프트의 '착한 AI 프로젝트'는 주요 사회 문제의 해결을 목표로 2017년 6월 지구 환경 보호를 위한 '지구 환경 AI 프로젝트(AI for Earth)'로 시작했다.[5] 2018년 5월에는 전 세계 장애인의 자립을 지원하는 'AI 접근성 프로그램(AI for Accessibility)'을 진행했으며, 같은 해 9월부터 자연

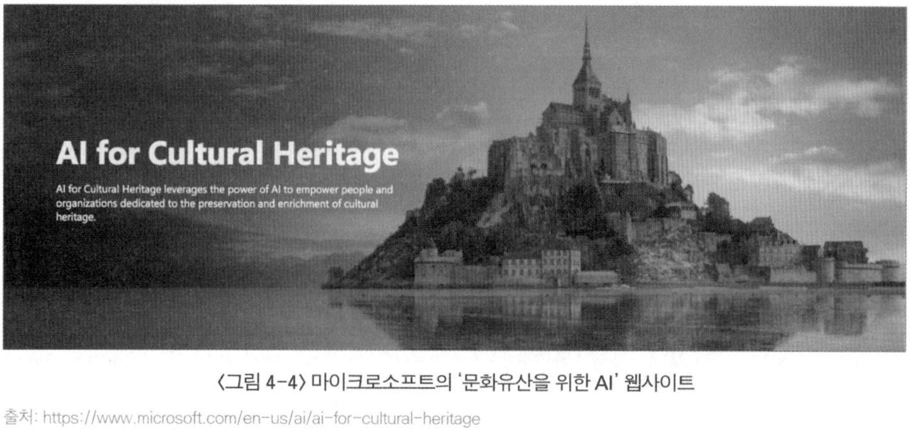

〈그림 4-4〉 마이크로소프트의 '문화유산을 위한 AI' 웹사이트

출처: https://www.microsoft.com/en-us/ai/ai-for-cultural-heritage

재해 피해 복구, 난민 보호 및 인권 증진을 목적으로 '인도주의 AI 프로젝트(AI for Humanitarian Action)'를 이어오고 있다.

'문화유산을 위한 AI 프로젝트'는 인류의 언어와 터전, 유물 등 각종 문화유산을 보존 및 보호하기 위한 목적으로 마련되었으며,[6] 새로운 기술을 사용해서 프랑스 문화유산을 보존하고 예술을 경험하고 역사적인 기관에 권한을 부여하며 더 많은 사람이 문화적 경험을 접할 수 있는 혁신적인 방법을 제시하고자 했다.[7] 이 프로젝트에는 마이크로소프트뿐만 아니라 세계 각국의 비영리기관, 대학, 정부기관 등이 협력 및 참여했다.

마이크로소프트는 프랑스의 홀로포지 인터랙티브(HoloForge Interactive)와 아이코넴(Iconem)과의 협업을 통해 혼합현실 및 인공지능 기술을 활용해서 몽생미셸섬(Mont-Saint-Michel) 입체모형 지도를 이용해 몰입감 있고 사실적인 문화유산에 대한 경험을 제공하는 데 비중을 두었다. 프랑스 노르망디 해안의 군사입체모형박물관(Musée des Plans-Reliefs)은 파리 7구에 위치한 군사박물관(Musée de l'Armée) 내에 있으며, 프랑스 대표 명소의 입체 모형, 전쟁에 사용했던 다양한 소품, 도시, 건물, 요새 등과 관련된 소장품을 보유하고 있다.

특히 100여 개의 역사적인 입체모형 지도 가운데 가장 유명한 소장품은 몽생미셸섬 입체모형 지도인데, '서양의 경의로움'이라고 칭송될 만큼 중세부터 유럽에서 몽생미셸은 매우 중요한 순례지였다. 966년 노르망디 공작이 이곳에 거주하면서 베네딕토 수도원을 건립했고, 백년전쟁 중에는 수도원 아랫부분에 위치한 마을에 성벽이 둘러쳐지면서 요새로 사용되었다.

프랑스 혁명 이후 몽생미셸은 감옥으로 사용되었는데, 19세기 들어 대규모 보수공사를 거친 후 찬란했던 과거의 모습을 되찾으면서 1874년 프랑스 역사 유적지로, 그리고 1979년에는 유네스코 세계문화유산으로 지정되었다. 군사입체모형박물관의 대표적 소장품인 몽생미셸섬 입체모형 지도의 경우, 1600년 후반 베네딕토회 수도사들이 건축을 담당했다. 이 모형 지도는 도시를 포위하거나 방어하는 방법을 보기 위한 군사 목적으로 사용되었으며, 나폴레옹과 루이 14세 같은 지도자들은

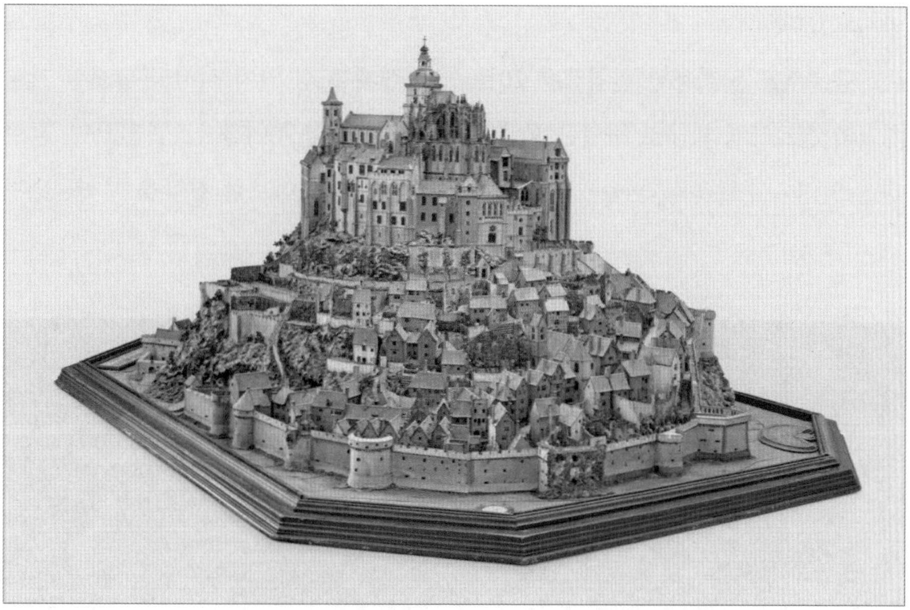

〈그림 4-5〉 군사입체모형박물관에 소장된 몽생미셸 모형

출처: https://lelephant-larevue.fr/news/le-mont-st-michel-regards-numeriques-sur-la-maquette/

군사 비밀을 고려해서 공개하지 않을 만큼 귀중한 전략적 도구로 간주했다.[8]

마이크로소프트, 홀로포지 인터랙티브와 아이코넴은 제작 과정에서 실제 역사적 기념물의 '디지털 쌍둥이(digital twin)'를 만들기 위해 모든 각도에서 유물을 촬영함으로써 관람객이 육안으로 볼 수 없는 세부 사항에 접근해서 새로운 경험 기회를 제공하는 데 초점을 맞추었다. 문화유산의 디지털 보존 분야의 선두 주자인 아이코넴은 수십만 장의 상세한 이미지를 바탕으로 마이크로소프트의 인공지능을 사용해서 역사적 구조의 사실성이 높은 3D 디지털 모델을 만들었다.[9]

한편, 혼합현실 전문 기업인 홀로포지 인터랙티브는 마이크로소프트 홀로렌즈 기반의 경험을 개발했다. 몽생미셸 모형과 유적지에 대한 사실적인 3D 렌더링은 인공지능을 사용하여 드론과 지상에서 촬영된 수십만 장의 사진을 처리하여 환상적인 이미지를 구현했다.[10] 이 작업의 결과물은 〈몽생미셸: 모형에 대한 디지털적인 시선(Le Mont-St-Michel: Regards numériques sur la maquette, 2018. 10. 11~2019. 1. 14)〉에서

공개되었다.

홀로렌즈를 착용한 관람객은 20분 동안 실제 모형 앞에 서서 혼합현실 기술 기반의 홀로그램 형태로 구현된 몽생미셸에 대한 가상 투어를 할 수 있으며, 홀로렌즈 인터페이스 방식인 응시와 제스처를 통해 인터랙티브한 경험을 할 수 있다.

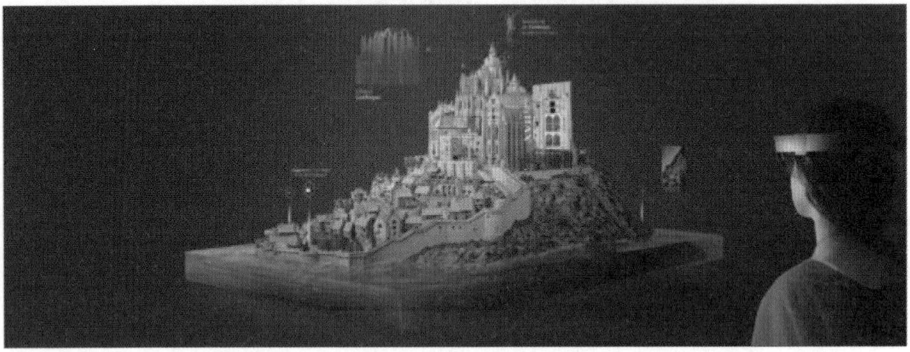

〈그림 4-6〉 몽생미셸의 실제 모델에 표현된 홀로그램

출처: https://www.geekwire.com/2018/microsoft-hololens-brings-300-year-old-3d-model-life-offers-new-view-french-landmark/

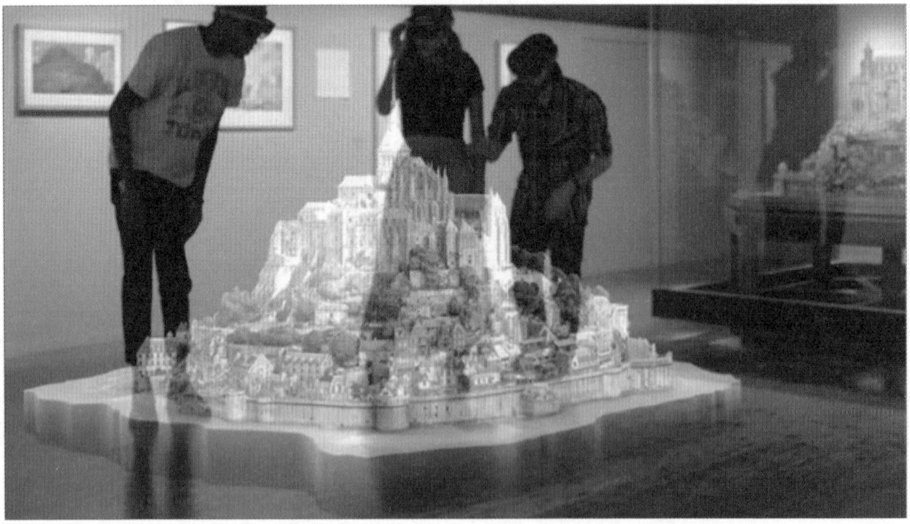

〈그림 4-7〉 군사입체모형박물관에 전시된 몽생미셸 혼합현실 투어

출처: https://www.creativeplanetnetwork.com/archive/see-how-microsoft-is-re-creating-17th-century-technology-using-holograms

또한 이 가상 투어는 17세기부터 현재까지 몽생미셸의 기원과 진화를 확인할 수 있는 풍부한 역사 및 노르망디에 위치한 유적지의 수도원 성당과 역사가 깃든 건축물, 고딕 디자인과 로마네스크 디자인 등에 대한 360도 실제 공간으로 구현되었으며,[11] 오디오 정보도 함께 제공되었다.

관람객은 전체 갤러리 공간을 교회 수도원의 홀로그램으로 덮어씌워진 건축 공간으로 이동될 때의 몰입감과 현존감 있는 새로운 경험과 투어가 제공해주는 정보에 대해 긍정적인 반응을 보였다.[12] [13] 군사입체모형박물관의 관장 임마누엘 스타키(Immanuel Starcky)는 혼합현실 기술을 이용하면 예술작품이나 역사적 유물을 더욱 정확하게 감상할 수 있으며, 더 많은 정보를 얻을 기회를 제공해준 이상적인 기술이라는 점을 강조했다.[14] 이 프로젝트는 테크놀로지와 문화유산이 융합되어 역사적 내러티브를 전달한 선례로 평가받았으며,[15] 문화유산 보급 방안 개발에 중요한 첫발을 내딛는 계기를 마련해주었다. 〈몽생미셸: 모형에 대한 디지털적인 시선〉은 시애틀역사산업박물관에서도 2020년 1월에 개최되었다.

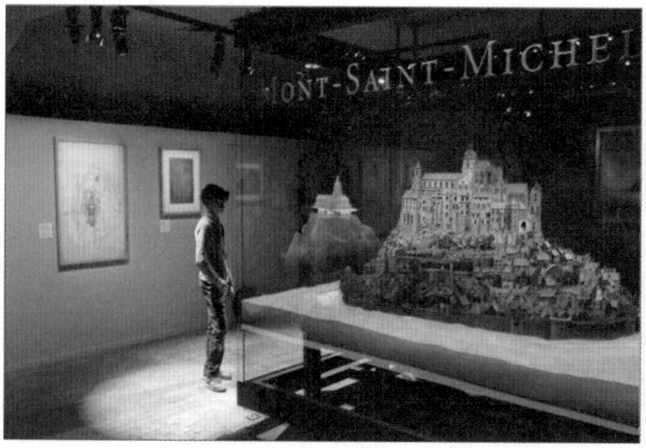

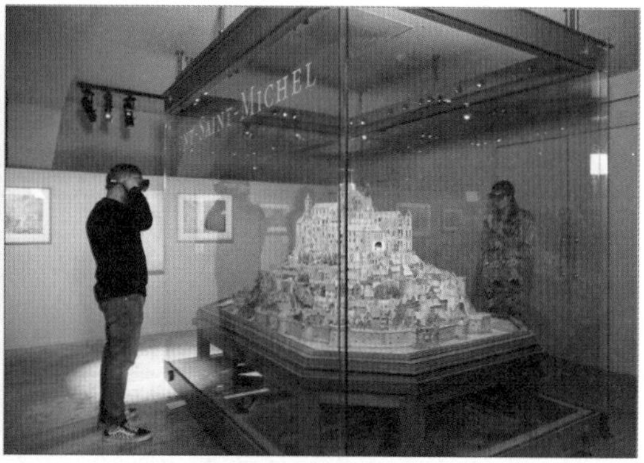

〈그림 4-8〉 홀로렌즈를 착용하고 몽생미셸을 관람하고 있는 시애틀역사산업박물관 관람객

출처: https://www.microsoft.com/en-us/ai/ai-for-cultural-heritage; https://news.artnet.com/exhibitions/microsoft-ar-vr-art-museum-1737159

3

구글 탱고 기반의 증강현실

Detroit Institute of Art × National Museum of Singapore

증강현실(Augmented Reality, 이하 AR)은 가상 콘텐츠를 실제 세계와 병합하는 기술로, 가상의 콘텐츠와 연속체에서 이 둘 사이의 실제 환경이 통합된 것이다.[16] 2017년 1월, 구글은 '탱고 증강현실 플랫폼(Tango Augmented Reality Platform, 이하 탱고)'을 박물관에 개방했다. 본래 구글의 탱고는 센서 및 3D 기술이 결합된 컴퓨터 비전 소프트웨어 세트로, 2014년 2월에 출시된 증강현실 컴퓨팅 플랫폼이다.[17]

프로젝트 탱고는 구글 첨단 기술 및 프로젝트 그룹(Advanced Technology and Projects)에서 연구한 기술로서 구글이 5년 동안 추진해온 차세대 증강현실 기술인 동시에 서비스다. 간략히 설명하면, 탱고는 기기에 탑재된 센서와 카메라를 통해 실제 사물을 인식해서 3D 형태로 디지털화하고, 이를 가상현실과 결합함으로써 시각적 기술 기반의 추적을 가능케 한다.[18]

탱고 플랫폼은 물리적 위치와 관련된 정확한 지역화를 제공하기 위해 모션 추적(motion-tracking), 3D 깊이 인식(depth perception), 영역 학습(area learning), 가속도계 기압계 및 자이로스코프, 앰비언트 라이트 센서(ALS)로 구성되었다.[19] 탱고는 Java, Unity 및 C로 작성된 앱을 지원하기 위해 표준 안드로이드(Android) 프로세스 간의 통신을 사용한다. 탱고의 핵심은 컴퓨터 비전을 사용해서 스마트폰과 태블릿 등의 모바일 장치가 GPS나 다른 외부 신호에 의존하지 않고 주변 세계의 상대적인 위치를 감지하는 기술에 있다. 개발자는 환경 인식 기능을 통해 더 이상 마커를 사용할 필요가 없는 응용 프로그램을 만들 수 있으므로 박물관이나 문화유산과 더욱 자연스럽게 상호작용하는 것이 가능했다. 2017년 12월 16일, 구글은 새로 개발한 AR-Core에 집중하기 위해 증강현실 플랫폼인 탱고를 폐쇄했다.[20]

상술한 바와 같이 컴퓨터 비전을 사용한 구글의 탱고 플랫폼의 경우 GPS, 와이파이(Wi-Fi) 또는 관성 센서 같은 외부 시스템에 의존하지 않고 모바일 기기를 주변 환경과 관련하여 위치를 인식할 수 있는데, 이 기능은 박물관 전시나 문화유산 같은 실내 탐색 및 3D 매핑에 유용하다.[21] 박물관은 증강현실을 통해 관람객이 전시물과 상호작용하고 박물관 공간을 탐색할 수 있도록 함으로써 새로운 방식으로 관람객과의 교류를 증진시킨다.[22] 특히, AR은 관람객이 콘텐츠를 이용하고 학습을 향상시킬 수 있는 몰입형 상호작용적 특성이 강한 대화 환경을 만들 수 있다.[23] [24] 또한 다른 방법으로는 이용할 수 없는 정보를 추가함으로써 관람객의 경험을 향상

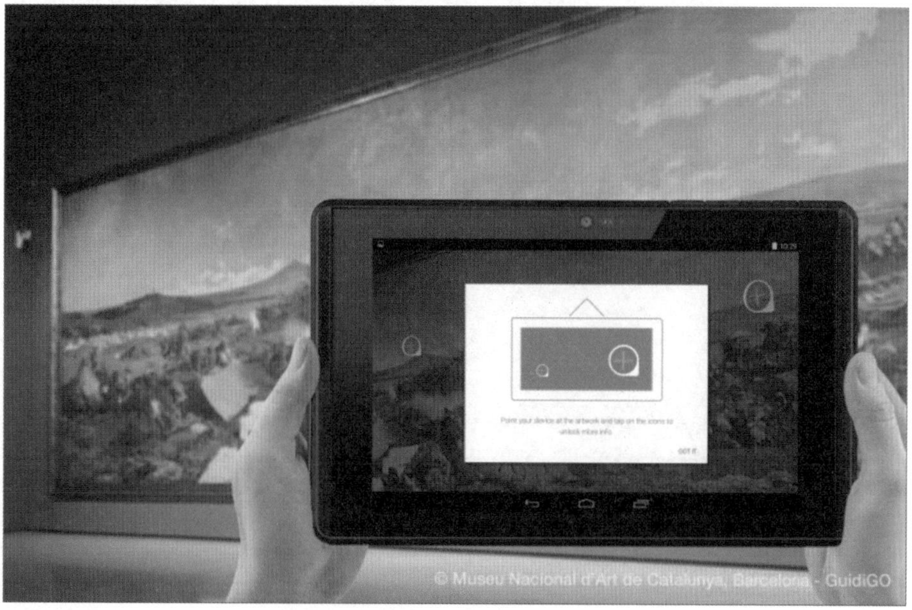

〈그림 4-9〉 카탈루냐미술관에서 사용되고 있는 가이디고

출처: https://news.lenovo.com/pressroom/press-releases/how-project-tango-will-change-the-way-you-use-your-phone/

시키는 효과를 발생시키므로 역사박물관에 매우 유용하다.[25]

디트로이트미술원(Detroit Institute of Art)은 3D 매핑 및 증강현실이 결합된 탱고 플랫폼과 디바이스를 통합한 세계 최초의 미술관이다.[26] 디트로이트미술원은 전시물과 관람객의 상호작용과 참여를 증진시키기 위해 적합한 테크놀로지의 활용 방안을 모색하고 있었다.[27] 디트로이트미술원은 모바일 앱 개발업체인 가이디고(GuidiGo)와 함께 게임 및 퀴즈, 3D 매핑을 사용하는 혁신적인 AR 기반의 모바일 투어 전시인 〈The Lumin(2017. 1. 19~25)〉를 최초로 개최했다.[28] 이 전시 프로젝트의 명칭은 영어로 'light'였다. 이 단어는 'lumin'이라는 라틴어에서 파생했는데, 관람객이 예술작품에 대해 경험할 때 발생하는 '빛의 순간'을 의미한다.[29]

가이디고는 2016년 바르셀로나의 카탈루냐미술관(Muscio Nacional d' Art de Catalunya)을 위해 3D 실내 지리 위치 측정이 가능한 구글 탱고 투어 앱을 개발 및 시연했다. 두 기관의 협업을 통해 개발된 증강현실 기반의 전시는 레노버 팹 2 프

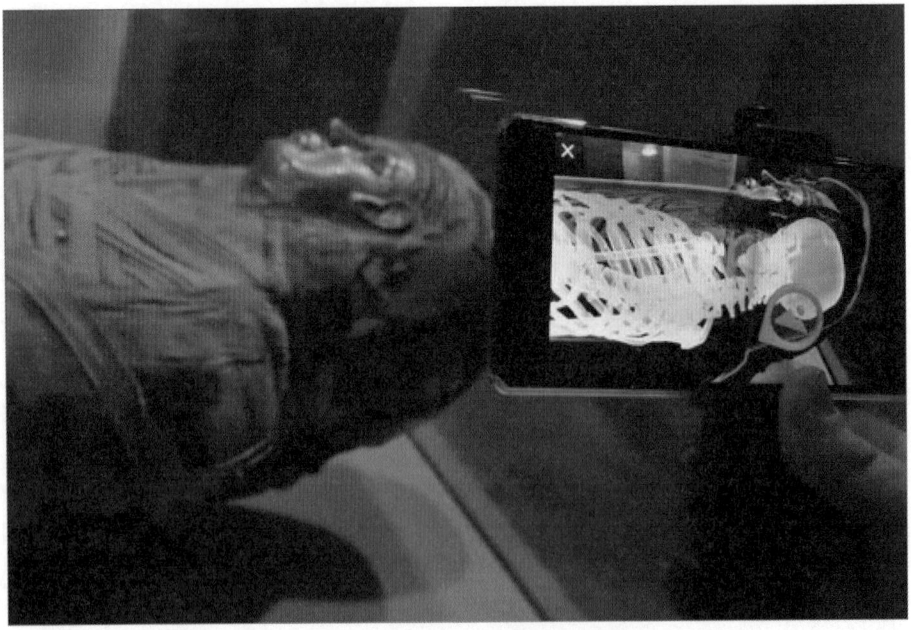

〈그림 4-10〉 디트로이트미술원에서 열린 〈The Lumin〉에서 증강현실을 통해 제시된 이집트 미라의 골격
출처: https://www.freep.com/story/entertainment/2017/01/21/lumin-detroit-institute-arts-dia-google/96791024/

로(Lenovo Phab 2 Pro)를 활용하여 박물관의 역사적 전시물 상황에 맞는 미적 요소를 제공하여 역사를 생생하게 보여주었다.[30] [31] 또한 이 증강현실 기반의 모바일 투어는 미술관 내의 8곳에서 진행되었는데, 이들 장소에서는 관람객이 육안으로 보이지 않는 것을 발견하고, 예술작품이 탄생한 원래의 문화적 맥락에서 예술을 바라보며 그 영향력을 이해하고, 게임도 할 수 있었다.[32]

8세 이상의 관람객이 이용하는 것을 목적으로 기획된 이 증강현실 기반의 모바일 투어 전시는 관람객이 안내데스크에서 디바이스를 대여해서 사용했는데, 특히 디지털 디바이스에 익숙한 젊은 계층으로부터 큰 호응을 얻었다. 이집트 전시실을 방문한 관람객은 200년의 시간이 흐른 석관 속 미라의 골격을 X-선 이미지로 볼 수 있었고, 베이지색 석회암 조각을 보면서 수천 년 전 아시리아 궁전을 장식했던 생생한 색상을 화면을 통해 확인할 수 있었으며, 디지털 기술로 재구성된 고대 바빌로니아의 이슈타르 성문(Babylonian Ishtar Gate)을 방문할 수 있었다.[33] 관람객은 디

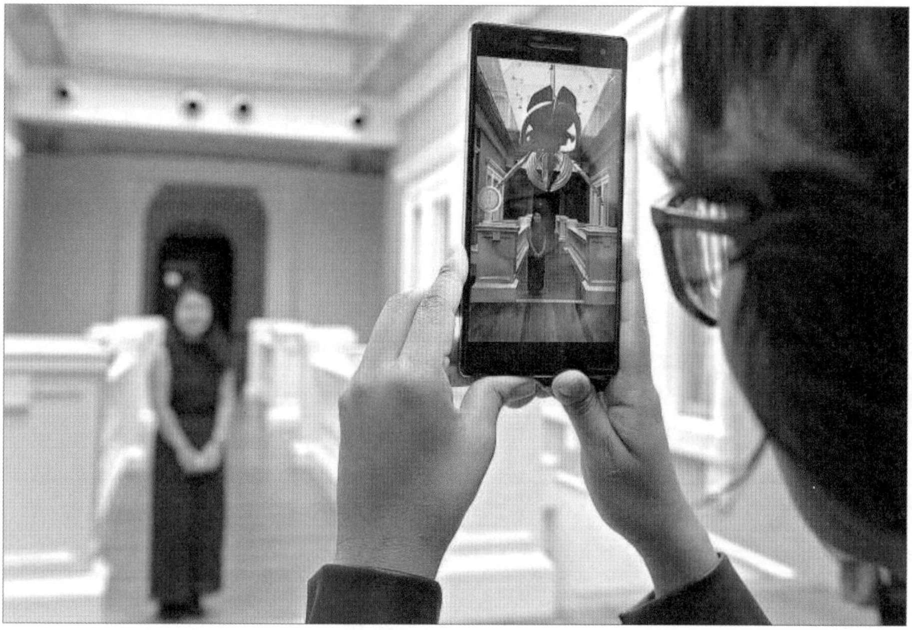

〈그림 4-11〉 증강현실로 구현된 고래 골격을 배경으로 사진을 찍는 관람객

출처: https://www.straitstimes.com/lifestyle/arts/take-a-selfie-with-a-whale-at-museum

바이스를 사용해서 가이디고가 개발한 퀴즈와 게임을 즐기기도 했는데,[34] 세부 정보를 찾거나 퍼즐이나 간단한 퀴즈를 풀면 작품과 관련된 사운드와 이미지의 잠금장치가 해제되었다.

2017년 싱가포르국립박물관(National Museum of Singapore)은 구글과 가이디고의 협력을 통해 구글의 탱고 플랫폼을 사용하여 상징적 건물의 역사에 대한 건축학적 투어를 제공했다.[35] 이 박물관은 싱가포르에서 두 번째로 탱고 지원 장치를 사용한 박물관에 해당한다. 1887년 래플즈도서관박물관(Raffles Library and Museum)으로 문을 연 오랜 역사를 지닌 이 건물에는 풍부한 이야기가 녹아 있었다.[36]

이 투어 프로젝트는 박물관 개관 130주년을 기념하기 위해 마련되었으며, 박물관의 기존 건축 투어를 기반으로 설계되었다. 특히 관람객은 지난 130년 동안 유물이 어떻게 진화했는지 살펴볼 수 있을 뿐만 아니라 현재는 더 이상 전시되지 않는 유물도 증강현실을 통해 확인해볼 수 있었다.[37] [38] 또한 이 증강현실 건축 투어는 박물관의 이야기에 대한 관람객의 경험, 그리고 그들의 과거와의 관계를 풍요롭게 만드는 데 목적을 두었다.[39] 관람객은 탱고를 지원하는 레노버 팹 2 프로를 받아 박물관 내의 6곳에서 사용했다. 예를 들어, 박물관 2층에 있는 유리 통로 아래에 서 있으면 화면에서 42피트 길이의 고래 골격뿐만 아니라 완전한 형태의 고래의 모습과 소리도 경험할 수 있었다.

4

리블링크(Reblink)

Art Gallery of Ontario

2017년 뉴 미디어 설치 작가 알렉스 메이휴(Alex Mayhew)는 혼합현실 스튜디오 '임파서블 씽(Impossible Things)'의 공동 설립자 이언 켈소(Ian Kelso)와 함께 역사적인 예술작품을 재구성하고 일상생활에서 사용되는 제품과 현대 기술로 새로운 경험을 지향하는 전시 〈리블링크(ReBlink, 2017. 7. 6~2018. 4. 8)〉를 온타리오미술관(Art Gallery of Ontario)에서 개최했다. 증강현실 기반의 〈리블링크〉는 미술관의 전통적인 소장품과 최신 컴퓨터 비전 기술을 결합한 것으로, 고전적인 회화작품에 테크놀로지가 개입된 인터랙티브 전시다.[40][41]

알렉스 메이휴는 그간 테크놀로지와 소프트웨어를 사용해서 국제적인 신뢰를 축적해왔다. 그는 다수의 관람객이 미술관에서 사진을 찍는 것을 즐거워한다는 데서 리블링크 애플리케이션에 대한 아이디어를 얻었으며, 이 앱을 통해 전시물에 더 많은 시간을 할애할 것을 기대했다.[42] 미술관 경험에 대한 새로운 방식의 큐레이션을 시도한 알렉스 메이휴가 개발한 리블링크 애플리케이션은 과거에 그려진 작품을 현재에 투영하거나 현대적인 비틀림을 가미해서 원작과의 관계를 형성하고, 전시물과의 참여를 창출함으로써 예술가와 대중 모두에게 큰 공감을 불러일으켰다. 특히 이 전시는 최신 테크놀로지가 확산된 현실과 고전적인 회화작품과의 격차를 해소했다. 캐나다에서 출발한 이 전시는 미국, 일본, 러시아, 독일, 네덜란드, 이탈리

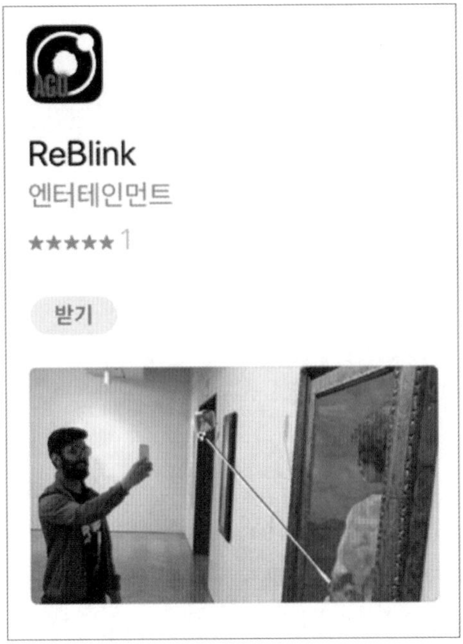

〈그림 4-12〉 리블링크 애플리케이션

출처: https://www.apple.com/ios/app-store/

아, 프랑스, 중국 및 영국을 포함한 전 세계 180개 이상의 미술관과 갤러리에서 전시되었다.[43]

관람객은 자신의 스마트폰이나 미술관에서 제공하는 태블릿을 사용해서 '리블링크' 애플리케이션을 다운로드했다. 기본 설정 장치에서 애플리케이션이 열리면 화면이 사진 캡처 모드로 표시된다. 그다음으로 관람객이 모바일 디바이스를 선정한 예술작품 쪽으로 향하면, 전통적인 예술작품은 실시간으로 3차원 증강현실로 변형되어 현대적으로 해석된 새로운 이미지가 탄생했는데, 마치 디오라마를 들여다보는 것처럼 깊이감이 사실적으로 구현되었다.[44]

예를 들어, 플랑드르 화가 아르투스 올포트(Artus Wolffort)의 작품 〈성 바르톨로메오(Saint Bartholomew, 1616)〉의 경우, 예수의 열두 제자 가운데 한 사람인 성 바르톨로메오가 원작에서는 성경을 읽는 반면, 리블링크 애플리케이션을 이용하면 현대적 모습의 남성이 애플의 맥북(Macbook)을 사용하면서 스타벅스 커피를 마시는

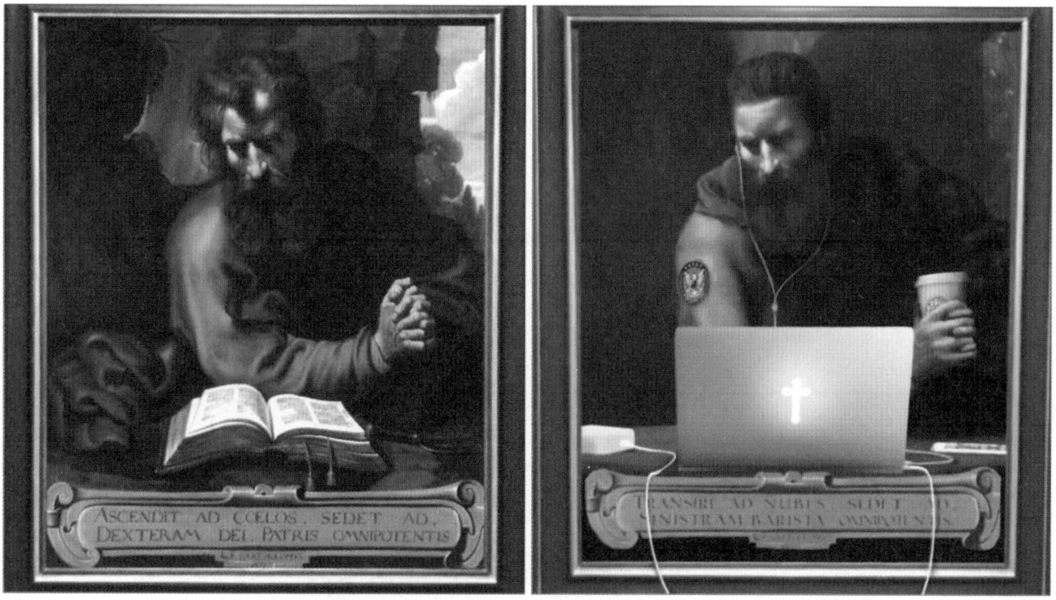

〈그림 4-13〉 〈성 바르톨로메오(1616)〉 원작과 리블링크로 변환된 이미지

출처: https://roughdraft.review/reblink-ago-7e135b73ad16

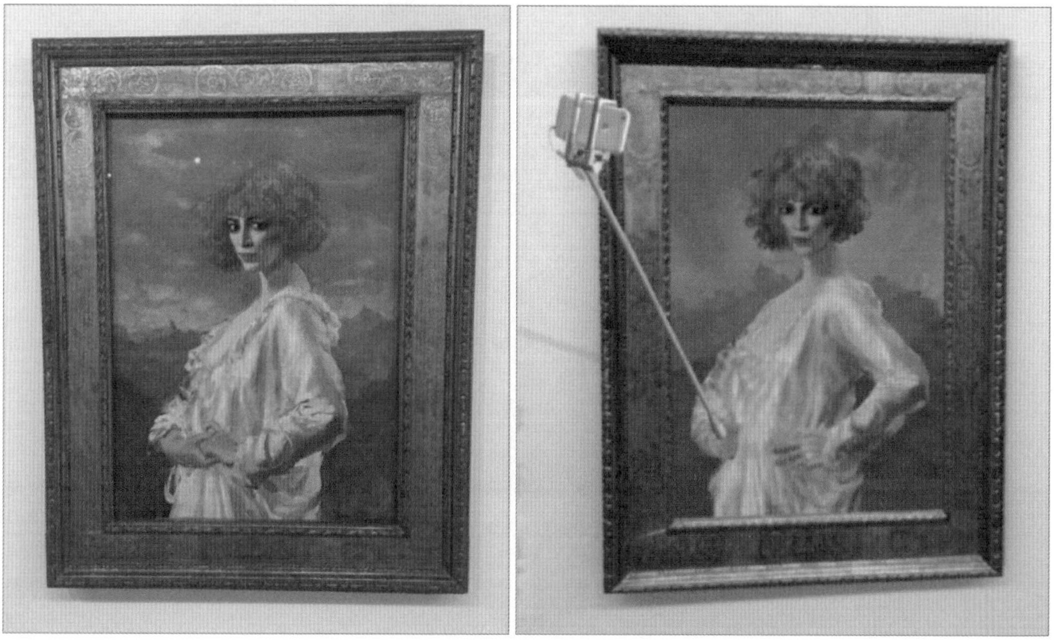

〈그림 4-14〉 〈마르체사 카사티(1919)〉 원작과 리블링크로 변환된 이미지

출처: https://www.thestar.com/entertainment/2017/07/06/the-ago-puts-the-ar-in-art-with-reblink-exhibit.html

21세기의 이미지로 변환되었다.[45]

미술관의 대표적인 초상화에 해당하는 어거스트 에드윈 존(Augustus Edwin John)의 〈마르체사 카사티(The Marchesa Casati, 1919)〉의 빨간 머리 귀족 여인은 현대의 유명 인사처럼 셀카 스틱을 들고 포즈를 취하고 있다.[46] 한편 조지 애그뉴 레이드(George Agnew Reid)의 〈드로잉 랏(Drawing Lots, 1888)〉에 등장하는 세 소년은 20세기 초에 게임을 하는 모습을 묘사하지만, 증강현실을 통해 스마트폰에 몰입해 있는 21세기형 소년으로 묘사되었다.[47]

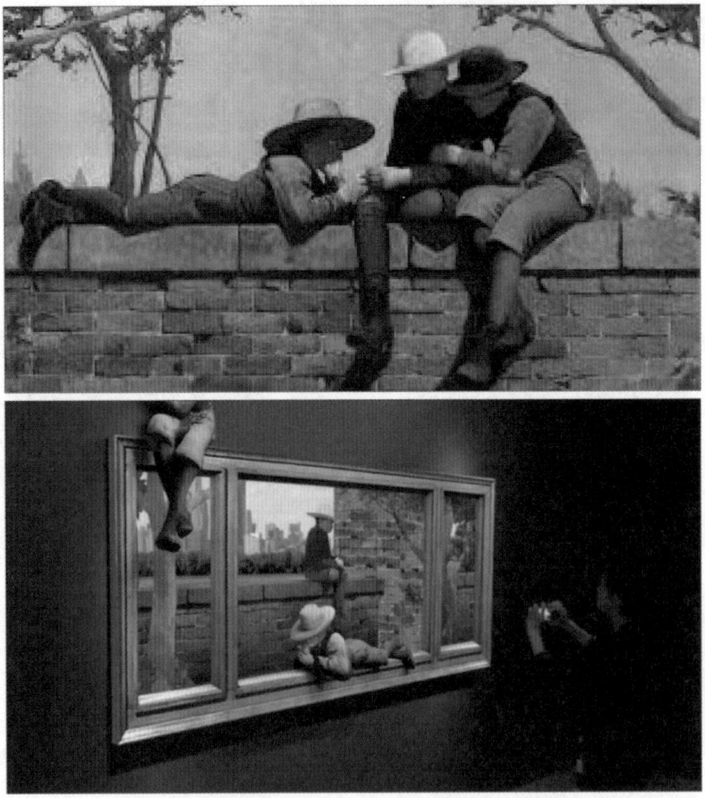

〈그림 4-15〉 〈드로잉 랏(1888)〉 원작과 리블링크로 변환된 이미지

출처: https://ago.ca/collection/object/95/357; https://newatlas.com/reblink-augmented-reality-art/50450/

5
가상현실에서 만나는 모나리자

(Monalisa, Beyond the Glass)

Louvre Museum

2019년 10월, 루브르박물관은 VR 기기 전문 업체 HTC 바이브 아트(HTC VIVE Arts), 가상현실 전문 스튜디오 에미시브(Emissive)와 함께 가상현실 기술을 기반으로 'Monalisa: Beyond the Glass(이하 모나리자 VR 애플리케이션)'를 개발했다. '모나리자 VR

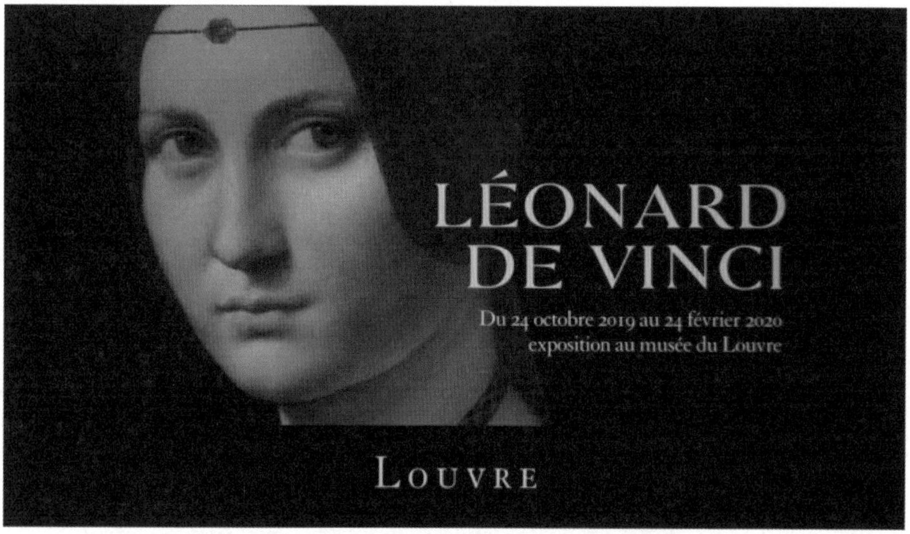

〈그림 4-16〉 루브르박물관에 전시된 〈레오나르도 다빈치〉

출처: https://www.louvre.fr/en/expositions/leonardo-da-vinci

애플리케이션'은 루브르박물관이 공개한 최초의 가상현실 체험이며, 레오나르도 다빈치 사후 500주년을 기념하기 위해 기획된 〈레오나르도 다빈치(Léonardo da Vinci, 2019. 10. 24~2020. 2. 24)〉 전시에 설치되었다.

이 전시는 박물관 역사상 가장 큰 규모로 열렸으며, 〈모나리자〉를 비롯하여 〈암굴의 성모(Virgin of the Rocks)〉, 〈라 벨 페로니에르(La Belle Ferronnière)〉, 〈세례자 요한과 성 안나(the Saint John the Baptist and the Saint Anne)〉 등 160점의 이탈리안 르네상스 걸작이 선보였다. 이 블록버스터 전시에는 약 110만 명의 관람객 유입이 이루어졌는데, 이러한 관람객 수치는 2018년 개최된 〈들라크루아(Delacroix, 2018. 3. 29~2018. 7. 23)〉 전시의 두 배를 넘은 최고의 성과였다.[48]

〈모나리자〉의 경우, 매일 2만 명이 넘는 방문이 이루어질 만큼 루브르박물관의 소장품 가운데 가장 유인력이 높고 대표성을 지닌 작품이다. 특히 〈모나리자〉는 실제 작품의 크기도 작고, 도난 방지를 위해 특수 제작된 방탄 유리 안에 보관되어 있다. 그뿐만 아니라 작품 앞에는 보호선까지 설치되어 있어 육안으로는 작품을 자세히 관람하는 것이 불가능하며, 높은 집객 현상으로 인해 관람 시간도 30초 미만이다.[49]

'모나리자 VR 애플리케이션'은 다빈치의 예술적 혁신, 회화 기법, 제작 과정 등에 대한 최신의 과학 연구 결과를 기반으로 개발되었다.[50] 가상현실 전문 스튜디오 에미시브와 루브르박물관의 다빈치 전문 큐레이터들의 협업을 통해 탄생한 이 VR 콘텐츠는 다빈치의 특별한 재능과 강렬한 과학적 호기심이 예술작품에 어떠한 방식으로 투영되었는지, 그리고 〈모나리자〉를 보는 데 그치지 않고 작품 안으로 들어가 작품에 내재하고 있는 요소에 대해 현존감을 느끼고 학습할 수 있을 만큼 정교하게 만들어졌다.

루브르박물관에 대한 접근 용이성이 낮거나 방문하지 못하는 사람들도 집에서 관람객과 동일한 경험을 할 수 있었으며, 〈모나리자〉뿐만 아니라 대전시실에 놓인 다빈치의 다른 걸작들도 관람할 수 있었다.[51] 루브르박물관의 관점에서 보면, 이 VR 콘텐츠는 새로운 관람객을 개발 및 연결할 수 있는 전략적 도구였다.[52]

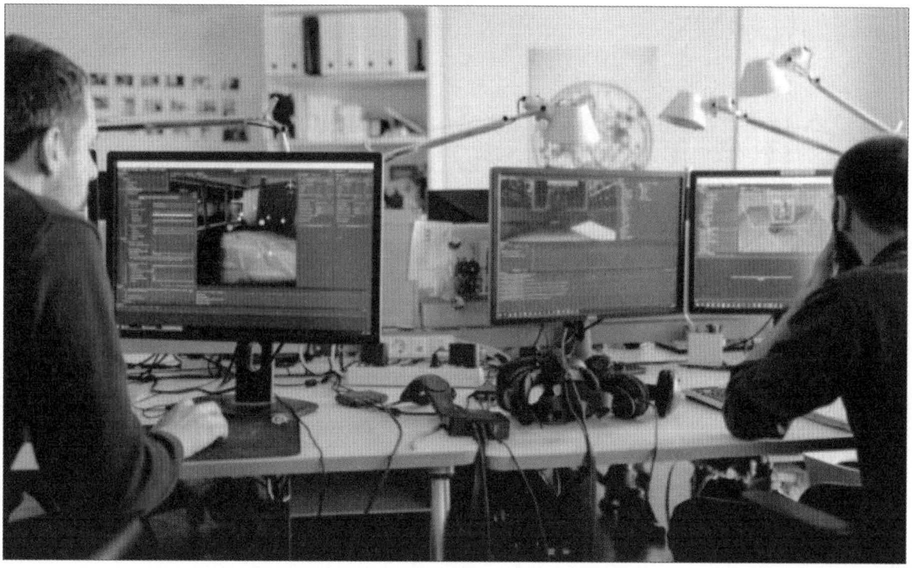

〈그림 4-17〉 에미시브 개발팀 작업 현장

출처: https://www.nytimes.com/2019/10/15/arts/design/mona-lisa-vr-louvre.html

콘텐츠 개발 과정에서 개발자와 큐레이터는 매크로 X-선 형광 분석(X-Ray Fluorescence, 이하 MA-XRF)과 반사 사진 기술 등 과학적 분석을 통해 드러난 작품의 이면에 놓인 스토리와 구도, 혁신적인 회화 기법 등과 관련된 사실 전달에 비중을 두었으며, 관람객이 육안으로는 확인되지 않는 상세한 부분에 대한 새로운 사실을 발견할 수 있도록 했다. 특히 〈모나리자〉 모델링의 경우, 큐레이터는 모나리자를 살아있는 사람처럼 표현할 것인지, 아니면 회화에 등장하는 인물로 표현할 것인지를 신중하게 결정했다. 동일한 맥락에서 모나리자의 의복, 얼굴, 특히 미소뿐만 아니라 자연스러운 움직임을 연출하는 데 심혈을 기울였고 모나리자를 둘러싼 전경도 새로운 방식으로 구성되었다.

관람객이 전시실에 마련된 VR 헤드셋을 착용하고 루브르박물관 피라미드를 통해 대전시실로 걸어가면 〈모나리자〉 주변의 수많은 관람객이 시야에서 점차 사라진다. 〈모나리자〉에 초점이 맞추어지면 작품이 앞으로 이동하면서 프랑스로 〈모나리자〉가 이동하여 루브르박물관에 소장하게 된 과정과 포플러나무 패널 뒷면의

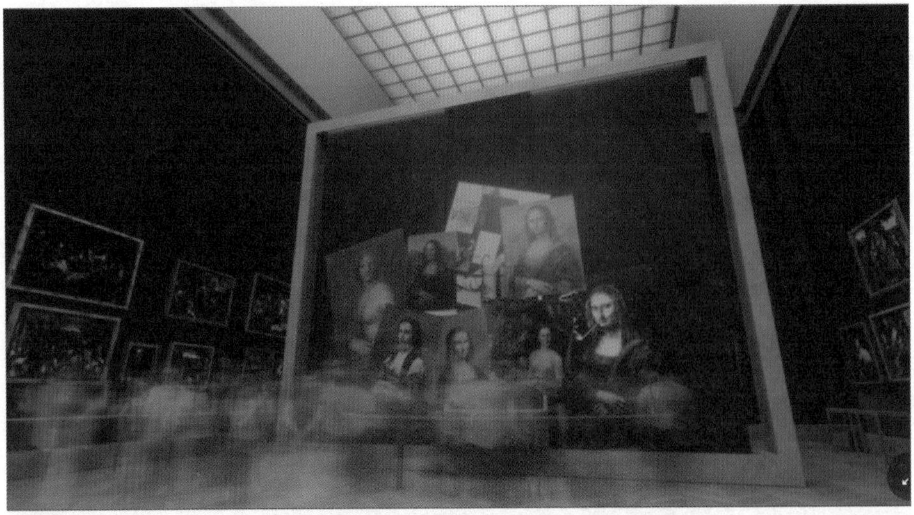

〈그림 4-18〉 '모나리자 VR 애플리케이션'의 스틸 이미지

출처: https://www.nytimes.com/2019/10/15/arts/design/mona-lisa-vr-louvre.html

균열과 보수에 대한 설명이 제공된다.

그다음 단계에서는 〈모나리자〉의 인물 배경, 적외선 분석 결과, 모나리자의 미소 등에 대한 설명이 제공되는데, 이때 작품 전경을 배경으로 의자에 앉아 있는 3D 모델링된 모나리자가 설명을 지원해주는 듯한 동작을 취한다. '모나리자 VR 애플리케이션' 개발팀은 색과 색 사이의 경계선 구분을 명확하게 하지 않고 부드럽게 처리하는 스푸마토(sfumato)[53] 기법을 설명하기 위해 작품을 레이어로 분리하여 각각의 레이어를 펼쳐주었다. 마지막으로 작품의 배경이 되는 상상의 전경이 입체적으로 재구성된 형태로 표현되었으며, 관람객은 다빈치가 스케치한 날개가 달린 글라이더를 타고 계곡 위를 날아갔다.

'모나리자 VR 애플리케이션'은 가상의 환경에서 동영상, 사운드, 인터랙티브 디자인을 결합하여 관람객을 다빈치 세계에 몰입시키고, 수십 년의 보존 및 연구 결과에 생명을 불어넣었으며, 가상공간에 부유하는 예술작품과 관람객의 인터랙션을 허용하면서 숨겨져 있는 작품의 세부 사항을 보여주었다.[54] [55] 스토리텔링의 경우, 모나리자를 둘러싼 신화적 요소를 배제하고, 작품 제작에서 출발해서 모나리자의 정체성을 부각시키며,[56] 과학적 보존에 이르는 사실적인 내용을 다룸으로써 모나리자에 대한 심도 있는 미술사적 정보 습득 및 학습을 증진시켰다.[57] 결과적으로 '모나리자 VR 애플리케이션'은 이전과는 다른 방식으로 관람객에게 예술작품과의 개인적인 만남을 가질 수 있는 의미 있는 경험을 제공했다.

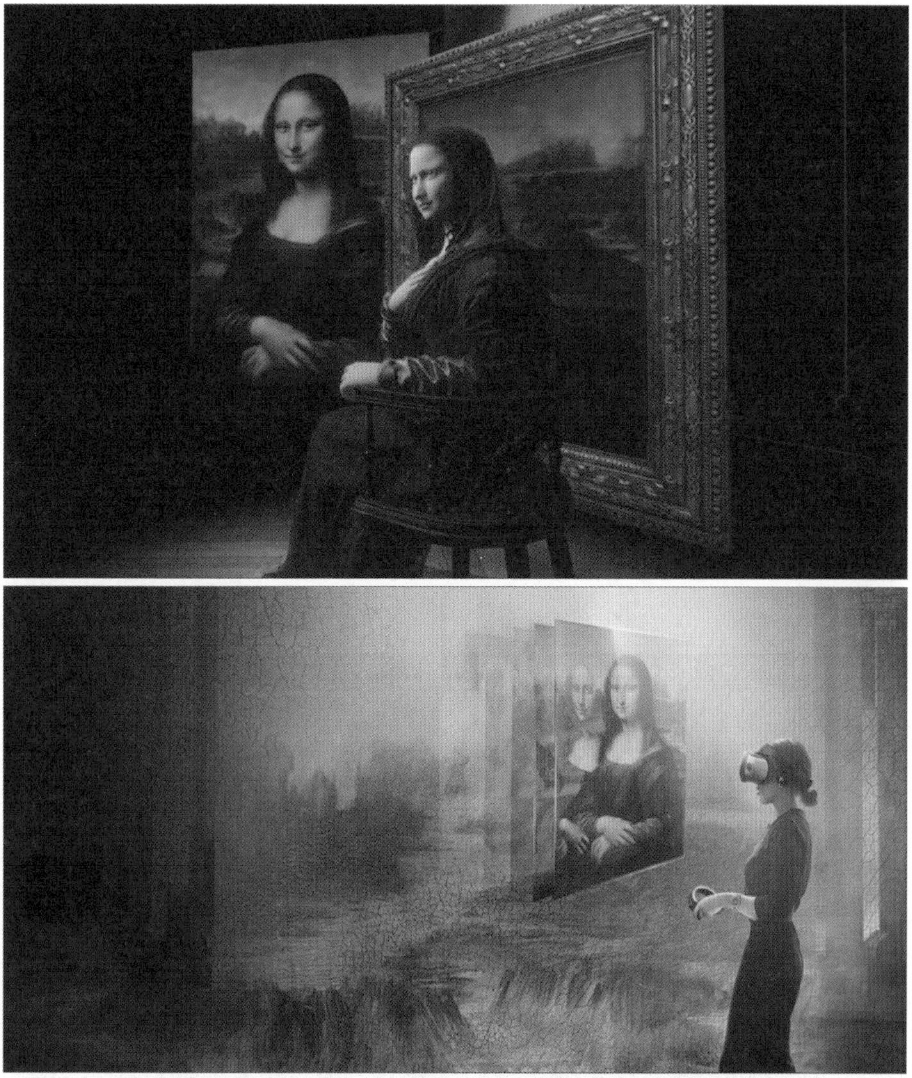

〈그림 4-19〉 3D 모델링 형태의 〈모나리자〉와 스푸마토 기법을 설명하기 위해 분화된 레이어

출처: https://www.engadget.com/2019-10-24-louvre-leonardo-da-vinci-htc-mona-lisa.html; https://news.artnet.com/exhibitions/louvre-embraced-virtual-reality-leonardo-blockbuster-1686169

6

가상현실기술과 홀로그램으로 만나는 홀로코스트 생존자의 증언(New Dimension in Testimony)

USC Institute for Creative Technologies

2012년 서던캘리포니아대학교(USC) 크리에이티브 테크놀로지 연구소(Institute for Creative Technologies)는 USC 쇼아 재단(USC Shoah Foundation)과 함께 3D 형태의 인터랙티브 실감 미디어인 '새로운 차원의 증언(New Dimension in Testimony)' 프로젝트를 실행했다. 이 프로젝트는 홀로코스트에 대한 기억을 기록 및 전달하고, 홀로코스트

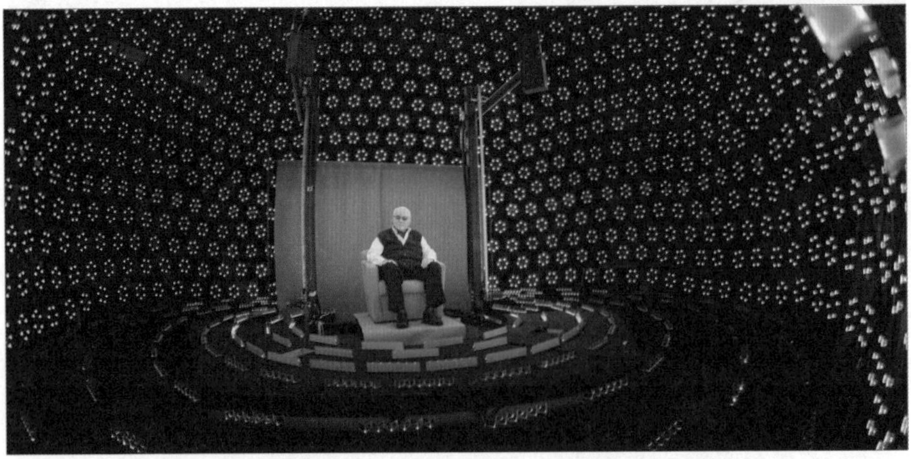

〈그림 4-20〉 3D 이미지를 캡처하는 데 사용되는 라이트 스테이지에 앉아 있는 핀카스 구터의 모습

출처: https://sfi.usc.edu/news/2014/06/new-dimensions-testimony-cbs-morning

생존자와 현재 및 미래 학습자 간의 대화를 지속시킴으로써 홀로코스트에 대한 깊고 의미 있는 성찰을 유도하기 위한 목적으로 착수되었다.[58] 홀로코스트 생존자는 자신의 생존 경험을 바탕으로 인터뷰 형식의 일련의 질문에 대한 답변을 제공했으며, 인터뷰 내용은 영상으로 녹화되었다. 이 프로젝트를 한마디로 요약하면, 13인의 홀로코스트 생존자의 증언을 녹화해서 초실감 홀로그램 기술로 상호작용이 가능한 혼합현실 디지털 콘텐츠를 제작해서 그 기억을 보존하는 것이다.

홀로코스트 생존자의 증언은 고충실도(高忠實度) 재생을 위해 라이트 스테이지(Light Stage) 기술을 사용하여 7개의 조명이 있는 녹색 스크린 배경 앞에서 50대의 파나소닉(Panasonic) 카메라로 촬영되었다.[59] 이 카메라 기반의 라이트 스테이지 기술은 카메라와 조명 장치를 연결해서 세밀한 3차원의 영상 정보를 제공하며, 대상의 세밀한 모습을 포착해서 렌더링하도록 돕는다. 또한 사용자의 질문과 증언자와의 유의미한 대화형 기록을 생성하고, 관람객의 질문 속에 들어 있는 단어를 파악해서 이에 일치하는 답변 영상을 제공하기 위해 자연어 처리 편집 소프트웨어와 구글의 음성 인식 알고리즘이 사용되었는데, 이러한 기술을 통해 관람객과 버추얼 휴먼 간

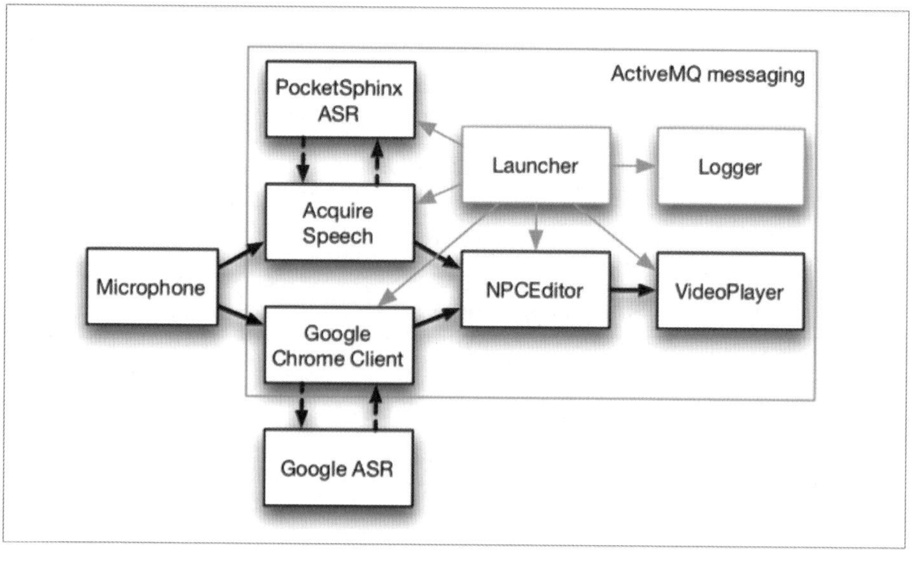

〈그림 4-21〉 시스템 아키텍처

출처: R. Artstein, et al., 2016

의 대화가 자연스럽게 연결된다는 점이 이 프로젝트의 가장 대표적인 특징이라 할 수 있다.[60] 특히 홀로코스트 생존자가 더 이상 존재하지 않더라도 생존자를 개인적인 수준에서 연결할 수 있다는 능력을 갖게 되었다는 점도 이 프로젝트의 고유한 특성이다. 이와 함께 홀로코스트 생존자의 모습은 연구소가 개발한 디스플레이 기술을 활용하여 3D 홀로그램 형태로 실물 크기의 프로젝션 인터페이스에 투영되었다.

시스템은 USC ICT 버추얼 휴먼 툴킷(USC ICT Virtual Human Toolkit)의 구성요소를 기반으로 구축되었으며,[61] 사용자의 음성을 캡처하기 위해 통합 음성 인식 인터페이스 AcquireSpeech, 음성 인식을 위해 CMU PocketSphinx[62] 및 Google Chrome ASR, 발화 텍스트의 적절한 응답을 선택하기 위해 NPCEditor, 그리고 선택된 고품

User Hello Pinchas, how are you?
Las Vegas how are you
Pinchas Can you just repeat that?
User Hello Pinchas, can you hear me?
how thick is can you hear me
Pinchas I can hear you, yeah.
User Pinchas, can you tell me how old you are?
Vegas can you tell me how old you are
Pinchas I was born in nineteen thirty two and we are now in two thousand and fourteen and you can make your own reckoning.
User Can you tell me a little bit about your childhood?
Pinchas My life before the war, I was born in Lodz in Poland, and I was eight years old when the war started. So the first eight years I lived in a home, a very religious one, a Hasidic home. I had a twin sister, my...
User Have you ever met Hitler?
mermaid Hitler
Pinchas Please repeat that.
User Did you ever meet Hitler?
Pinchas Did I ever meet Hitler? Well, Hitler was a Führer of Germany and I was born in Poland and I was a little Jewish boy, so the chances of somebody like me meeting Hitler was impossible, because Hitler was...
User What would you do if you met Hitler?
Pinchas Geyn drerd arein, that's Yiddish and what it means go and bury yourself.

〈그림 4-22〉 시스템 테스트에서 사용된 대화 샘플

출처: R. Artstein, et al., 2016

질 비디오의 재생 및 전송을 관리하기 위해 비디오 플레이어가 사용되었다.[63] 개별 구성요소는 별도의 응용 프로그램으로 실행되었으며, ActiveMQ[64]를 통해 VHMs로 연결되었다. 각 구성요소는 브로커 서버(broker server)에 연결되고, 이를 통해 다른 구성요소와 메시지를 주고받았다. 또한 시스템 설정의 경우 메시지를 기록하기 위해 로거(Logger)와 개별 도구의 시작 및 중지를 제어하는 론처(launcher)가 사용되었다.[65]

첫 번째 참여자는 핀카스 구터(Pinchas Gutter)였다. 구트는 과거에 경험한 자신의 진술을 미래에 대한 메시지로 기록했는데, 그 기록은 사용자와의 상호작용에 핵심을 차지했으며, 컴퓨터는 사용자의 질문과 구트의 답변을 목록으로 만들어 분석했다. 관람객은 생존자의 증언이 담긴 다큐멘터리 동영상을 감상하고 생존자에게 직접 궁금한 점을 실시간으로 질문할 수 있으며, 홀로그램은 그에 대한 적절한 답을 하여 실제 같은 상호작용형 대화가 가능하다. 예를 들어, 핀카스 구터의 스토리텔링이 완료되면 관람객은 간단한 질문을 던질 수 있는데, 질문의 키워드를 파악한 컴퓨터는 관련 답변을 선택해서 생생한 홀로그램으로 재생했다.[66] 이러한 홀로그램 형태의 인터랙티브 미디어는 화자가 몸짓과 표현 등 물리적으로 존재하는 것과

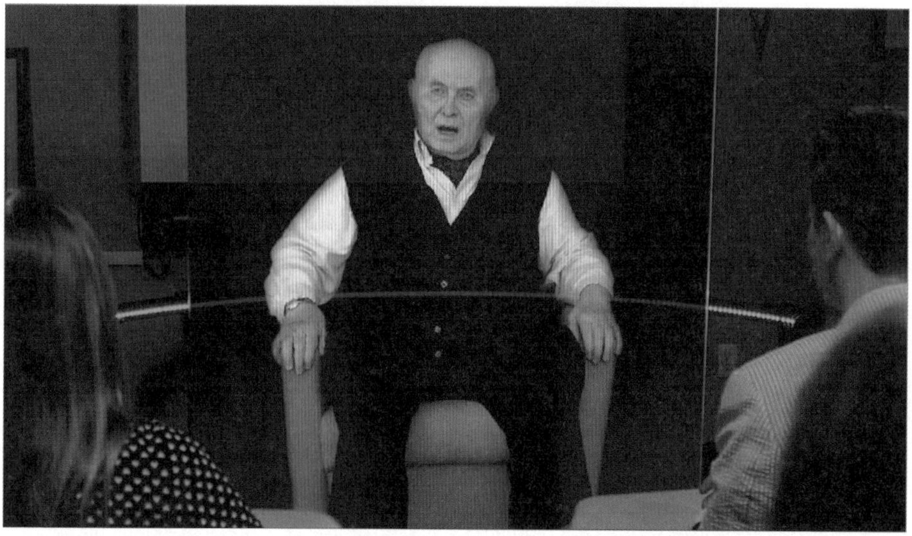

〈그림 4-23〉 프로젝트의 최종 결과물인 홀로코스트 생존자의 홀로그램

출처: https://www.today.com/series/are-we-there-yet/holograms-add-new-dimension-holocaust-survivors-story-t20511

같은 경험을 제공해서 오래도록 기억이 남을 수 있도록 했을 뿐만 아니라 사용자도 자연스럽게 좀 더 질문하도록 유도했는데, 관람객은 3D 안경 없이 홀로그램을 이용했다.

이 프로젝트에서 USC 크리에이티브 테크놀로지 연구소가 개발한 테크놀로지는 실질적으로 역사적 인물에 대한 접근이나 후대와의 대화 등 우리의 삶을 미래 세대에 전달하는 데 큰 변화를 가져올 것으로 전망되고 있다. USC 크리에이티브 테크놀로지 연구소는 핀카스 구터와 에바 슐로스(Eva Schloss) 간의 '가상의 대

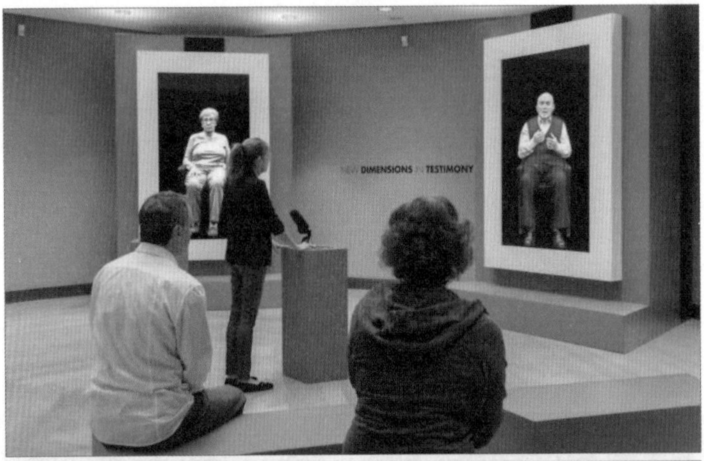

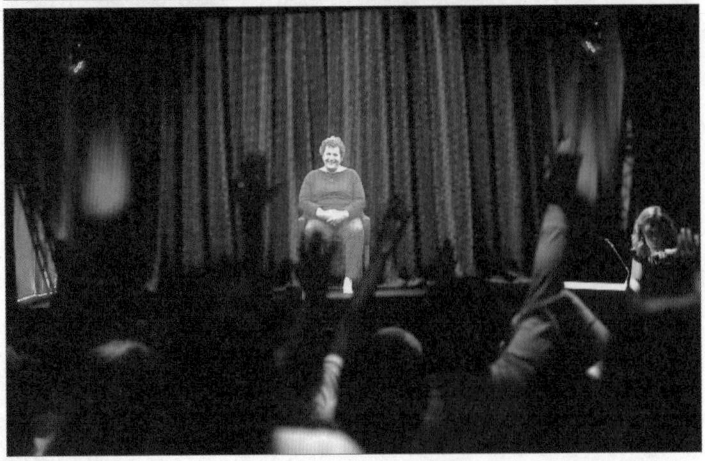

〈그림 4-24〉 유대인문화유산박물관과 일리노이 홀로코스트박물관에 설치된 버추얼 인터랙티브 미디어

출처: https://jewishweek.timesofisrael.com/speaking-with-survivors/; https://www.timesofisrael.com/us-museum-debuts-first-3-d-holograms-of-holocaust-survivors/

화(virtual conversation)'를 유대인문화유산박물관(Museum of Jewish Heritage)에 버추얼 인터랙티브 미디어로 설치했다.

또한 2017년부터는 일리노이 홀로코스트 박물관 및 교육센터(Illinois Holocaust Museum and Education Center)를 비롯하여 캔들 홀로코스트박물관 및 교육센터(Candles Holocaust Museum and Education Center), 달라스 홀로코스트 및 인권박물관(Dallas Holocaust and Human Right Museum), 홀로코스트박물관 휴스턴(Holocaust Museum Houston), 스웨덴 국립역사박물관(Swedish History Museum), 로스앤젤레스 홀로코스트박물관((LostAngeles Museum of the Holocaust), 말츠 유대인문화유산박물관(Maltz Museum of Jewish Heritage) 등에도 설치되어 홀로코스트의 참상을 인터랙티브한 방식으로 관람객에게 전달해주었다.

7
디지털 아담(Digital Adam)

Metropolitan Museum of Art

2002년 메트로폴리탄미술관이 소장하고 있던 르네상스 시대 최고의 조각상으로 평가받고 있는 높이 6피트, 무게 880파운드의 대리석으로 1490년대에 제작된 툴리오 롬바르도(Tullio Lombardo, 1455~1532)의 〈아담(Adam)〉이 미술관 바닥으로 떨어졌다. 이 실물 크기의 조각상은 안드레아 벤드라민(Andrea Vendramin)의 무덤 장식을 위해 1490년대 초에 만들어진 것으로, 조각상에 기록된 서명으로 인해 기념비적인 작품으로 인정받고 있다.[67]

메트로폴리탄미술관은 1936년 이 조각상을 소장하게 되었는데, 2002년 10월 6일 나무 받침대가 무게를 지탱하지 못해 무너지면서 이 실물 크기의 조각상이 28개의 큰 조각과 400개의 작은 파편으로 파괴되는 불의의 사고가 발생했다.[68] 이 사고는 미술관 역사상 가장 비극적이고도 최악의 사건으로 기록되었으며, 이에 미술관은 이 조각상을 사고가 발생하기 직전의 모습과 최대한 가깝게 복원하기로 결정했다.

상술한 바와 같이, 이 조각상은 파괴로 인해 보수가 필요한 상황이었으므로 기존의 고고학적 유물의 보존 처리에 사용된 방법을 적용하는 데는 한계가 있었다. 〈아담〉에 내재한 문화사적 중요성과 파편들이 갖고 있는 복잡한 특성으로 인해 다학제 간 협업이 요구되는 초유의 보존 및 복원 프로젝트를 실행하기 위해 재료과학

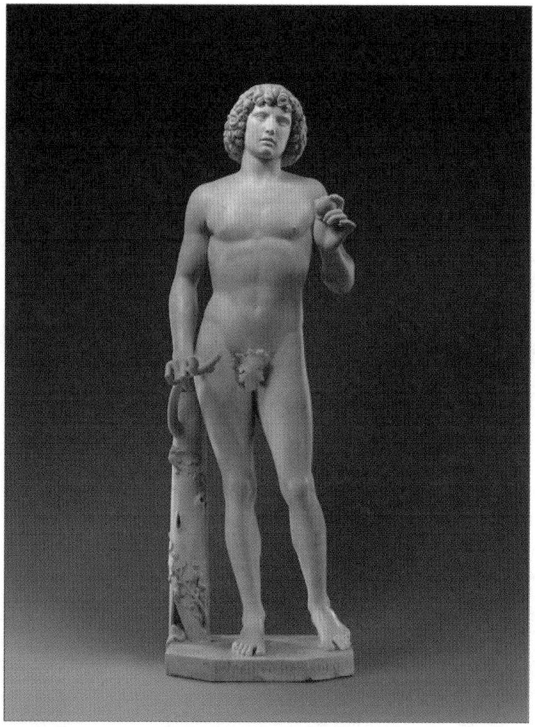

〈그림 4-25〉 툴리오 롬바르도의 〈아담〉

출처: https://www.metmuseum.org/art/collection/search/197822

자, 보존과학자, 보존처리사, 큐레이터, 엔지니어 등으로 구성된 대규모 프로젝트팀이 탄생했다. 조각상을 보수 및 복원하기 위해 프로젝트팀이 가장 중요하게 고려한 것은 파편 조각의 모서리를 손상시키지 않으면서 동시에 이들 간의 연결을 견고히 유지하고, 무거운 몸통 조각 부분을 정확하게 배치하는 것이었다. 이를 위해서는 에폭시 수지 같은 구조용 접착제로 보완된 각 철골을 핀으로 고정 및 연결해야 했는데, 이를 위해서는 면밀한 평가와 비침습적인 접근 방법이 요구되었다.[69]

2003년 실행한 주요 파편 조각에 대한 3차원 레이저 스캐닝을 통해 프로젝트팀은 이들 조각 파편의 특성, 변형, 파손 표면 등을 파악하게 되었고, 광범위한 연구 및 실험을 통해 최선의 보존 처리 방법을 선택했다.[70] 결과적으로, 접착제 없이 조립된 조각을 지지하기 위해 외부 뼈대가 제작되었다. 이 뼈대는 조각을 지지해줄

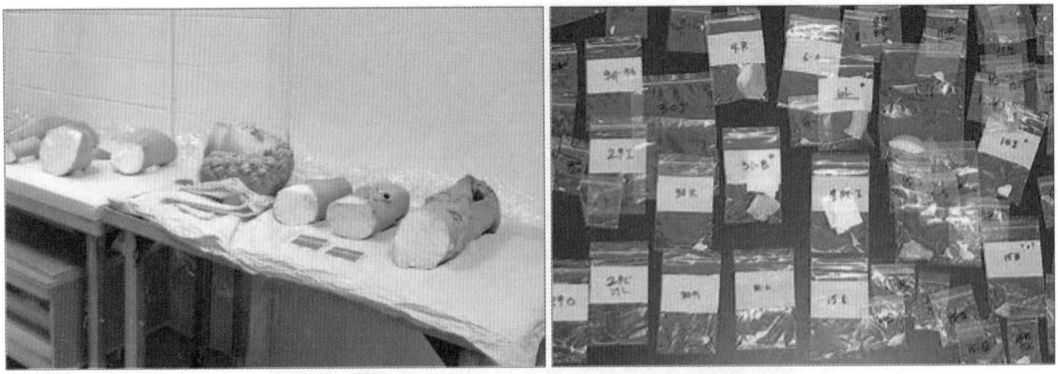

〈그림 4-26〉 불의의 사고 이후 수집된 〈아담〉의 주요 부분과 파편

출처: https://www.metmuseum.org/exhibitions/listings/2014/~/media/8428018CCF974109B207977A6B517807.pdf

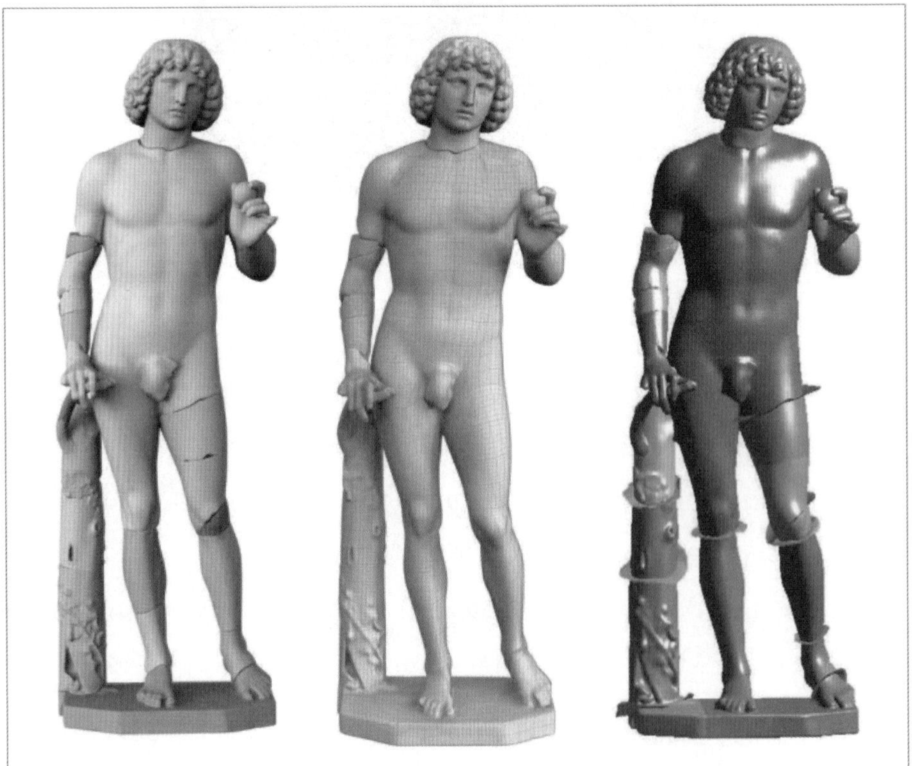

〈그림 4-27〉 〈아담〉의 세 가지 유한 요소 모델. 왼쪽은 조립된 NURBS 모델, 중앙은 본딩 접점이 있는 연속 넙스(Non-Uniform Rational B-Spline, 이하 NURBS) 모델, 오른쪽은 레이저 스캔 모델의 조각 경계에서 생성된 균열 인터페이스의 한쪽 면에서 가져온 표면이 있는 하이브리드 모델

출처: P. Cunningham et al., 2015

뿐만 아니라 접착제로 도포해서 조각상을 고정시켰다. 각 발목과 왼쪽 무릎에는 각각 3개의 유리섬유 핀과 조각상을 하나로 묶어 고정시켜줄 수 있는 접착제가 사용되었다.

메트로폴리탄미술관에서 3D 이미징, 몰딩 및 프로토타이핑을 담당하는 책임 연구원 로널드 스트리트(Ronald Street)는 부서진 각각의 조각을 재구성하기 위해 3D 레이저로 스캔한 후 CAE 어소시에이트(CAE Associates)의 엔지니어에게 미켈란젤로의 다비드상 전체를 스캔 및 분석하는 데 사용한 앤시스 구조 해석 소프트웨어(ANSYS mechanical software)[71]로 조각상의 유한요소 분석(Finite Element Analysis, 이하 FEA)을 요청했다.[72] CAE 어소시에이트의 엔지니어는 구조 해석 과정에서 일련의 매개변수화된 시뮬레이션을 수행하여 핀의 위치 및 길이에 따라 무릎과 동상의 힘이 어

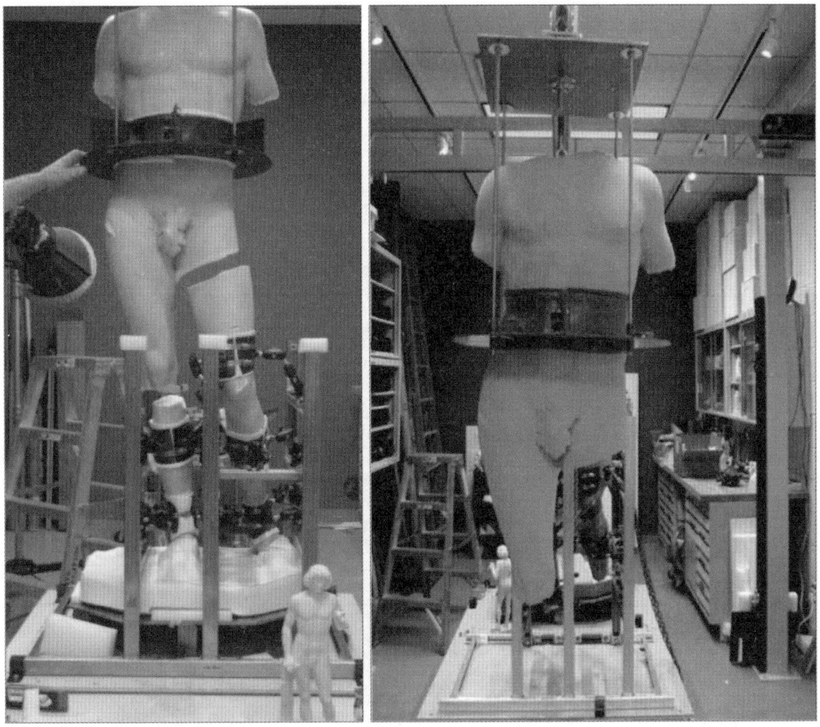

〈그림 4-28〉 몸통과 다리를 지지해주는 탄소섬유 코르셋과 실물 사이즈의 모크 업

출처: https://hyperallergic.com/161989/shattered-adam-is-born-anew-at-the-metropolitan-museum/;https://www.metmuseum.org/exhibitions/listings/2014/~/media/8428018CCF974109B207977A6B517807.pdf

떻게 변하는지 조사했으며, 핀과 카라라 대리석(Carrara marble) 사이의 접착력과 힘의 안정성을 시뮬레이션했다. 또한 다리, 허벅지, 엉덩이 등 연결부의 응집력과 안정성을 증가시키기 위해 추가적인 시뮬레이션도 실행되었다.

한편 〈아담〉의 복원 작업에 참여한 3D 계측 및 3D 콘텐츠, 역공학 전문 업체인 스캔사이트 3D(Scansite 3D)는 조각상의 파편 조각의 디지털화를 완료한 후, 2년 동안 3D 디지털 컴퓨터 모델을 개발했다. 이 업체는 유한요소 분석(FEA) 결과와 3D 스캔 데이터를 근거로 3D 엔지니어링 컴퓨터 지원 설계(Computer Aided Design 이하 CAD) 파일을 구축했으며, 이 캐드(CAD) 파일은 '버추얼 아담(Virtual Adam)'의 형태로 개발되어 조각상의 재구성 방식에 대한 정보를 제공해주었다.[73]

실제 조각상의 구조 복원은 수개월에 걸쳐 메트로폴리탄미술관의 보존처리사

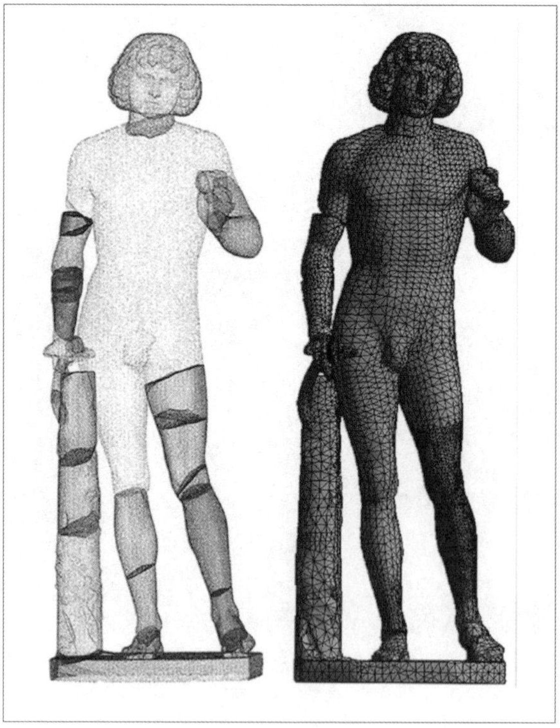

〈그림 4-29〉 〈아담〉의 디지털 3D 모델

출처: https://www.scansite.com/saving-tulio-lombardos-adam/

에 의해 이루어졌다. 보존처리사들은 고밀도 폴리우레탄을 사용하여 컴퓨터 수치 제어 밀링 머신[a computer numerically controlled (CNC) milling machine]으로 실물 사이즈의 모크 업(mock-up)을 제작해서 조각상의 구조 조립을 수차례 실행했다.[74] 이후 보존처리사들은 외부 뼈대와 탄소섬유로 조각상의 각 주요 부분을 지지했으며, 파편을 연결하기 위해 파손 표면에 아크릴 접착제를 발라 정렬했다.

몸통 재구성의 경우, 다리 조각을 조립한 후 리프트 테이블을 사용해서 조립된 다리를 탄소섬유 코르셋에 매달려 있는 몸통까지 끌어 올렸다.[75] 이러한 방식으로 조각상의 전체 무게가 각 접합 부분에 적용되었으며, 프로젝트를 시작한 지 12년 만에 아담의 머리가 몸체와 결합되었다. 조각상의 복원 작업이 완료된 이후 오랫동안 축적된 조각상 표면의 입자가 세척을 통해 제거되었다. 복원된 아담은 2014년 메트로폴리탄미술관의 베네치아 조각 전시실에서 개최된 〈툴리오 롬바르도의 아담: 복원된 명작(Tullio Lombardo's Adam: A masterpiece restored, 2014. 11. 11~2015. 6. 14)〉에서 대중에게 선보였다.

2015년 뉴미디어 작가이자 공연예술가인 레이드 패링턴(Reid Farrington)은 메트로폴리탄미술관에서 언리얼 엔진 4(unreal engine 4)와 통합된 IKinema의 LiveAction 기술, 3D 렌더링, 디지털 애니메이팅 기술, 실시간 모션 캡처 등을 사용해서 〈The

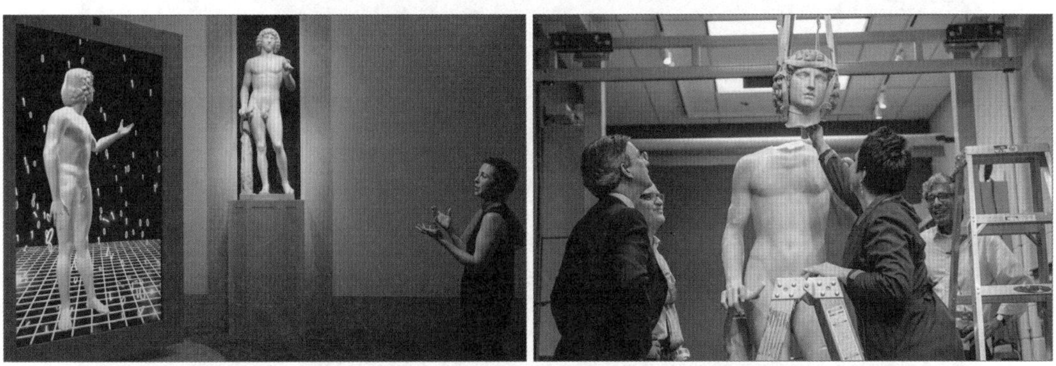

〈그림 4-30〉 물리적으로 보존처리사에 의해 복원되는 과정과
디지털 미디어 형태로 관람객과 인터랙션을 나누고 있는 디지털 아담

출처: https://hyperallergic.com/161989/shattered-adam-is-born-anew-at-the-metropolitan-museum/ ; https://www.artdomantay.com/farrington

Return(2015. 7. 11~2015. 8. 2)〉 공연을 선보였다.[76] 〈The Return〉은 툴리오 롬바르도의 〈아담〉의 성공적인 복원을 축하하기 위한 목적으로 마련되었다.

이 공연에 등장한 디지털 버전의 아담은 6피트 높이의 디스플레이에 인터랙티브 미디어 형태로 베네치안 조각 갤러리(Venetian Sculpture Gallery)에서 복원을 마친 툴리오(Tullio)의 원작 〈아담〉과 병치되었다. 〈The Return〉의 경우, 3명의 아담이 모션 캡처 수트를 입고 미술관의 각기 다른 장소에서 연주하면서 공연이 시작되었다. 갤러리 안에 있는 배우는 관람객과 대화를 나누는 연기를 하면서 가끔 디스플레이에 등장한 아담의 세 얼굴과 혁신적인 방식으로 인터랙션하며 풍부한 대화를 나누었다.[77] 특히 이 인터랙티브 미디어는 관람객에게 12년간의 복원 프로젝트에 대한 상세한 설명, 복원의 의미, 툴리오의 〈아담〉을 완벽하게 복원한 미술관 보존처리팀의 노고를 재조명했다.[78]

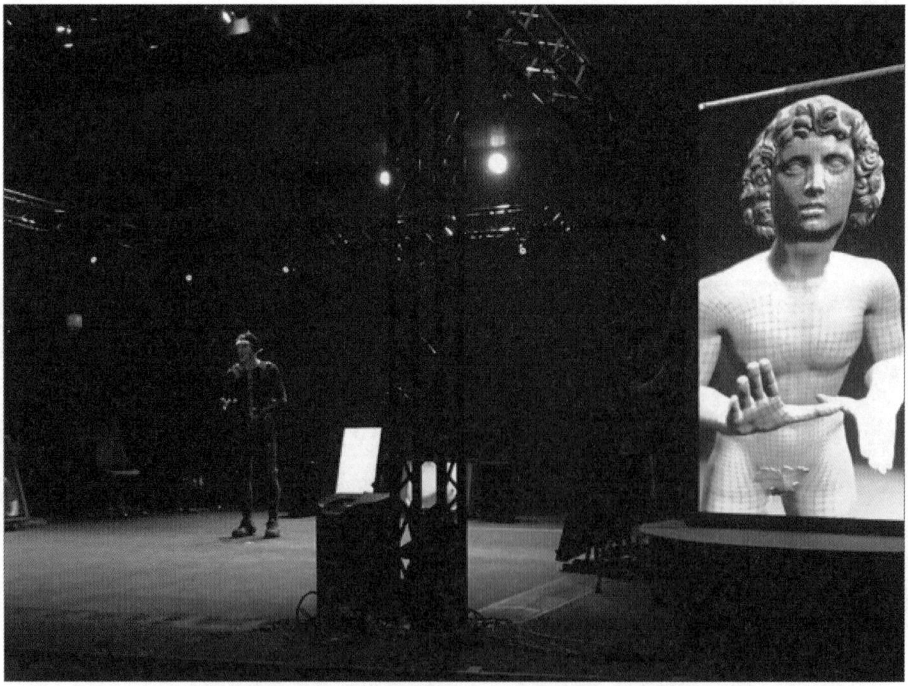

〈그림 4-31〉 모션 캡처에 의해 생성된 잭 프레더릭(Jack Frederick)

출처: https://www.artdomantay.com/farrington

8

병마용 전시(Terracotta Warriors of the First Emperor)

Franklin Institute

중국 산시성 시안시 린퉁구에 위치한 진시황릉은 중국 대륙을 최초로 통일한 진시황의 무덤으로, 기원전 246년부터 208년까지 38년간의 공사를 통해 완성되었다. 1974년 마을 주민에 의해 진흙으로 제작된 거대한 규모의 문화유산이 발견되면

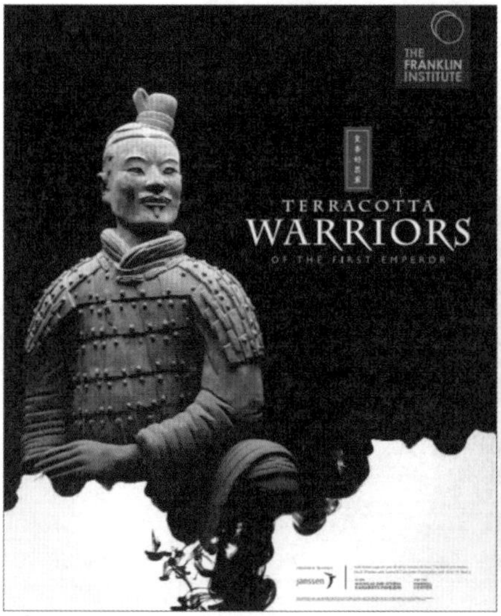

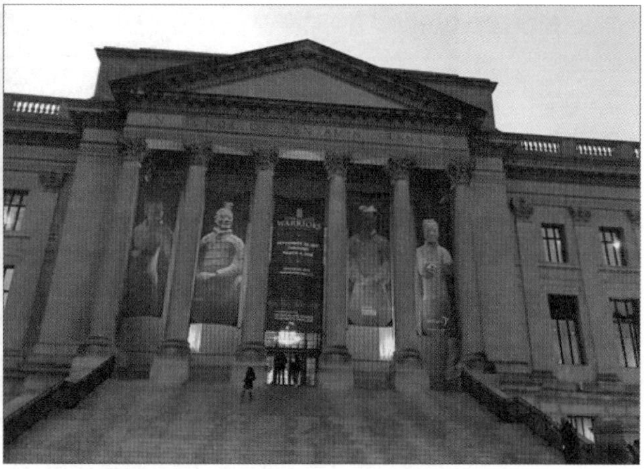

〈그림 4-32〉 〈Terracotta Warriors of the First Emperor〉 전시 포스터와 전시가 개최된 프랭클린연구소

출처: https://news.cgtn.com/news/3d3d774e3467544f33457a6333566d54/index.html; https://www.yetzerstudio.com/terracotta-warriors-ar

서 전 세계의 이목이 집중되었으며, 1987년 유네스코 세계문화유산에 등재되었다. 진시황릉은 현재도 발굴이 진행되고 있는데, 이곳에서 발굴된 유물 가운데 백미는 병마용이라 할 수 있다. 실물 크기의 병마용은 약 8천 개로 추정되고 있으며, 병마용의 의복과 표정의 다양성 있는 표현뿐만 아니라 실제 병사들처럼 정렬해 있어 진나라의 군사 시스템을 연구하는 데 매우 중요한 사료로 평가받고 있다.[79]

2017년 필라델피아에 위치한 프랭클린연구소(Franklin Institute)는 〈Terracotta Warriors of the First Emperor(2017. 9. 30~2018. 3. 4)〉를 개최했다. 이 전시에서는 약 2,200년 전에 건설된 진시황릉의 병마용갱에서 발굴된 장군, 무릎을 꿇고 서 있는

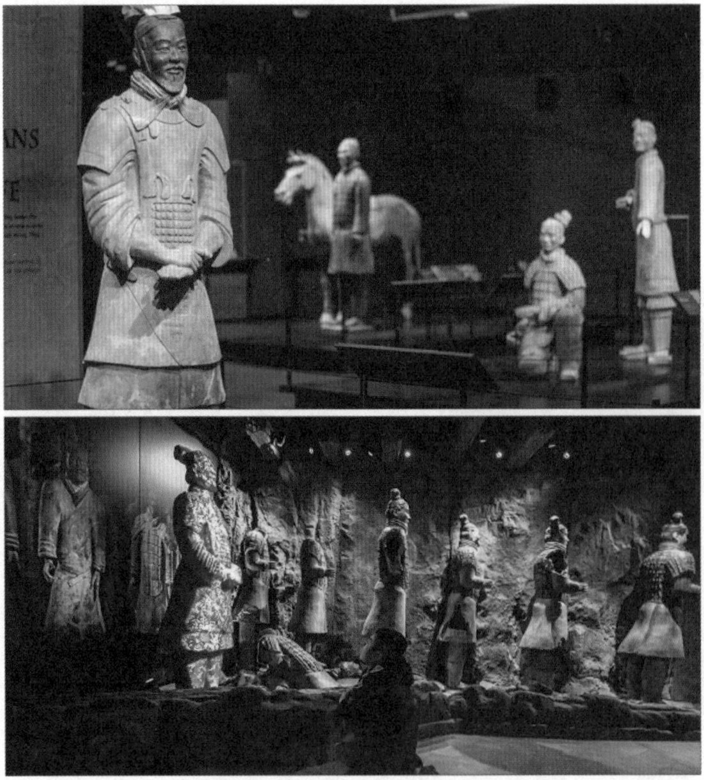

〈그림 4-33〉 프랭클린연구소의 〈Terracotta Warriors of the First Emperor〉 전시실

출처: https://www.delawareonline.com/story/life/2017/10/02/marching-into-philly-ancient-terracotta-army-warriors/710053001/; http://www.myphillyalive.com/blog/the-terracotta-warriors-invade-the-franklin-institute-in-philadelphia/

궁수, 기병 등의 병마용과 악기 연주자, 말 안장, 무기와 연장, 청동종, 금 장신구, 제례 용기, 청동 전차 복제품 등 170여 점의 방대한 소장품이 1만 6천 평방피트의 대규모 전시실에 진열되었다.[80 81]

〈Terracotta Warriors of the First Emperor〉는 미국에서 대여한 10명의 병용이 개별적으로 전시되어 병사로서의 정체성과 기여도가 재조명되었는데, 그 가운데 4점은 1987년 필라델피아미술관(Philadelphia Art Museum)에서 전시되었다. 이 전시는 진시황릉 축조, 진시황릉에 얽힌 미스터리, 진시황릉 발굴, 진시황, 병마용, 몰입적 경험을 제공하는 실감 미디어, 고고학 및 보존 등의 스토리텔링을 기반으로 전시기획이 이루어졌으며, 사례연구(casework), 그래픽, 프로젝션 매핑 기반의 미디어, 인터랙티브 미디어, 핸즈온(hands-on) 전시물 복제품, 증강현실 애플리케이션 등으로 구

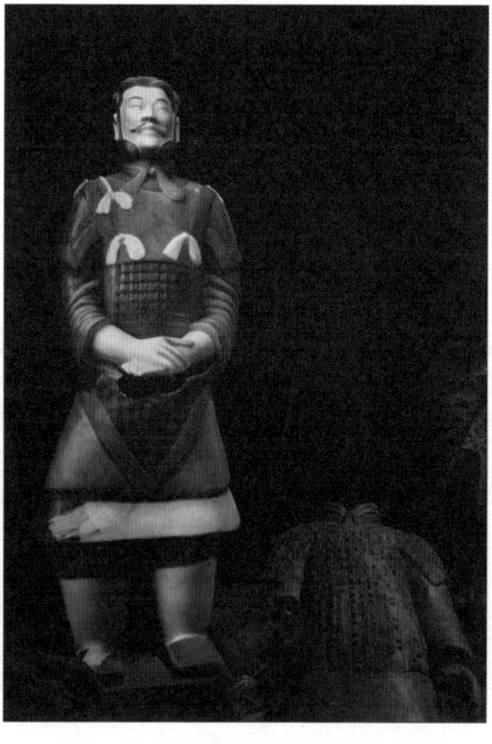

〈그림 4-34〉 프로젝트 매핑 기술로 구현된 미디어

출처: https://www.klip.tv/news-blog/2017/10/17/terracotta-warriors-of-the-first-emperor-the-franklin-institute

성되었다.[82]

인터랙티브 미디어의 경우, 병마용의 역사나 발굴 당시의 상태를 연구하는 데 과학이 어떠한 역할을 했는지를 경험하게 해주었다.[83] 프로젝션 매핑으로 구현된 병마용 미디어의 경우, 점토로 만들어질 때부터 정교한 회화적 구현, 파손에 이르는 전 과정을 빠른 타임라인에 걸쳐 표현했다.[84] 특히 아동 관람객은 플라스틱 몰드로 제작된 핸즈온 전시물을 이용해서 자신만의 전사를 만들 기회를 즐기면서 과학과 기술을 활용하여 문화유산의 감상 및 보존 방법을 학습할 수 있었다.[85]

증강현실 기반의 모바일 애플리케이션의 경우, 관람객에게 병마용을 탐색하면서 몰입적 경험을 제공하기 위한 목적으로 개발되었다. 프랭클린연구소는 관람객에게 전시 방문 전에 증강현실 기반의 모바일 애플리케이션을 다운로드해올 것을 권장했다. 관람객이 스마트폰을 이용해서 병용에 초점을 맞추고 해당 영역의 이미지를 스캔하면, AR 뷰어가 활성화되면서 렌더링된 2,200년 전의 청동 칼과 창, 병마용 등이 황릉에 처음 매장되었을 때의 역동적인 3D 컴퓨터 생성 이미지(computer-generated imagery, 이하 CGI)로 구현되었다.[86]

이 애플리케이션은 8점의 병마용뿐만 아니라 무기류에 대해 다른 차원의 이미지를 제공해줌으로써 전시물에 대한 탐구 욕구를 증진시켰다. 또한 관람객은 #Mo-

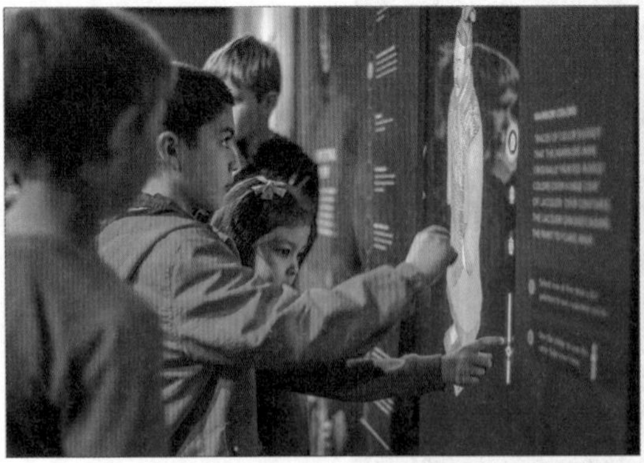

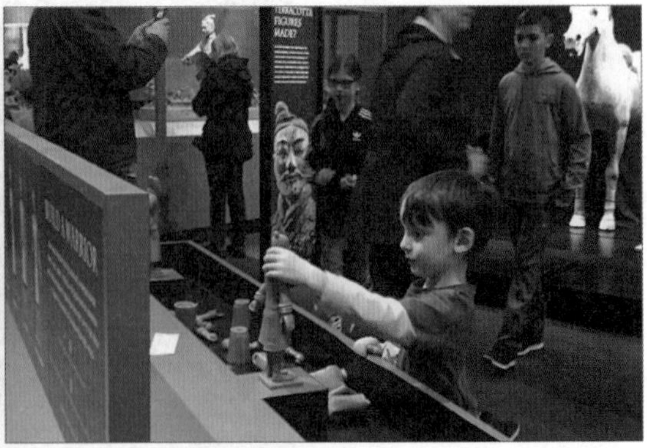

〈그림 4-35〉 인터랙티브 미디어와 핸즈온 전시물을 이용하고 있는 아동 관람객

출처: http://geckogroup.com/2017/10/03/terracotta-warriors-franklin-institute/ http://geckogroup.com/2017/10/03/terracotta-warriors-franklin-institute/

bileWarriors 기능을 사용하여 테라코타 병사를 만들어 배치할 수 있었으며,[87] 자동으로 저장된 이미지는 페이스북, 인스타그램 및 트위터 등의 SNS에 공유되었다.[88]

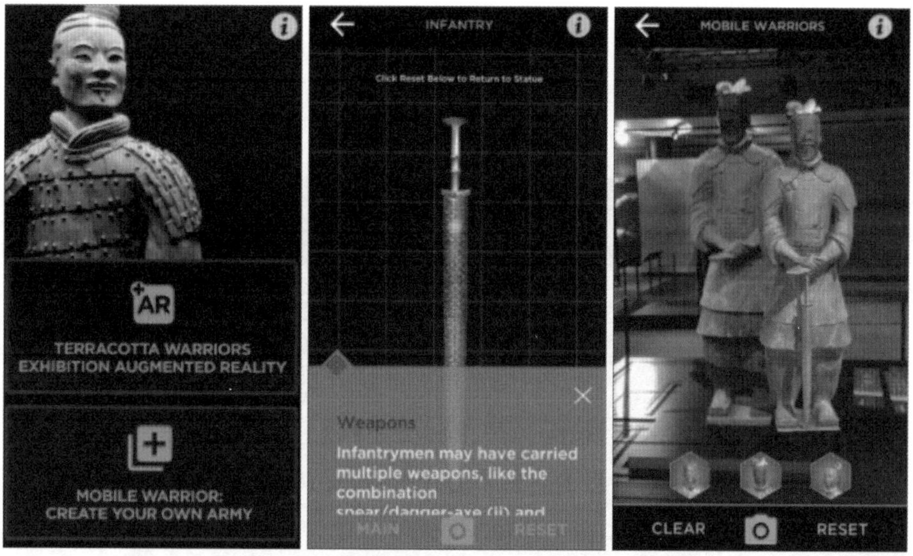

〈그림 4-36〉 증강현실 기반의 모바일 애플리케이션의 인터페이스

출처: https://news.cgtn.com/news/334d6a4d79597a6333566d54/share_p.html

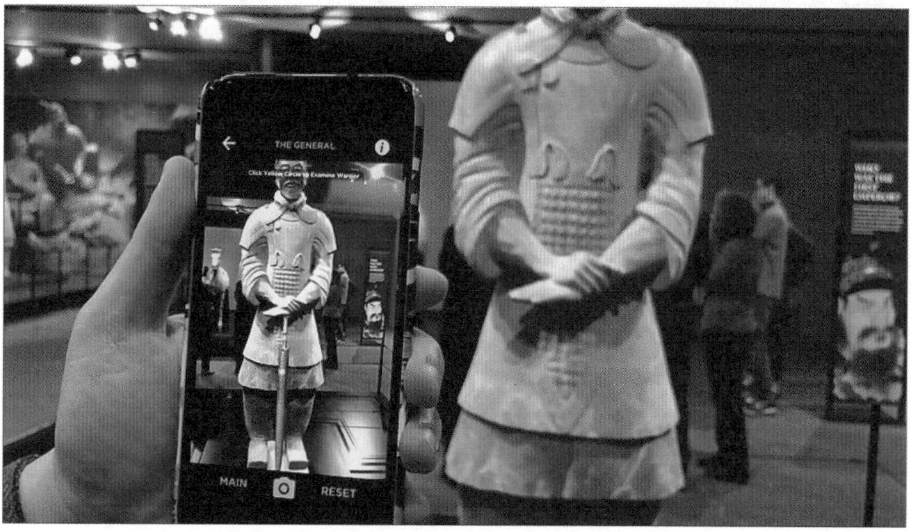

〈그림 4-37〉 증강현실로 제공되는 3D 형태의 병마용 모습

출처: https://www.yetzerstudio.com/terracotta-warriors-ar

이 3D 이미지는 테크니컬 전문가, 프랭클린연구소의 큐레이터 및 디지털 담당 인력이 수천 장의 사진을 찍고, 사진 측량법을 사용해서 공동으로 개발했다.[89] 또한 이들 전문가는 병마용 발견 당시 유실된 부분에 대한 역사적 맥락과 색상 등을 정확하게 재현하는 데 많은 노력을 기울였다.

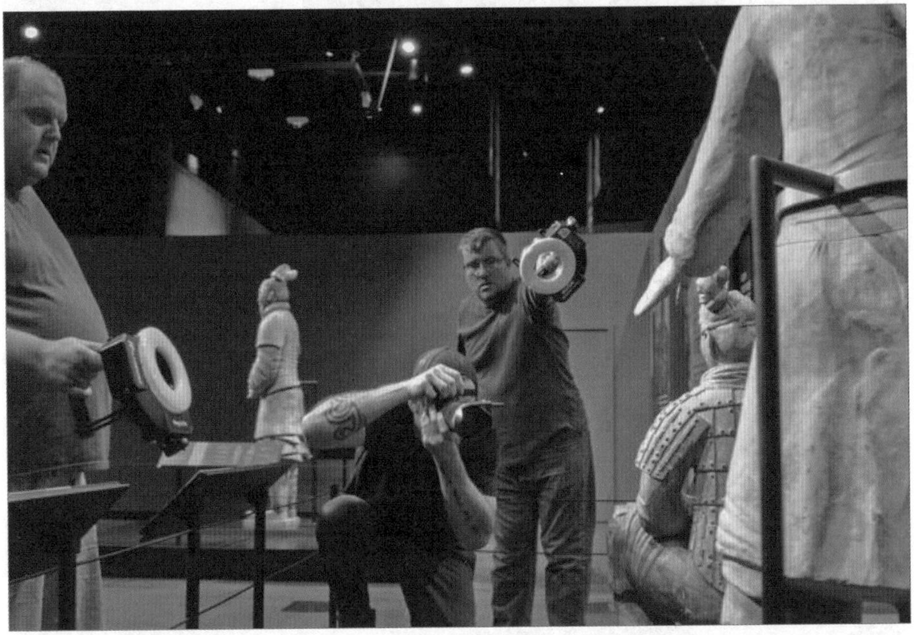

〈그림 4-38〉 수천 장의 사진과 사진측량법으로 병마용의 디지털 이미지를 만들고 있는 애플리케이션 개발팀

출처: https://www.businesstimes.com.sg/technology/terracotta-warriors-get-weapons-via-your-phone

미주

1 USC Institute for Creative Technologies (2012). Ada and Grace: Virtual Human Museum Guides, https://ict.usc.edu/wp-content/uploads/overviews/Ada%20and%20Grace_Overview.pdf

2 D. Traum, et al., 2012, Ada and Grace: Direct interaction with museum visitors. In International conference on intelligent virtual agents. Berlin: Springer-Verlag, pp.245-251.

3 M. Chiang & G. Fyffe (2010). Realistic real-time rendering of eyes and teeth. ICT Technical Report No. ICT-TR-01-2010, University of South California, pp.1-6.

4 W. Swartout, et al., 2010, Ada and Grace: Toward realistic and engaging virtual museum guides. In International Conference on Intelligent Virtual Agents. Berlin: Springer-Verlag, pp.286-300.

5 Microsoft, https://www.microsoft.com/en-us/ai/ai-for-good

6 Microsoft, https://www.microsoft.com/en-us/ai/ai-for-good

7 B. Smith, Culture through mixed reality technology, https://www.holoforge.io/work/history-and-culture-through-mixed-reality

8 B. Smith, Culture through mixed reality technology, https://www.holoforge.io/work/history-and-culture-through-mixed-reality

9 Seventeenth century French artifact arrives in Seattle for an immersive exhibition, powered by Microsoft (November 21, 2019) https://www.prnewswire.com/news-releases/seventeenth-century-french-artifact-arrives-in-seattle-for-an-immersive-exhibition-powered-by-microsoft-300962911.html

10 See how Microsoft is recreating 17th century technology using Holograms (December 19, 2019) https://www.creativeplanetnetwork.com/archive/see-how-microsoft-is-re-creating-17th-century-technology-using-holograms

11 C. Talbott (December 19, 2019) MOHAI's new exhibit will transport you, via Microsoft device, to Mont-Saint-Michel in France, https://www.seattletimes.com/entertainment/visual-arts/mohais-new-exhibit-will-transport-you-via-microsoft-device-to-mont-saint-michel-in-france/

12 T. Trouillot (December,18, 2019) Museums have yet to embrace augmented reality. Bur Microsoft want to help them use it as a tool for education and social justice, https://news.artnet.com/exhibitions/microsoft-ar-vr-art-museum-1737159

13 J. Kite-Powell This museum in Paris used Mixed Reality to take visitors out of town (February 1, 2019) https://www.forbes.com/sites/jenniferhicks/2019/02/01/this-museum-in-paris-used-mixed-reality-to-take-visitors-out-of-town/#38c431984b81

14 J. Kite-Powell This museum in Paris used Mixed Reality to take visitors out of town (February 1, 2019) https://www.forbes.com/sites/jenniferhicks/2019/02/01/this-museum-in-paris-used-mixed-reality-to-take-visitors-out-of-town/#38c431984b81

15 T. Palladino (November 17, 2018) Microsoft HololensMorphs Paris museum model of Mont-Saint-Michel into masterpiece of AR, https://hololens.reality.news/news/microsofts-hololens-morphs-paris-museum-model-mont-saint-michel-into-masterpiece-ar-0190095/

16 E. Lando (2017) How Augmented Reality Affects the Learning Experience at a Museum, http://www.diva-portal.org/smash/get/diva2:1112283/FULLTEXT01.pdf

17 A. Andrea Montiel de Shuman (DIA), 2017, MW17: Museums and the Web 2017 (April 19-22, 2017), https://mw17.mwconf.org/glami/lumin/

18 G. D. Voinea, et al., 2018, Exploring Cultural Heritage Using Augmented Reality Through Google's Project Tango and ARCore. In International Conference on VR Technologies in Cultural Heritage, pp. 93-106.

19 S. Das (December 24, 2017) Tango: Augmented reality platform by Google, https://www.globallogic.com/blogs/tango-augmented-reality-platform-by-google/

20 L. Matney (December 16, 2017) Google kills its Tango augmented reality platform, shifting focus to ARCore, https://techcrunch.com/2017/12/15/google-kills-its-tango-augmented-reality-platform-shifting-focus-to-arcore/

21 P. Sawers (January 9, 2017) Google opens Tango augmented reality platform to museums, starting with Detroit Institute of Art, https://venturebeat.com/2017/01/09/google-tango-museums/

22 D. De Angeli, & E. O'Neill (2016, September) Human or machine perspective? throwing" light" on optical see-through headsets in museums. In Proceedings of the 2016 ACM International Joint Conference on Pervasive and Ubiquitous Computing: Adjunct, pp. 1503-1508.

23 E. Klopfer & K. Squire, 2008, Environmental Detectives—the development of an augmented reality platform for environmental simulations. Educational technology research and development, 56(2), pp. 203-228.

24 C. Matuk, 2016, The learning affordances of augmented reality for museum exhibits on human health. Museums & Social Issues, 11(1), pp. 73-87.

25 J. Poczik, 2017, Artist and Curator: An Exploration of the Impact of Digital Media in Museums Through Media Art, Surveillance, and Selfies, Duke University, Doctoral dissertation.

26 A. Andrea Montiel de Shuman (DIA), 2017, MW17: Museums and the Web 2017 (April 19-22, 2017), https://mw17.mwconf.org/glami/lumin/

27 A. Zlatoposky (January 21, 2017) Like Pokemon Go for art lovers, Lumin brings augmented reality to DIA, https://www.freep.com/story/entertainment/2017/01/21/lumin-detroit-institute-arts-dia-google/96791024/

28 M. Coppock, (January 9, 2017) Google Tango augmented reality is making its way to a museum near you, https://www.digitaltrends.com/virtual-reality/google-tango-ar-museums/

29 A. Andrea Montiel de Shuman (DIA), 2017, MW17: Museums and the Web 2017 (April 19-22, 2017), https://mw17.mwconf.org/glami/lumin/

30 B. Heater (January 11, 2018) A Detroit art museum is leveraging Google Tango for an AR history lesson, https://techcrunch.com/2017/01/10/google-tango/

31 S. Dent (January 10, 2017) Google Tango AR takes you inside a mummy's sarcophagus, https://www.engadget.com/2017-01-10-google-tango-ar-takes-you-inside-a-mummys-sarcophagus.html

32 GLAMI nomination, MW17: Museums and the Web 2017 (April 19-22, 2017), https://mw17.mwconf.org/glami/lumin/

33 J. Vincent (January 9, 2017) Google's AR platform Tango is going to let museum visitors explore exhibits, https://www.theverge.com/2017/1/9/14210956/google-tango-museum-ar-detroit

34 S. Dent (January 10, 2017) Google Tango AR takes you inside a mummy's sarcophagus, https://www.engadget.com/2017-01-10-google-tango-ar-takes-you-inside-a-mummys-sarcophagus.html

35 N. Said (April 12, 2017) National Museum of Singapore uses augmented reality to tell building's story, https://www.straitstimes.com/lifestyle/arts/national-museum-of-singapore-uses-augmented-reality-to-tell-buildings-history

36 L. Day Out (April 12, 2017) National Museum of Singapore's Tango- enabled architectural tours: visual storytelling, https://www.littledayout.com/national-museum-singapores-tango-enabled-architectural-tours-storytelling/

37 J. Wan (April 15, 2017) Tango into history with a new augmented reality tour at the National Museum of Singapore, https://singaporemotherhood.com/articles/2017/04/tango-museum-tour-augmented-reality/

38 Retrace the history of the National Museum of Singapore' with Tango- enabled architectural tours, https://sagg.info/retrace-the-history-of-the-national-museum-of-singapore-with-tango-enabled-architectural-tours/

39 N. Said (April 18, 2017) Take a selfie with a whale at museum, https://www.straitstimes.com/lifestyle/arts/take-a-selfie-with-a-whale-at-museum

40 ReBlink, Art, Augmented Reality, http://www.impossiblethings.co/project/reblink/

41 Alex Mayhew, 2018, ReBlink, https://mw18.mwconf.org/glami/1115/

42 T. Ricci (January 03, 2018) AGO's ReBlink exhibit combines augmented reality and classic painting, https://www.cbc.ca/news/canada/toronto/art-exhibit-combines-augmented-reality-and-classic-paintings-1.4452158

43 ReBlink: Art, Augmented Reality, http://www.impossiblethings.co/project/reblink/

44 R. Behar (July 07, 2017) Historic art gets remixed with Art Gallery Ontario's new RebBlink AR exhibit, https://mobilesyrup.com/2017/07/07/historic-art-gets-remixed-art-gallery-ontarios-reblink-ar-exhibit/

45 K. Thomson (November 20, 2017) ReBlink: AGO, https://roughdraft.review/reblink-ago-7e135b73ad16

46 R. Mudhar (July, 6, 2017) The AGO puts the AR in art with ReBlink exhibits, https://www.thestar.com/entertainment/2017/07/06/the-ago-puts-the-ar-in-art-with-reblink-exhibit.html

47 R. Haridy (July 12, 2017) Augmented reality transports classic art into the 21st century, https://newatlas.com/reblink-augmented-reality-art/50450/

48 CGTN, Leonardo da Vinci exhibition's popularity smashes Louvre's record, https://news.cgtn.com/news/2020-02-26/Leonardo-da-Vinci-exhibition-s-popularity-smashes-Louvre-s-record-OodkgrrLkk/index.html

49 The Louvre recreates the mona lisa in 3D for da vinci exhibition, https://www.designboom.com/technology/htc-vive-arts-mona-lisa-3d-louvre-da-vinci-exhibition-10-28-2019/

50 VIVE, Monalisa: Beyond the Glass (October 24, 2019 – February 24, 2020) https://arts.vive.com/us/articles/projects/art-photography/mona_lisa_beyond_the_glass/

51 S. Dent (October 23, 2019) HTC recreated the Monalisa in 3D for the Louvre's da Vinci exhibition, https://www.engadget.com/2019-10-24-louvre-leonardo-da-vinci-htc-mona-lisa.html

52 N. Rea (October 22, 2019) The Monalisa experience: How the Louvre's first ever VR project, a 7-minute immersive da Vinci Odyssey, works, https://news.artnet.com/exhibitions/louvre-embraced-virtual-reality-leonardo-blockbuster-1686169

53 스푸마토(이탈리아어: Sfumato)는 '연기와 같이(사라지다)'라는 뜻의 이탈리아어에서 나온 미술 용어로, '공기원근법' 또는 '대기원근법'이라고 알려져 있다. 이 기법은 회화에서 색과 색 사이 경계선 구분을 명확하게 하지 않고 부드럽게 처리하는 기술적 방법으로, 레오나르도 다빈치와 조르조네에 의해 처음으로 사용되었다.

54 The Louvre recreates the Mona Lisa in 3D for da vinci exhibition, https://www.designboom.com/technology/htc-vive-arts-mona-lisa-3d-louvre-da-vinci-exhibition-10-28-2019/

55 J. Horwitz (June 17, 2019) HTC Vice creates a Mona Lisa VR experience for the Louvre and Viveport, https://venturebeat.com/2019/06/17/htc-vive-creates-a-mona-lisa-vr-experience-for-the-louvre-and-viveport/

56 D. Carvajal (October 15, 2019) Meeting the Mona Lisa for an intimate virtual rendezvous, https://www.nytimes.com/2019/10/15/arts/design/mona-lisa-vr-louvre.html

57 P. Ridden (October 29, 2019) Louvre's first VR experience brings Mona Lisa to life, https://newatlas.com/vr/louvre-htc-emissive-virtual-reality-mona-lisa/

58 USC Institute for Creative Technologies (2012). New dimensions in Testimony, https://ict.usc.edu/wp-content/uploads/overviews/New%20Dimensions%20in%20Testimony_Overview.pdf

59 D. Traum, et al, 2015, New Dimensions in Testimony: Digitally preserving a Holocaust survivor's interactive storytelling. In International Conference on Interactive Digital Storytelling, pp. 269-281.

60 R. Artstein, et al., 2016, New dimensions in testimony demonstration. In Proceedings of the 2016 Conference of the North American Chapter of the Association for Computational Linguistics: Demonstrations, pp. 32-36.

61 A. Hartholt, et al, 2013, All together now. In International Workshop on Intelligent Virtual Agents, pp. 368-381.

62 CMU 스핑크스는 카네기멜론대학교에서 개발된 음성 인식 시스템이며, 이 시스템에는 음성 인식기와 음향 모델 트레이너가 포함된다.

63 D. Traum, et al, 2015, New Dimensions in Testimony: Digitally preserving a Holocaust survivor's interactive storytelling. In International Conference on Interactive Digital Storytelling, pp. 269-281.

64 완전한 자바 메시지 서비스 클라이언트와 함께 자바로 작성된 오픈소스 메시지 브로커다.

65 R. Artstein, et al., 2016, New dimensions in testimony demonstration. In Proceedings of the 2016 Conference of the North American Chapter of the Association for Computational Linguistics: Demonstrations, pp. 32-36.

66 D. Coldewey (May 12, 2015). Holograms add new dimension to Holocaust survivor's story, https://www.today.com/series/are-we-there-yet/holograms-add-new-dimension-holocaust-survivors-story-t20511

67 Met, Tullio Lombardo's Adam: A Masterpiece Restored (November 11, 2014 – June 14, 2015) https://www.metmuseum.org/exhibitions/listings/2014/tullio-lombardo-adam

68 H. Vartanian (November 10, 2014) Shattered Adam is born anew at the Metropolitan Museum, https://hyperallergic.com/161989/shattered-adam-is-born-anew-at-the-metropolitan-museum/

69 C. Riccardelli, et al., 2014, The treatment of Tullio Lombardo's Adam: A new approach to the conservation of monumental marble sculpture, Metropolitan Museum Journal, 49, pp. 49-116.

70 B. Borghese (December 19, 2014). Met completes 12-year conservation of Tullio Lombardo's sculpture of Adam, News in Conservation 25, https://www.iiconservation.org/system/files/publications/journal/2014/b2014_6.pdf

71 복잡한 구조적 엔지니어링 문제를 해결하고, 설계를 더 효과적이며 빠르게 결정할 수 있도록 지원해준다.

72 P. Cunningham, et al., 2015, The fall and rise of Adam, Ansys Advantage, 11(3), pp. 33-37.

73 S. Rafael (October 26, 2015) Saving Tullio Lombardo's Adam, Metropolitan Museum of Art, https://www.scan-site.com/saving-tulio-lombardos-adam/

74 C. Riccardelli, et al., 2014, The treatment of Tullio Lombardo's Adam: A new approach to the conservation of monumental marble sculpture, Metropolitan Museum Journal, 49, pp. 49-116.

75 New life for Adam, 2015, ICOM News 68(2), pp. 4-5, https://issuu.com/internationalcouncilofmuseums/docs/icomnews68_2_en_v4/6

76 B. Sharon (July 23, 2015) The Met's unreal return of Adam, https://www.unrealengine.com/en-US/blog/the-mets-unreal-return-of-adam

77 F. Rose (2015) A shattered Adam Statue come to life at the Met, after a 12-year restoration project, https://pam-patrimonioartesemuseus.wordpress.com/2015/07/14/a-shattered-adam-statue-comes-to-life-at-the-met-after-a-12-year-restoration-project/

78 Itsnewstoyou, Daring docent dishes with digital Adam at the Met (July 29, 2015) https://itsnewstoyou.me/2015/07/29/daring-docent-dishes-with-digital-adam-at-the-met/

79 S. Brogna (December 12, 2017) China's Terracotta army exhibit at the Franklin Institute, https://medium.com/the-philly-melting-pot/chinas-terracotta-army-exhibit-at-the-franklin-institute-8aa0e6afa4bf

80 The Franklin Institute, Terracotta Warriors of the First Emperor, https://www.fi.edu/exhibit/terracotta-warriors

81 The Pew Center for Arts & Heritage, 2017, Enhancing views of history: Terracotta Warriors and Augmented Reality, http://www.pcah.us/grant/enhancing-views-history-terracotta-warriors-and-augmented-reality

82 The Franklin Institute and Pacific Science Center, Terracotta Warriors of the First Emperor, https://www.buildwithusa.com/projects/fi_terracottawarriors.html

83 J. Belonger (January 9, 2018) Terracotta Warriors invaded the Franklin Institute in Philadelphia, http://www.myphillyalive.com/blog/the-terracotta-warriors-invade-the-franklin-institute-in-philadelphia/

84 Klip, Terracotta Warriors of the first emperor at the Franklin Institute, https://www.klip.tv/news-blog/2017/10/17/terracotta-warriors-of-the-first-emperor-the-franklin-institute

85 M. Fishman (October 2, 2017) Marching into Philly: Ancient terracotta army warriors, https://www.delawareonline.com/story/life/2017/10/02/marching-into-philly-ancient-terracotta-army-warriors/710053001/

86 F. Yizin (October 3, 2017) China's Terracotta Warriors get armed with AR, https://news.cgtn.com/news/334d6a-4d79597a6333566d54/share_p.html

87 Wikitude, Terracotta Warriors meet augmented reality at the Franklin Institute, https://www.wikitude.com/showcase/terracota-warriors-franklin-institute/

88 The Pew Center for Arts & Heritage (October 25, 2017) Augmented reality brings 2,200 year-old Chinese Terracotta Warriors to life in the Franklin Institute's latest exhibition, https://www.pewcenterarts.org/news/augmented-reality-brings-2200-year-old-chinese-terracotta-warriors-life-franklin-institutes

89 The Pew Center for Arts & Heritage (October 25, 2017) Augmented reality brings 2,200 year-old Chinese Terracotta Warriors to life in the Franklin Institute's latest exhibition, https://www.pewcenterarts.org/news/augmented-reality-brings-2200-year-old-chinese-terracotta-warriors-life-franklin-institutes

5부

인공지능 기반의 예술창작물

1. 에드몽 드 벨라미의 초상(Portrait of Edmond de Belamy) Obvious
2. 행인의 기억 I(Memories of Passersby I) Mario Klingemann
3. 딥 드림(Deep Dream) Google
4. 아론(AAron) Harold Cohen
5. 인공지능 로봇 제미니(A. I. Gemini) Victor Wong
6. CAN & AICAN Ahmed Elgammal & the Art and Artificial Intelligence Lab

1
에드몽 드 벨라미의 초상(Portrait of Edmond de Belamy)

Obvious

2018년 10월, 뉴욕의 크리스티 경매(Christie's Auction)에서 인공지능 프로그램이 그린 ⟨에드몽 드 벨라미의 초상(Portrait of Edmond de Belamy)⟩이 43만 2천 달러(한화 4억 9,300만 원)에 낙찰되었는데, 본래 이 작품의 예상 가격은 1만 달러 수준이었다. 이 경

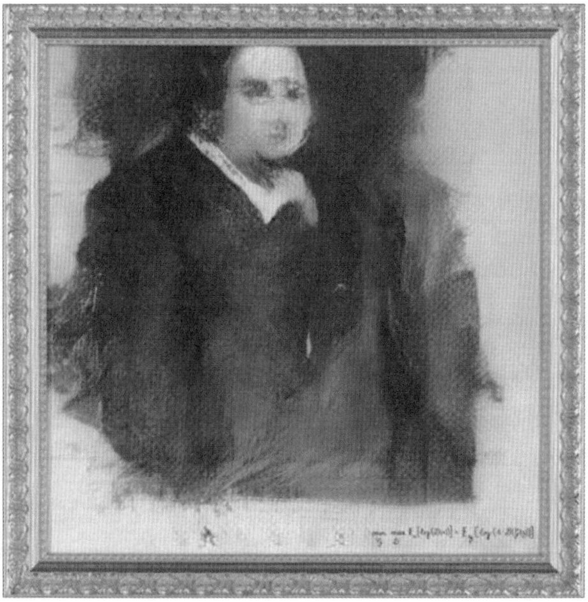

⟨그림 5-1⟩ 오비우스에 의해 만들어진 ⟨에드몽 드 벨라미의 초상⟩

출처: https://obvious-art.com/

매를 통해 크리스티는 250년의 경매 역사상 알고리즘에 의해 창작된 작품을 처음으로 판매한 경매회사로 등극했다.

휴고 카셀 듀프레(Hugo Caselles-Dupré), 피에르 포트렐(Pierre Fautrel), 고티에 베르니에(Gauthier Vernier) 등 20대 3명이 설립한 프랑스에 위치한 예술공학단체 '오비우스(Obvious)'는 스탠퍼드대학교의 연구원 로비 바랫(Robbie Barrat)이 개발한 오픈소스 코드를 사용했다. 이를 바탕으로 최근 인공지능 창작 분야에서 가장 인기 있는 인공지능 신경망 알고리즘인 '생성적 적대 신경망'을 사용해서 예술과 인공지능 사이의 인터페이스를 탐색했다.

이언 굿펠로와 동료 연구자들이 개발한 생성적 적대 신경망(GAN)은 생성기와 판별기가 서로 경쟁하는 방식으로 학습을 진행하는 비지도 학습에 사용된다. 즉, 생성기가 데이터 셋을 기반으로 새로운 이미지를 생성하면 판별기는 인간이 만든 이미지와 생성기가 만든 이미지의 차이를 식별한 후 새로운 이미지가 실제 인물의 초상화라고 믿는다.[1] 따라서 이미지는 판별기가 복제된 데이터와 원본의 데이터를 구별하지 못할 때까지 알고리즘 사이를 끊임없이 오가게 된다.

검은색 프록코트 아래로 흰색 칼라가 보이는 한 남성을 묘사한 이 초상화는 얼

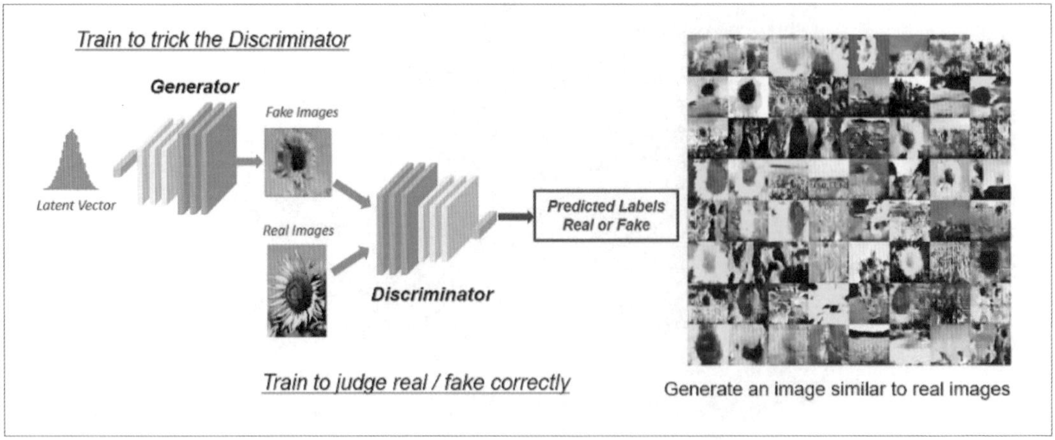

〈그림 5-2〉 생성적 적대 신경망(GAN)의 모델 구성도 및 학습과정

출처: http://www.aitimes.kr/news/articleView.html?idxno=15368)

$$\min_{G} \max_{D} \mathbb{E}_x[\log(D(x))] + \mathbb{E}_z[\log(1 - D(G(z)))]$$

〈그림 5-3〉 〈에드몽 드 벨라미의 초상〉 하단에 적힌 알고리즘

출처: https://www.christies.com/features/A-collaboration-between-two-artists-one-human-one-a-machine-9332-1.aspx

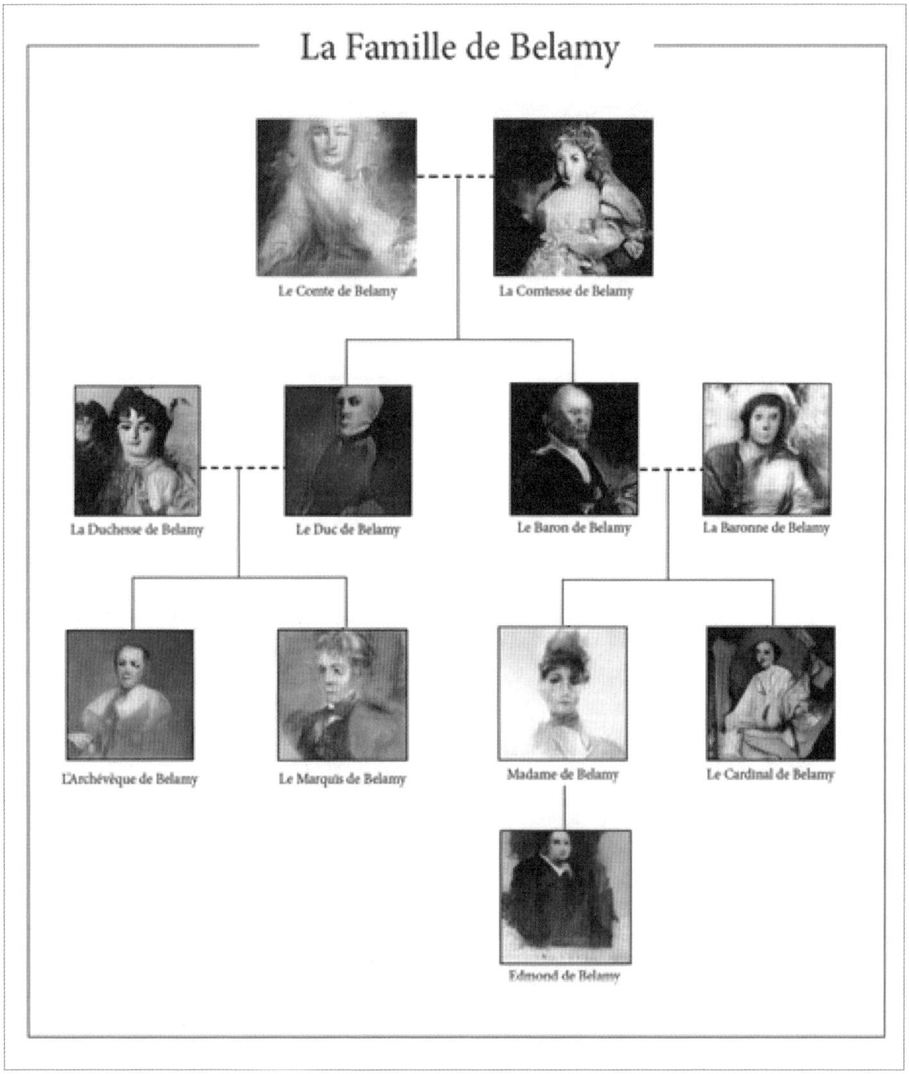

〈그림 5-4〉 오비우스에 의해 만들어진 벨라미 가족 초상화 관계도

출처: https://www.christies.com/features/A-collaboration-between-two-artists-one-human-one-a-machine-9332-1.aspx

굴이 불분명하고 흐릿하게 처리되어 신비감을 자아냈으며, 인물 주변의 캔버스 여백으로 인해 마치 미완성 상태처럼 보인다. 가상의 남자 초상이 담긴 이 작품의 경우, 오비우스는 14세기부터 20세기까지의 초상화 1만 5천여 작품의 시각적 데이터셋을 기반으로 이미지를 분석했으며, 초상화 구성요소를 학습한 뒤 창작이 이루어졌다. 특히 작품 하단에는 작가의 서명 대신 이 작품의 제작에 사용된 알고리즘이 적혀 있다.

〈에드몽 드 벨라미의 초상〉은 오비우스가 만든 11개로 구성된 가상의 벨라미 가족 연작(La Famille de Belamy) 가운데 하나다. 오비우스는 〈에드몽 드 벨라미의 초상〉에 대해 기계의 창조성에 대한 실험이라는 의미를 부여하면서 비록 이미지를 만드는 것은 알고리즘이지만, 그 알고리즘은 인간에 의해 개발되는 것이므로 기계가 그린 그림도 예술작품이 될 가능성을 시사해주었다.

2
행인의 기억 I(Memories of Passersby I)
Mario Klingemann

2019년 소더비 경매(Sotheby's)에서 컴퓨터공학자 마리오 클링게만(Mario Klingemann)이 인공지능을 기반으로 개발한 영상설치물 〈행인의 기억 I(Memories of Passersby I)〉이 4만 파운드(약 6천만 원)에 낙찰되었다. 이 영상설치물은 앞서 다룬 오

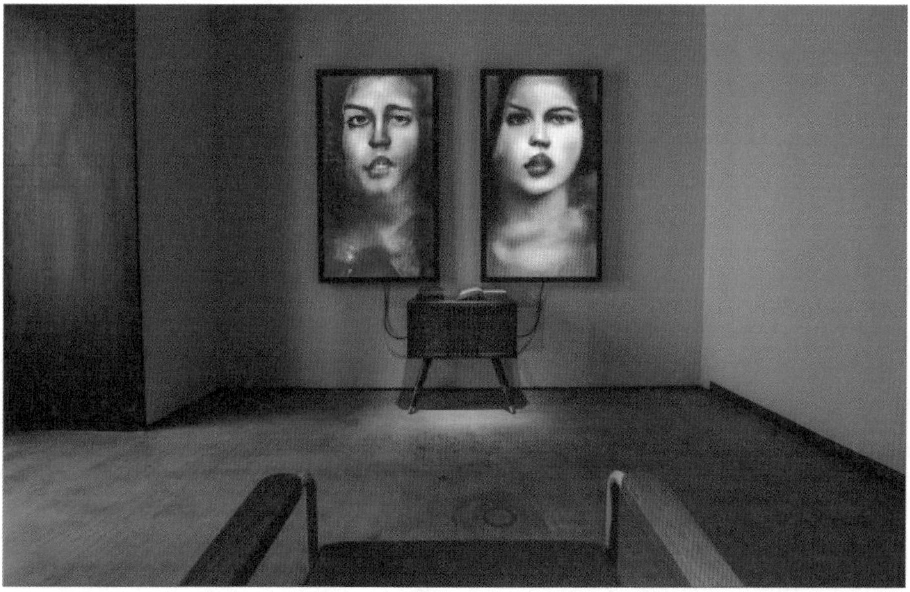

〈그림 5-5〉 마리오 클링게만의 〈행인의 기억 I〉

출처: https://www.sothebys.com/en/articles/artificial-intelligence-and-the-art-of-mario-klingemann

비우스의 〈에드몽 드 벨라미의 초상〉에 이어 두 번째로 경매에서 판매된 인공지능 기반의 예술창작물에 해당한다.

마리오 클링게만은 인공지능과 예술을 실험하여 최초의 창의적 코딩을 시도했으며, 전통적인 예술 창조 과정과 미학적 원칙에 대해 의문을 제기하며[2] '신경촬영술(nerography)'이라 명명되는 예술 운동을 주도하고 있다.[3] 〈행인의 기억 I〉은 2개의 스크린으로 구성되었는데, 스크린 사이에 놓여 있는 나무 캐비닛에는 인공지능이 탑재된 컴퓨터가 내장되었고, 매초 인공지능에 의해 초현실주의 화풍의 초상화가 실시간으로 생성되었다.[4]

〈행인의 기억 I〉의 경우, 마리오 클링게만은 17~19세기에 그려진 수천 장의 초상화를 입력한 후 생성적 적대 신경망(GAN) 알고리즘을 응용해서 인공지능을 학습시켰고, 그 결과 프랑스 시인 앙드레 브르통(Andre Breton)이 표현한 '발작적 아름다움(convulsive beauty)'을 연상케 하는 끊임없이 실시간으로 변화하는 이미지의 흐름을 구현했다.[5] 이 예술창작물은 단순히 기존 작품의 모사에 그치지 않고 수세기의 미술사를 한꺼번에 분석해 패턴을 추론한 후 새로운 방식으로 결과물을 창출해냈다는 평가를 받았다.[6]

마리오 클링게만은 설치영상물에 사용했던 생성적 적대 신경망(GAN) 기반의 알고리즘을 이용하여 알베르트 바르케 듀란(Albert Barque-Duran)과 함께 〈마이 아티피셜 뮤즈(My Artificial Muse, 2017~2020)〉라는 공연 프로젝트를 실행했다. 바르셀로나에 위치한 Sónar+D에서 개최된 이 라이브 페인팅 공연은 인공지능이 어떠한 방식으로 창의성을 지닐 수 있으며, 예술 창작 과정에서 인공지능과 인간의 협력 방법에 대해 탐색하는 월드 투어다. 이 공연 프로젝트에서 마리오 클링게만이 개발한 생성적 적대 신경망(GAN) 기반의 알고리즘은 새로운 그림을 생성하는 방법에 대한 매핑 형태의 비주얼 공연을 생성해서 벽화 형태의 이미지를 연출했다. 또한 마크 마레닛(Marc Marenit)이 제작한 생생한 사운드 트랙은 공연 도중 예술가의 움직임에 반응하는 센서를 통해 실시간으로 연주되었다.[7]

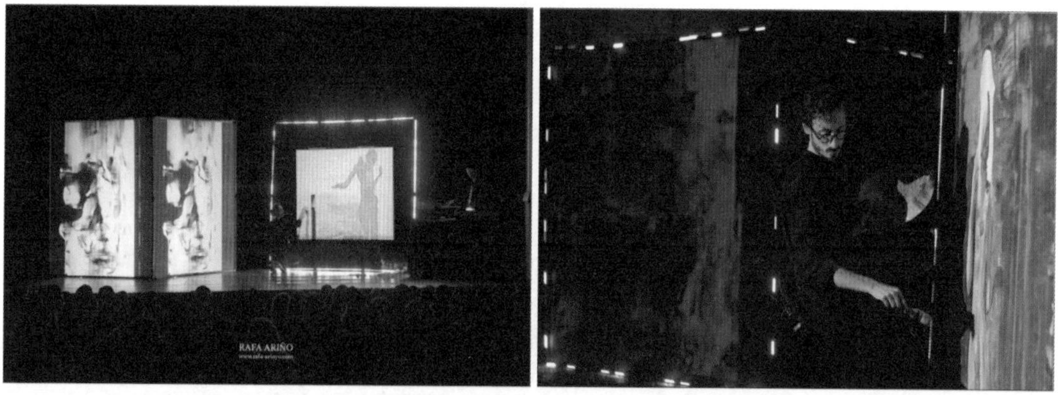

〈그림 5-6〉 〈마이 아티피셜 뮤즈〉에서 라이브 페인팅 공연을 펼치고 있는 알베르트 바르케 듀란

출처: https://albertbarque.com/myartificialmuse/

3

딥 드림(Deep Dream)

Google

현재 대표적인 인공지능 화가는 2016년 구글이 인공지능 리터치 블로그(Google AI Blog)에서 배포한 인공 신경망(Artificial Neural Network)을 통한 시각화 코드 또는 이미지 변환 기술인 '딥 드림(Deep Dream)'이라 할 수 있다. 딥 드림은 과학자와 공학자가 특정 이미지를 볼 때 심층 신경망이 보고 있는 것을 볼 수 있도록 지원해주고,[8] 예술에 대한 인공지능의 영향력을 실험하기 위한 목적으로 개발되었다. '딥 드림'이라는 이름은 인공지능에 의해 생성된 결과물이 마치 꿈을 꾸는 듯이 추상적이며 환각적인 이미지와 닮았다는 의미에서 붙여졌다.[9]

딥 드림은 구글의 소프트웨어 엔지니어인 알렉산더 모드빈체프(Alexander Mordvintsev)가 개발한 컴퓨터 비전 프로그램으로, 아키텍처와 코드를 신속하게 표현하는 카페(Caffe) 딥 러닝 프레임워크에 입력된 파이선(Python) 코드를 사용하는데,[10] 카페는 컴퓨터 비전 머신 러닝에 특화되어 있으며 주로 C/C+ 기반으로 사용된다. 또한 딥 드림은 새로 입력된 이미지에서 수많은 변수를 찾아내어 이전에 머신 러닝을 통해 저장된 이미지들의 변수 조각과 연관된 것을 합성하는 '인셉셔니즘(Inceptionism)' 기술과 딥 러닝(Deep Learning)을 기반으로 이루어졌다.

딥 드림은 초현실적인 효과로 이미지 패턴에 대한 인식을 향상시키기 위해 훈련된 컨볼루션 신경망(Convolutional Neural Network, 이하 CNN)을 사용한다. 또한 이 인공

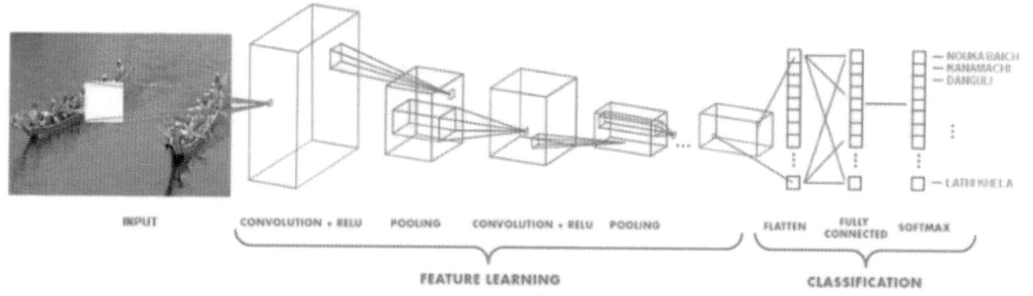

〈그림 5-7〉 CNN 아키텍처

출처: M.S. Islam, et al, 2018.

지능 화가는 똑같은 형태가 패턴을 이루면서 무한으로 반복되는 프랙탈(fractal) 구조를 활용해서 의도적으로 과도하게 처리된 이미지를 생성한다. 다시 말해, 딥 드림 생성기는 기존에 학습한 이미지 패턴을 기반으로 입력된 이미지를 합성곱신경망을 활용하여 이미지를 인식 · 분류 · 저장한 후 해당 이미지의 특징을 추출 및 변환해서 이미지를 재구성한다.[11]

심층 인공 신경망(deep artificial neural networks)에 해당하는 CNN은 시각적 이미지를 클러스터링하고 장면 내의 물체를 인식하는 데 사용되며, 다수의 필터를 이미지의 픽셀 데이터에 적용해서 고차원의 특징을 추출하여 분류기를 학습하는 모델이다.[12] 이 신경망은 패턴의 크기나 위치가 바뀌어도 인식할 수 있는 장점을 지니고 있으며, 추출된 고차원의 특징들은 컨볼루션 레이어(Convolutional layer), 풀링 레이어(Pooling layer), 풀리 커넥티드 레이어(Fully connected layer)로 구성되는 히든 레이어(Hidden layer) 내부에 존재하므로 각 특징에 대한 상세 정보를 확인하기는 어렵다.

딥 드림의 경우 10~30개의 인공 신경 레이어로 구성되었으며, 결과물에 도달할 때까지 데이터를 필터링하고 이미지를 생성한다. 부연하면, 이미지가 CNN에 전달되면, 이 신경망은 1천 가지 유형의 120만 개의 이미지를 포함하는 이미지넷(ImageNet) 데이터 셋의 이미지에 대한 유형적 상이성을 인식하도록 훈련된다. 사용자는 신경망을 구성하는 각각의 레이어가 상이한 수준에서 이미지의 특징을 학

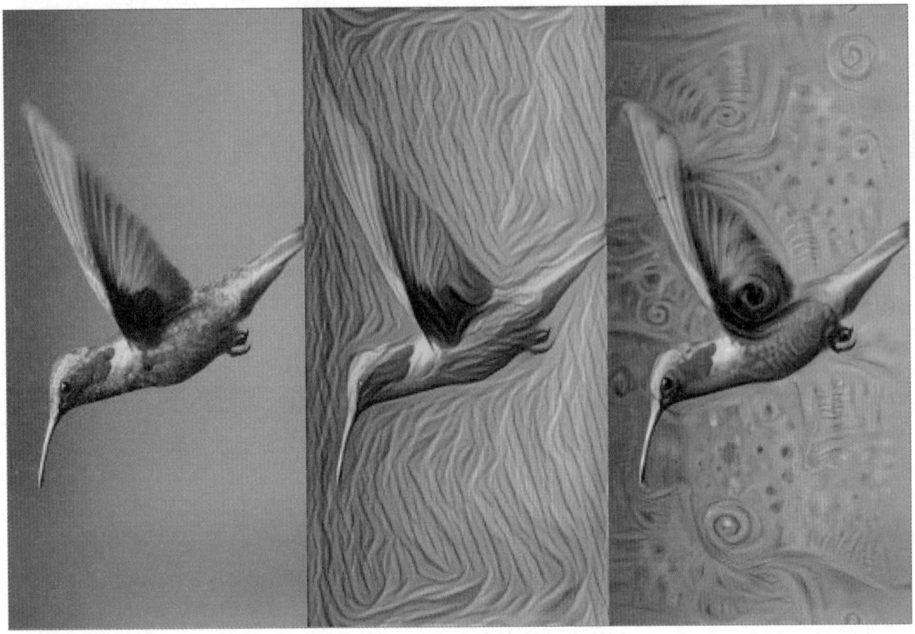

〈그림 5-8〉 딥 드림 생성기가 만든 이미지

출처: https://deepdreamgenerator.com/

습할 때 하나의 레이어를 선택할 수 있으며, 해당 레이어는 입력 이미지에 대한 해석의 결과물로 추상적이며 하이브리드한 형태의 이미지를 생성한다.[13]

위의 그림에서 보는 것과 같이, 서로 다른 인공지능 알고리즘에 대한 탐색을 가능하게 해주는 도구들의 집합인 딥 드림 생성기(Deep Dream Generator) 홈페이지에 접속해서 새의 이미지(왼쪽)를 입력하면, 알고리즘이 생성한 이미지(오른쪽)가 나타난다. 이 알고리즘은 먼저 이미지 속 요소를 개별적으로 구분해서 특정 패턴을 인식한다. 인공지능은 이미 알고 있는 패턴을 적용하여 자신이 아는 인식 결과가 나타나도록 이미지를 조작 및 왜곡하여 새로운 이미지를 생성한다. 그 결과, 단순한 새의 이미지에서 오른쪽 그림과 같이 새 이미지의 빈 공간을 원과 선으로 재해석한 다양한 패턴의 이미지가 만들어진다.

현재 딥 드림 생성기 홈페이지(https://deepdreamgenerator.com/)에서는 인공지능 지원 툴과 협업해서 시각적 콘텐츠 제작을 지원해주는 업로드한 이미지에 다른 이미

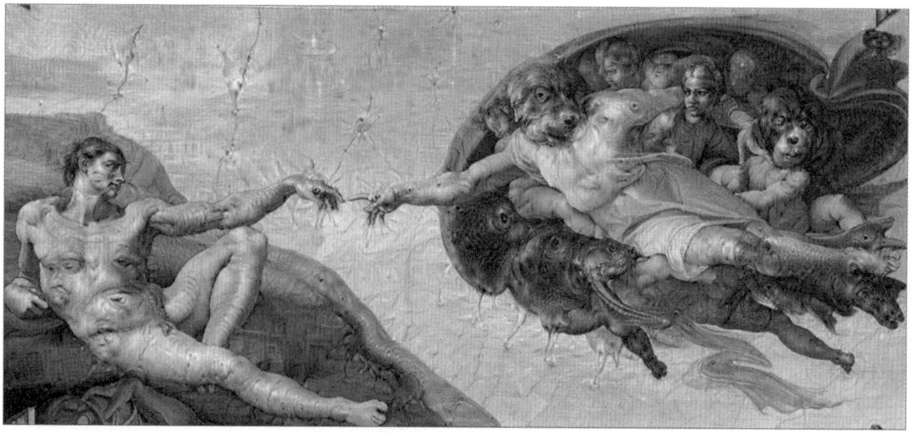

〈그림 5-9〉 미디어 아티스트 카일 맥도날드(Kyle McDonald)가 딥 드림을 이용해서 생성한 창작물

출처: http://www.hopesandfears.com/hopes/culture/is-this-art/215039-deep-dream-google-art

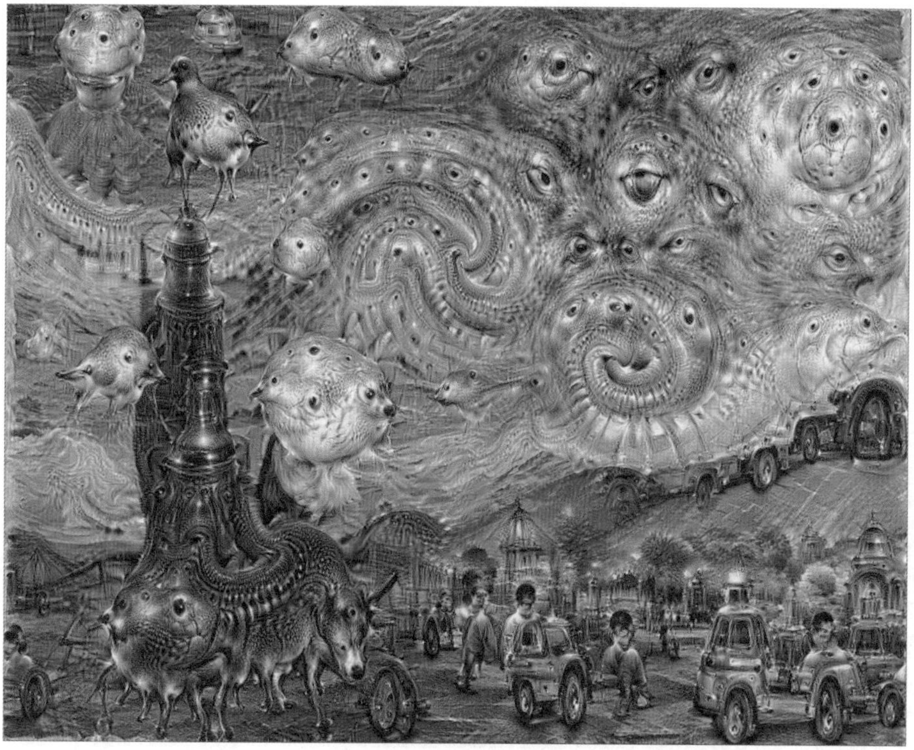

〈그림 5-10〉 빈센트 반 고흐의 〈별이 빛나는 밤에(The Starry night, 1889)〉를 연상시키는 구글 딥 드림이 생성한 예술창작물

출처: https://news.artnet.com/market/google-inceptionism-art-sells-big-439352

지의 질감을 입히는 기능(Deep Style), 딥 스타일의 단순화한 버전으로 작업 시간을 단축시켜주는 기능(Thine Style), 인공지능이 이미지를 조작 및 왜곡해서 새로운 이미지를 만들어내는 기능(Deep Dream) 등 세 가지 지원 도구를 제공하고 있다.

인공지능을 학습시켜 유명 화가의 화풍을 모사하는 시도는 이전에도 있었지만, 기존의 사례와 비교했을 때 딥 드림의 차별성은 기존에 학습된 이미지의 특징을 기반으로 새로운 이미지를 독창적인 방식으로 해석 및 생성했다는 데 있다. 2016년 딥 드림을 생성한 예술창작물은 그레이 에어리어 재단(Gray Area Foundation)과 구글 연구팀이 공동으로 개최한 〈딥 드림: 인공신경망의 예술(The DeepDream: The Art of Neural Networks)〉에 출품되었다. 이 전시는 구글의 VR 디자인 및 UX를 맡고 있는 조슈아 투(Joshua To)가 큐레이팅을 맡았으며,[14] 마이크 타이카(Mike Tyka), 메모 아크텐(Memo Akten), 마리오 클링게만(Mario Klingemann), 조슈 니모이(Josh Nimoy), 제임스 퍼프 로버츠(James Pouff Roberts), 새민 위니거(Samin Winiger), 제시카 브릴하트(Jessica Brillhart), 더그 프리츠(Doug Fritz), 알렉산더 모드빈체프(Alexander Mordvinstsev), 마이클 이시가키(Michael Ishigaki), 로스 굿윈(Ross Goodwin) 등의 작가가 참여했다.[15] 이들 작가의 딥 드림 기반의 예술창작물은 9만 7천 달러(약 1억 1천만 원)에 거래되었다.[16]

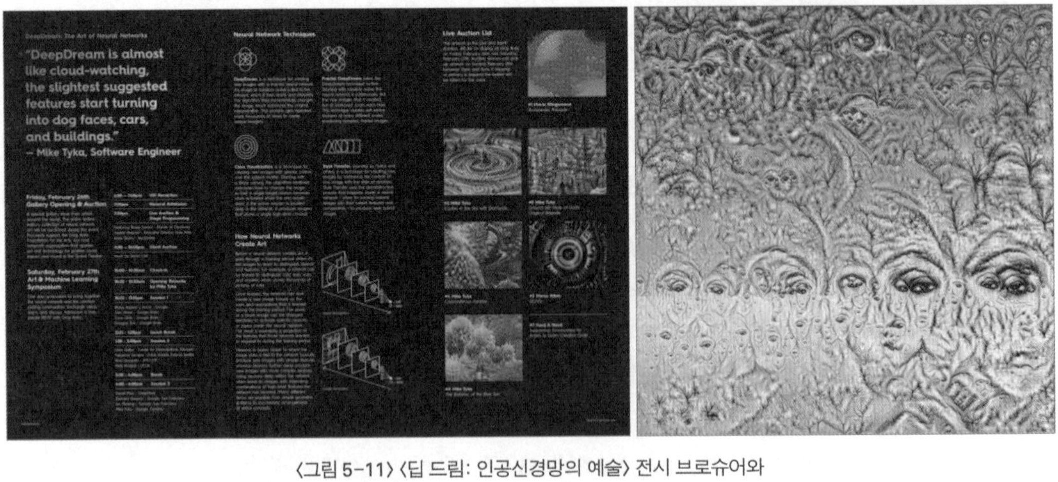

〈그림 5-11〉 〈딥 드림: 인공신경망의 예술〉 전시 브로슈어와
전시에 출품된 마리오 클링게만의 〈지금 당신과의 이별(Parting from you now)〉

출처: https://www.fastcompany.com/3057368/inside-googles-first-deepdream-art-show

4

아론(AAron)

Harold Cohen

오비우스나 딥 드림에 비해 훨씬 앞서 태어난 인공지능 화가로는 영국 출신 추상화가 해럴드 코헨(Harold Cohen)이 개발한 '아론(AARON)'을 들 수 있다. 해럴드 코

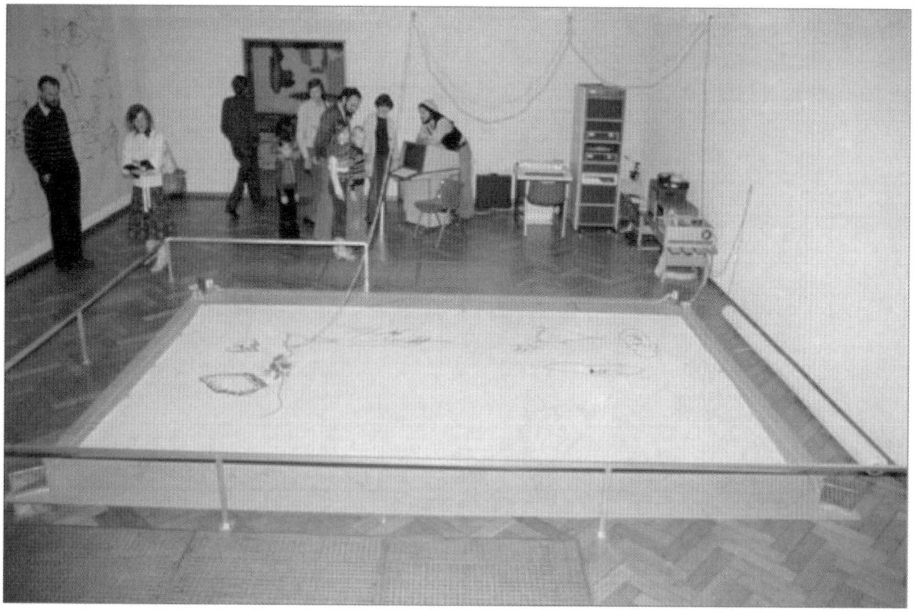

〈그림 5-12〉 1977년 아론의 창작 과정

출처: https://www.studiointernational.com/index.php/delving-into-coding-the-art-of-harold-cohen-aaron-computer-generated

헨은 예술을 자율적으로 제작하기 위해 1973년부터 20년간 컴퓨터 프로그래밍으로 그림을 그리는 로봇 '아론'을 개발해왔으며, '컴퓨터 생성 예술의 개척자'로 인정받고 있다.

해럴드 코헨은 1968년 캘리포니아대학교(University of California, San Diego, UCSD)에 부임하면서 인공지능에 관심을 갖게 되었다. 이어 1973년 스탠퍼드대학교(Stanford University)의 인공지능연구소(Artificial Intelligence Lab)에서 방문교수로 활동하면서 에드워드 파이겐바움(Edward Feigenbaum)과 함께 DEC VAX 750 미니 컴퓨터로 프로그래밍 작업을 진행했다.[17]

아론의 초기 개발 과정은 C 프로그래밍 언어에서 출발했다. 해럴드 코헨이 개발한 1970년대 초기의 아론은 도형과 지면, 닫힌 형태와 열린 형태를 식별하고 그 구조에 대해 간단한 조작을 수행하는 것보다 훨씬 제약적인 작업을 수행할 수 있었으며, 인간처럼 피드백 모드에서 아론이 수행할 수 있는 것은 극히 제한적이었다.[18]

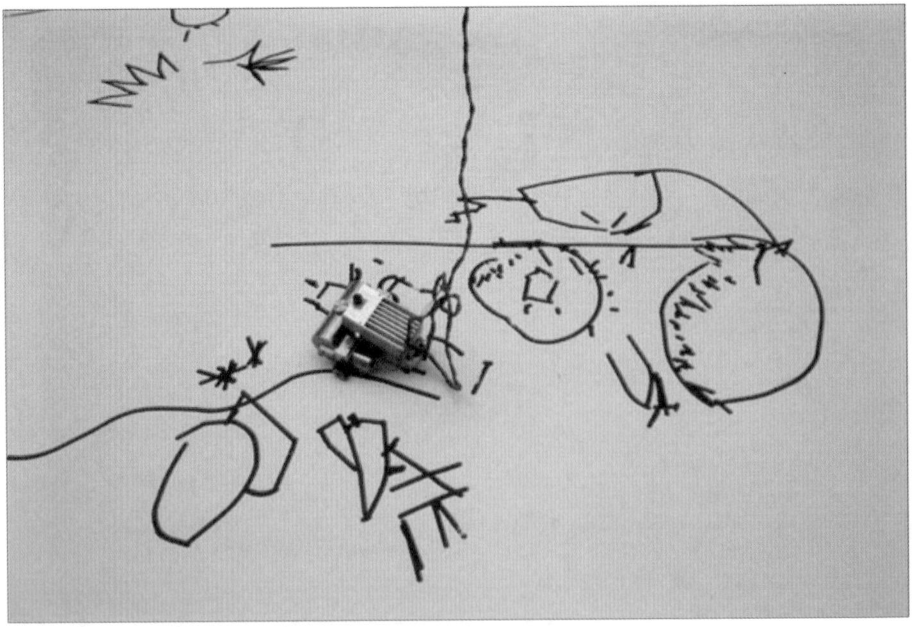

〈그림 5-13〉 아론의 창작물 〈드로잉 머신(1979)〉

출처: https://www.studiointernational.com/index.php/delving-into-coding-the-art-of-harold-cohen-aaron-computer-generated

1972년 로스앤젤레스 카운티미술관(Los Angeles County Museum of Art)에서 열린 〈공간 분할을 위한 세 가지 행동(Three Behavior for the Partitioning of Space, 1972)〉에서 처음으로 컴퓨터 프로그래밍으로 그림을 그리는 기계, 즉 로봇과 예술창작물을 선보였다.[19]

1980년에는 3차원 지식 기반이 포함된 새로운 버전이 개발됨에 따라 비약적인 발전을 거듭했다. 이에 아론은 사물의 형태에 대한 묘사뿐만 아니라 아론 스스로 3D 공간에서 물체나 사람을 배치하고, 작품에 대한 구상 역량을 갖추게 되었다. 또한 이 시기에는 간단한 핵심 도형의 구성과 주변 경로를 추적하는 간단한 전략을 사용해서 복잡한 형태가 생성되었는데, 특히 사람을 그릴 때는 팔다리의 숫자나 인체의 비율, 가능한 움직임 구도 등의 인체 정보를 분석하고 그 규칙을 그림에 적용해서 창조했다.[20] 이는 아론이 외부 세계의 대상에 대한 지식과 이런 지식을 사용해서 그림을 그리는 방법에 대한 지식 모두를 보유하고 있었다는 것을 의미한다.

이후 1990년대부터 색상 기능을 추가하기 위해 리스프 프로그래밍 언어(LISP)[21]를 사용하기 시작하면서 점차 채색이 가능한 로봇으로 발전하게 되었고, 결과적으로 인간의 도움 없이 독자적으로 색상과 형체를 선택해서 그림을 그릴 수 있는 인공지능 프로그램이 탑재되었다. 이 인공지능 프로그램은 단순히 사진을 그대로 복제하는 것이 아니라 사물과 신체 정보 데이터 셋을 기반으로 색과 모양을 판단해서 색채가 강렬한 다른 형태의 작품을 창작한다.

해럴드 코헨이 원했던 것처럼 아론은 픽셀이 아니라 실제 캔버스에 그림을 그렸으며, 해럴드 코헨은 아론에게 직물 염료를 섞는 방법을 가르치고 심지어 상상력을 불어넣었고, 결과적으로 다른 사람의 입력 없이도 작품을 그릴 수 있게 되었다.[22] 이러한 관점에서 아론은 인간의 작업 방식과 매우 유사한 인공지능 화가라 할 수 있다. 이후 아론은 인간이 만든 최고의 작품들과 나란히 샌프란시스코현대미술관이나 테이트 등의 미술관에 전시될 정도의 수준을 갖추었다. 또한 아론은 창작에서 인간의 예술적 창의성과 기계 사이의 상호매개성과 융합성을 보여준 선구적인 사례로, 인공지능 예술에 대한 가능성을 드러냈다는 의의를 지닌다.

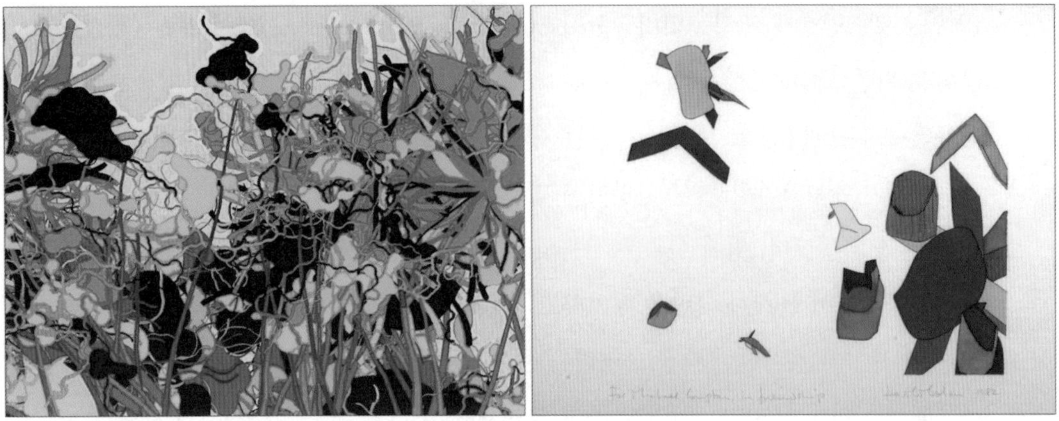

〈그림 5-14〉
아론의 예술창작물 〈040502(2004)〉와 테이트에 소장된 아론의 예술창작물
〈Untitled Computer Drawing(1982)〉

출처: https://newatlas.com/creative-ai-algorithmic-art-painting-fool-aaron/36106/ ; https://www.tate.org.uk/art/artists/harold-cohen-925

5
인공지능 로봇 제미니(A. I. Gemini)

Victor Wong

2020년 홍콩의 디지털 예술가 빅터 웡(Victor Wong)이 3년에 걸쳐 인공지능 로봇 제미니(A. I. Gemini)가 그린 수묵화를 레인 크로퍼드 홍콩(Lane Crawford Hong Kong)에서 전시했는데,[23] 이 작품은 전시 종료 후 약 1,500만 원에 판매되었다. 빅터 웡이 실행한 〈달의 건너편(Far side of the moon)〉 전시 프로젝트의 경우, 작가는 달의 미탐사면에 대한 접촉으로부터 영감을 얻었다.

2019년 중국의 로봇 탐사선 창어 4호(Chang'e-4)는 인류 최초로 달 뒷면에 착륙했다. 창어 4호는 쓰촨성 시창 위성발사대에서 중국의 우주 발사체 '창정 3호 B'에 실려 발사되었으며, 월석과 토양 샘플을 지구로 가져오는 작업이 진행 중이다. 빅터 웡의 〈달의 건너편〉 연작의 경우, 인공지능 로봇 제미니는 달의 풍경을 만들기 위해 중국의 창어 4호 탐사선이 찍은 달의 이미지와 미국 나사(NASA)의 달에 대한 3D 관측 데이터 기반으로 자신만의 고유한 방식으로 이들 데이터를 분석 및 해석했다.[24]

빅터 웡은 중력, 지각 충돌, 조석량 등 지질학적 지형 생성과 관련된 매개변수를 기반으로 알고리즘을 개발했으며, 이 알고리즘은 중국의 전통적인 수묵화처럼 각각의 작품에 대해 '마음(mind)'으로 3차원 풍경을 생성했다.[25] 인공지능 로봇 제미니의 팔은 붓을 잡은 상태에서 잉크와 물 사이를 오가면서 3차원의 가상 지형을 구

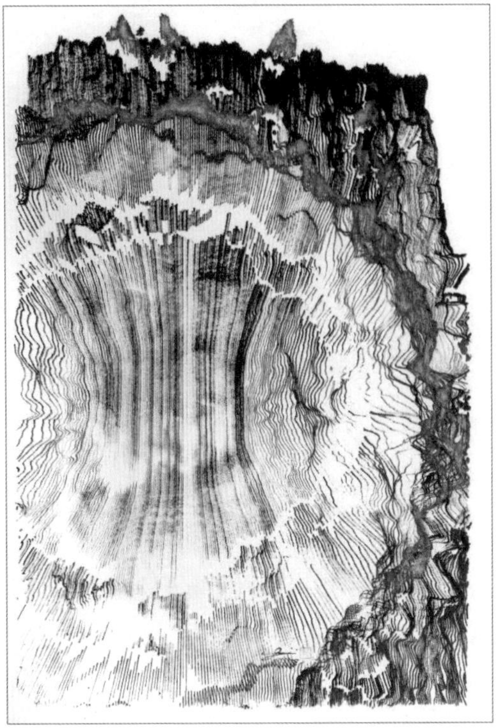

〈그림 5-15〉 빅터 웡과 인공지능 로봇 제미니의 〈달의 건너편〉 전시에 출품된 작품

출처: http://www.3812gallery.com/team/victor-wong

성하며, 알고리즘으로 계산된 안무 같은 동작으로 종이를 가로질러 지형을 깊고 가느다란 선과 음영으로 구현한다.[26] 특히 이 인공지능 로봇은 습도 및 온도 같은 실시간 데이터도 사용하므로 이들 데이터는 풍경의 형태에 영향을 미쳤다.

뇌와 팔 두 부분으로 구성된 이 로봇 형태의 인공지능은 3년 동안 빅터 웡이 개발한 알고리즘을 기반으로 중국의 전통적인 풍경을 그리는 수묵 기법을 학습했다. 이 알고리즘은 무작위적 특성으로 인해 독자적인 미적 결정을 내릴 수 있다. 실제로 빅터 웡은 인공지능이 무엇을 어떠한 방식으로 그릴지에 대해서는 알지 못했는데, 이러한 이유로 그는 이 인공지능 로봇을 컴퓨터 용어인 '블록박스(block box)'에 비유했다.[27]

물리 및 전기공학을 전공한 빅터 웡은 장편영화를 위한 디지털 및 특수효과 제작을 비롯한 국제 디자인 공모전에서 많은 상을 수상했다. 인공지능 로봇 제미니의 경우, 3년 동안 설계와 프로그래밍이 진행되었다. 인공지능에게 붙여진 이름은 점성술 기호에서 '쌍둥이(Gemini)'를 의미하지만, 빅터 웡은 인공지능이 자신을 단순히 복사 또는 모방하는 것이 아니라 스스로 학습하기를 원했다. 다시 말해, 인간은 인공지능으로부터 영감을 받고, 인공지능은 인간에 의해 수정되기를 원했다.

빅터 웡은 지질 지형의 기원을 공식으로 변환시켜 제미니의 '마음(mind)'에 학습시키는 실험을 실행하면서 제미니에게 최고의 사진 각도를 식별하는 기능을 추가하는 실험을 병행했다.[28] 결과적으로 제미니는 이 세상 그 어느 곳에도 존재하지 않는 자신만이 인식할 수 있는 고유한 미술 양식을 갖게 되었다. 수묵화를 창조하는 인공지능 로봇 제미니는 나무껍질과 볏짚으로 만든 전통적인 선지(宣紙) 위에 50시간에 걸쳐 전통적인 기법으로 현대적 풍경을 붓 글씨와 유사한 서예 요소로 표

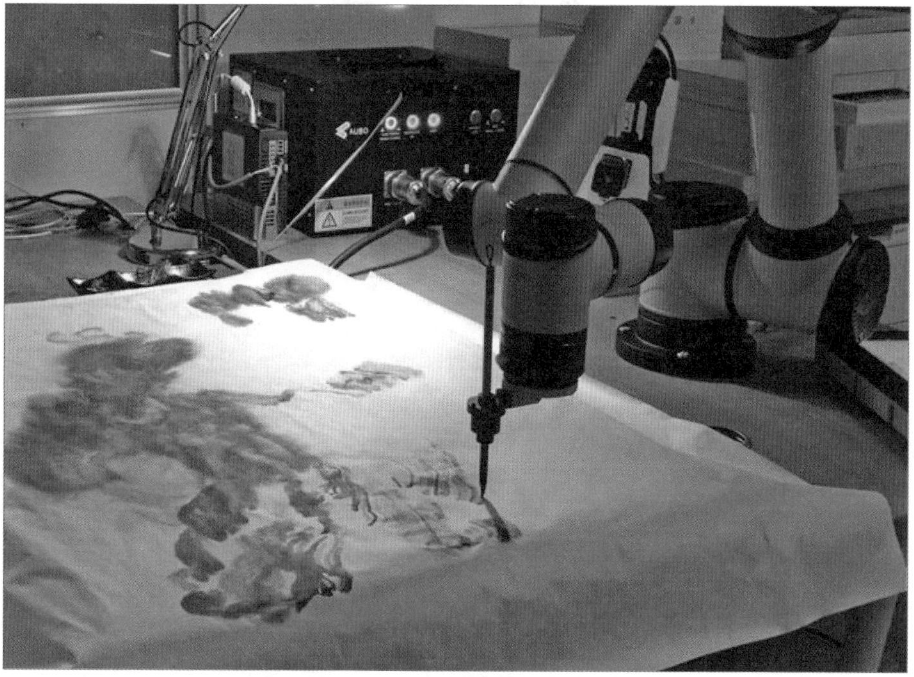

〈그림 5-16〉 수묵화 작업 중인 인공지능 로봇 제미니

출처: https://www.studiointernational.com/index.php/victor-wong-interview-ai-gemini-far-side-of-the-moon

현했는데, 이러한 표현은 붓의 압력과 경사를 통해 구현되었다.

제미니가 생성시킨 다양한 형태의 풍경은 물이 많고 창백한 느낌을 주며, 때로는 짙고 어두운 윤곽으로 묘사된다. 중국의 전통적인 붓과 수묵화에 대한 실험적인 접근이 이루어진 빅터 웡의 〈도피(Escapism)〉 연작의 경우, 현대 세계에 전통적인 동양 미학을 위한 공간을 제공해주었다. 전통적인 수묵화 방식은 현실적 객체에 대한 직접적인 묘사가 아니라 이미지 안에 내재한 정신의 표현이었고, 웅대한 산악 풍경에서 느낄 수 있는 자연의 위엄은 시각을 통해 전달된다. 반면에 제미니의 예술창조물은 복잡한 아이디어를 내면화하는 기술의 능력에 대한 의문을 제기하면서 전통적인 예술 양식을 대체해주었다. 아래의 두 작품을 비교해보면, 첫 번째 작

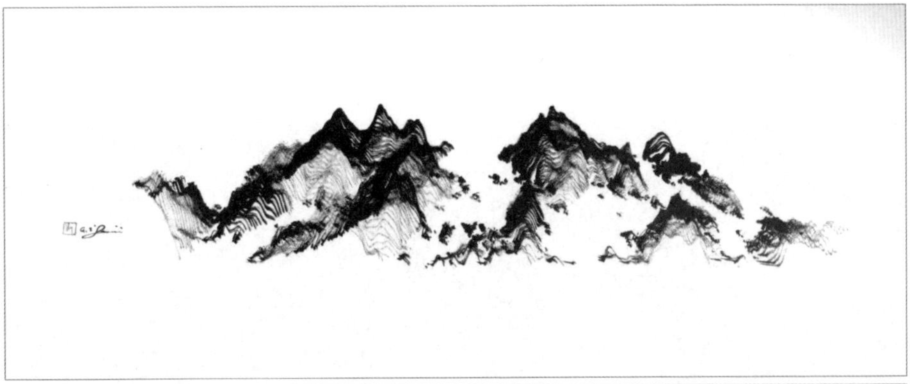

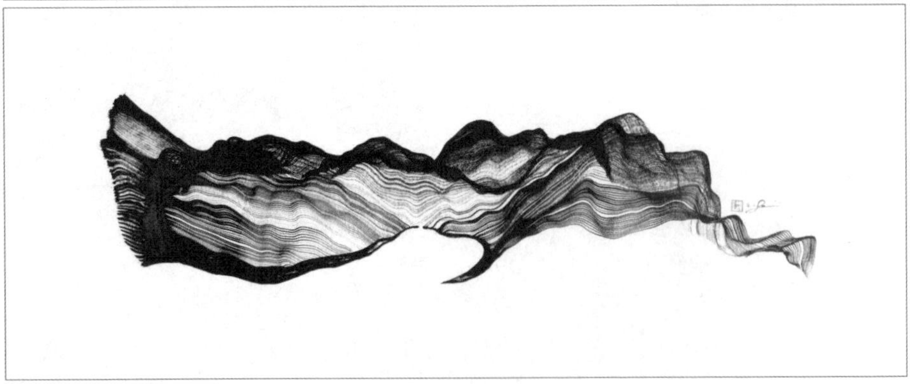

〈그림 5-17〉
제미니가 종이에 작업한 〈도피 0003(Escapism 0003, 2018)〉과 〈도피 0012(Escapism 0012, 2018)〉

출처: https://www.wallpaper.com/art/victor-wong-ai-gemini-making-moments-lane-crawford

품은 전통적 기법과 현대적 느낌이 공존하는 반면, 두 번째 작품은 지형적 데이터가 강조되고 좀 더 역동적인 느낌을 준다. 어떤 관람객은 기계가 아니라 인간에 의해 그려진 작품이라고 착각할 정도로 제미니의 작품은 정교하고 창의적인 특성을 지닌다.

연보라색 아크릴 물감과 금색 물감이 추가되어 작업이 이루어진 〈제미니의 야수파의 꿈 03(The Fauvist Dream of Gemini 03, 2020)〉의 경우, 전통적인 중국 회화의 감성이 발산됨과 동시에 선과 음영에 대한 제미니만의 독특한 현대적인 미술 양식과 구조가 강조되었다. 한편, 역동적인 느낌이 내재한 이 작품은 현대적 표현과 미래의 수묵화에 대한 새로운 가능성 탐구뿐만 아니라 인공지능과 예술의 결합 가능성을 제시해주었다.

제미니에 의해 생성된 인공지능 창작물은 현재 예술 분야뿐만 아니라 다양한 학문 단위에서 논의되고 있는 인공지능이 예술적 상상력이나 미적 판단이 가능한지, 더 나아가 인간의 본질적인 감정이나 창의성을 이해할 수 있는지, 인공지능이 자율적이며 예술가로 인정될 수 있는지, 그리고 이를 수행하는 테크놀로지의 잠재

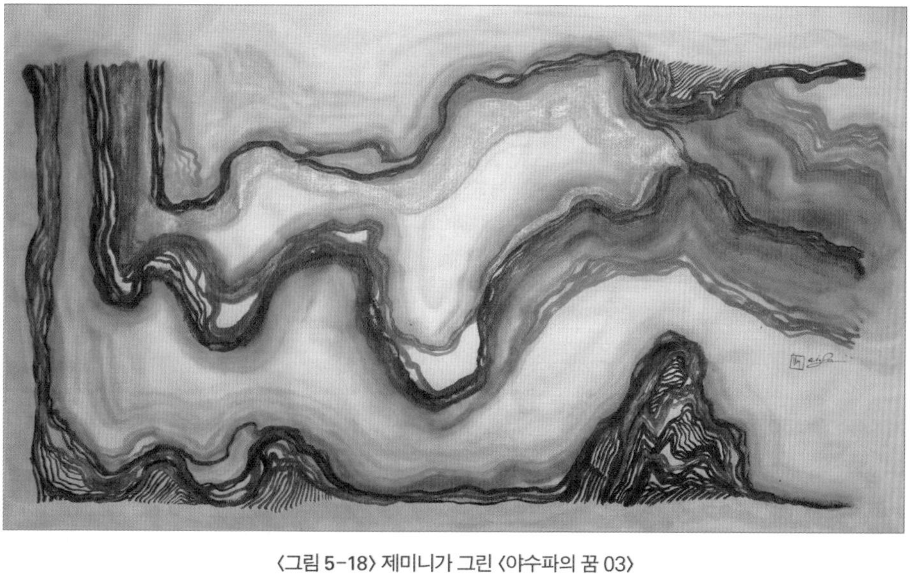

〈그림 5-18〉 제미니가 그린 〈야수파의 꿈 03〉

출처: https://www.wallpaper.com/art/victor-wong-ai-gemini-making-moments-lane-crawford

력에 대해 새로운 시각으로 성찰할 기회를 제공해주었다. 한편으로 인공지능 로봇 제미니는 잉크 기반의 예술 영역에서 새로운 기술인 '테크 잉크'에 대한 정의에도 유의미한 담론을 촉진시키고 있다.[29]

6

CAN & AICAN

Ahmed Elgammal & the Art and Artificial Intelligence Lab

미국 럿거스대학교(Rutgers University)의 예술과 인공지능 랩(the Art and Artificial Intelligence Lab)을 운영하고 있는 컴퓨터공학자 아흐메드 엘가말(Ahmed Elgammal) 교수는 오랫동안 인공지능 예술의 가능성을 실험하는 다수의 연구를 실행해왔다. 이후 엘가말 교수와 연구팀은 최근 각광받고 있는 신경망 가운데 하나인 생성적 적대 신경망(GAN)을 응용하여 화가처럼 그림을 그릴 수 있는 알고리즘인 '창조적 적대 신경망(Creative Adversarial Network, 이하 CAN)'을 개발했다.[30] 생성적 적대 신경망(GAN)은 작품의 유사성 보장에 집중한 반면 창조적 적대 신경망(CAN)은 기존 작품과 차별화되도록 창의성을 생성하는 데 초점이 맞춰져 있다.

2014년 구글 브레인 소속의 이언 굿펠로가 세계적인 머신 러닝 학회 NIPS(Neural Information Processing Systems)에서 최초로 발표한 생성적 적대 신경망(GAN)은 인공지능 분야에서 가장 빠른 속도로 발전해왔다. 이언 굿펠로와 동료 연구자들이 개발한 생성적 적대 신경망(GAN)은 생성기와 판별기가 서로 경쟁하는 방식으로 학습을 진행하는 비지도 학습에 사용된다. 즉, 생성기가 데이터 셋을 기반으로 새로운 이미지를 만들면 판별기가 사람이 만든 이미지와 이 신경망에서 생성기는 실제 데이터와 유사한 데이터를 생성하는 모델인 반면 판별기는 입력된 데이터가 실제 데이터일 확률을 계산해주는 모델이다. 생성기는 판별기가 계산한 확률값을 바

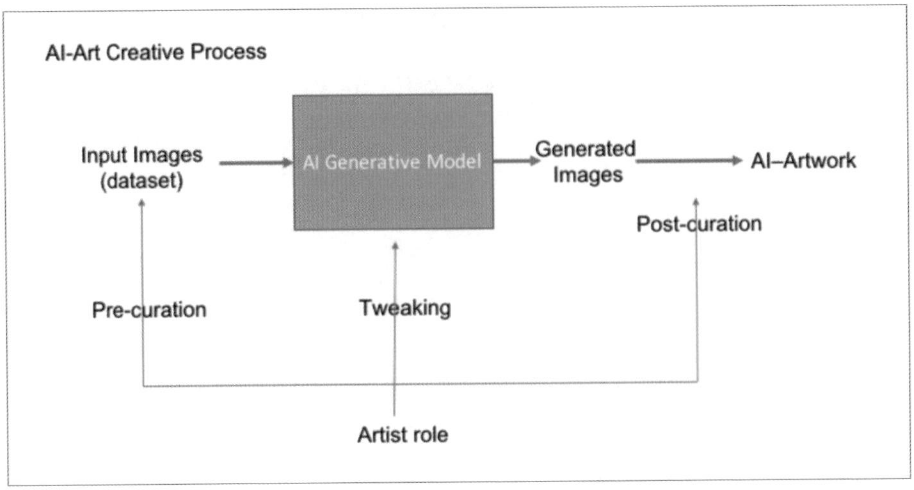

〈그림 5-19〉 엘가말 교수가 제안한 예술 창조에서 인공지능 생성 모델을 사용하는 예술가의 역할

출처: M. Mazzone & A. Elgammal, 2019

탕으로 실제 데이터와 유사한 데이터를 만들도록 학습된다.[31] 하지만 엄밀하게 말하면, 이 신경망을 통해 생성된 이미지는 모방과 유사한 특성이 강할 뿐 창조라고 칭하기에는 한계가 있다.

엘가말 교수와 연구팀은 예술적 창작 과정과 예술이 지각적이며 인지적 관점에서 어떻게 진화하는지를 탐색하는 연구를 목표로 세우고, 이를 위해 콜린 마틴데일(Colin Martindale, 1990)이 제안한 심리학 이론을 바탕으로[32] 예술가들의 양식 등에 대한 영향력을 창조적 적대 신경망(CAN)으로 시뮬레이션했다. 콜린 마틴데일은 "창의적인 예술가들은 습관화에 대항해서 예술의 각성 잠재력을 증가시키기 위해 노력하며, 이러한 잠재력을 증가시키는 수단으로 예술가가 다른 방법을 시도할 때 기존 양식의 붕괴가 발생한다"라고 가정했다.[33]

엘가말 교수의 연구 목표에 대해 좀 더 부연하면, 창조적 적대 신경망(CAN)을 기반으로 한 예술 창작 실험의 목표는 학습한 원본 작품과는 상이하지만 그 차별성이 너무 크지 않은, 그리고 사람들에게 혐오감을 불러일으키지 않을 정도의 새로움과 예술적 가치가 내재해 있고, 특히 미술 양식의 모호성이 극대화된 창작물을 인공지능에 의해 생성시키는 것이었다. 이러한 목표는 대다수 예술가들이 대중이 익

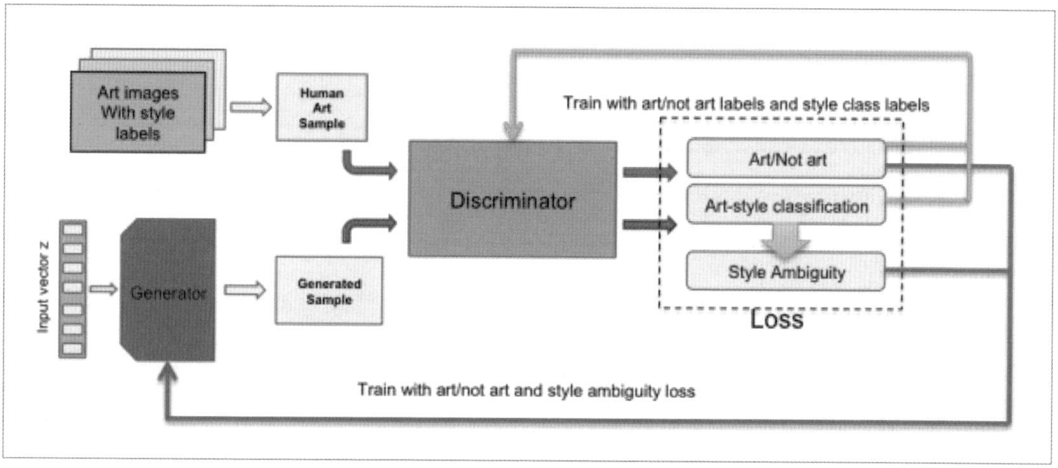

〈그림 5-20〉 창조적 적대 신경망(CAN)의 모델 구성도 및 학습과정

출처: A. Elgammal, B. Liu, M. Elhoseiny & M. Mazzone, 2017

숙한 기존의 형태, 주제, 양식을 거부함으로써 자신들의 작품을 매력적으로 만들려고 노력할 것이라는 가설하에 수립되었다.[34]

엘가말 교수와 연구팀은 인간의 창의성이 돋보이는 미술사조를 선택해서 인공지능의 한계와 예술 창작에서의 적용 가능성을 실험했다. 연구팀은 위키아트(WikiArt)로부터 수집한 이미지 데이터 셋을 사용해서 네트워크를 훈련시켰는데, 이 데이터 셋에는 15세기부터 20세기까지의 화가 1,119명의 작품 8만 1,449점이 포함되었다. 또한 이들 연구팀은 데이터 셋을 기반으로 특별한 장르나 미술 양식을 선택하지 않고 구도, 질감, 형태, 색, 선 등의 요소를 분석 및 훈련시켜 인공지능이 독자적으로 창의성에 대한 기준을 설정하도록 시뮬레이션했다.[35]

2019년 엘가말 교수와 마리안 마조네(Marian Mazzone)는 후속 연구 결과로 〈예술, 창의성, 그리고 인공지능의 잠재력(Art, creativity, and the potential of artificial. intelligence (2019))〉을 발표했다. 이 연구에서는 인공지능이 예술을 어떠한 방식으로 분류하고 그 분류 결과가 미술사 연구자의 분석과 어떤 관련성이 있는지를 탐색하기 위해 심리학자 대니얼 벌린(Daniel E. Berlyne)의 미학 심리와 관련된 진기함(novelty), 경이로움(surprisingness), 복잡성(complexity), 모호성(ambiguity), 당혹스러움(puzzlingness) 등의 특

성에 주목했다.[36] 이에 연구자들은 기존의 미술 양식과 미학을 학습하고 교유하며 혁신적인 이미지를 생성할 수 있는 자율적인 예술가 또는 예술 창작 알고리즘으로 간주될 수 있는 '인공지능 창조적 적대 신경망(the Artificial Intelligence Creative Adversarial Network, 이하 AICAN)'을 개발했다.[37] [38] 이 신경망은 15~20세기에 제작된 8만여 점의 작품 이미지를 미술양식에 따라 분류하고, 화가들과 화풍 그리고 이들 작품의 패턴을 인식하도록 훈련시켰다. 이 과정에서 알고리즘이 다른 작품과 비교해 특이한 데이터 포인트를 발견하는 방식으로 작품의 창의성이 측정되었고, 예술의 범위에 포함되지만 기존의 작품이나 미술 양식과는 다른 창작물이 생성되었다.

AICAN은 콜린 마틴데일(1990)이 제시한 '최소한의 노력에 대한 원칙(least effort principle)'을 고수함으로써 수용 가능한 미적 기준으로부터 지나치게 많이 벗어나지

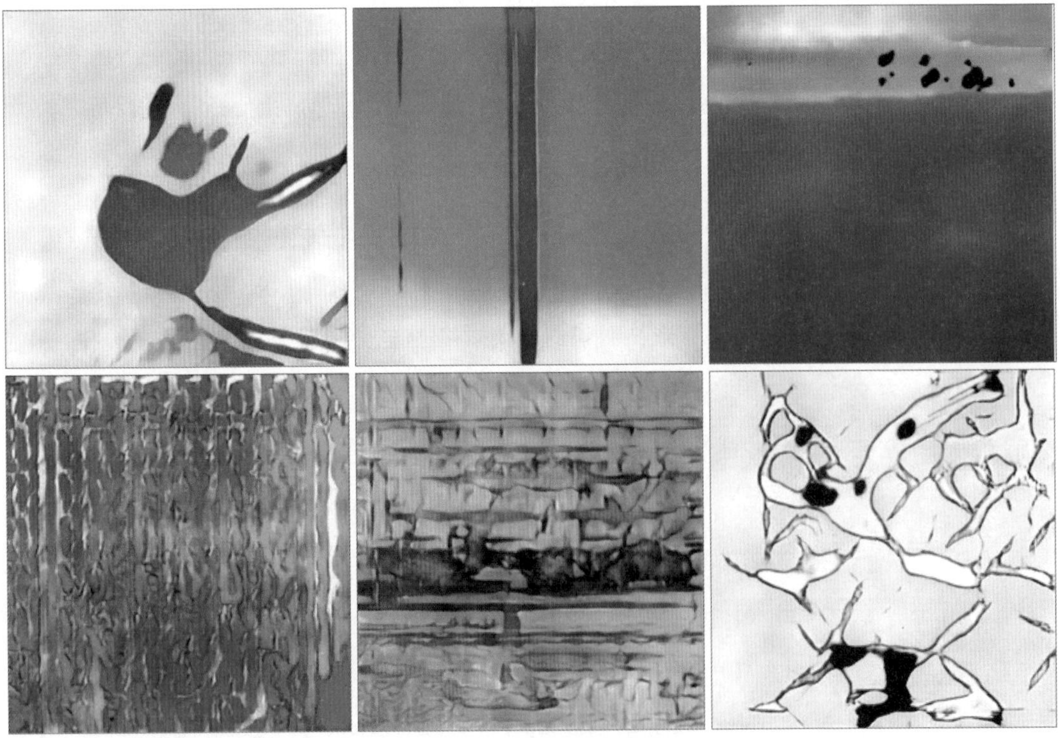

〈그림 5-21〉 AICAN에 의해 생성된 예술창작물

출처: M. Mazzone & A. Elgammal, 2019

는 않는다.[39] 연구팀이 AICAN을 프로그래밍할 때 창조적 적대 신경망(CAN)을 사용했는데, 이 알고리즘은 AICAN이 기존의 예술작품에 내재한 미학을 학습하는 것(예술 분포와의 편차 최소화)을 돕는 한편 창작물을 생성할 때 미술 양식의 모방을 제지한다(미술 양식 모호성의 최대화). 즉, 생성기는 판별기에서 이루어진 작업을 모두 거부함으로써 기존 예술작품에 대한 모방 가능성이 원천적으로 차단되었다. 이러한 관점에서 보면, 생성기와 판별기의 알고리즘 역할은 생성된 예술창작물이 새로움을 갖게 함과 동시에 용인 가능한 미적 기준에 머물게 해준다. 또한 AICAN은 엘가말 교수와 바박 살레가 함께 진행한 〈예술작품 창의성의 계량화(Quantifying Creativity in Art Networks, 2015)〉를 근거로 개별 예술창작물의 창의성을 판단할 수 있으며, 학습을 통해 습득한 예술가와 작품명을 습득했기 때문에 스스로 작품명을 지정할 수 있다.

상술한 바와 같이, AICAN은 기존의 생성적 적대 신경망(GAN)과 달리 특정 화

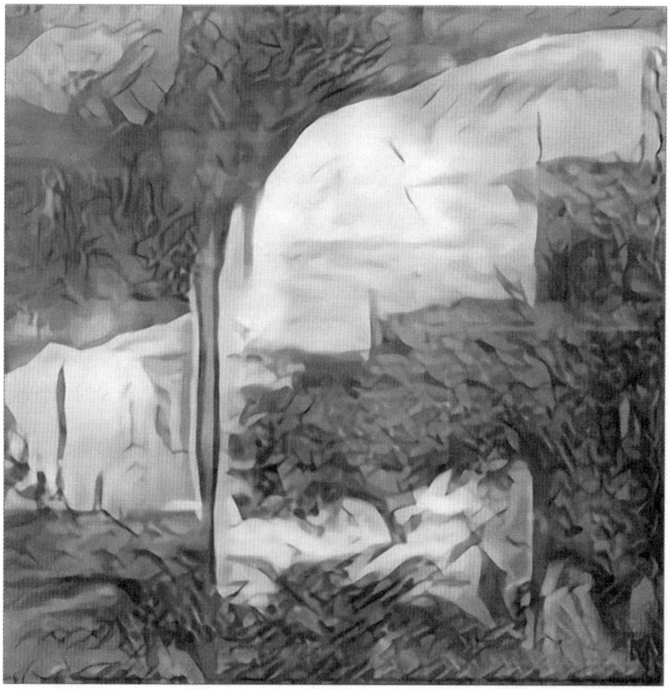

〈그림 5-22〉
AICAN이 생성한 추상적 특성이 내재된 예술창작물과 지정된 작품명 〈비너스의 탄생(The birth of Venus)〉
출처: https://theconversation.com/meet-aican-a-machine-that-operates-as-an-autonomous-artist-104381

가나 작품의 화풍을 넘어 새로운 예술작품을 창조적으로 생성한다는 데 그 차별성이 있으며, 인공지능 기반의 예술창작물이 단순히 기술적 복제에 머물지 않고 의외성이 내재된 새로운 예술창작물의 가능성을 제시한 사례라 할 수 있다. 2017년 미술 관련 온라인 플랫폼 아트시(Artsy)는 AICAN을 "올해의 가장 큰 예술적 업적"으로 호평했으며, 아흐메드 엘가말 교수가 이끄는 예술과 인공지능 랩에 의해 만들어진 예술창작물은 일반에게 소개되어 참석자들로부터 매우 긍정적인 평가를 받았다.

같은 해, 과학적 탐구와 예술적 표현의 융합을 탐색하는 플랫폼 '스테이트 페스티벌(STATE Festival, 2017)'과 '국제 컴퓨터 창의력 콘퍼런스(International Conference on Computational Creativity, 2017)', '마이애미 펄스 아트 페어(Miami PULSE Art Fair)' 등에서 아흐메드 엘가말 교수와 예술과 인공지능 랩의 창조적 적대 신경망(CAN)에 의해

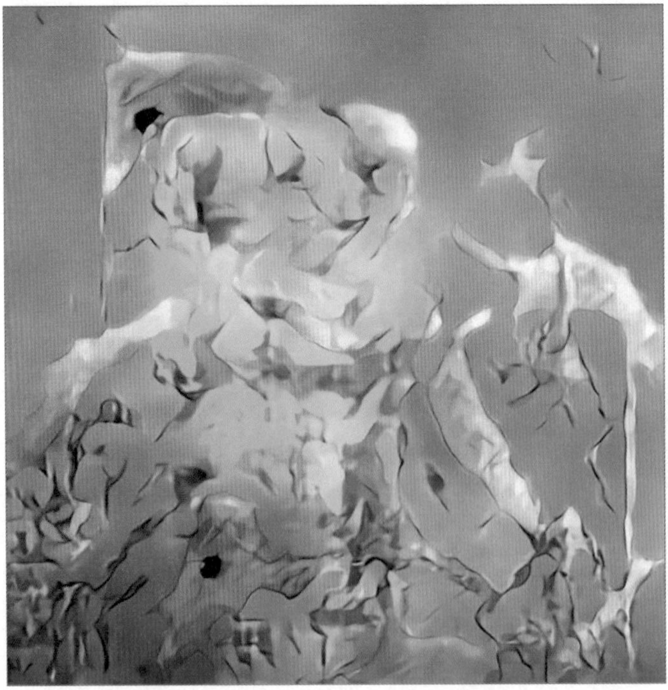

〈그림 5-23〉 마이애미 펄스 아트 페어에 소개된 AICAN에 의한 예술창작물 〈Green Genesis (2018)〉

출처: http://aia-gallery.com/press/?q=YToxOntzOjEyOiJrZXl3b3JkX3R5cGUiO3M6MzoiYWxsIjt9&bmode=view&idx=3902329&t=board

생성된 예술창작물이 소개되었다. 특히 후자의 경우, 기존 화가의 예술작품과 창조적 적대 신경망(CAN)에 의해 생성된 예술창작물을 비교하는 시각 튜링 검사(Visual Turing Test)가 진행되었다. 참여자들은 두 가지 창작물을 구분하지 못했을 뿐만 아니라 미적 경험의 관점에서 기존의 예술작품보다 인공지능 기술에 의해 생성된 예술창작물을 높게 평가했다.

2019년에는 뉴욕의 HG 컨템퍼러리(HG Contemporary) 갤러리에서 AICAN에 의해 생성된 예술창작물로 구성된 〈시간을 초월한 얼굴 없는 초상(Faceless portraits transcending time, 2019. 2. 12~3. 5)〉이라는 제목으로 아흐메드 엘가말 교수의 개인전이 개최되었다.[40] 이 전시에서 아흐메드 엘가말 교수는 특정 인물이나 역사적 맥락이 반영되지 않은, 얼굴이 모호한 추상적이며 초현실주의적인 10점의 초상화를 통해 인간과 인공지능의 공생관계에 대한 가능성을 시각적으로 제시했다.[41]

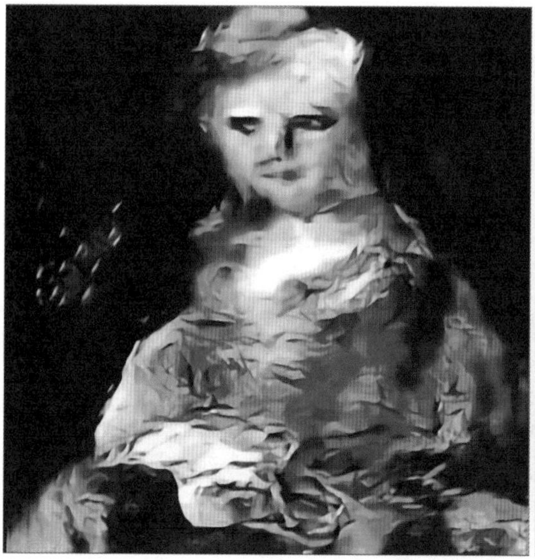

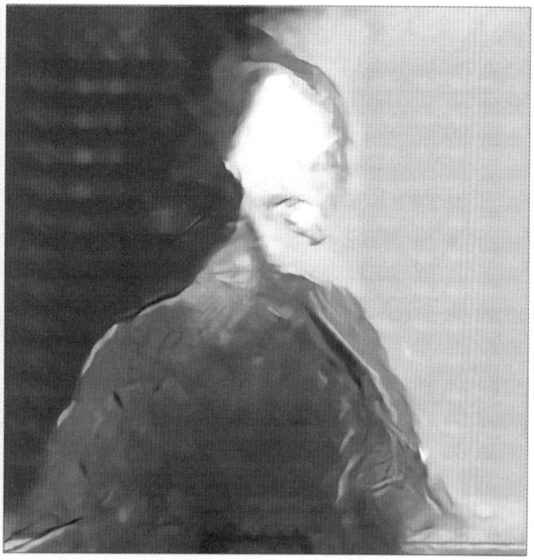

〈그림 5-24〉 〈시간을 초월한 얼굴 없는 초상〉에 출품된 인공지능 기반 예술 창작물
〈Faceless Portrait #3(2019)〉와 〈Faceless Portrait of a Man(2019)〉

출처: https://www.artsy.net/show/hg-contemporary-faceless-portraits-transcending-time

미주

1 Christies (December 12, 2018) Is artificial intelligence set to become art's next medium? https://www.christies.com/features/A-collaboration-between-two-artists-one-human-one-a-machine-9332-1.aspx

2 M. Dean (February 25, 2019) Artist Mario Klingemann on artificial intelligence, technology and our future, https://www.sothebys.com/en/articles/artist-mario-klingemann-on-artificial-intelligence-art-tech-and-our-future

3 N. Rea (March 6, 2019) Sotheby's first auction of an AI artwork fails to incite a Robo-Frenzy, fetching a modest $51,000, https://news.artnet.com/market/artificial-intelligence-sothebys-1481590

4 N. Rea (February 8, 2019) Sotheby's is entering the AI art fray, selling a surreal artwork by one of the movement's pioneers this spring, https://news.artnet.com/art-world/sothebys-artificial-intelligence-1460332

5 Sotheby (February 8, 2019) Artificial Intelligence and the art of Mario Klingemann, https://www.sothebys.com/en/articles/artificial-intelligence-and-the-art-of-mario-klingemann

6 Sotheby (February 8, 2019) Artificial Intelligence and the art of Mario Klingemann, https://www.sothebys.com/en/articles/artificial-intelligence-and-the-art-of-mario-klingemann

7 Albert Barqué-Duran, My Artificial Muse (2017-2020), https://albertbarque.com/myartificialmuse/

8 Deep Dream Generator, https://deepdreamgenerator.com/

9 D. Ardila, et al, 2016, Audio deep dream: Optimizing raw audio with convolutional networks. In Proceedings of the International Society for Music Information Retrieval Conference, pp. 7-11.

10 Alexander Mordvintsev, et al. (July 1, 2015) DeepDream - a code example for visualizing neural networks, https://ai.googleblog.com/2015/07/deepdream-code-example-for-visualizing.html

11 M. Margolin (August 30, 2016) How google deep dream generates those trippy images: It's a digital cross between Van Gogh and Dali, https://www.vice.com/en_us/article/53dwg3/heres-how-google-deep-dream-generates-those-trippy-images

12 M.S. Islam, et al, 2018, InceptB: a CNN based classification approach for recognizing traditional bengali games. Procedia computer science, 143, pp. 595-602.

13 J. Verma (January 4, 2017) Deep Dream: Inceptionistic art from neural networks, https://hub.packtpub.com/deep-dream-inceptionistic-art-neural-networks/

14 K. Campbell-Dollaghan (Mach 3, 2016) Inside Google's first Deep Dream art show, https://www.fastcompany.com/3057368/inside-googles-first-deepdream-art-show

15 Gray Area, Deep Dream: The art of neural networks, https://grayarea.org/event/deepdream-the-art-of-neural-networks/

16 S. Cascone (March 2, 2016) Google's inceptionism art sells big at San Francisco auction, https://news.artnet.com/market/google-inceptionism-art-sells-big-439352

17 Computers (February 16, 2015) Creative AI: The robots that would be painters, https://newatlas.com/creative-ai-algorithmic-art-painting-fool-aaron/36106/

18 H. Cohen, 1995, The further exploits of AARON, painter. Stanford Humanities Review, 4(2), pp. 141-158.

19 W. Grimes (May 6, 2016) Harold Cohen, a pioneer of computer-generated art, dies at 87, https://www.nytimes.com/2016/05/07/arts/design/harold-cohen-a-pioneer-of-computer-generated-art-dies-at-87.html

20 H. Cohen, 1995, The further exploits of AARON, painter. Stanford Humanities Review, 4(2), pp. 141-158.

21 '리스프' 혹은 '리습'은 프로그래밍 언어 계열로, 오랜 역사와 독특하게 괄호를 사용하는 문법으로 유명하다. 1958년 초안이 작성된 이 언어는 현재 널리 사용되는 포트란에 이어 두 번째로 오래된 고급 프로그래밍 언어다.

22 Computers (February 16, 2015) Creative AI: The robots that would be painters, https://newatlas.com/creative-ai-algorithmic-art-painting-fool-aaron/36106/

23 C. Shaw (May 19, 2020) Victor Wong and his AI robot generate visionary Chinese ink painting, https://www.wallpaper.com/art/victor-wong-ai-gemini-making-moments-lane-crawford

24 Reuters (April 17, 2019) AI robot paints its own moonscapes in traditional Chinese style, https://www.deccanchronicle.com/technology/in-other-news/170419/ai-robot-paints-its-own-moonscapes-in-traditional-chinese-style.html

25 S. Dent (June 8, 2020) AI uses traditional Chinese techniques to create mindscapes, https://www.engadget.com/victor-wong-ai-xieyi-calligraphic-painting-the-big-picture-140017878.html

26 C. Jenkins, 2020, Victor Wong's Far Side of the Moon Showcases Chinese ink art by artificial intelligence, https://www.artsandcollections.com/victor-wongs-far-side-of-the-moon-showcases-chinese-ink-art-by-artificial-intelligence/

27 E. Spicer (May 15, 2019) Victor Wong interview: The human is inspired by the machine and the machine is modified by the human, https://www.studiointernational.com/index.php/victor-wong-interview-ai-gemini-far-side-of-the-moon

28 C. Shaw (May 19, 2020) Victor Wong and his AI robot generate visionary Chinese ink paintings, https://www.wallpaper.com/art/victor-wong-ai-gemini-making-moments-lane-crawford

29 C. Jenkins, 2020, Victor Wong's Far Side of the Moon Showcases Chinese ink art by artificial intelligence, https://www.artsandcollections.com/victor-wongs-far-side-of-the-moon-showcases-chinese-ink-art-by-artificial-intelligence/

30 A. Elgammal, et al., 2017, Can: Creative adversarial networks, generating" art" by learning about styles and deviating from style norms, https://arxiv.org/pdf/1706.07068.pdf

31 Christies (December 12, 2018) Is artificial intelligence set to become art's next medium? https://www.christies.com/features/A-collaboration-between-two-artists-one-human-one-a-machine-9332-1.aspx

32 C. Martindale (1990). The clockwork muse: The predictability of artistic change. NY: Basic Books.

33 A. Elgammal, et al., 2017, Can: Creative adversarial networks, generating" art" by learning about styles and deviating from style norms, https://arxiv.org/pdf/1706.07068.pdf

34 A. Elgammal (October 17, 2018) Meet AICAN, a machine that operates as an autonomous artist, https://theconversation.com/meet-aican-a-machine-that-operates-as-an-autonomous-artist-104381

35 M. Mazzone & A. Elgammal, 2019, Art, creativity, and the potential of artificial intelligence. Arts 8(1), pp.26-

36 D. E. Berlyne (1973) Aesthetics and psychobiology, NY: Appleton-Century-Crofts of Meredith Corporation.

37 A. Elgammal (October 17, 2018) Meet AICAN, a machine that operates as an autonomous artist, https://theconversation.com/meet-aican-a-machine-that-operates-as-an-autonomous-artist-104381

38 M. Mazzone & A. Elgammal, 2019, Art, creativity, and the potential of artificial intelligence. Arts 8(1), pp.26-

39 A. Elgammal (October 17, 2018) Meet AICAN, a machine that operates as an autonomous artist, https://theconversation.com/meet-aican-a-machine-that-operates-as-an-autonomous-artist-104381

40 HG Contemporary, Faceless portraits transcending time, https://www.artsy.net/show/hg-contemporary-faceless-portraits-transcending-time

41 L. Clarke (March 8, 2019) Culture crossover: Faceless portraits transcending time, https://www.computerworld.com/article/3558408/culture-crossover-faceless-portraits-transcending-time.html

6부

디지털 이미징 기술과 예술작품의 보존 및 복원

1. 최후의 만찬(Last supper)의 복원 및 모나리자(Monalisa)에 대한 이미징 분석
2. 〈세상의 구원자〉 분석 Christie's × the Conservation Center at New York University
3. 〈여주인과 하녀(Mistress and Maid)〉와 〈꽃병(A vase of flowers)〉에 대한 이미징 분석 Metropolitan Museum of Art
4. 〈푸른 옷을 입은 소년(The Blue Boy)〉에 대한 이미징 분석 The Huntington Library, Art Collections, and Botanical Gardens
5. 〈야경(The Night Watch)〉에 대한 이미징 분석 Rijksmuseum
6. 〈겐트 제단화(Ghent Altarpiece)〉에 대한 이미징 분석 및 인공지능 기반의 이미지 분리 Koninklijk Instituut voor het Kunstpatrimonium - Institut Royal du Patrimoine Artistique
7. 인공지능 기반의 예술작품 분석 Ahmed Elgammal & the Art and Artificial Intelligence Lab

1

최후의 만찬(Last supper)의 복원 및 모나리자(Monalisa)에 대한 이미징 분석

2020년 6월, 17세기의 대표적인 스페인 화가 바르톨로메 에스테반 무리요(Bartolomé Esteban Murillo)의 〈성모잉태화(The Immaculate Conception, 1665~1675)〉가 복원 과정 중 훼손되는 참사가 발생했다. 이 작품은 성모 마리아가 성령으로 예수를

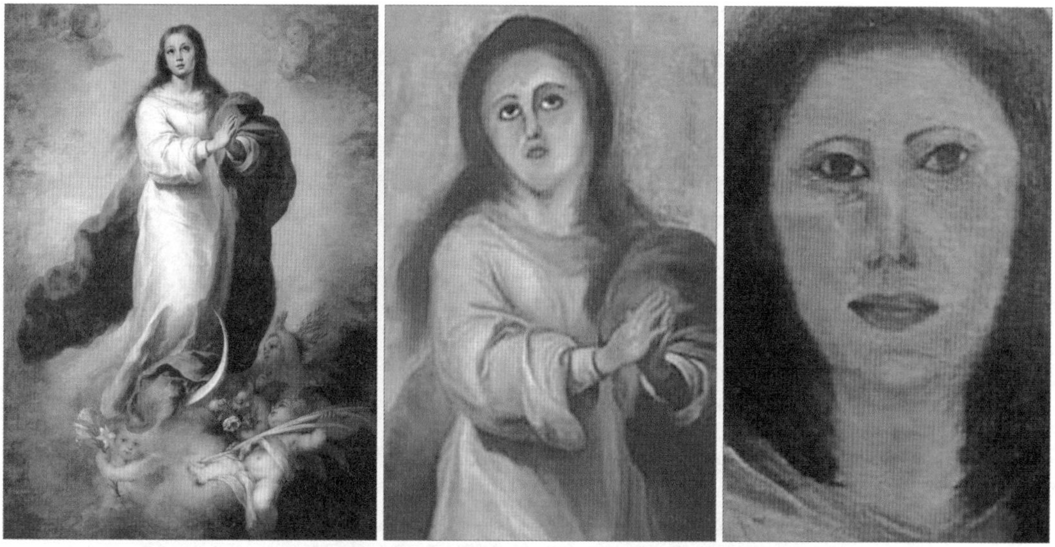

〈그림 6-1〉
바르톨로메 에스테반 무리요의 〈성모잉태화〉 원본과 1차 및 2차 복원을 통해 훼손된 성모 마리아의 얼굴 비교

출처: https://www.livescience.com/murillo-painting-ruined-restoration.html ; https://www.artlyst.com/news/murillo-virgin-mary-painting-destroyed-amateur-restoration/

잉태하는 모습을 그린 아름다운 작품이다. 스페인 남동부 발렌시아의 한 미술품 수집가는 1,200유로(한화 169만 원)를 지불하고 회화 복원 비전문가에게 〈성모잉태화〉의 세척 작업을 맡겼다.[1] 이 복원가는 두 차례에 걸쳐 복원을 시도했지만, 복원하면 할수록 성모 마리아의 얼굴이 심하게 훼손되었다.[2] 스페인 복원 · 보존전문가협회(Associación Professional de Conservadores Restauradores de España, 이하 ACRE)는 성명을 통해 법적 조치가 부족한 현실을 규탄하며, 최근 사건은 문화재 파괴와 관련된 '반달리즘(vandalism)' 행위라고 천명했다.

2018년에는 스페인 에스텔라(Estella)시의 산미구엘(San Miguel) 성당에 소장된 16세기에 제작된 성 조지(St. George) 조각상의 복원을 미술 공예 교사에게 맡겼다가 알록달록한 색으로 복원되어 미술계가 충격에 빠진 적도 있었다.[3] 사실 비전문가에 의한 희대의 작품 훼손 사건은 종종 발생하고 있다. 2012년 스페인 사라고사주 캄포 데 보르하(Campo de Borja) 지방의 중심지인 보르하(Borja) 마을에 소재한 미제리코르디아 성지(Santuario de Misericordia) 성당에는 19세기 화가 엘리아스 가르시아 마르

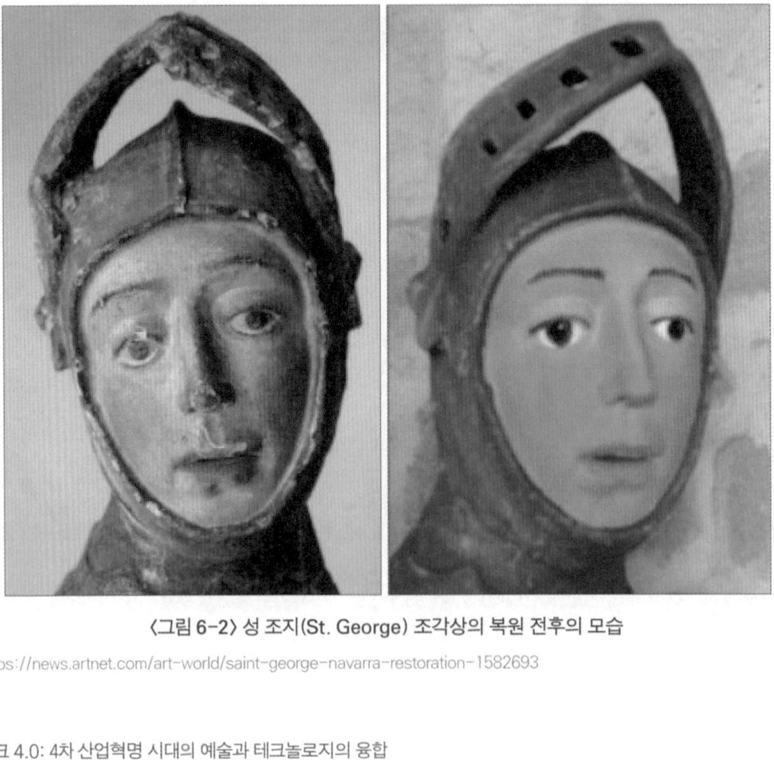

〈그림 6-2〉 성 조지(St. George) 조각상의 복원 전후의 모습

출처: https://news.artnet.com/art-world/saint-george-navarra-restoration-1582693

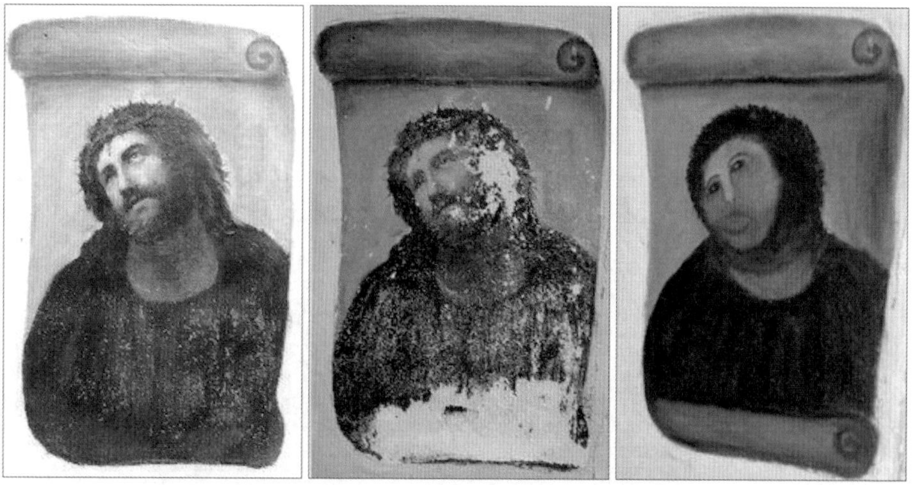

〈그림 6-3〉 원작, 손상된 작품, 복원된 작품

출처: https://world.time.com/2012/09/06/the-ecce-homo-dilemma-spain-puzzles-over-an-art-disaster-gone-viral/

티네스(Elías García Martínez)의 프레스코 작품 〈에케 호모(Ecce Homo, 1930)〉가 소장되어 있었다.

이 작품은 시간의 흐름에 따라 발생한 자연 현상으로 인해 상당히 손상되어 있었는데, 80대 할머니 세실리아 지메네스(Cecilia Giménez)가 이 작품의 복원을 맡았다. 이 성당의 신도였던 세실리아 지메네스는 복원전문가가 아니라 취미로 그림을 그리는 사람이었는데, 결과적으로 100년의 역사를 지닌 예수의 모습은 원숭이 얼굴 같은 형상으로 훼손되었다.[4]

상술한 사례뿐만 아니라 복원전문가가 작품에 직접적으로 치명적인 손상을 입히기도 한다. 예를 들어, 밀라노의 산타마리아 델레 그라치에 수녀원(Santa Maria delle Grazie)에 소장된 레오나르도 다빈치의 〈최후의 만찬(the Last Supper, 1495~1498)〉의 경우, 현재까지 수세기 동안 보존 및 복원 프로젝트가 진행되고 있는 대표적인 작품이다.

밀라노의 루도비코 마리아 스포르차(Ludovico Maria Sforza) 공작의 의뢰로 1494~1498년에 제작된 이 벽화는 레오나르도 다빈치가 실험적으로 수녀원 식당의 습한 벽에 그렸기 때문에 작품의 완성과 함께 1500년대부터 보수가 필요했다.

이러한 복원 작업은 자연적인 부분으로 풍화 및 탈색에 기인했지만, 사실 레오나르도 다빈치가 전통적인 프레스코 기법을 사용하지 않는 대신 미묘한 효과를 얻기 위

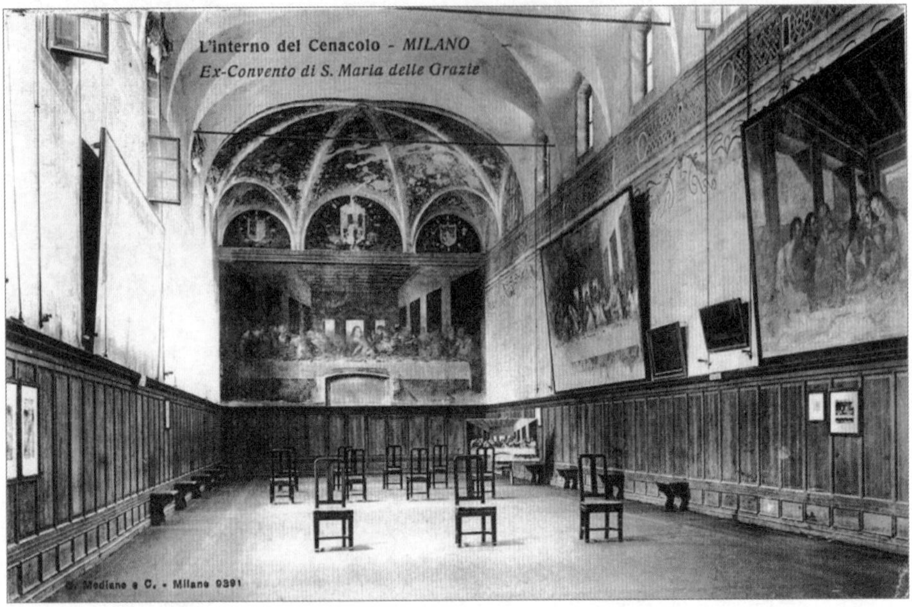

〈그림 6-4〉 제2차 세계대전 당시의 〈최후의 만찬〉

출처: https://www.inexhibit.com/mymuseum/last-supper-leonardo-da-vinci-santa-maria-delle-grazie-milan/

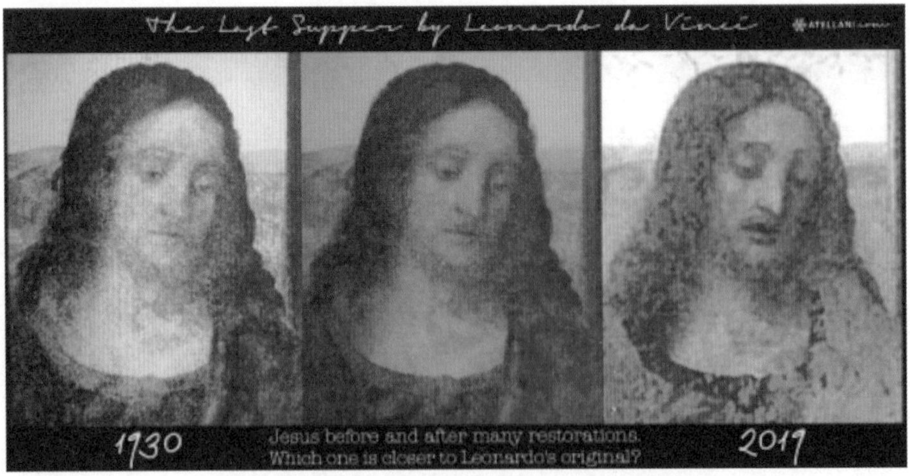

〈그림 6-5〉 1930~2019년 동안 복원으로 변화된 예수의 모습

출처: https://me.me/i/vhe-layf-dupper-ky-lenurda-da-vnci-atellaniconu-2047-jesus-020055469009499388e26ffd37fb959c

해 이중으로 밑칠[5]을 해서 안료를 벽에 부착시켰기 때문이다.

1517년 돈 안토니오 데 비아티스(Don Antonio de Beatis)는 최초로 〈최후의 만찬〉의 손상에 대해 조사했으며, 미술사가이자 레오나르도 다빈치의 전기를 썼던 조르조 바사리(Giorgio Vasari)도 벽화에서 얼룩을 발견했다.[6] 이후 1726년 미켈란젤로 벨로티(Michelangelo Bellotti)는 부식을 일으키는 용액으로 벽화를 닦아낸 후 오일과 바니스로 표면을 덮어버렸다.

1770년 주세페 마사(Giuseppe Mazza)는 전임 복원전문가의 흔적을 모두 지우고 오일을 사용해서 덧칠을 했으며, 1821년 스테파노 바레치(Stefano Barezzi)는 전체 그림을 벽에서 제거하여 캔버스로 옮기려고 시도하면서 작품에 영구적인 훼손을 초

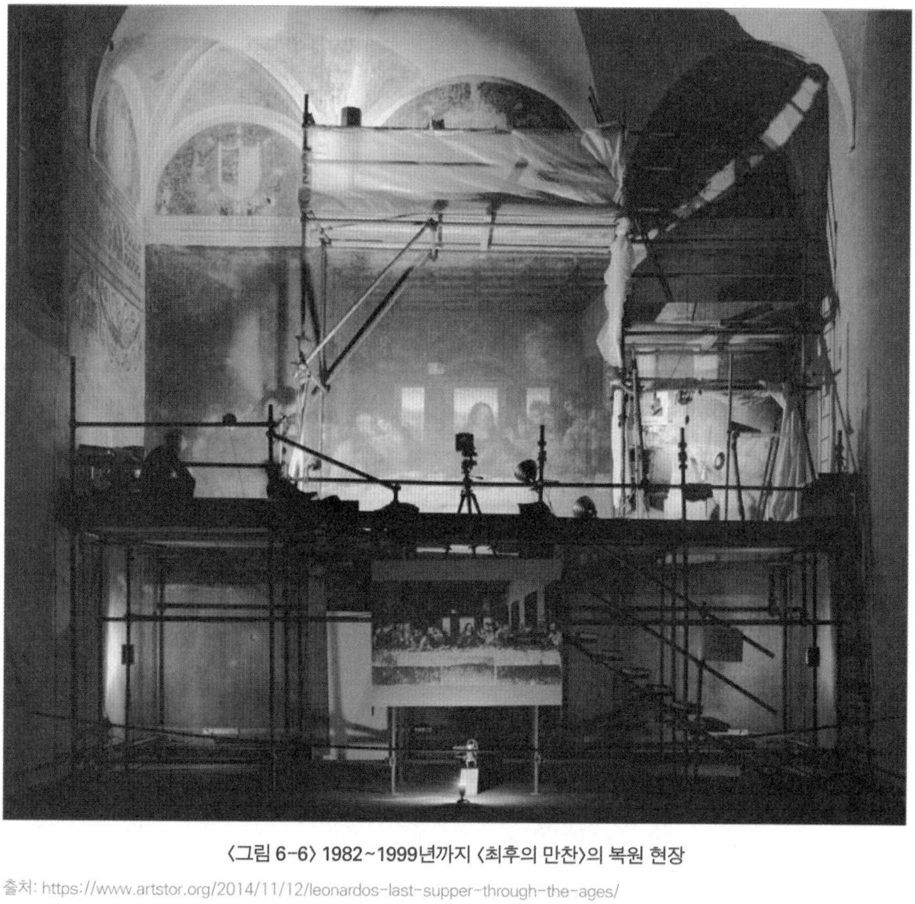

〈그림 6-6〉 1982~1999년까지 〈최후의 만찬〉의 복원 현장

출처: https://www.artstor.org/2014/11/12/leonardos-last-supper-through-the-ages/

래했다.[7] 1978~1999년 동안 피닌 브람빌라 바르실론(Pinin Brambilla Barcilon)이 주도한 복원 작업은 '아트 워치(art watch)'라고 불리는 시민단체로부터 예술작품의 원형을 파괴했다는 공격을 받았다.

복원전문가로서 〈최후의 만찬〉에 대해 실질적인 복원 작업을 수행한 것은 뤼기 카베나기(Luigi Cavenaghi)였다. 그는 1903년 확대된 작품 사진을 참조해서 벽화를 조사했으며, 1906~1908년 작품 표면을 닦아내고 누락된 부분을 덧칠했으며, 이물질과 접착제를 제거함으로써 최대한 원형을 유지했다. 1947년 복원전문가 마우로 펠리치올리(Mauro Pellicioli)는 작품을 전반적으로 원래의 상태와 유사하게 되돌리는 작업을 몇 년에 걸쳐 진행했는데, 무색의 셀락 수지(shellac resin)를 사용해서 벗겨진 안료를 벽에 붙였으며, 안료가 박락된 부분에만 복원 작업을 수행했다. 2017년 영국의 아트 와치 연구소(Art Watch UK) 소장 마이클 데일리(Michael Daley)는 붉은 소매의 형태가 재구성되었다는 점을 지적했으며,[8] 〈최후의 만찬〉은 현재까지 복원전문가의 무관심이 만들어낸 비극적인 사례로 평가되고 있다.

예술작품이나 문화재의 분석, 보존 및 복원 작업은 전통적으로 상당한 시간이

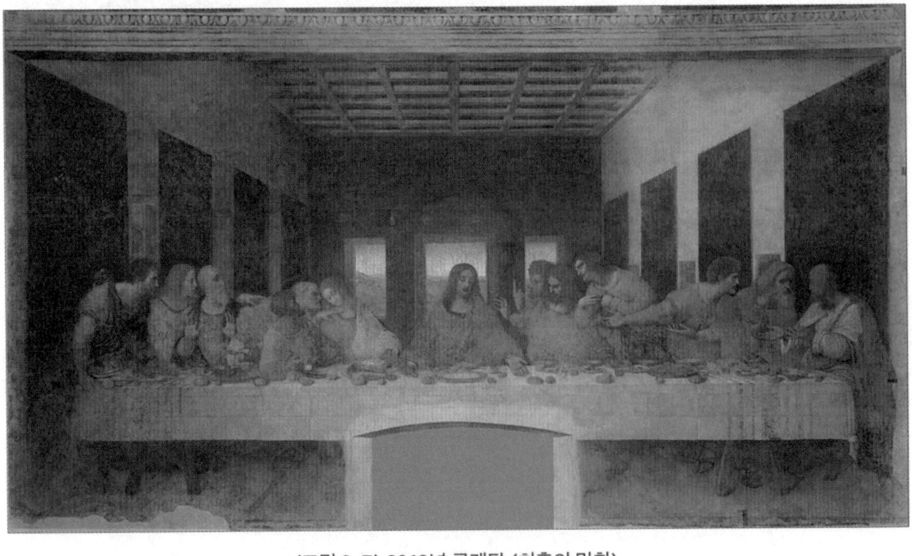

〈그림 6-7〉 2019년 공개된 〈최후의 만찬〉

출처: https://eandt.theiet.org/content/articles/2019/05/art-restoration-and-conservation-restoring-former-glories/

요구되는 매우 복잡하고 정교한 작업이며, 전통적으로 전문가의 식견 및 실무 경험을 기반으로 한 전문성에 대한 의존도가 높았다. 1950년대까지 목재 패널에 그려진 회화작품은 '크래들링(cradling)'[9]이라는 기술로 보존이 이루어졌는데, 이 방법은 직사각형 또는 T자 형태로 된 단단한 나무판의 영구 그리드(gird)를 작품 뒷면에 부착해서 작품 표면과 형태를 유지하고 뒤틀린 패널이나 구조를 바로잡기 위해 사용되었다.[10]

X-선 기술은 문화유산과 예술작품에 대한 보존 영역에서 지난 100년 이상 가장 보편적인 기술로 사용되고 있다. 최근에도 X-선 기술을 통해 피카소(Pablo Picasso)의 〈웅크린 거지(La Miséreuse Accroupie, 1902)〉의 숨겨진 그림이 발견되었다.[11] 미국 노스웨스턴대학교(Northwestern University)의 예술과학연구센터(Center for Scientific Studies in Art)와 온타리오미술관(Art Gallery of Ontario, 이하 AGO)이 피카소의 〈웅크린 거지〉를 X-선으로 분석한 결과, 여인의 굽은 등 아래에는 스페인 바르셀로나의 푸른 언덕이 그려져 있었고,[12] '웅크린 거지'의 오른팔과 손을 그렸다가 완성 단계에서 이를 덮었다는 사실이 드러났다.[13] 온타리오미술관(AGO)은 피카소의 〈수프(La Soupe, 1902~1903)〉도 동일한 방식으로 분석한 결과, 여자와 아이 사이의 세 번째 인물을 발견했다.

고고학적 유물의 경우에는 정확한 제작연도를 밝히기 위해 탄소연대측정법(Radio carbon dating)[14]이 사용되어왔다. 또한 한 걸음 더 나아가 체계적인 과학적 분석을 위해 회화작품에서 추출된 안료 시료에 대한 화학적 분석, X-방사선 분석, 분광학적 스펙트럼 분석[15]이나 초분광 이미징(hyperspectral imaging) 분석,[16] 수학적 알고리즘이나 시뮬레이션, 이미지 프로세싱, 고분해능 질량분석기(High Resolution Mass Spectrometer, 이하 HRMS)[17] 등과 같은 현대적인 첨단 테크놀로지와 장비가 박물관 및 미술관, 보존처리실이나 문화유산 관련 연구기관에서 사용되고 있다.[18]

상술한 첨단 테크놀로지의 발전 덕분에 회화작품의 안료나 물감을 물리적으로 제거하지 않고 비파괴적(non-destructive) 또는 비침습적(non-invasive) 방법으로 분석하거나, 어떠한 방식으로 보수가 이루어졌는지를 규명하는 것이 가능하다. 예를 들

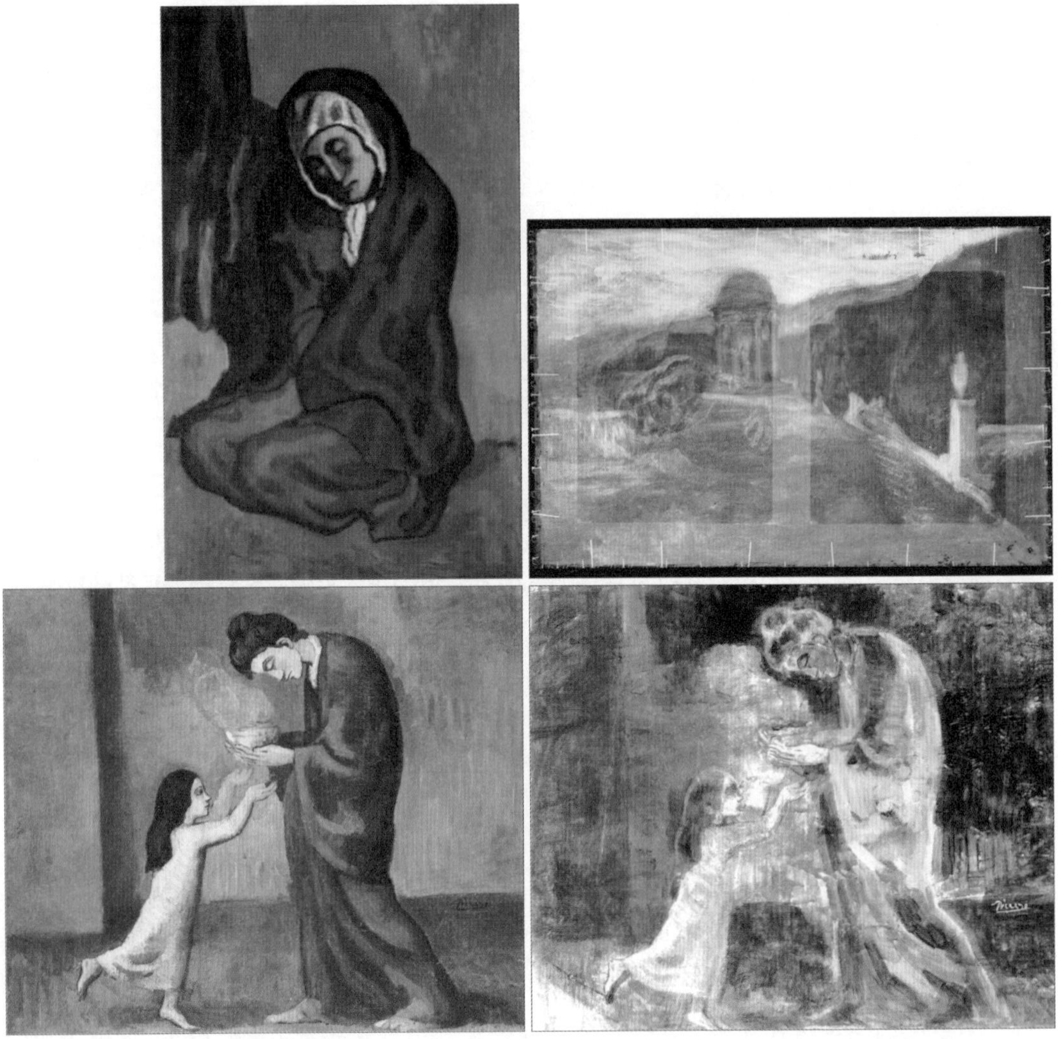

〈그림 6-8〉 〈웅크린 거지(1902)〉(위쪽)와 〈수프(1902~1903)〉(아래쪽)의 작품 이미지와 X-선 이미지

출처: https://news.artnet.com/art-world/picasso-secrets-x-ray-1297568

어, 모나리자의 소매에 사용된 안료를 찾거나 2006~2011년에 걸쳐 복원된 레오나르도 다빈치의 〈세상의 구원자(Salvator Mundi, 1500)〉의 복원 작업 절차와 방법을 이해하는 데 도움을 준다.[19] 또한 다중 스펙트럼 이미징 시스템은 예술작품 안료의 매핑 및 식별을 위해 사용된다.[20]

X-선으로 촬영된 이미지를 기반으로 오르세미술관과 시카고미술원에 각각

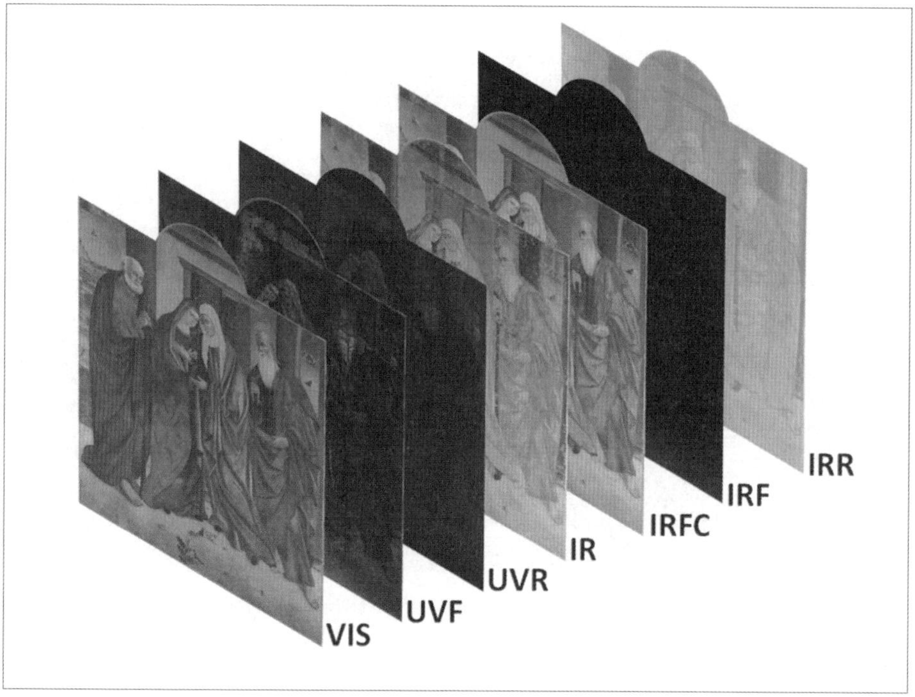

〈그림 6-9〉 다중 스펙트럼 이미징 기술로 분석된 안토니노 주프리(Antonino Giuffrè)의 〈성 요셉과 성 즈카르야의 방문(Visitation between Saint Joseph and Saint Zachary, 1457)〉의 안료 매핑 결과

출처: A. Cosentino, 2015

소장되어 있는 반 고흐의 〈아를의 침실(Bedroom in Arles, 1889)〉에 대한 비교 연구의 경우, 작품이 완성되었을 때 우리가 보는 파란색 벽 대신 안료가 실제로 보라색에 더 가깝다는 사실을 제시해줄 뿐만 아니라[21] [22] 연대 입증, 예비 스케치, 구도, 색상과 안료, 작품의 진화 과정과 그 특성에 대한 광범위한 정보를 제공해주었다.[23]

1986년 컴퓨터공학자들은 디지털 이미지 프로세싱 기법과 고해상도 사진을 사용하여 모나리자 목 주변의 진주목걸이와 부가적인 주변 산의 전경을 발견했다.[24] 또한 2004년 예술작품 분석 및 디지털 복원 전문업체인 프랑스의 뤼미에르 테크놀로지 광학연구소(Lumiere Technology)[25]의 공동 설립자이자 예술작품 광학 분석 전문가인 파스칼 코트(Pascal Cotte)는 자신이 개발한 특수 고성능 카메라를 이용하여 자외선과 적외선을 포함한 13개 채널의 다중 스펙트럼(multi-spectral)으로 〈모나리

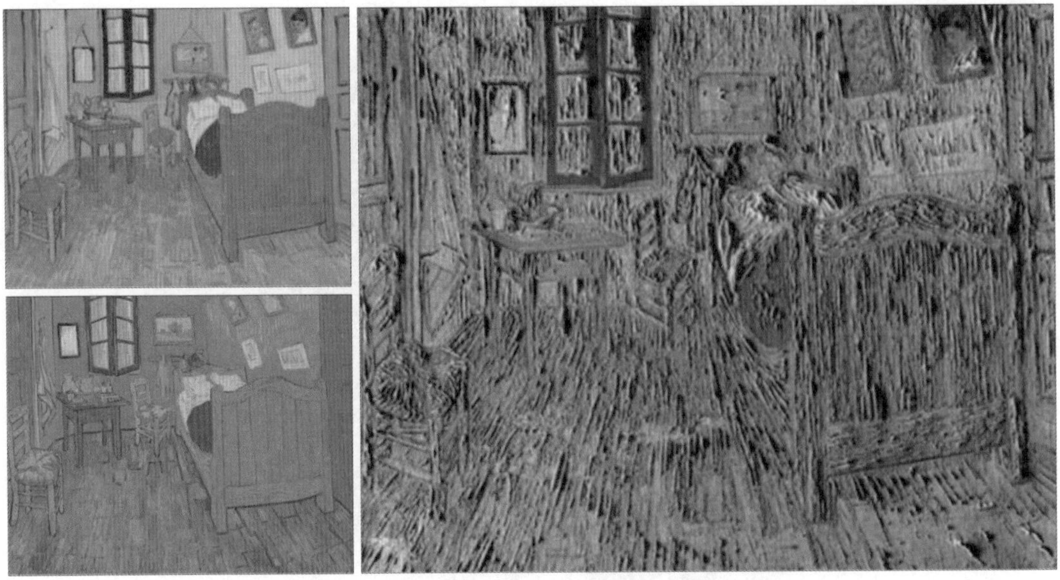

〈그림 6-10〉 오르세미술관에 소장되어 있는 〈아를의 침실(1889)〉의 디지털 색상 복원과
X-선 이미지를 통해 드러난 좁은 필적의 정렬된 패턴

출처: E. Hendriks, et al, 2011

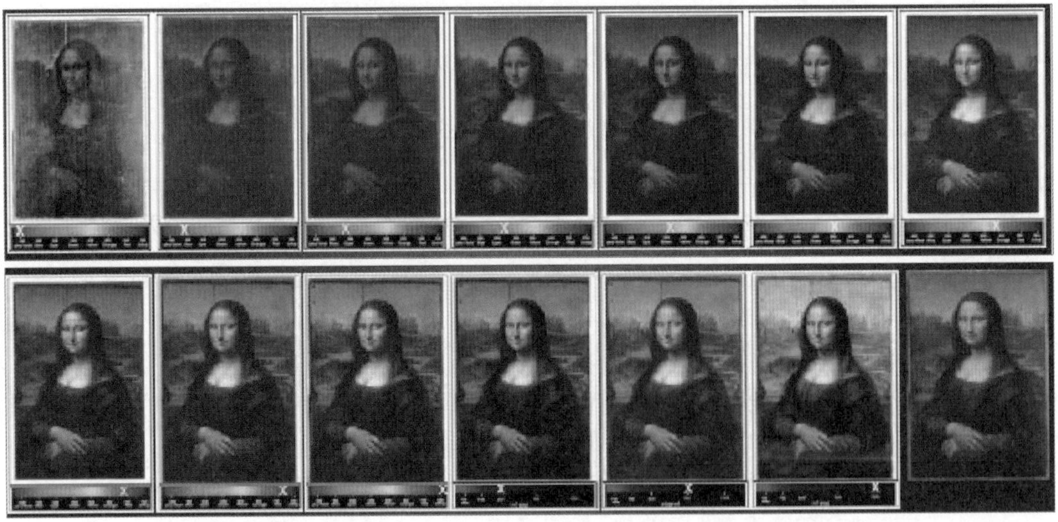

〈그림 6-11〉 디지털 복원 이전에 13개 채널의 다중 스펙트럼으로 스캔한 〈모나리자〉의 이미지

출처: P. Cotte & D. Dupraz, 2006

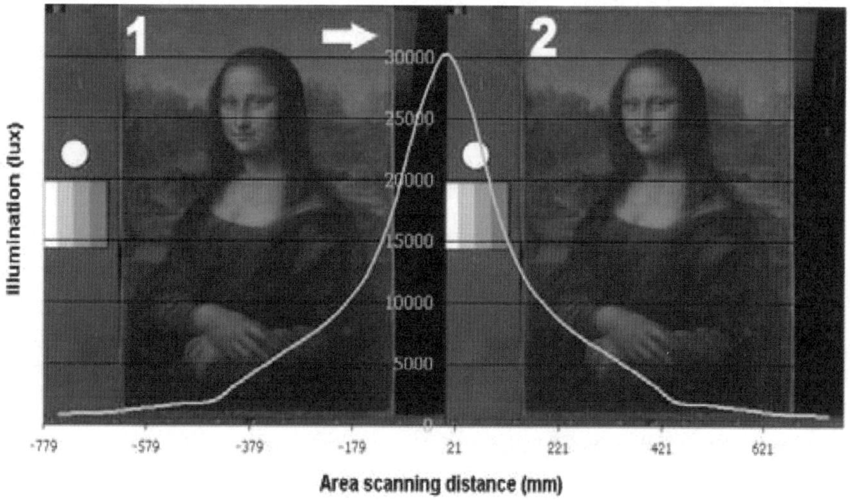

〈그림 6-12〉 초기 디지털화 단계(1)에서 디지털 복원으로 전환되는 과정(2)

출처: P. Cotte & D. Dupraz, 2006

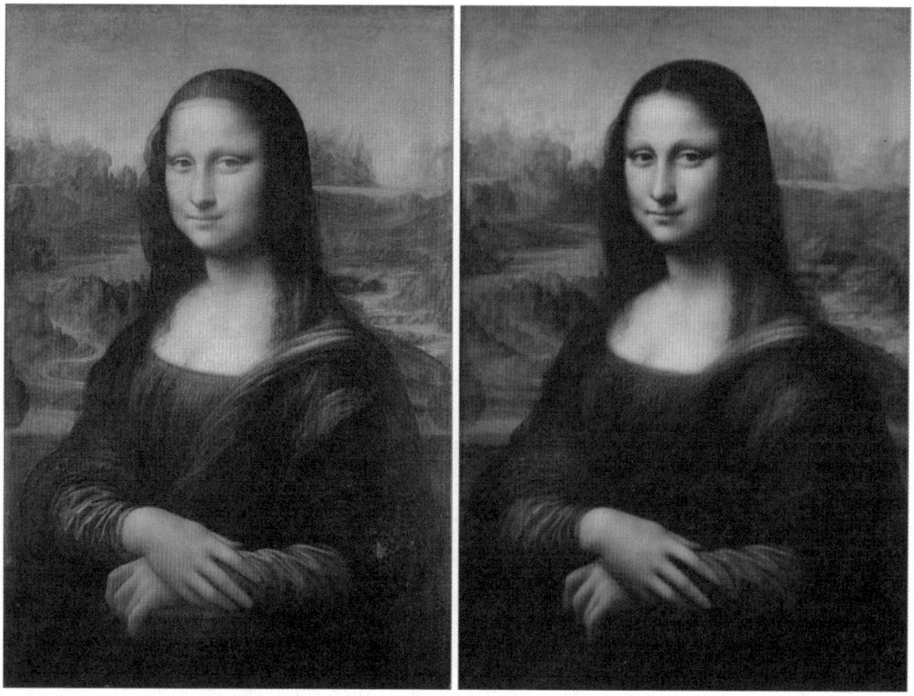

〈그림 6-13〉 루브르박물관에 소장된 〈모나리자〉와 디지털 기술로 복원된 〈모나리자〉의 비교

출처: http://www.lumiere-technology.com/Pages/Services/services2.htm

자〉[26]를 2억 4천만 화소의 초정밀 이미지로 스캔했다.[27]

그 결과, 〈모나리자〉의 표면 단층에서 3명의 인물이 드러났으며, 모나리자의 손가락 2개가 제작 과정에서 그 위치가 바뀌었다는 사실이 확인되었는데, 이러한 왼손 위치의 변화는 무릎 담요 때문이다. 파스칼 코트는 각 픽셀에서 바니시(varnish)의 스펙트럼 응답 곡선을 분리하고, 적외선 반사(infrared reflectography, 이하 IR) 이미지로부터 주홍색 안료와 납이 혼합된 물감이 사용되었다는 결과를 도출했다.[28] 파스칼 코트는 디지털 파일로부터 유약의 변색으로 야기된 색상의 변화에 대한 정보를 추출하여 레오나르도 다빈치가 스튜디오에서 〈모나리자〉를 완성했을 때의 색상으로 〈모나리자〉를 디지털 복원했다.[29]

2
〈세상의 구원자〉 분석

Christie's × the Conservation Center at New York University

그리스도의 초상화로 추정되는 〈세상의 구원자(Salvator Mundi, 1500)〉의 경우, 레오나르도 다빈치는 그리스도를 왼손에는 수정구를 들고 있고, 오른손은 위를 가리키면서 축복을 베풀고 있는 모습으로 묘사했다. 2017년 11월 15일, 레오나르도 다빈치의 회화작품 〈세상의 구원자〉는 뉴욕 크리스티 경매(Christie's)에서 예술작품 경매사상 최고가인 4억 5천만 달러(한화 4,971억 원)에 사우디아라비아의 바드르 빈 압둘라 빈 모하메드 빈 파르한 알 사우드(Bader bin Abdullah bin Mohammed bin Farhan al-Saud) 왕자에게 낙찰되었다.[30] 이는 종전 경매 최고가였던 파블로 피카소의 〈알제의 여인들(Les Femmes d'Alger, 1955)〉(1억 7,940만 달러)과 비교하면 2배가 훨씬 넘는 판매가다.[31]

크리스티 경매는 〈세상의 구원자〉가 위작 또는 레오나르도 다빈치의 작품이 아니라는 오해와 의혹을 바로잡기 위해 경매 전 평가에서 뉴욕대학교(New York University) 보존센터(the Conservation Center)의 회화 보존 선임연구원 다이앤 드와이어 모데스티니(Dianne Dwyer Modestini), 그리고 다양한 보존 및 복원전문가와 함께 장기간 준비해온 〈세상의 구원자〉의 진품 입증(authentication)을 위해 작품 구매 이력(provenance)과 작품[32]에 대한 보존 상태 보고서(condition report)를 공개했다. X-선 및 적외선 반사(IR)[33] 분석 결과가 수록된 이 보고서는 〈세상의 구원자〉는 진품이고, 그리스도의 머리 왼쪽 패널에서 수직으로 쪼개진 부분은 1600년경에 발생한 것으

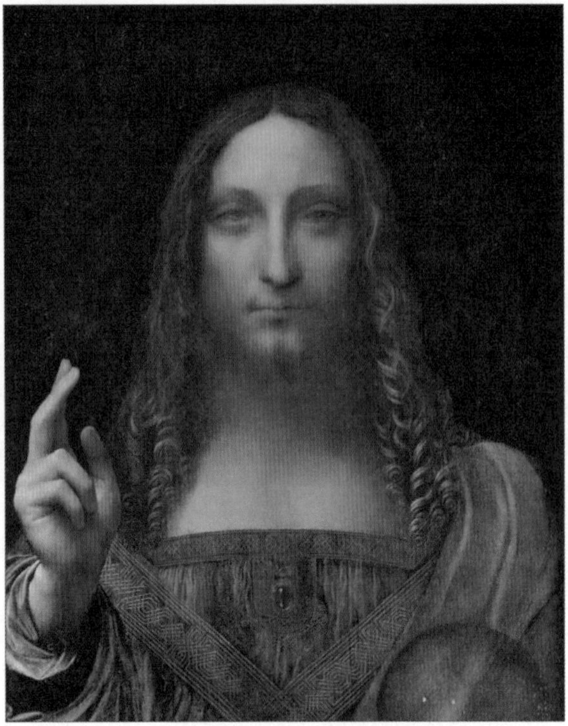

〈그림 6-14〉 2017년 크리스티 경매에서 4,971억 원에 낙찰된 레오나르도 다빈치의 〈세상의 구원자(1500)〉

출처: https://www.vulture.com/2019/04/salvator-mundi-leonardo-da-vinci.html

로 추정되며, 패널의 강도가 약화된 원인이 벌레 감염 때문이라고 밝혔다.[34]

하지만 〈세상의 구원자〉가 크리스티 경매에서 낙찰된 이후 루브르박물관의 큐레이터들은 〈세상의 구원자〉가 레오나르도 다빈치의 작품이 아니라 그의 스튜디오 문하생들의 작품이라고 주장했으며, 레오나르도 다빈치 전문가이자 예술사학자인 자크 프랑크(Jacques Franck)도 큐레이터들의 주장을 지지했다. 이로 인해 〈레오나르도 다빈치(Léonardo Da Vinci, 2019. 10. 24~2020. 2. 24)〉 전시에서 〈세상의 구원자〉는 배제되었으며, 루브르 아부다비(Louvre Abu Dhabi)에서도 전시되지 못했다.

한편, 뉴욕 매거진(New York Magazine)의 비평가 제리 살츠(Jerry Saltz)는 지난 50년 동안 90%의 덧칠이 이루어졌기 때문에 〈세상의 구원자〉의 진정성과 가치에 대해 여전히 의문이 제기된다는 점을 지적했다. 또한 영국의 아트 와치 연구소 소장 마

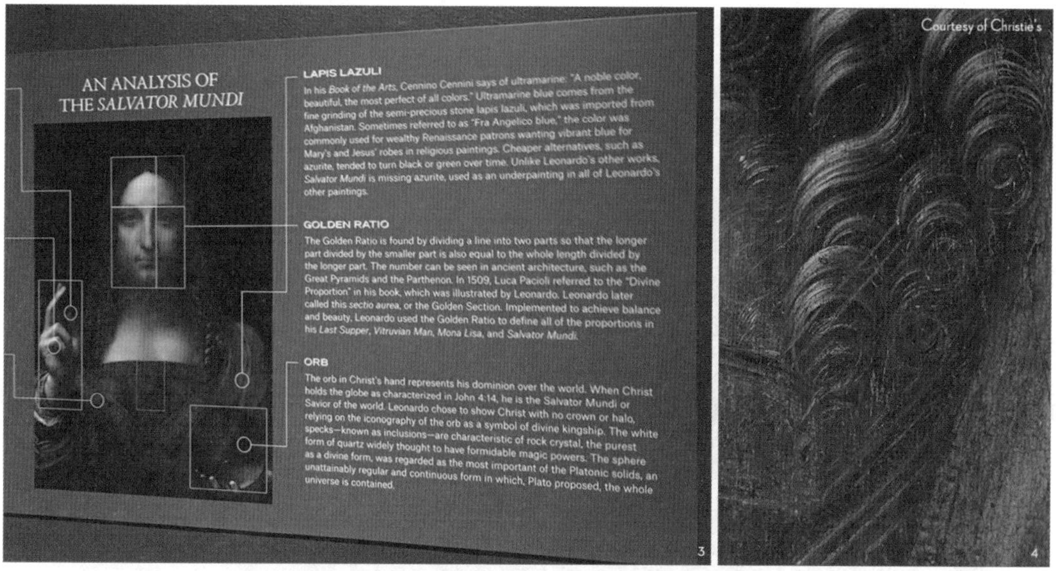

〈그림 6-15〉 크리스티 경매의 〈세상의 구원자〉 프리뷰

출처: https://www.noblesse.com/home/news/magazine/detail.php?no=6990

이클 데일리는 작품에서 수정구의 빛의 굴절이 사실적으로 묘사되지 않았다는 점을 강조하면서, 광학에 대한 지식이 풍부했던 레오나르도 다빈치의 작품이 아니라고 주장했다.[35] 반면 보존 및 복원 연구를 주도했던 니카 굿먼 리에피(Nica Gutman Rieppi)는 최고가로 낙찰된 〈세상의 구원자〉에 대해 모사품이 아니며, 다른 사람에 의해 그려진 것이 아니라 진품이라는 사실을 과학적 근거를 들어가며 설명했다.[36]

〈세상의 구원자〉는 오랫동안 유실되었다가 발견되었고, 진위와 출처 등에 대한 정보도 매우 열악했으며, 캔버스의 길이, 특히 그리스도의 눈과 입술의 극심한 손상과 색소 균열 및 손실도 상당히 심했다. 또한 기존에 보수된 부분도 비전문가에 의해 이루어진 흔적들로 드러났으며, 인공 수지로 복원된 부분은 이미 회색으로 변색된 상태였다. 이러한 문제로 인해 1958년 런던 소더비 경매(Sotheby's)에서는 45파운드(약 7만 원)에 판매되었다.

2005년 미국의 지역 경매에서 〈세상의 구원자〉가 미국 부동산 업체에 낙찰된 이후 작품의 세척 및 복원 등에 대한 연구 결과가 처음으로 문서화되기 시작했다.

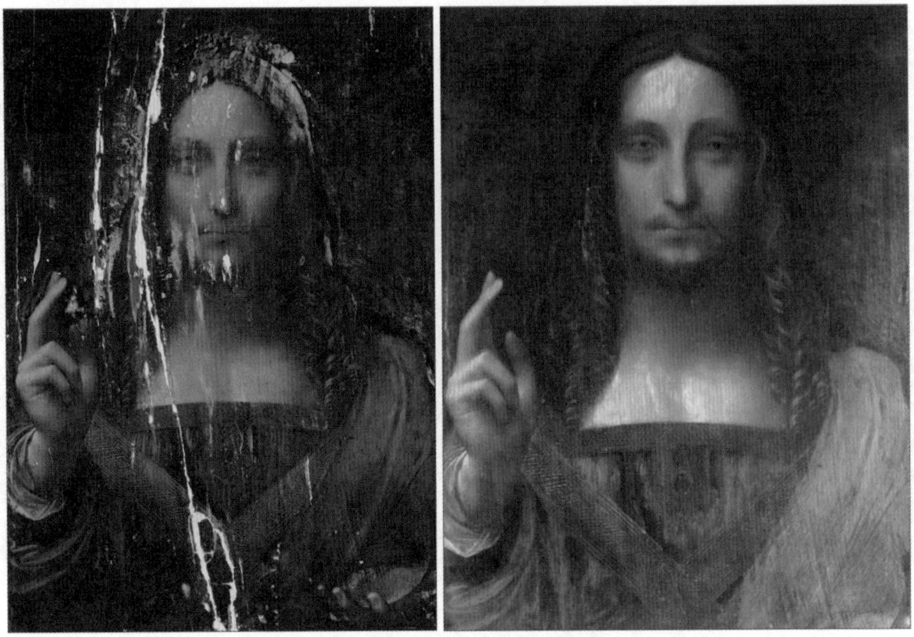

〈그림 6-16〉 레오나르도 다빈치 〈세상의 구원자(1500)〉의
2005년 미국 지역 경매에서 낙찰되었을 때의 모습(왼쪽)과
2007년 다이앤 드와이어 모데스티니 보존센터에 도착했을 때의 모습(오른쪽)

출처: https://salvatormundirevisited.com/History-of-the-Salvator-Mundi

이 작품의 복원은 뉴욕대학교 보존센터의 회화 담당 다이앤 드와이어 모데스티니에 의해 2007~2010년 동안 진행되었다. 당시 작품의 패널이 갈라져 있었지만, 그리스도의 손, 정교하게 렌더링 된 머리카락, 왼손에 잡고 있는 수정구, 휘장 등 작품 자체의 보존 상태는 양호했다. 얼굴의 경우에도 일부 손상을 제외하면, 전반적인 레이어는 구조적으로 완전한 모습을 갖추고 있었다.[37]

당시 다이앤 드와이어 모데스티니는 적외선 반사(IR) 분석을 통해 오른손 엄지손가락의 위치가 지금보다 조금 더 위쪽을 향하고 있었으며,[38] 그리스도의 이마 왼쪽에 선명한 손자국을 발견했다. 적외선 반사(IR) 기반의 기술 조사 및 분석에서 드러난 안료 및 물감과 기법은 루브르박물관에 소장된 〈모나리자(Monalisa)〉와 〈세례자 요한(Saint John the Baptist, 1513~1516)〉과의 유사성을 입증해주었다.

2008년에는 메트로폴리탄미술관의 키스 크리스티안센(Keith Christiansen), 안드

레아 베이어(Andrea Bayer), 카먼 밤바흐(Carmen Bambach), 에버릿 파이(Everett Fahy) 등의 큐레이터와 회화보존부서를 이끌고 있는 마이클 갤러거(Michael Gallagher) 등이 〈세상의 구원자〉에 대한 연구를 실행했다. 이 연구팀은 영국 국립미술관으로 작품을 옮겨 〈암굴의 성모(The Virgin of the Rocks, 1483~1486)〉와 〈세상의 구원자〉를 비교 분석했는데, 이 과정에는 미국 국립박물관의 이탈리아 회화 큐레이터 데이빗 앨런 브라운(David Allan Brown)과 영국 국립박물관의 이탈리아 회화 큐레이터 루크 시슨(Luke Syson)을 비롯하여 옥스포드대학교(University of Oxford)의 마틴 켐프(Martin Kemp), 밀라노 래콜타빈시아나미술관(Raccolta Vinciana)의 마리아 테레사 피오리오(Maria Teresa Fiorio), 밀라노 폴리테크닉대학교(Politecnico di Milano)의 피에트로 마라니(Pietro C. Marani) 등이 함께 참여했다.[39]

특히 이 연구에서는 루브르박물관의 뱅상 델뤼뱅(Vincent Delieuvin)이 레오나르도 다빈치의 서명을 평가해서 작품의 진위 여부를 판별해주었다. 이듬해에는 상술한 전문가와 레스터대학교(University of Leicester)의 데이빗 엑서지안(David Ekserdjian)이 뉴욕에서 미팅을 갖고 분석 결과에 대한 재검토를 통해 만장일치로 이 작품이 원본이라는 사실에 대한 합의를 도출했다. 이후 〈세상의 구원자〉는 2011년 영국 국립미술관(National Gallery)에서 열린 〈레오나르도 다빈치: 밀라노 궁정의 화가(Leonardo da Vinci: Painter at the Court of Milan, 2011. 11. 9~2012. 2. 5)〉에서 대중에 공개되었다.

2007년 〈세상의 구원자〉의 복원을 담당했던 니카 굿먼 리에피는 2011년부터 다수의 전문가와 함께 최신 이미징 기술을 기반으로 작품의 진위 판명에 대한 심층 연구를 수행했다. 니카 굿먼 리에피는 〈세상의 구원자〉로부터 9개의 시료를 채취해서 필라델피아미술관(Philadelphia Art Museum)의 베스 프라이스(Beth Price) 박사, 케네스 서덜랜드(Kenneth Sutherland) 박사와 함께 시료의 단면에 대한 과학적 분석을 실행했다. 이후 브루커 바이오스핀 코퍼레이션(Bruker Biospin Corporation)의 토머스 태그 주니어(Thomas J. Tague Jr.)와 보스턴에 위치한 순수미술관(the Museum of Fine Arts, Boston)의 리처드 뉴먼(Richard Newman)에게 시료에 대한 추가 분석을 의뢰했고, 종합 분석 결과를 2012년[40]과 2020년에 각각 발표했다.[41]

필라델피아미술관의 경우, 라이츠 라보럭스 S 현미경(Leitz Laborlux S microscope)과 광섬유 조명을 사용해서 가시광선 및 자외선(UV)의 단면을 조사했고, 니콘 이클립스 넷 이미지 캡처 소프트웨어(Nicon Eclipse Net image capture software)가 내장된 니콘 디지털 현미경 카메라(Nikon Digital Sight DS-5M Microscope camera)로 시료를 촬영했다. 또한 편광 편미경과 주사전자현미경(SEM), X-선 형광 분석(XRF), 라만 분광법(Raman spectroscopy),[42] 퓨리에 변환 적외선 분광법(Fourier transform infrared spectroscopy, 이하 FTIR),[43] 감쇠전반사-퓨리에 변환 적외선 분광법(Attenuated Total Reflectance Fourier Transform Infrared Spectroscopy, 이하 ATR-FTIR),[44] 에너지 분산형 분광법(Energy Dispersive X-ray Spectroscopy, 이하 SEM-EDS)[45] 등 다수의 분석 방법이 적용되었다.[46] 분석 결과에 의하면, 유화 물감의 레이어와 망간이 함유된 소다 석회 실리카 유리가 검출되었으며, 열분해 기체 크로마토그래피 질량 분석(pyrolysis gas chromatography-mass spectrometry, 이하 pyrolyzer-GCMS)[47]에 의해 호두 기름 사용이 확인되었다.

〈세상의 구원자〉가 크리스티 경매에서 낙찰된 이후 루브르박물관 파리 본관과 루브르 아부다비 전시 출품 취소는 오히려 이전보다 강하게 작품에 대한 의혹을 증폭시키는 상황을 초래하고 있다.[48] 실제로 다수의 미술사학자들은 르네상스 시대 광학이나 해부학 등의 과학적 원리에 대해 방대한 지식을 갖고 있던 레오나르도 다빈치가 수정구와 손 사이에 놓여 있는 광학적 정확성을 놓치지 않았을 것이라고 주장한다. 만일 레오나르도 다빈치가 빛의 굴절을 반영했다면 그리스도의 손가락이나 옷에 반영되어 있어야 했다.

반면 일부 미술사학자들은 레오나르도 다빈치가 고의로 빛의 굴절을 수정구에 반영하지 않았고, 이로 인해 수정체가 비현실적인 모습으로 묘사되었다고 피력했다. 2020년 3월, 캘리포니아대학교(the University of California)의 컴퓨터공학자로 구성된 연구팀은 상술한 의혹을 규명하기 위해 3D 컴퓨팅 모델링을 이용한 분석을 실행했다. 이 연구팀은 〈세상의 구원자〉의 버추얼 모델을 만들어 그리스도의 겉옷에 나타난 왜곡을 설명해줄 수 있는 수정구의 과학적 정확성을 밝히고자 했다.[49]

마르코 리앙(Marco Z. Liang), 마이클 굿리치(Micheal T. Goodrich), 슈앙 자오(Shuang

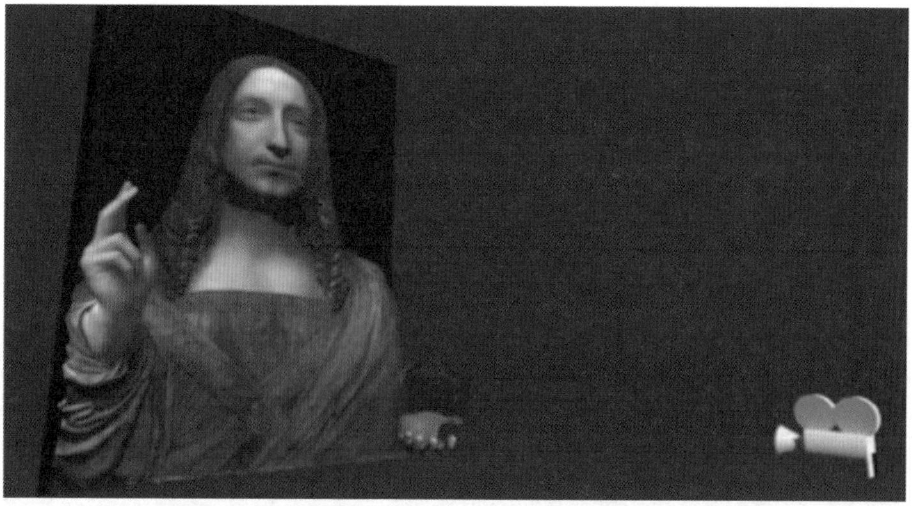

〈그림 6-17〉 캘리포니아대학교 연구팀이 개발한 〈세상의 구원자〉의 버추얼 모델

출처: https://news.artnet.com/art-world/scientists-solve-mystery-salvator-mundi-orb-1745037

Zhao)는 공학적으로 상술한 의견에 대한 반론을 제기하기 위해 3D 모델링 및 애니메이션 소프트웨어 마야(Maya), 빛을 시뮬레이션하는 정교한 컴퓨터그래픽 도구 '물리 기반 렌더링(physically based rendering, 이하 PBR)'을 사용해서 수정구의 가상 모델을 만들었다. 또한 작품에서 묘사된 방식의 수정구와 유사하게 렌더링하는 이미지가 실제로 광학적으로 생성되는지를 실험했다.[50]

그 결과, 수정구에서 생겨난 그림자는 위에서 아래 방향으로 향하는 빛에 의해 만들어진 산란광과 유사했다. 또한 속이 꽉 찬 수정구와 텅 빈 수정구를 각각 시뮬레이션한 결과, 속이 텅 빈 수정구의 경우 빛의 굴절에 의해 완만한 왜곡이 생성된다는 사실이 확인되었고, 그리스도의 손과 옷자락에 빛의 굴절이 반영되지 않은 이유는 속이 텅 빈 수정구를 손에 들고 있었기 때문이라는 결론에 도달했다.

그뿐만 아니라 1500년경 레오나르도 다빈치가 이용할 수 있었던 재료, 광원 및 과학적 지식을 사용해서 작품과 정성적으로 일치하는, 그리고 광학적으로도 정확한 렌더링이 가능하다는 사실이 입증되었다. 향후 심화 연구를 통해 좀 더 보편적인 원리나 경험적 증거가 요구되겠지만, 이 연구 결과는 일견 레오나르도 다빈치의 전기 작가이자 미국의 역사학자 월터 아이작슨(Walter Isaacson)의 “레오나르도 다 빈치는 수정구를 통과한 빛을 굴절이나 왜곡시키지 않았다”라는 의견과 일치했다.

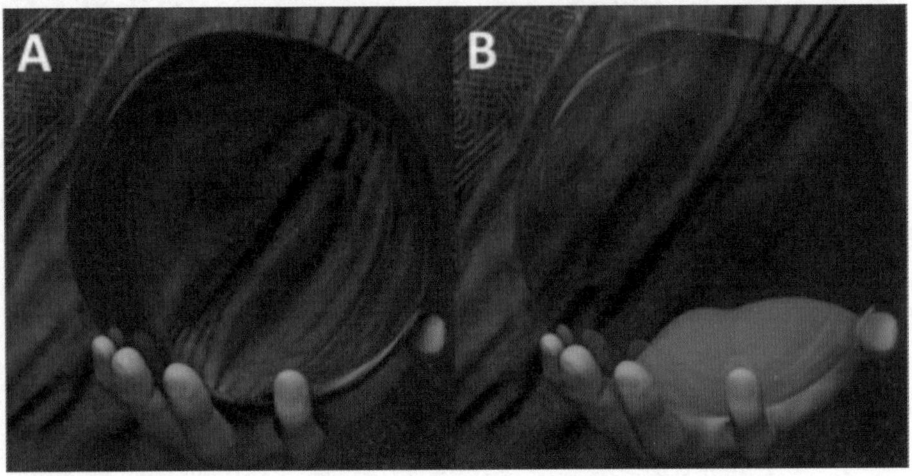

〈그림 6-18〉 단단한 고체처럼 묘사된 수정구(A)와 속이 빈 수정구(B)의 PBR 렌더링 결과

출처: https://news.artnet.com/art-world/scientists-solve-mystery-salvator-mundi-orb-1745037

3

〈여주인과 하녀(Mistress and Maid)〉와 〈꽃병(A vase of flowers)〉에 대한 이미징 분석

Metropolitan Museum of Art

1919년 헨리 클레이 프릭(Henry Clay Frick)은 요하네스 베르메르(Johannes Vermeer)의 〈여주인과 하녀(Mistress and Maid, 1666~1667)〉와 함께 베르메르의 작품으로 추정되는 두 작품을 함께 구매했다. 당시 캔버스를 감쌌던 마감재가 제거되었는데, 원래 캔버스 지지대는 수성 접착제와 페이스트 접착제를 사용하여 린넨 원단으로 처리되었다. 1935년 프릭의 소장품이 대중에게 공개된 이후부터 〈여주인과 하녀〉에 대한 여러 가지 질문이 제기되었다. 이에 2017년 이 작품은 이러한 문제를 기술적으로 규명하기 위해 메트로폴리탄미술관으로 보내졌다.[51]

과학자, 미술사가, 보존처리사로 구성된 연구팀은 뉴욕의 프릭 소장품(Frick Collection) 가운데 하나인 〈여주인과 하녀〉를 심층적으로 분석했다. 이들은 현미경, 적외선 반사(IR), X-방사선 촬영(X-radiography),[52] 매크로 X-선 형광 분석(Macro XRF),[53] 라만 분광법(Raman spectroscopy), 주사전자현미경(Scanning Electron Microscope, 이하 SEM),[54] 에너지 분산형 분광 분석법(SEM-EDS) 등을 포함한 비침습적 분석 및 이미징 기술을 사용했다.

그 결과, 이 작품은 구도상 커튼이나 배경으로부터 채색이 시작되었으며, 베르메르가 검은색과 갈색을 혼합해서 최소 4명의 인물과 기타 요소를 스케치했다는

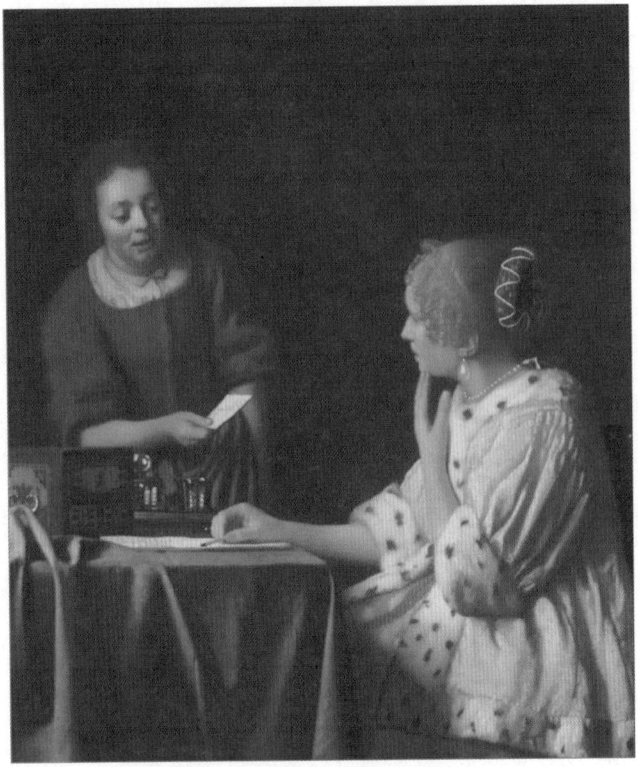

〈그림 6-19〉 요하네스 베르메르의 〈여주인과 하녀〉

출처: https://www.metmuseum.org/blogs/collection-insights/2020/vermeer-conservation

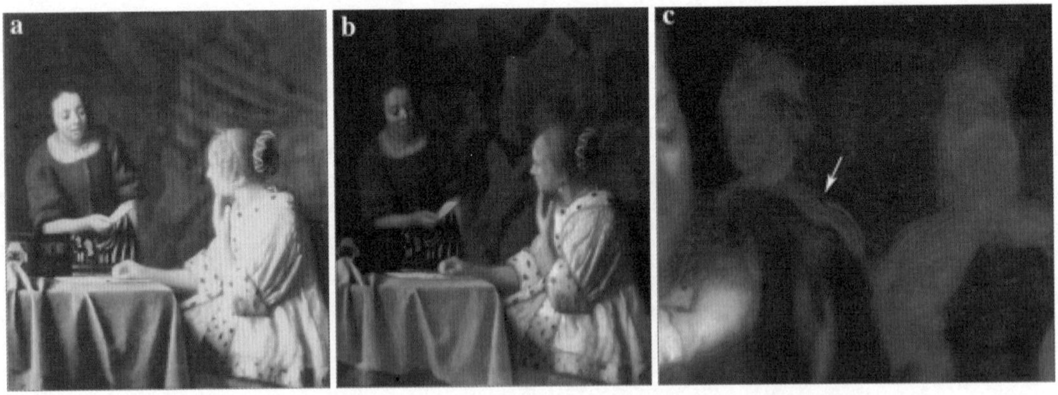

〈그림 6-20〉 적외선 리펙토그램(a), 적외선 리펙토그램의 세부 사항(b), 4명의 인물이 보이는 배경(c)

출처: D. Mahon, et. al. 2020

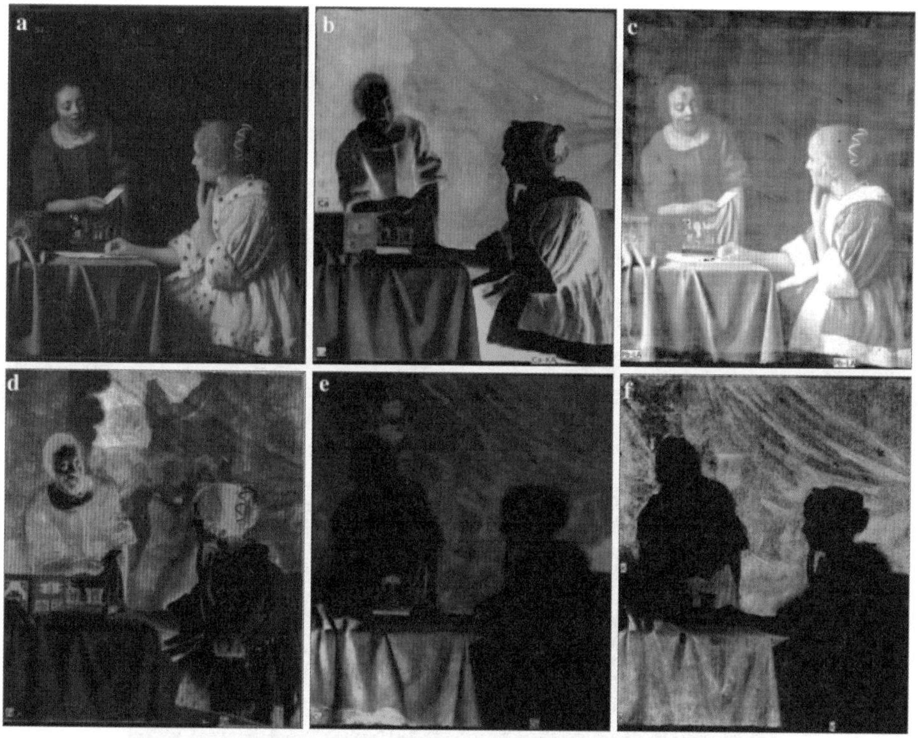

〈그림 6-21〉〈여주인과 하녀〉의 매크로 X-선 형광 분석에 의해 얻은 원소 분포도
[원래의 작품 이미지(a), 칼슘(b), 납(c), 철(d) 구리(e), 칼륨(f)]

출처: https://www.metmuseum.org/blogs/collection-insights/2020/vermeer-conservation

흔적과 함께 색상 변화의 원인이 구리 레진 산염 같은 구리 기반 안료의 분해로 인한 것이라는 사실이 발견되었다.[55]

1716년 네덜란드 화가 마르가레타 하버만(Margareta Haverman)은 화려한 꽃, 과일, 석재 틈새 안에 놓인 크롤링 곤충을 풍성하게 묘사한 〈꽃병(A Vase of Flowers, 1716)〉을 그렸다. 메트로폴리탄미술관에서 2020년 개최되는 기획전 〈In Praise of Painting: Dutch Masterpieces at The Met〉에 이 작품을 출품하기 위해 회화보존부서(Department of Paintings Conservation)로 작품이 옮겨졌으며, 보존처리사와 과학자들은 확대 촬영과 다양한 조명 조건에서 다양한 이미징 분석 기법과 기술을 사용해서 작품에 사용된 기술과 재료, 손상 등을 면밀히 조사했다.

X-선 형광 분석(XRF)의 결과를 살펴보면, 오른쪽 상단에 원래 수은이 섞인 주

홍색이 사용되었으며, 최종 구성에서 화가는 나중에 이 꽃을 어두운 회색 배경과 양귀비 새싹으로 덮었다는 것이 확인되었다. 또한 작품의 세척 과정에서 1940년대부터 변색된 바니시와 분해된 왁스 코팅을 제거함에 따라 작품의 생동감과 색상의 범위가 드러났다. 예를 들면, 마르가레타 하버만은 파란색과 노란색 안료를 혼합해서 꽃잎을 그렸는데, 불안정한 유기 안료인 노란색은 시간이 지남에 따라 퇴색되어 푸른 색조를 띠었다. 이러한 색상의 문제점을 보완하고 1716년 작품이 완성되었을 때의 색상을 구현하기 위해 현재 메트로폴리탄미술관 회화보존부서는 작품에 대

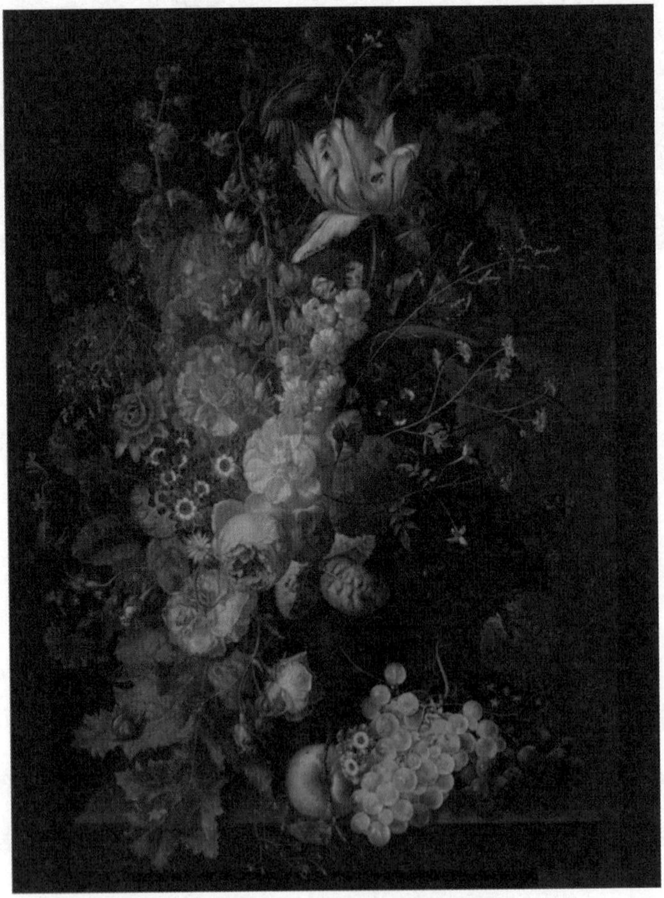

〈그림 6-22〉 마르가레타 하버만의 〈꽃병〉

출처: https://www.metmuseum.org/blogs/collection-insights/2018/margareta-haverman-vase-of-flowers-conservation

한 디지털 색상 복원을 진행하고 있다.

연구팀은 디지털 기술로 색상을 재구성하기 위해 먼저 안료의 레이어에서 변색되지 않은 옐로 레이크(yellow lake)의 안료 샘플을 추출 및 분석했으며, 개별 안료 입자에서 발견되는 요소를 감지할 수 있는 전자현미경(electron microscope)을 사용해서 작품의 표면을 스캔한 결과, 옐로 레이크에 칼슘 염기가 포함되어 있다는 것을 발견했다.[56]

그다음 단계에서 연구팀은 칼슘의 분포를 보여주는 X-선 형광 분석(XRF)을 사용해서 작품의 표면을 스캔하여 일종의 칼슘 분포 지도를 만들고, 이 지도를 근거로 칼슘 함유 안료에 해당하는 영역을 제거하기 위해 포토샵(photoshop)을 사용했다.[57] 안료의 레이어에서 추출한 변색되지 않은 옐로 레이크를 기준으로, 최첨단 색상 측정 소프트웨어와 분광 광도계(spectrophotometer)를 사용하여 작품 자체의 원래 색상이 재측정되었다.

이를 통해 변색이 발생한 안료의 분포 지도와 변색이 발생하지 않은 정확한 원

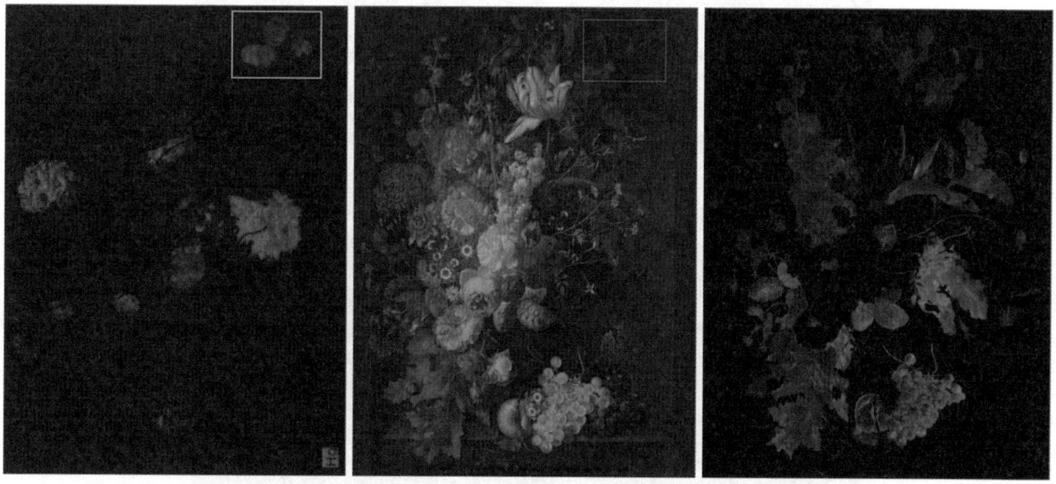

〈그림 6-23〉 X-선 형광 분석(XRF) 결과로 색상과 배경에서 드러난 양귀비 새싹(1 & 2), X-선 형광 분석(XRF)을 통해 제시된 칼슘의 분포(3)

출처: https://www.metmuseum.org/blogs/collection-insights/2018/margareta-haverman-vase-of-flowers-conservation; https://www.metmuseum.org/blogs/collection-insights/2019/margareta-haverman-vase-of-flowers-digital-conservation

래의 색상 값이 도출되었는데,[58] 이를 근거로 연구팀은 포토샵을 사용해서 디지털 이미지의 퇴색된 노란색을 원래의 색으로 복원했으며, 이와 함께 꽃잎과 줄기에 사용된 빨간 장미색, 초록색 그리고 가장 변색이 두드러졌던 갈색 부분도 원래의 색상에 가깝게 조정했다. 그 결과, 단지 색상만 복원된 것이 아니라 이전에 비해 꽃다발의 입체감과 공간감도 개선되었다.[59]

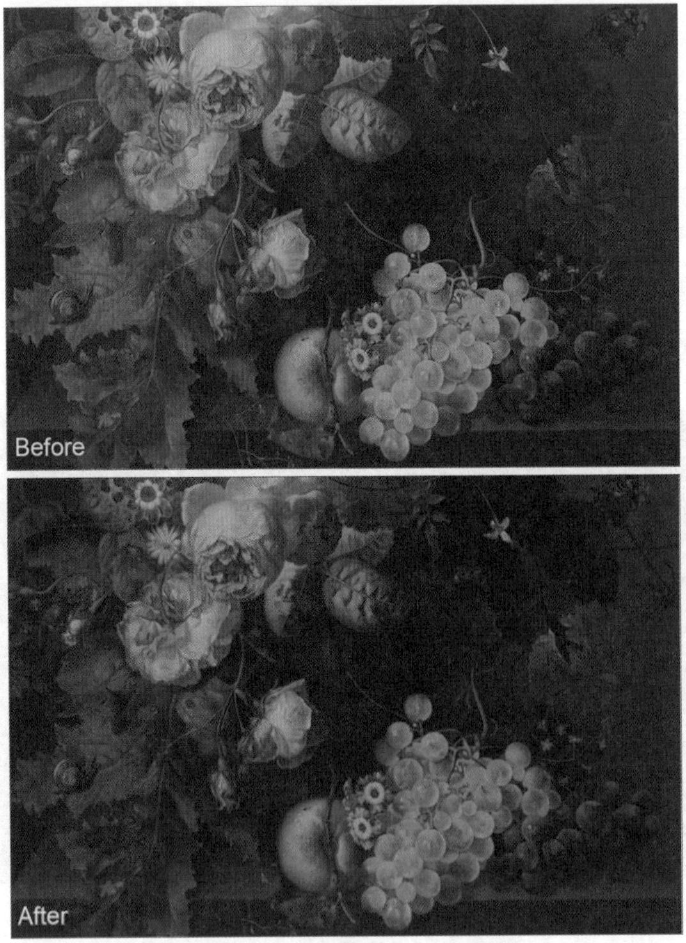

〈그림 6-24〉 디지털 복원 전후의 색상 변화

출처: https://www.metmuseum.org/blogs/collection-insights/2019/margareta-haverman-vase-of-flowers-digital-conservation

4

〈푸른 옷을 입은 소년(The Blue Boy)〉에 대한 이미징 분석

The Huntington Library, Art Collections, and Botanical Gardens

캘리포니아 산마리노(San Marino)의 헌팅턴 도서관 미술관 식물원(The Huntington Library, Art Collections, and Botanical Gardens, 이하 헌팅턴 문화재단)[60]에 소장된 토머스 게인즈버러(Thomas Gainsborough)의 〈푸른 옷을 입은 소년(The Blue Boy, 1770)〉은 이 재단의 설립자 헨리 헌팅턴(Henry E. Huntington)이 1921년 구매한 작품이다. 미국 뱅크 오브 아메리카(Bank of America), 게티 재단(Getty Foundation), 문화유산 보전의 친구들(Friends of Heritage Preservation), 하그-스트레이트(Haag-Streit USA)의 지원으로 2017년 착수된 '푸른 옷을 입은 소년 프로젝트(Project Blue Boy, 2018. 9. 22~2019. 9. 30)'를 통해 보존 처리 및 작품에 대한 연구가 진행되었다.

〈푸른 옷을 입은 소년〉은 구조적 및 시각적 문제가 내재해 있었으므로 이 프로젝트의 주요 목표는 변색된 유화 물감의 레이어를 제거하고 새로운 바니시 레이어 추가, 작품 하단의 열화된 부분을 복원하고 장기 보존을 위한 캔버스의 지지대를 강화하는 것이었다.[61] 이러한 목표를 성취하기 위해 프로젝트는 4단계의 면밀한 보존 처리 과정으로 구성되었다. 첫 번째 단계(2018. 9~2019. 2)에서는 작품의 표면 세척, 바니시 및 덧칠 제거 검사와 안정화, 두 번째 단계(2019. 2~6)에서는 구조 작업과 새로운 바니시 추가, 세 번째 단계(2019. 6~9)에서는 인페인팅(inpainting), 그리고 마지

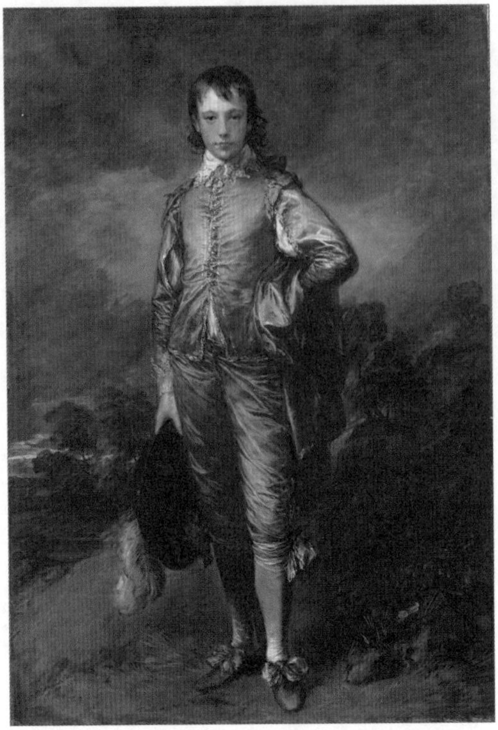
〈그림 6-25〉 토머스 게인즈버러의 〈푸른 옷을 입은 소년〉
출처: https://www.mprnews.org/story/2018/09/22/arts-iconic-blue-boy-gets-major-250th-birthday-makeover

막 단계의 경우에는 인페인팅, 바니시 추가, 기술적 연구, 지지대 보수 및 조정 등의 작업이 이루어졌다. 이들 연구 결과는 문서화되었고, 프로젝트 완료 후 헌팅턴 웹사이트에 공개되었으며, 보존팀은 관람객에게 작품, 역사, 복원 과정과 관련된 내용을 전시로 제공해주었다.[62]

헌팅턴 문화재단의 선임 보존처리사 크리스티나 오코넬(Christina O'Connell)은 큐레이터 멜린다 맥커디(Melinda McCurdy)와 함께 3개월간 보존 처리를 위한 예비 기술 조사를 실행했으며, 보존처리사가 물감 내의 특정 레이어와 안료의 시료를 고배율로 면밀히 관찰할 수 있는 주사전자현미경, X-선, 자외선(UV), 가시광선(VL), 적외선 반사(IR) 등의 이미징 기술과 방법이 사용되었다.

헌팅턴 문화재단이 프로젝트 웹사이트에 공개한 예비조사 결과를 살펴보면,

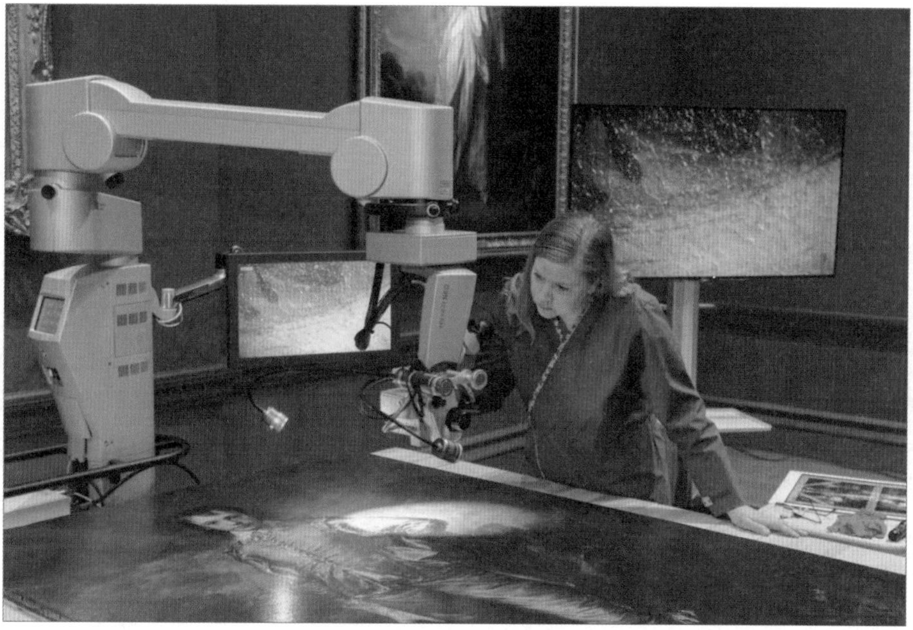

〈그림 6-26〉 크리스티나 오코넬의 이미징 분석 작업

출처: https://cshockart.com/2018/10/11/project-blue-boy-gives-visitors-a-glimpse-into-an-historic-restoration/

표면에서 보이지 않는 작품의 물감 레이어를 관통하여 화가의 작품 제작 방식이나 수정된 내용을 제시해주는 X-선 이미지의 경우, 얼굴의 세부 사항, 왼쪽 하단의 보수 처리된 눈물 자국, 의상의 필적에 대한 복잡성, 게인즈버러가 처음에 그렸던 개의 모습(우측 하단)과 캔버스를 재사용하기 전에 그렸던 인물의 모습(중앙 상단), 목재로 제작된 지지대의 구조와 상태가 가시화되었다.[63]

적외선 반사(IR) 이미지의 경우, 〈푸른 옷을 입은 소년〉을 그리기 전의 어두운 물감이 사용되었던 인물화를 어떠한 방식으로 덧칠했는지를 확인시켜주었다. 또한 가시광선은 소년의 왼쪽 가장자리에서 과거의 보존 처리 과정에서 추가된 덧칠이나 색상 변색 및 마모에 대한 정보를 제공해주었다. 한편 자외선 조명(UV)은 이전의 보존 처리에서 진행되었던 덧칠 흔적과 바니시나 덧칠 등의 특정 표면 재료를 식별해주었다.

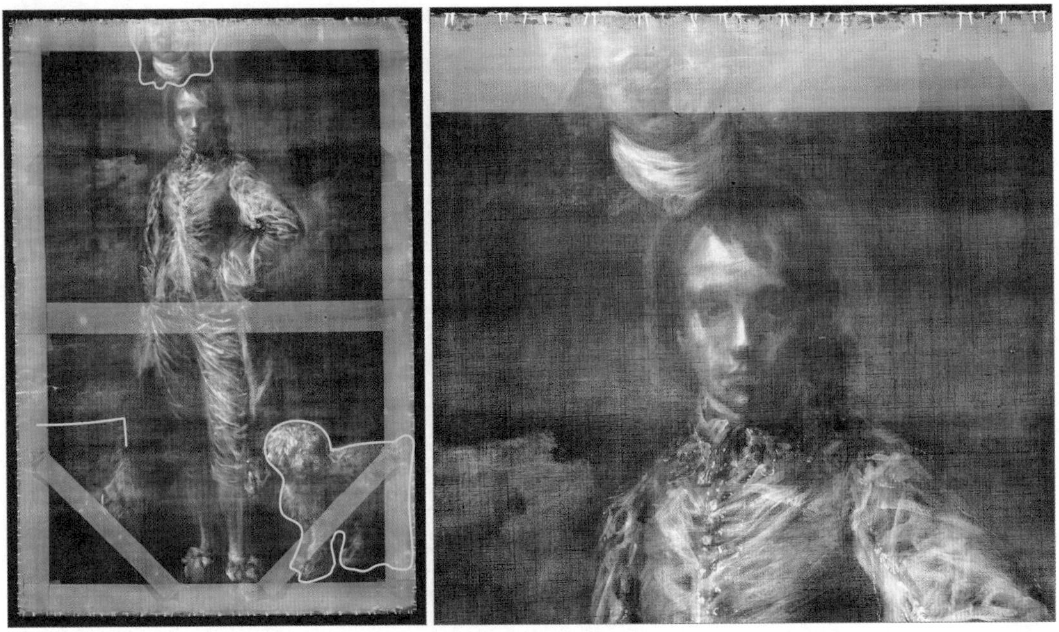

〈그림 6-27〉 X-선 분석 결과

출처: https://www.huntington.org/project-blue-boy-conservation/

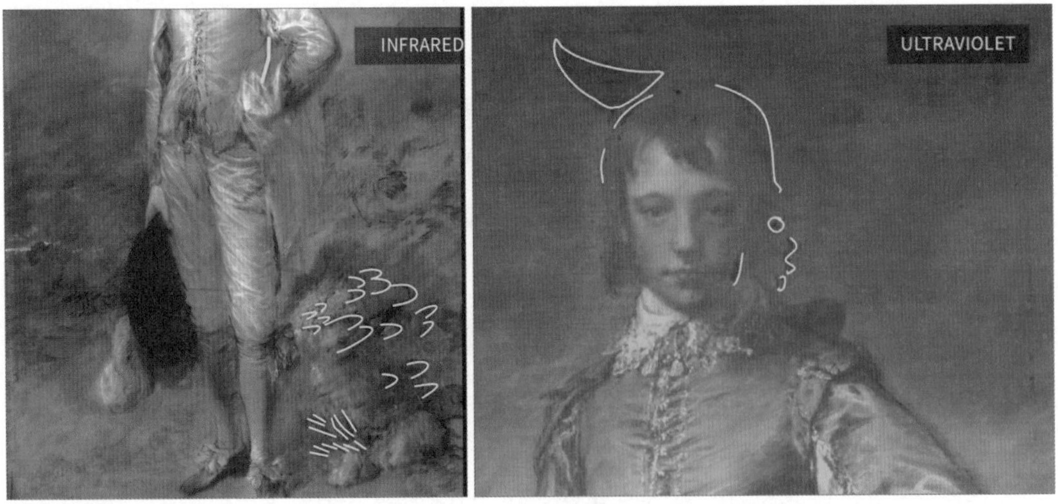

〈그림 6-28〉 적외선 반사(IR)와 자외선(UV) 분석 결과

출처: https://www.huntington.org/project-blue-boy-conservation/

5
〈야경(The Night Watch)〉에 대한 이미징 분석

Rijksmuseum

암스테르담국립미술관(Rijksmuseum)에 소장되어 있는 렘브란트 하르먼손 판 레인(Rembrandt Harmenszoon van Rijn)의 〈야경(The Night Watch, 1642)〉은 원래 '프란스 반닉 코크와 빌럼 반 루이텐부르크의 민병대(Militia company of district II under the command of

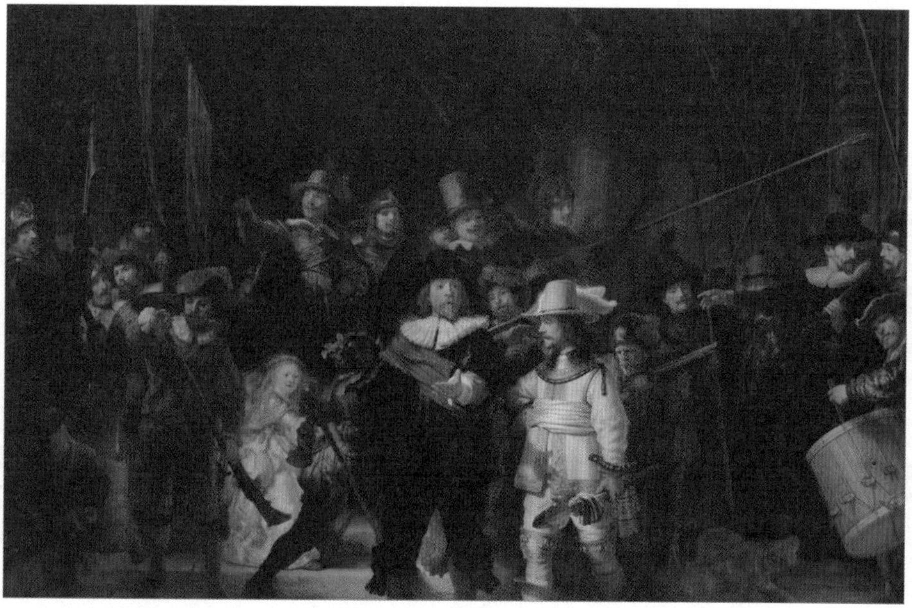

〈그림 6-29〉 암스테르담국립미술관이 소장하고 있는 렘브란트 판 레인의 〈야경〉

출처https://www.rijksmuseum.nl/en/nightwatch

Captain Frans Bannick Cocq)'로 불리었으며, 1797년부터 〈야경〉으로 불리기 시작했다.

이 작품은 레오나르도 다빈치의 〈모나리자〉처럼 서양 미술사에서 최고의 명작 가운데 하나로 평가되고 있다. '빛의 작가'인 렘브란트는 빛과 구도, 색채 등의 기술적 관점에서뿐만 아니라 〈야경〉 화면에서는 거칠고 부드러운 질감과 두껍고 엷은 느낌을 시각적으로 자유롭게 표현했다. 렘브란트는 레오나르도 다빈치의 키아로스쿠로 기법(Chiaroscuro)[64]을 답습했으며, 티티아노의 두껍고 불투명한 물감으로 밝고 빛나는 하이라이트를 그리는 임파스토 기법(Impasto)[65]을, 미켈란젤로 메리시 다 카라바조(Michelangelo Merisi da Caravaggio)로부터 테네브리즘(Tenebrism)[66]을 배웠다. 〈니콜라스 튈프 박사의 해부학 강의(The anatomy lesson of Dr. Nicolaes Tulp, 1632)〉, 〈포목상 조합 이사들(Syndics of the Drapers' Guild, 1662)〉 등 기존의 단체 초상화와 달리, 렘브란트는 〈야경〉에서 역동적이며 특유의 명암 효과를 사용해서 대담한 극적 구성을 시도했다.

현재 암스테르담국립미술관은 렘브란트의 사망 350주기를 맞아 그의 작품 이름을 딴 '야경 보수(Operation Night Watch)'라는 역사상 가장 방대한 보존 프로젝트를 진행하고 있다. 네덜란드의 대표적인 다국적 기업 아크조노벨(AkzoNobel)를 비롯하

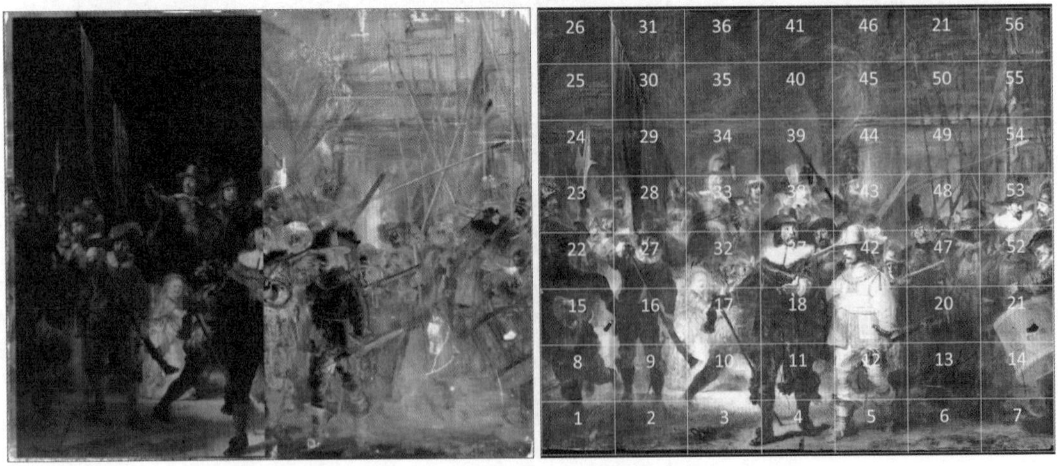

〈그림 6-30〉 매크로 X-선 형광 분석 결과와 이를 기반으로 한 화학 원소 지도

출처: https://www.rijksmuseum.nl/en/the-initial-results-of-operation-night-watch

여 약 20개의 기관에 의해 지원된 이 프로젝트에는 화학자, 보존처리사, 역사학자, 프로그래머 등의 전문가들이 참여했으며, 최첨단 이미징 기술, 고해상도 사진, 컴퓨터 분석 등 다양한 방식으로 〈야경〉에 대한 데이터가 수집 및 분석되고 있다.

이 프로젝트의 목표는 과학, 공학, 예술의 융합적 관점으로 접근해서 렘브란트가 과거에 어떠한 방식으로 작품을 완성했으며, 완성되었을 때의 모습이 현재까지 어떻게 변화했는지에 대한 경위를 규명하는 데 있다. 2019년 8월, 암스테르담국립미술관은 '야경 보수'의 일환으로 진행되는 매크로 X-선 형광 분석(X-Ray Fluorescence, 이하 MA-XRF) 스캔 과정을 관람객에게 공개했으며, 회화보존처리사 수잔 스멜트(Susan Smelt)와 안나 크레켈러(Anne Krekeler)가 매크로 X-선 형광 분석 과정을 진행했다.[67]

이후 프로젝트에 참여한 보존처리사들은 매크로 X-선 형광 분석(MA-XRF) 스캐너로 총 56회의 스캔을 실행했으며, 그 결과를 기반으로 납, 철, 칼슘, 코발트, 니켈 등 렘브란트가 사용한 33가지 안료의 화학 원소 지도가 만들어졌다. 이 화학 원소 지도는 작품 전체에 어떤 화학 원소가 분포되었으며, 그 원소의 위치를 확인하는 것을 가능하게 해주었다.

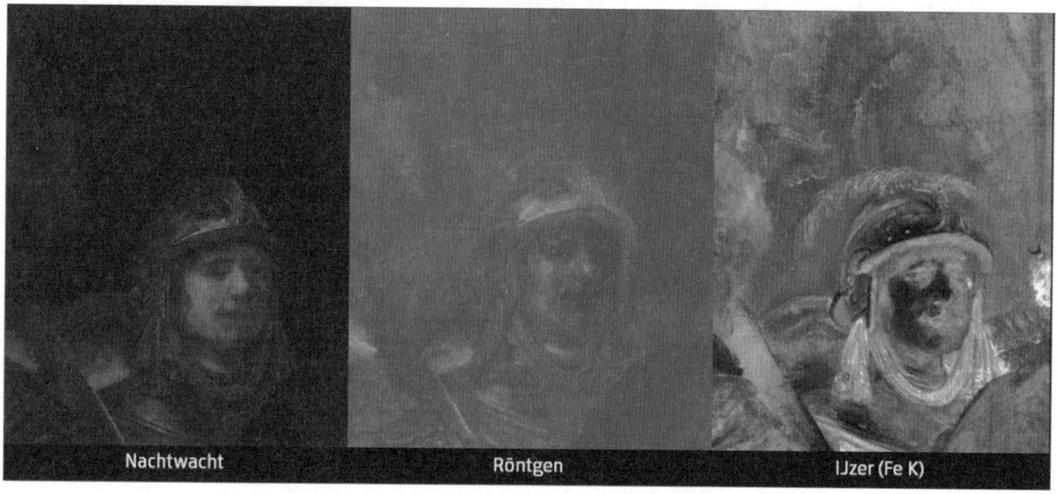

〈그림 6-31〉 철 성분 분석에서 드러난 인물의 헬멧에 숨겨져 있던 깃털

출처: https://www.rijksmuseum.nl/en/the-initial-results-of-operation-night-watch

특히 렘브란트가 자주 사용했던 '스몰트(smalt)'라는 안료에는 코발트, 니켈, 비소가 함유되었는데, 이 화학 원소 지도는 이들 성분을 확인시켜주었다.[68] 또한 이 지도는 파란색뿐만 아니라 다른 색에도 스몰트가 사용되었다는 과학적 근거를 제시해주었다. 상술한 분석 결과는 렘브란트가 사용한 안료에 대한 정보 제공뿐만 아니라 렘브란트의 임파스토 기법의 사용과 화법에 대한 이해, 복원 작업에도 매우 유용하다.

또한 매크로 X-선 형광 분석(MA-XRF) 이미지를 기반으로 진행된 철 성분에 대한 분석은 배경 인물 가운데 한 명의 헬멧에 숨겨져 있던 깃털을 드러내주었다.[69] 이 깃털은 육안으로 확인되지 않았을 뿐만 아니라 1970년대에 촬영된 X-선 이미지에서도 나타나지 않았는데, 이는 렘브란트가 나중에 깃털을 제거했다는 것을 의미한다. 또한 X-선 이미지는 〈야경〉이 두 차례에 걸쳐 칼로 공격을 당해 바니시 레이어에 남겨진 흔적, 그리고 시청의 두 문 사이에 그림을 맞추기 위해 작품의 네 가장자리가 잘렸다는 사실을 제시해주었다. 매크로 X-선 형광 분석을 완료한 후 프로젝트에 참여한 전문가들은 총 5마이크로미터 또는 5천분의 1 밀리미터의 고해상도

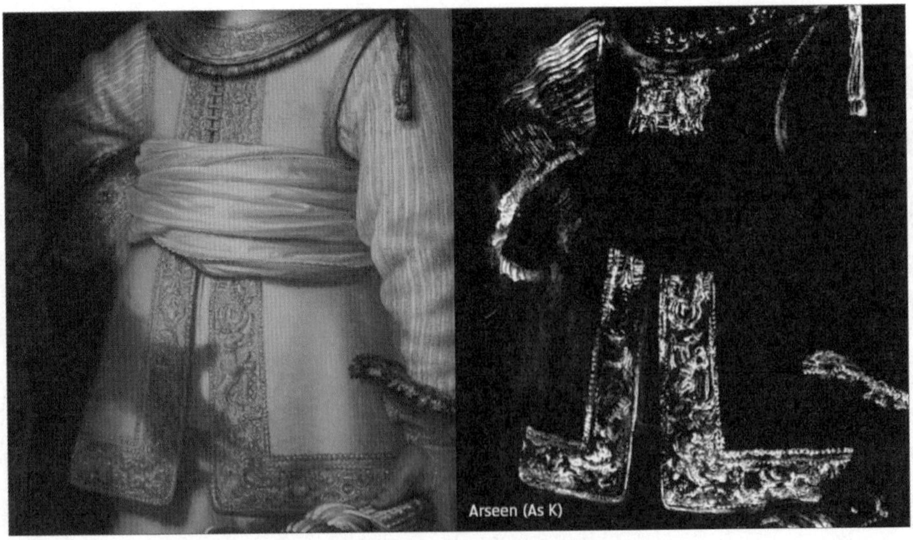

〈그림 6-32〉 인물의 황금색 의복에서 드러난 비소 성분

출처: https://www.rijksmuseum.nl/en/the-initial-results-of-operation-night-watch

로 1만 2천 장 이상의 사진을 촬영했다.

또한 보존처리사와 미술사학자들이 사용할 수 있도록 약 600 테라바이트에 이르는 방대한 이미지 데이터를 시각화할 수 있는 '커튼 뷰어(Curtain Viewer)'를 사용해서 이미지를 시각화했으며,[70] 이 외에도 이미지 분광법(imaging spectroscopy), 광간섭 단층 촬영(Optical coherence tomography, OCT), 구조광 3D 스캐닝(structured-light 3D scanning) 등의 이미징 기술도 사용했다.[71] '야경 보수'는 작품의 보존 처리 및 복원 외에도 미술사 연구를 위한 지식과 자료의 디지털 아카이빙에 큰 의미를 두고 있으며, 이를 위해 프로젝트 전 과정에서 도출된 정보를 타 미술관 및 연구기관과 공유할 예정이다.

6

〈겐트 제단화(Ghent Altarpiece)〉에 대한 이미징 분석 및 인공지능 기반의 이미지 분리

Koninklijk Instituut voor het Kunstpatrimonium - Institut Royal du Patrimoine Artistique

일반적으로 현대의 문화재 보존 및 복원에 대한 연구는 X-선 기술, X-방사선 사진, 매크로 X-선 형광 분석(MA-XRF), 분광학적 스펙트럼 분석, 초분광 이미징 분석, 컴퓨터 다능 촬영(Computer Tomography, 이하 CT), 비파괴 표면 X-선 회절분석법(X-

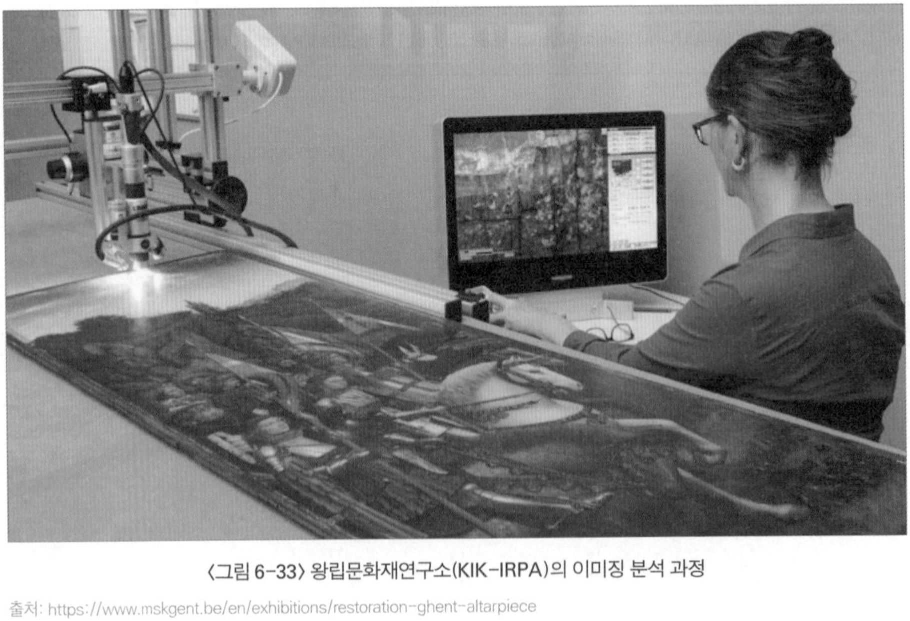

〈그림 6-33〉 왕립문화재연구소(KIK-IRPA)의 이미징 분석 과정

출처: https://www.mskgent.be/en/exhibitions/restoration-ghent-altarpiece

ray diffraction-neutron diffraction analysis, 이하 XRD-ND), 뫼스바우어 분광 기법(Mössbauer spectrpscopy),[72] 초고해상도 디지털 이미징 기술, 테라헤르츠 이미징 기법(terahertz imaging technique)[73] 등 다양한 기술적 접근에 의존해왔다.

최근에는 한층 더 발전된 테크놀로지에 힘입어 문화유산과 관련된 빅데이터 분석이나 컴퓨터 비전, 인공지능 알고리즘을 활용한 보존과 복원에 대한 탐색이 진행되고 있다.[74] 예를 들어, 이미지 프로세싱 알고리즘(image processing algorithms)은 균열 감지, 미술 양식 분류, 예술작품의 캔버스 제거, 필적의 수치적 특성, 연대 측정이나 진위 판정, 예술 법의학 응용, 균열의 자동 감지 및 인페인팅(inpainting) 등 다양한 목적에 사용될 수 있다.[75]

15세기 플랑드르 회화의 걸작으로 인정받고 있는 성 바봉 성당(St. Bavon Cathedral)의 〈겐트 제단화(Ghent Altarpiece, 1432)〉는 15세기 초 겐트시의 시장이었던 요도쿠스 베이드(Jodocus Vijd)와 그의 아내 리스벳 보르뤼트(Lysbette Borluut)가 성당의 예배당을 위한 대규모 프로젝트의 일환으로 얀 반 에이크(Jan van Eyck)와 후베르트 반 에이크(Hubert van Eyck) 형제에게 의뢰한 작품이다.[76]

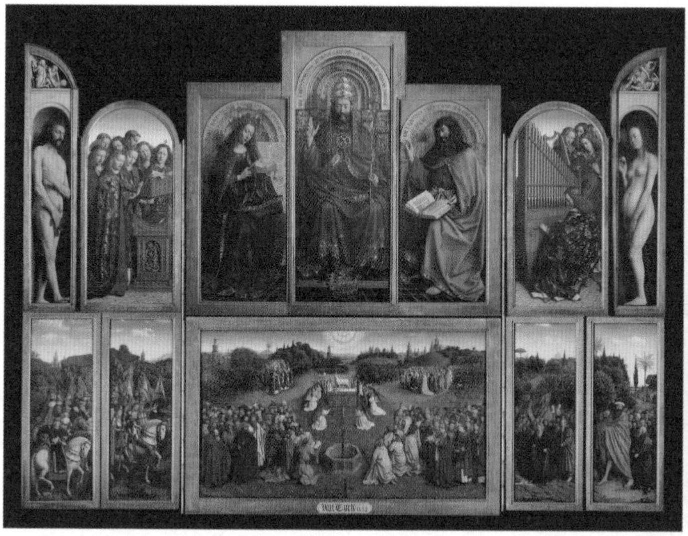

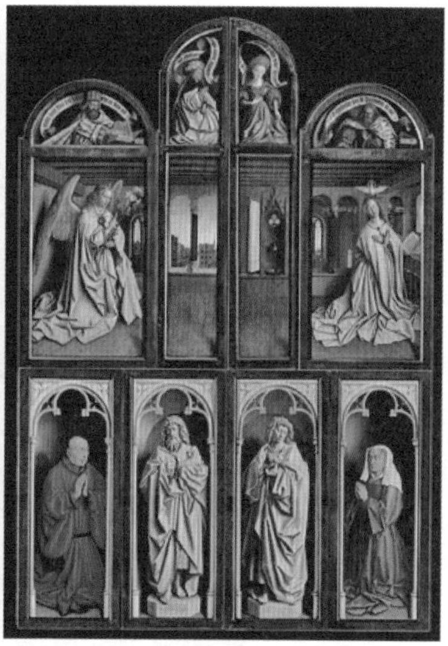

〈그림 6-34〉 반 에이크 형제의 〈겐트 제단화〉의 덧닫이가 열린 모습(위)과 덧닫이가 닫힌 모습(아래)

출처: https://www.mskgent.be/en/exhibitions/restoration-ghent-altarpiece

성경에서 모티프를 가져온 이 작품은 겐트시의 수호성인 세례자 요한과 베이드 가문의 수호성인 사도 요한에게 봉헌된 것이며, 제단화의 핵심적인 주제는 '구원의 신비와 인간 구원의 역사'다. 고딕 양식, 비잔틴 양식, 로마 전통을 혼합했지만, 이 작품은 중세의 전통을 이상적으로 표현함으로써 자연과 인간의 표현과 서양 예술의 주요 발전을 제시해주었으며, 인류문화사에서 가장 중요한 10대 회화작품 중의 하나로 인정받고 있다.[77]

이 작품에서 한 가지 주목할 것은 성인과 작품을 의뢰한 부부가 유사한 크기로 묘사되었다는 점인데, 이는 중세에서 인본주의 중심의 르네상스로 전환된 것을 의미한다. 하지만 이 제단화는 성상 파괴 운동으로 인해 작품이 해체되었으며, 칼뱅주의자에 의해 훼손되었고, 나폴레옹 전쟁, 제1차 세계대전과 제2차 세계대전에 걸쳐 약탈되었다.[78] 여섯 차례의 도난과 손상이 반복되었고, 하단의 왼쪽 패널 하나가 유실되었으며, 두 차례에 걸친 제단화의 복원 사고 등 연속된 수난의 세월을 거쳐 켈빈으로 귀향했다.

1950~1951년 〈겐트 제단화〉는 복원 프로젝트를 실행하기 바로 직전에 영국 국립미술관의 회화작품 보수로 인해 작품 세척 논란에 휘말렸다. 당시 국제적인 전문가들이 모여 작품 보수에 대해 논의했으며, 문화재 복원 및 교육기관인 로마의 중앙복원연구소(Institute Centrale del Restauro) 소장 체사레 브랜디(Cesare Brandi)와 국립미술관 관장 필립 헨디(Philip Hendy)는 작품 표면의 바니스 제거에 대해 매우 강하게 반대 의견을 제시했다.[79] 이에 다수의 실험실에서 유화 물감의 시료 분석이 이루어졌으며, 유화 물감의 레이어에 적용할 보존 처치 방법을 정의하기 위해 자외선, 적외선, X-선 등을 사용해서 기술보고서가 작성되었다.

2012년 10월부터 벨기에 겐트미술관(the Museum of Fine Arts Ghent, 이하 MSK)의 왕립문화재연구소(Koninklijk Instituut voor het Kunstpatrimonium - Institut Royal du Patrimoine Artistique, 이하 KIK-IRPA)가 〈겐트 제단화〉에 대한 보존 및 복원 프로젝트에 착수했다.[80] 이 프로젝트는 성 바봉 성당의 요청에 따라, 그리고 플랑드르 문화유산원(Flanders Heritage Agency)과 문화청소년미디어부(Department of Culture, Youth and Media)

등의 정부 기금과 벨기에 비영리단체인 아르투아 바이에 라투르 재단(Artois-Baillet Latour Foundation)의 지원에 따라 이루어졌다.[81] 2012년부터 1단계(2012. 10~2016. 10)와 2단계(2016. 1~2019. 12)에 걸쳐 보존 및 복원 작업이 진행되었으며, 2021년부터 3단계 보존 처리가 시작될 예정이다.

〈겐트 제단화〉의 보존 프로젝트에 참여한 왕립문화재연구소(KIK-IRPA)의 바르트 디볼더(Bart J. C. Devolder)를 비롯한 보존처리사와 복원전문가들은 다양한 이미징 및 분석 기술과 반 에이크 형제가 사용한 재질 및 예술 기법 분석에 대한 과학적 연구 결과를 기반으로 산화된 바니시를 제거하고, 유화 물감의 레이어와 지지대를 강화할 예정이었다.[82] 하지만 작품 표면의 노란색 바니시 아래에 숨겨져 있던 덧칠을 조사하는 과정에서 패널 전체에 분포된 덧칠과 균열, 덧칠의 상태와 보존 처리 방식의 상이성이 발견되었다.

왕립문화재연구소(KIK-IRPA)의 보존처리사와 복원전문가들, 겐트대학교(Ghent University)와 안트베르펜대학교(University of Antwerp)는 추가적인 학제 간 연구를 실행했다. 겐트대학교 연구팀은 일본 하이록스사가 개발한 3D 현미경(3D Hirox Microscope)으로 유화 물감의 샘플을 분석했고, 안트베르펜대학교의 연구자들은 매크로 X-선 형광 분석(MA-XRF)으로 보존처리사들의 결과를 확인했다.[83] 패널 세척 테스트 결과, 일부 훼손된 부분을 제외하면 표면의 약 70% 이상을 차지하는 덧칠

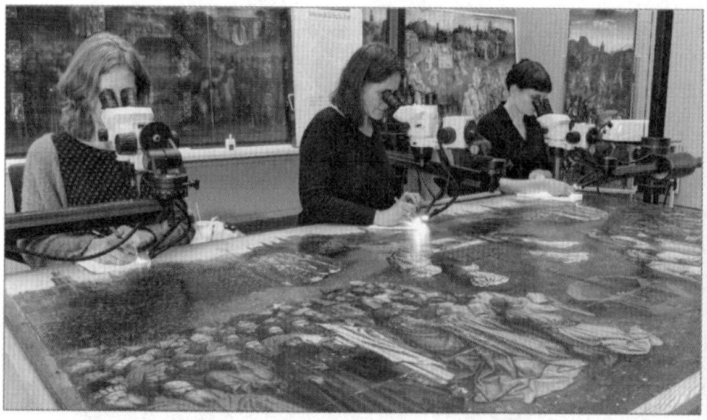

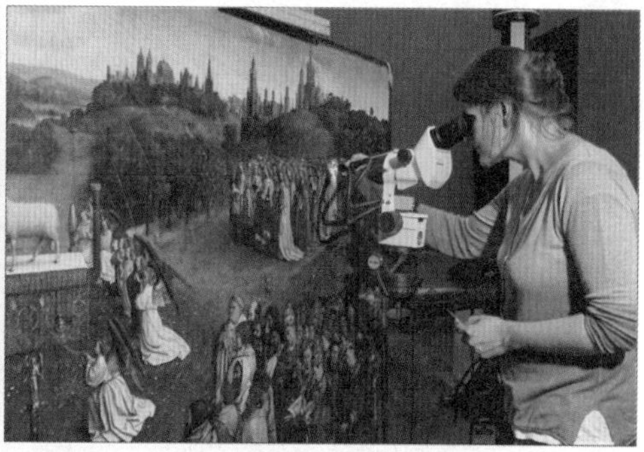

〈그림 6-35〉 양안현미경을 사용해서 덧칠 제거 작업 중인 복원전문가와 3D 디지털 현미경을 사용한 이미징 분석 과정

출처: http://www.flanderstoday.eu/central-panel-ghent-altarpiece-fully-restored-and-full-surprises ; https://www.mskgent.be/en/exhibitions/restoration-ghent-altarpiece

의 상태는 양호했으며, 유화 물감의 손실도 거의 없었고, 유화 물감의 레이어 상태 또한 양호했다.[84]

또한 원본 그림의 5% 정도의 물감 손실로 보존 상태가 상당히 좋으며, 원래 유화 물감의 레이어를 손상시키지 않고 제거할 수 있다는 사실이 확인되었으므로[85] 연구팀은 겐트 제단화 보존위원회와의 협의를 통해 덧칠 부분을 제거하기로 결정했다.[86] 이 결정에 의거하여 보존 처리는 '어린 양에 대한 경배(Adoration of the Mystic Lamb)'가 있는 중앙 패널, '그리스도의 기사단'이 있는 측면 패널, '은둔자와 순례자' 등이 2016년 말부터 2019년까지 진행되었다.

2단계의 보존 및 복원 프로젝트가 진행되는 동안 연구팀은 작품 표면의 바니시를 제거해서 가장 손상이 심한 부분을 보수 및 복원하는 데 주력했고,[87] 바니시가 제거된 후 3D 디지털 현미경으로 유화 물감의 표면이 광범위하게 조사되었다.[88] 그 결과, 복원이 진행되면서 그동안 육안으로 확인되지 않았던 도상학적 요소들, 그리고 반 아이크 형제의 탁월한 관찰 감각과 빛, 재료의 상호작용이 만들어낸 심미적 특성이 입체적으로 조명되었다.[89] 바니시 제거 후 원본 이미지에서 손실이나 마모,

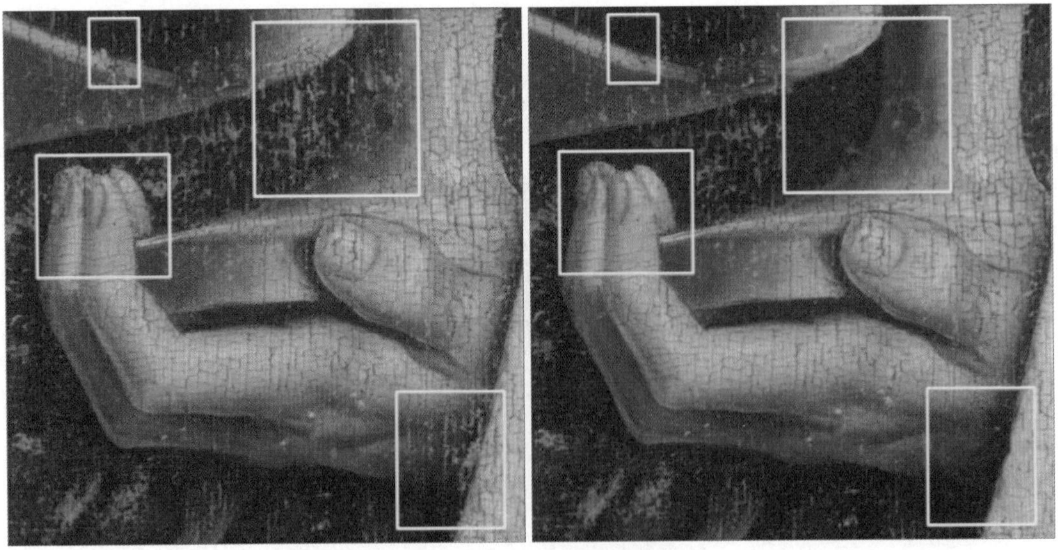

〈그림 6-36〉 사도 요한 패널(왼쪽)의 균열된 부분(박스 친 부분)과 인페인팅 기법으로 균열이 개선된 부분(오른쪽)

출처: A. Pizurica, L. Platiša, T. Ruzic, B. Cornelis, A. Dooms, M. Martens & I. Daubechies, 2015.

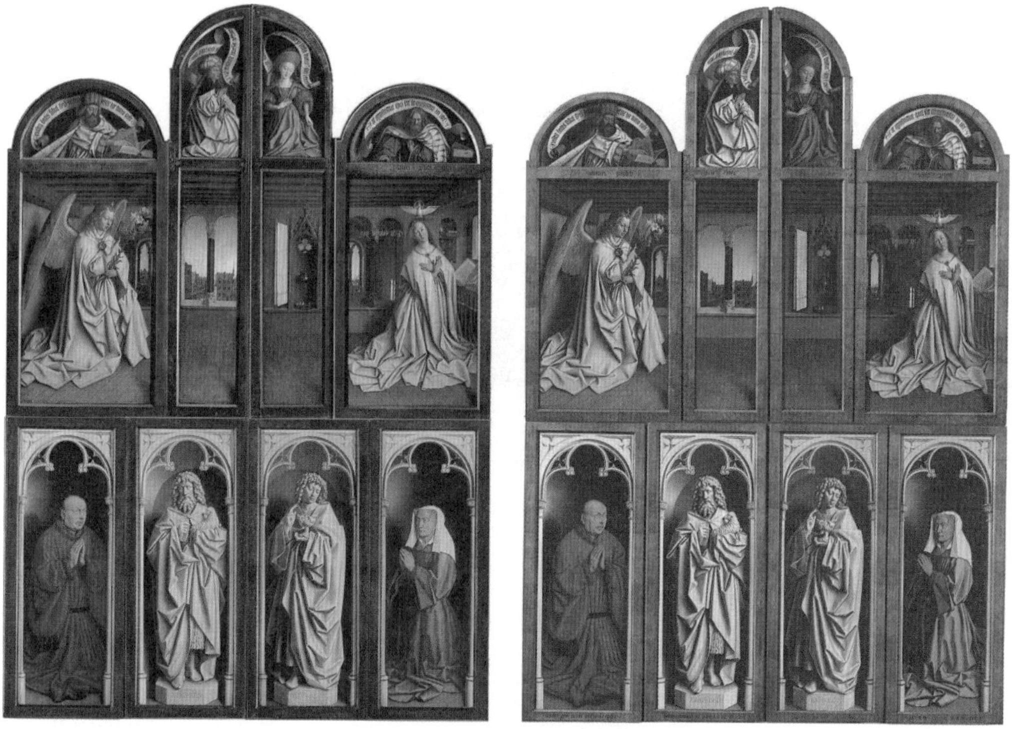

〈그림 6-37〉 복원 전 모습, 1단계와 2단계 보존 처리 후 제단화의 모습(덧닫이가 닫힌 모습)
출처: http://closertovaneyck.kikirpa.be/ghentaltarpiece/#home/sub=close&vis&bt

균열 부분이 많이 발견되었고,[90] 이에 누락된 패치(patch)를 채워 구조와 질감을 대체할 수 있는 인페인팅 기법(inpainting)으로 상술한 문제점이 개선되었다.[91]

특히 나머지 패널 그림과 미술 양식이 일치하지 않았던 중앙 패널의 '어린 양에 대한 경배(Adoration of the Mystic Lamb)'의 경우, 3년에 걸친 덧칠 제거 작업으로 500년 동안 감추어져 있던 양이 본래의 모습을 드러냈는데, 복원된 양의 얼굴은 실제 양의 모습과 매우 달랐다. 스미스소니언 매거진(Smithsonian Magazine)은 복원된 양의 얼굴에 대해 정면을 향하고 있는 강렬한 시선의 눈, 분홍색으로 채색된 입술, 다소 벌어진 느낌의 코는 '휴머노이드(humanoid)' 얼굴, 즉 인간의 형상과 매우 유사하다고 평가했다.[92]

두 번째 단계의 복원이 완료된 후 패널은 성 바봉 성당의 원래 위치로 돌아갔

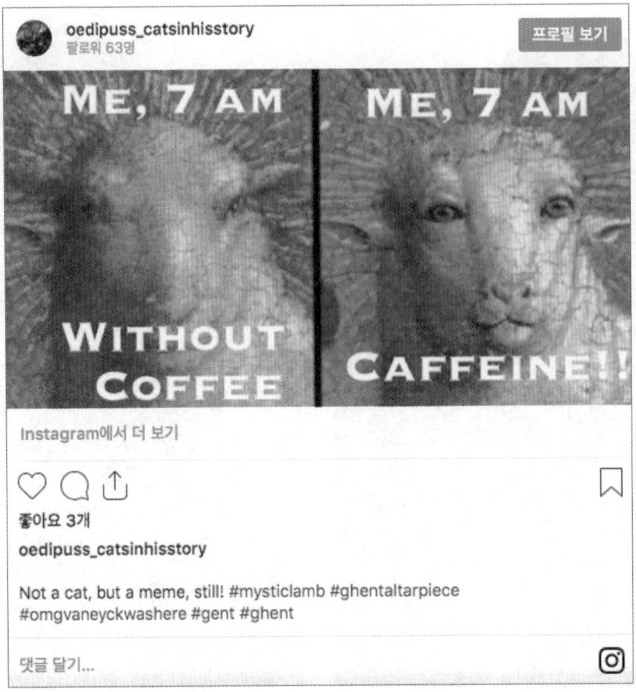

〈그림 6-38〉 인스타그램에 올려진 '어린 양에 대한 경배'의 양의 얼굴 게시물

출처: https://www.art-critique.com/en/2020/01/lamb-in-ghent-altarpiece/

고, 첫 번째 단계에서 복원된 8개의 외부 패널과 합쳐져 2020년 겐트미술관(MSK)에서 〈반 아이크: 광학 혁명(Van Eyck: An Optical Revolution)〉이 개최되었다. 하지만 '어린 양에 대한 경배'의 복원된 양의 얼굴에 대해 '불편함을 자아내는 얼굴'이라는 평가와 함께 복원 결과를 조롱하는 듯한 부정적인 의견들이 소셜 네트워크 서비스(SNS)에 확산되었다.[93]

어린 양의 실체가 밝혀진 것은 미술사에서 상당히 중요한 의미를 지녔지만, 덧칠로 인한 외형적 변화 이유에 대해서는 미술사가와 신학자 간에 새로운 논쟁을 불러일으켰다. 겐트대학교의 르네상스 예술 및 바로크 미술 전공 교수인 코엔라드 존키어(Koenraad Jonckheere)는 양의 형상에 덧칠이 된 이유를 강렬하고 인간처럼 보이는 양을 무표정한 동물로 바꾸려고 했던 것으로 추정하고 있으며, 이는 중세 미술 양식을 통해 확인이 가능하다.[94] 실제로 중세의 작품을 검토해보면, 로마의 산타마리

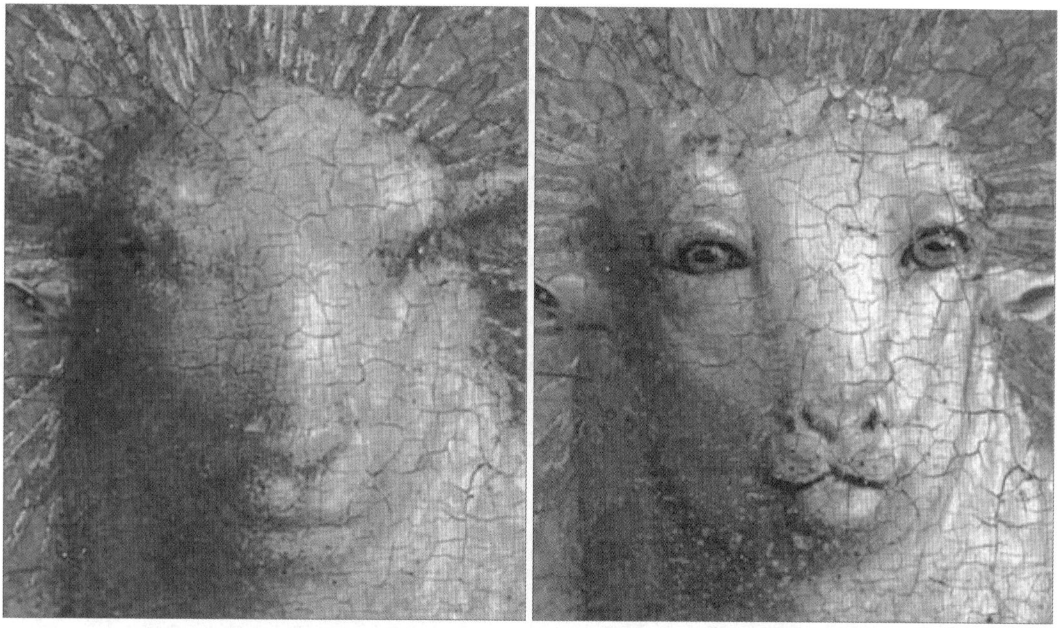

〈그림 6-39〉 '어린 양에 대한 경배'의 덧칠 제거로 드러난 양의 얼굴

출처: https://www.thevintagenews.com/2019/12/30/ghent-altarpiece-lamb/

아 마조레(Santa Maria Maggiore)처럼 중세에는 인간을 더욱 자연스럽고 수동적으로 묘사했으며, 인간을 닮은 눈으로 하느님의 어린 양을 표현한 것은 매우 보편적인 미술 양식이라 할 수 있다.

왕립문화재연구소(KIK-IRPA)의 보존처리사와 복원전문가들은 고해상도 적외선 사진, 적외선 반사(IR) 및 X-방사선 등의 분석 방법 및 보존 처리와 관련된 모든 상세 기록을 문서화함으로써[95] 반 에이크 형제가 사용한 재료와 예술 기법 등 미술사 연구에 매우 귀중한 정보를 제공해주었다.[96] 특히 X-방사선 이미지는 육안으로 확인되지 않는 바니시의 유실 및 손상, 구조적 문제, 유화 물감의 레이어 및 균열 등 작품 표면에 대한 풍부한 정보를 제공해주므로 회화작품의 연구와 복원에 매우 유용한 자료다.

2018년 게티 재단(Getty Foundation)의 지원을 받은 왕립문화재연구소(KIK-IRPA)는 반 에이크의 회화작품 보존 프로젝트에서 도출된 과학적 데이터와 사진 이미지

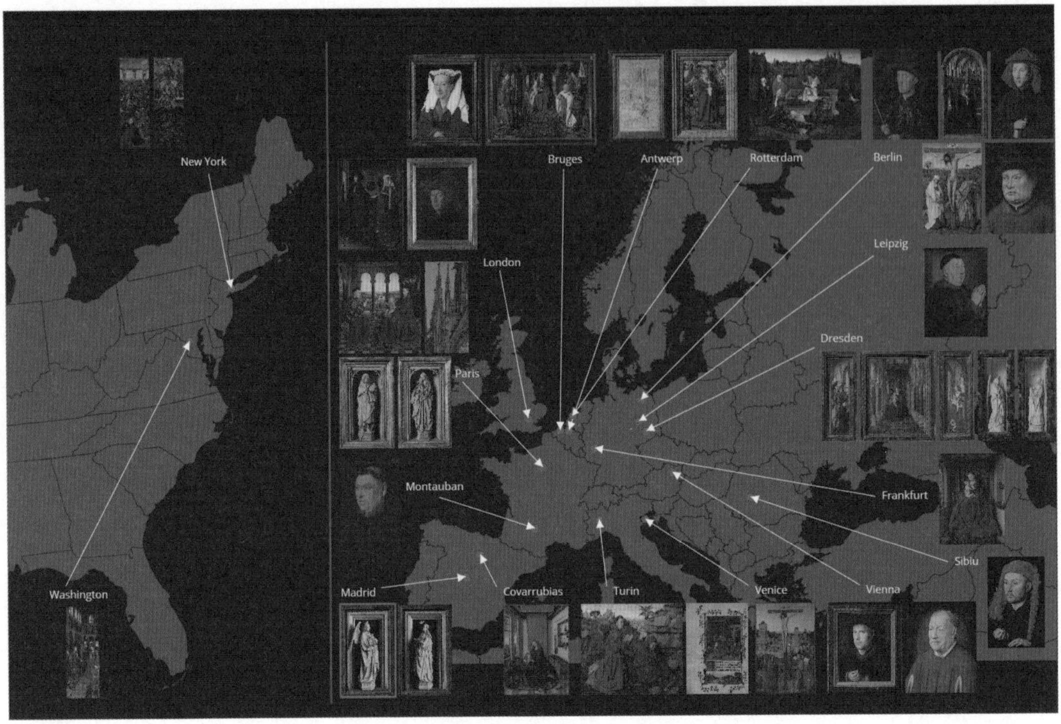

〈그림 6-40〉 VERONA 웹사이트 인터페이스

출처: closertovaneyck.kikirpa.be

를 기반으로 반 에이크 회화작품 보존 및 복원 프로젝트에 대한 데이터를 이용할 수 있는 웹사이트(The Website Closer to Van Eyck)와 반 에이크 디지털 아카이브(Van Eyck Research in OpeN Access, 이하 VERONA)를 공개했다. 특히 후자의 경우, 초고해상도 이미지뿐만 아니라 일반광, 적외선 및 UV 형광으로 촬영한 매크로 이미지, X-선 이미지, 매크로 X-선 형광 분석(MA-XRF) 이미지 등의 데이터와 함께 1천억 픽셀의 초고해상도 이미지도 제공해준다.[97]

〈겐트 제단화〉의 두 번째 보존 및 복원 프로젝트가 완료된 이후 국립미술관(National Gallery), 듀크대학교(Duke University), 컬리지런던대학교(University College London, 이하 UCL)는 〈겐트 제단화(Ghent Altarpiece, 1420~1432)〉의 고해상도 디지털 X-선 이미지를 인공지능으로 분석하는 협력 프로젝트(이하 인공지능 프로젝트)를 영국 과학공학연구회(Engineering and Physical Sciences Research Council, 이하 EPSRC)와 사이몬즈

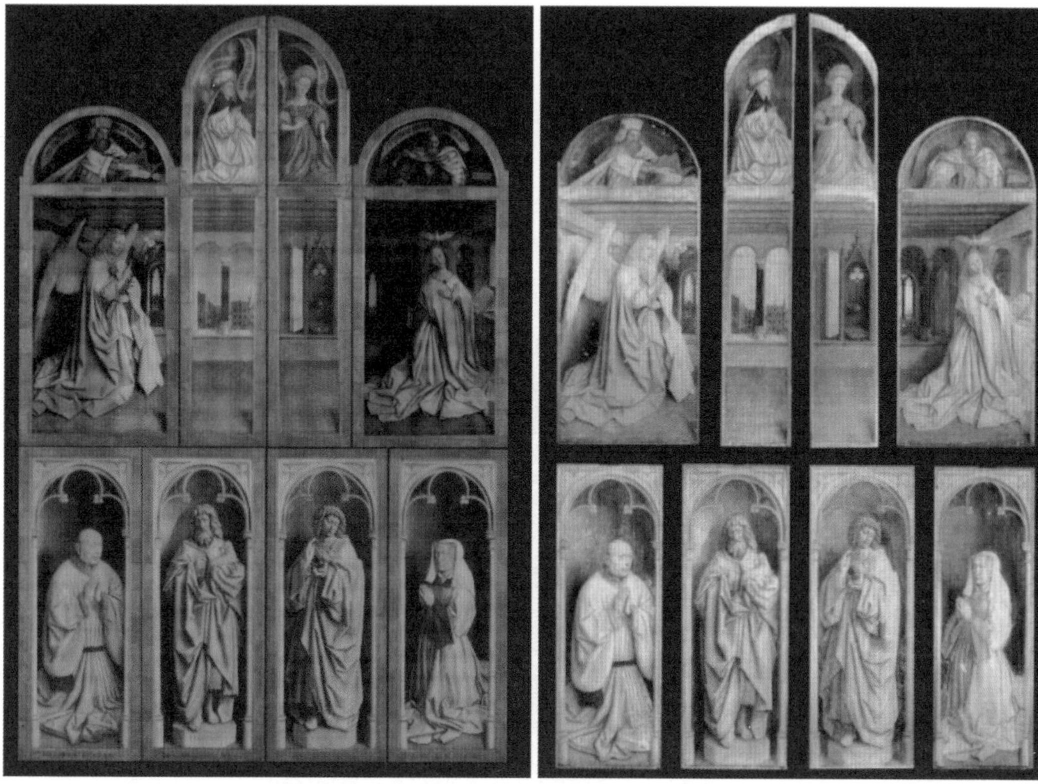

〈그림 6-41〉 반 에이크 회화작품 보존 및 복원 프로젝트 웹사이트(The Website Closer to Van Eyck)에서 제공하는 적외선 매크로 사진 이미지와 적외선 반사(IR) 이미지

출처: http://closertovaneyck.kikirpa.be./ghentaltarpiece/#home/sub=close&XRR&at

재단(Simons Foundation)으로부터 28억 원의 지원을 받아 실행했다.[98] 컬리지 런던대학교 전자공학부의 미구엘 로드리구에(Miguel Rodrigues) 교수에 의하면, 이 프로젝트의 목적은 인공지능 지향 기술이 예술작품의 분석에서 발생하는 문제에 대한 해결 잠재력을 진단하는 데 있었다.[99]

연구팀은 왕립문화유산연구소(KIK-IRPA)가 보존 및 복원 프로젝트를 통해 획득한 초고해상도 이미지, 적외선 스펙트럼, 적외선 반사(IR) 이미지, X-선 이미지, 매크로 X-선 형광 분석(MA-XRF) 이미지, 초분광 이미지 등의 데이터 가운데 우선적으로 X-선 이미지를 사용했다. 일반적으로 X-선 이미지는 바니시 또는 덧칠의 균열, 물감의 손상이나 기타 구조적인 문제가 내재한 영역을 표시해서 회화작품의

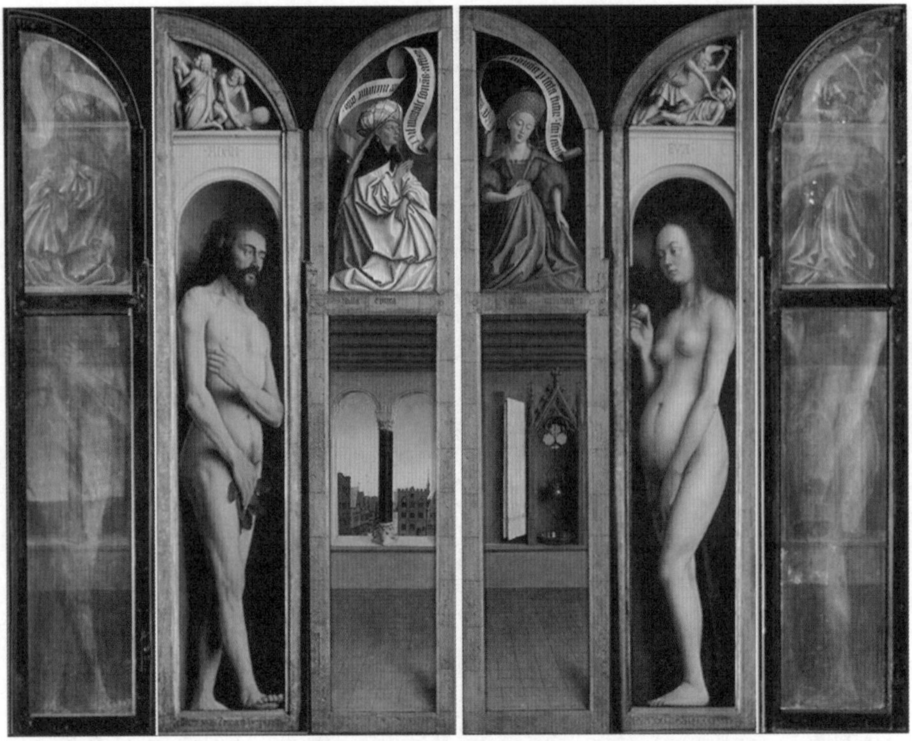

〈그림 6-42〉 양면으로 구성된 패널로 인해 생성된 X-선 혼합 이미지

출처: https://news.artnet.com/art-world/artificial-intelligence-ghent-altarpiece-discoveries-1641157

손상을 식별하고, 화가의 기법이나 양식, 캔버스 또는 패널의 물리적 구조 및 지지대, 작품에 사용된 유화 물감의 레이어를 파악하는 데 유용하다.[100]

하지만 X-선의 감쇠는 원자의 수뿐만 아니라 물리적 두께에 좌우되고, 더욱이 표면에 침투하는 X-선의 특성은 이미지에 부정적인 영향을 미치므로 해석 용이성이 매우 낮은 이미지를 생성할 가능성이 높다.[101] 특히 〈겐트 제단화〉의 경우, 양면으로 구성된 패널로 인해 혼합된 X-선 이미지가 생성되어 상술한 문제가 심화될 수 있었으며, 이에 연구팀은 이미지를 분리하기 위해 새로 개발된 알고리즘을 사용하기로 결정했다.

지도 학습, 반지도 학습, 강화 학습 등 머신 러닝의 유형적 특성을 검토한 결과, 연구팀은 이미지 분리를 위해 컨볼루션 신경망(CNN) 기반의 '자기 지도 학습

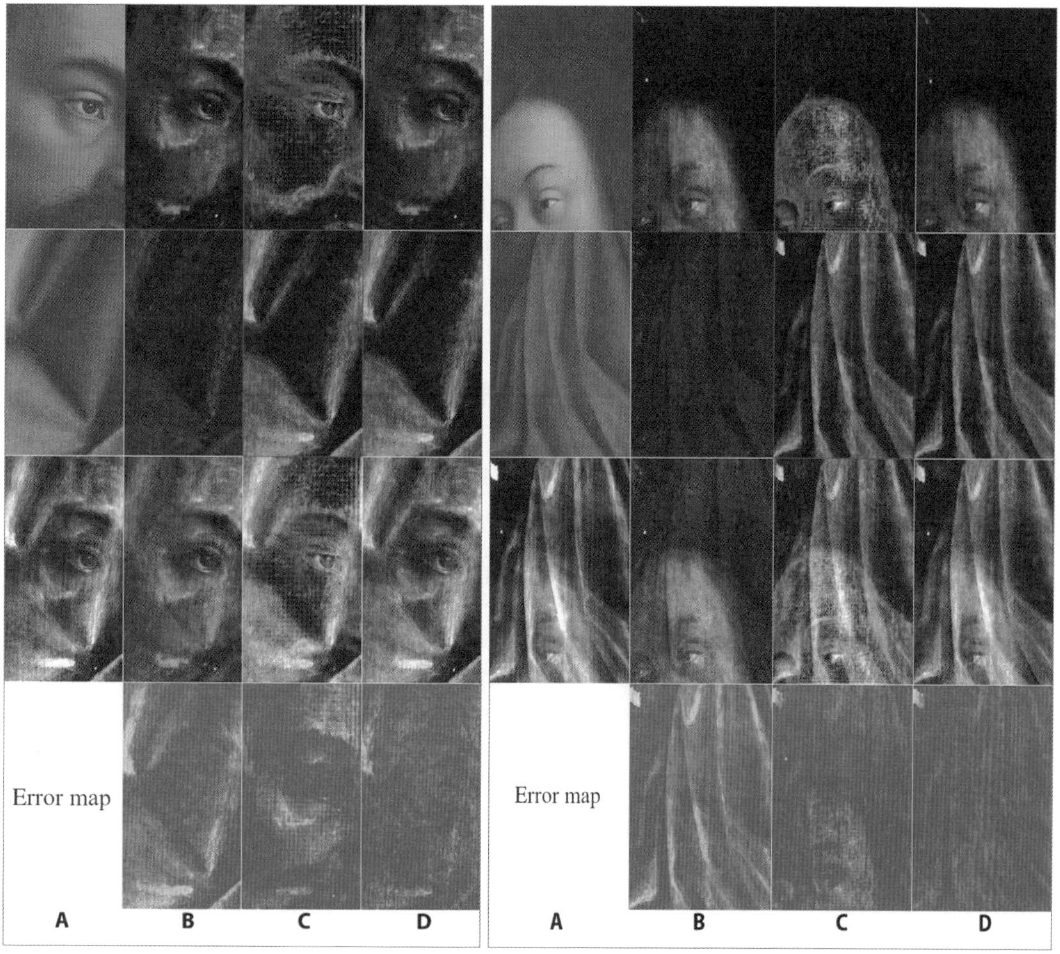

〈그림 6-43〉 인공지능을 기반으로 양면 패널의 아담과 이브의 이미지가 분리되는 과정

출처: https://advances.sciencemag.org/content/5/8/eaaw7416.full

방식(self-supervised framework)'을 채택했다. 이에 X-선 이미지를 각 측면의 재구성된 X-선 이미지로 분리하기 위해 연구팀은 다수의 레이블이 지정된 데이터 셋을 학습시키는 대신, 컨볼루션 신경망을 기반으로 패널 앞면과 뒷면의 가시적인 RGB[102] 이미지를 입력해서 2개의 분리된 X-선 이미지를 출력했다.[103] 이 인공지능 기반의 이미지 분리 방법은 양면 패널로 인해 X-선 혼합 이미지가 생성된 좌우 측면의 아담과 이브에 우선적으로 적용되었고, 결과적으로 자기 지도 학습 방식으로 재구성

된 X-선 이미지의 합과 원래의 혼합된 X-선 이미지 간 편차가 발생했다.

위의 그림에서 A열은 입력 이미지 데이터, B열은 첫 번째 출력 결과, C열은 두 번째 출력 결과, D열은 혼합된 이미지다. 맨 위쪽에 위치한 첫 번째 행은 보존 처리 이전의 RGB 입력 데이터 및 다양한 방식으로 재구성된 X-선 이미지, 두 번째 행은 외부 조각 쪽의 RGB 입력 데이터와 재구성된 X-선 이미지, 세 번째 행은 원래 혼합된 X-선 입력 이미지와 첫 번째와 두 번째 행에서 재구성된 X-선 이미지다. 연구팀이 제안한 알고리즘은 개별 X-선 이미지의 분리를 현저하게 개선했으며, 재구성된 X-선 이미지의 정확성도 높게 제시되었다. 왕립문화재연구소의 겐트 재단화 보존 프로젝트의 책임자 헬레네 뒤부아(Hélène Dubois)가 언급한 바와 같이,[104] 복잡한 X-선 혼합 이미지를 인공지능을 기반으로 분류함으로써 인공지능의 보존 및 복원을 위한 예술작품에 대한 정밀 진단, 미술사 연구 등에 대한 잠재력이 입증되었다.

7
인공지능 기반의 예술작품 분석

Ahmed Elgammal & the Art and Artificial Intelligence Lab

미국 럿거스대학교(Rutgers University)의 예술과 인공지능연구소(the Art and Artificial Intelligence Lab)를 운영하고 있는 컴퓨터공학자 아흐메드 엘가말(Ahmed Elgammal) 교수와 연구팀은 2014년부터 구도와 색상 같은 시각적 요소를 기반으로 회화작품의 이미지 간 유사성을 발견하는 프로젝트를 진행해왔다. 이 프로젝트는 럿거스대학교에서 컴퓨터공학을 인문학에 적용하기 위한 예술 응용 프로그램의 첫 번째 프로젝트 중 하나에 해당했다.[105]

상술한 회화작품의 이미지 간 유사성에 대해 일반적으로 미술전문가가 접근하는 방법은 감각적 인식을 비롯하여 화가들이 자신의 작품에 대해 설명할 때 사용하는 예술에 대한 기본적인 요소에 의존한다. 예를 들어, 예술가가 사용한 공간, 질감, 형태, 모양, 색상, 조화, 균형, 대비, 비율, 패턴, 움직임, 주제, 그림자, 필적, 가장자리 등 다양한 상위 개념과 설명적 속성들이 이러한 요소에 포함되며, 이를 근거로 작품을 비교한다.[106] 상술한 요소 가운데 필적은 컴퓨터공학자들이 예술가의 기법을 구별하는 데 도움이 되는데, 필적 분석을 위해 가장자리 감지 및 이미지 분할의 통합 방식이 사용되었다. 이러한 방법을 사용해서 규칙적이고도 반복적으로 패턴화된 형태의 붓놀림을 발견할 수 있다. 예를 들어, 반 고흐 예술작품 45점의 디지털 이미지를 분석한 한 연구에서는 필적을 기반으로 반 고흐의 독특한 작품 양식뿐

만 아니라 그의 작품을 동시대의 작품과 구분했다.[107]

반면 아흐메드 엘가말 교수 연구팀은 회화작품의 양식, 장르, 화가 등과 같은 미학적 유사성과 역사적 맥락, 그리고 이와 관련된 의미론적 수준에 대한 측정 및 판단이 가능한 미술사 해석의 영역에서 사용할 수 있는 컴퓨터 비전의 접근 방식 및 머신 러닝 알고리즘의 개발에 집중했다.[108] [109] 두 연구자는 다트머스대학교(Dartmouth College)와 영국 케임브리지의 마이크로소프트(Microsoft)가 진행한 연구에서 개발된 새로운 기술로부터 영감을 받았는데, 이 기술 연구의 핵심은 시각적으로 정의된 개념에 따른 회화작품의 분류법(Classemes)에 있었다.[110] 예를 들어 프레데리크 바지유(Frédéric Bazille)의 〈콩다인 9번가에 있는 화가의 화실(Studio 9 Rue de la Condamine)〉(왼쪽)과 노먼 록웰(Norman Rockwell)의 〈슈펠톤의 이발소(Shuffleton's Barber Shop)〉(오른쪽)를 비교해보면, 비슷한 이미지처럼 보이지 않을 수 있지만, 두 작품의 구성은 비슷한 방식으로 나뉜다. 노란색 원은 유사한 사물을, 빨간색 원은 구성을, 파란색 사각형은 유사한 구조 요소를 나타내는데, 이러한 요소들을 고려하면 두 작품은 유사한 특성을 지니고 있다. 이를 통해 연구자들은 작품의 영향력 가운데 유

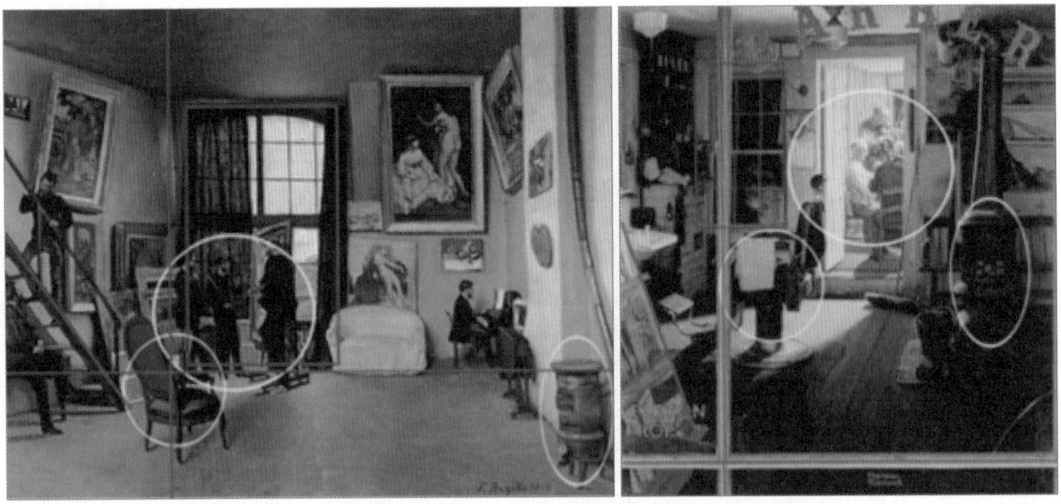

〈그림 6-44〉 프레데리크 바지유의 〈콩다인 9번가에 있는 화가의 화실〉(왼쪽)과 노먼 록웰의 〈슈펠톤의 이발소〉(오른쪽)의 유사성 비교

출처: K. Abe et al., 2013

사성의 중요성에 대해 이해하게 되었고, 반복되는 사물 등 높은 수준의 의미 체계가 유사성 척도로 사용될 수 있다는 사실을 확인했다.[111]

연구팀은 학제적 연구의 관점에서 예술가와 예술작품에 대한 새로운 통찰력을 발견하기 위해 수학적 계산 및 통계적 방법에 해당하는 시각적 스타일로메트리(visual stylometry)를 사용해서 이미지를 계산 및 비교했다. 동시에 회화작품의 유사성 및 상이성의 척도를 정의하기 위해 거리 척도(Large Margin Nearest Neighbors, 이하 LMNN)뿐만 아니라 비선형적 특성을 지닌 GB-LMNN, 마할라노비스 거리 측정법(Mahalanobis distance), 학습하는 데 사용되는 부스팅 기술 기반의 부스트 메트릭(Boost Metric)을 검토했다.

연구팀은 15세기 초부터 20세기 후반까지 활동한 66명의 화가가 그린 1,710점의 회화작품에 대한 데이터 셋을 구성했다. 마크 하든(Mark Harden)의 순수예술 데이터베이스 아트카이브(Artchive database of fine art)가 선정한 이 데이터 셋에는 13개의 미술사조가 포함되었다.[112] 미술 양식적 측면에서 화가의 숫자를 살펴보면, 르네상스(12), 바로크(5), 신고전주의(3), 낭만주의(5), 인상주의(10), 후기 인상주의(3), 표현주의(10), 상징주의(1), 큐비즘(4), 초현실주의(2), 미국 모더니즘(2), 팝아트(4), 현대 추상주의(7) 등으로 분포되었으며, 가장 많은 이미지가 사용된 화가는 140개의 이미지가 데이터 셋에 포함된 폴 세잔(Paul Cézanne)이었다.[113]

또한 이 데이터 셋은 각각의 작품 이미지에 화가의 이름, 작품명, 제작연도, 양

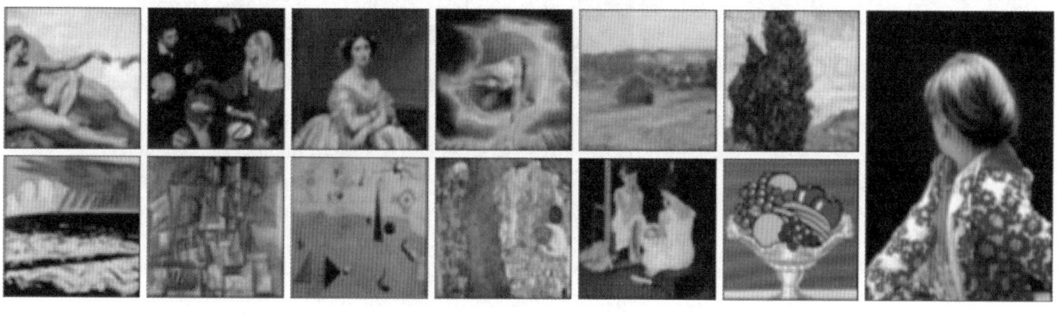

〈그림 6-45〉 13개 양식의 회화작품 샘플

출처: B. Saleh, et. al., 2014

식 등이 주석으로 기록되었다. 또한 연구팀은 머신 러닝의 관점에서 학습하고자 하는 데이터 원본 또는 실제 값을 표현하기 위한 기준값(ground-truth)을 확보하기 위해 연구 초기 단계에서 미술전문가로부터 이들 화가 간의 영향력에 대한 의견을 수집했다.

아래 그림은 LMNN 메트릭과 부스트 메트릭을 기반으로 분석된 회화작품 간의 유사성을 측정한 결과인데, 클림트(Gustav Klimt)의 〈희망(Hope II, 1907~1908)〉과 유사성이 가장 가까운 상위 9개의 일치 항목이다. 비록 LMNN 메트릭과 부스트 메트릭의 결과가 상이한 미술 양식으로 제시되었지만, 이 결과는 색상, 질감, 구도, 주제 등에서 유사성에 대한 다양한 측면을 제시해주었다.

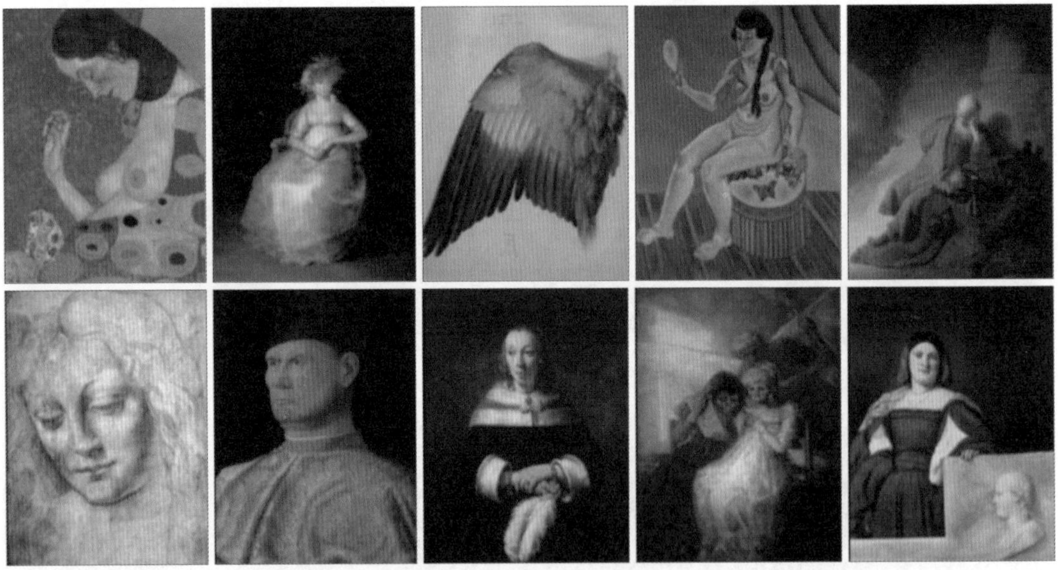

〈그림 6-46〉 LMNN 메트릭을 기반으로 분석된 클림트(Gustav Klimt)의 〈희망(Hope II, 1907~1908)〉과 유사성이 도출된 9개의 회화작품[윗줄의 왼쪽에서 오른쪽 방향으로: 〈친촌 백작(Countess of Chinchon, Francisco Goya, 1800)〉, 〈푸른 비둘기의 날개 또는 롤러의 날개(Wing of a Roller, Albrecht Dürer, 1512)〉, 〈거울과 함께 있는 나부(Nude with a Mirror, Joan Miro, 1919)〉, 〈예루살렘의 파괴를 슬퍼하는 예레미아(Jeremiah lamenting the destruction of Jerusalem, Rembrandt Harmenszoon van Rijn, 1630)〉, 〈헝클어진 머리의 여성(Head of a Young Woman, Leonardo Da Vinci, 1508)〉, 〈콘도티에르 초상(Portrait of a condottiere, Giovanni Bellini, 1495~1500)〉, 〈늙은 여자들의 시간(Portrait of Old Women, Francisco Goya, 1812)〉, 〈라 시아보나로 불리는 여인의 초상(La Schiavona, Titian Vecelli, 1510~1512)〉]

출처: B. Saleh, K. Abe & A. M. Elgammal, 2014

다음 단계에서, 연구팀은 LMNN[114]과 부스트 메트릭을 사용해서 2차원 그래프로 '화가의 지도(map of artists)'를 생성한 다음 이 공간에 모든 예술가의 위치를 배치하고 어떠한 방식으로 군집화되는지를 확인했다. 이 지도에서 색상 코딩은 동일한 양식의 화가를 나타내고 있어 동일한 양식의 화가는 동일한 색상으로 표시되었다. 분석을 통해 총 76쌍의 일방향적인 화가의 영향력이 발견되었으며, 일부 화가의 경우에는 다른 화가에 대해 영향력이 드러나지 않은 반면, 몇몇의 화가는 다수의 화가에게 영향을 미쳤다.

연구팀은 상술한 두 가지 메트릭의 성능을 확인하기 위해 회화작품의 양식 분류 작업에 대한 정확성을 비교했으며, 유사성 측정을 적용한 후 서포트 벡터 머신(Support Vector Machine, 이하 SVM)을 사용하여 일대일 분류기 세트를 훈련했다. 각 분

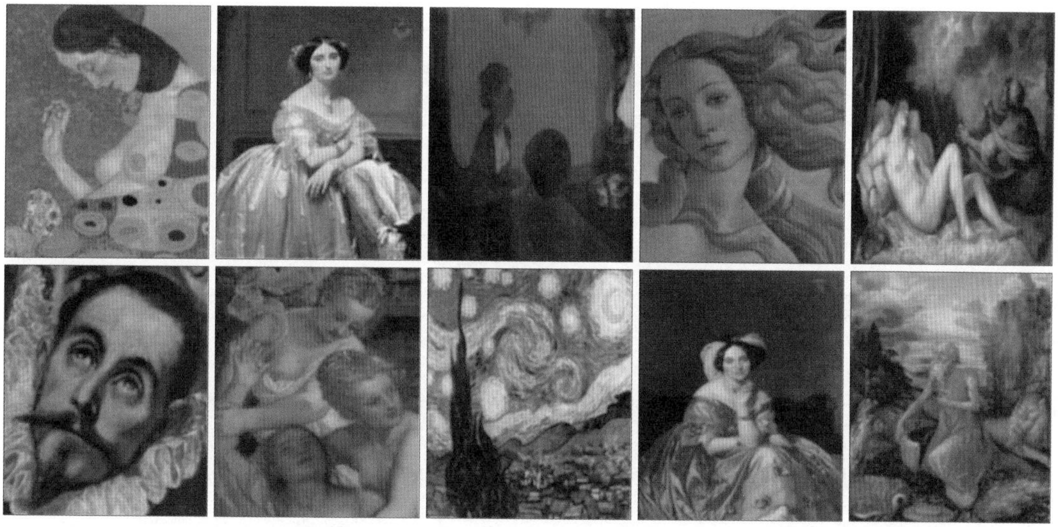

〈그림 6-47〉 부스트 메트릭을 기반으로 분석된 클림트의 〈희망〉과 유사성이 도출된 9개의 회화작품 [윗줄의 왼쪽에서 오른쪽 방향으로: 〈프린세스 드 브로이(Princesse de Brogile, Jean Auguste Dominique Ingres, 1851~1853)〉, 〈마담 까뮤(Madame Camus, Edgar Degas, 1870)〉, 〈비너스의 탄생(The birth of Venus-Detail of Face, Sandro Botticelli, 1485)〉, 〈황금비를 맞는 다나에(Danae and the shower of gold, Vecelli Titian, 1553)〉, 〈오르가스 백작의 매장(The burial of count Orgasz, El Greco, 1586~1588)〉, 〈디아나와 칼리스토(Diana Callisto, Vecelli Titian, 1556~1559)〉, 〈별이 빛나는 밤에(The Starry night, Vincent Van Gogh, 1889)〉, 〈배로니스 베티 드 로스차일드(Baronesss Betty de Rothschild, Jean Auguste Dominique Ingres, 1848)〉, 〈광야의 성 제롬(St. Jerome in the wilderness, Albrecht Dürer, 1495~1496)〉]

출처: B. Saleh, K. Abe & A. M. Elgammal, 2014

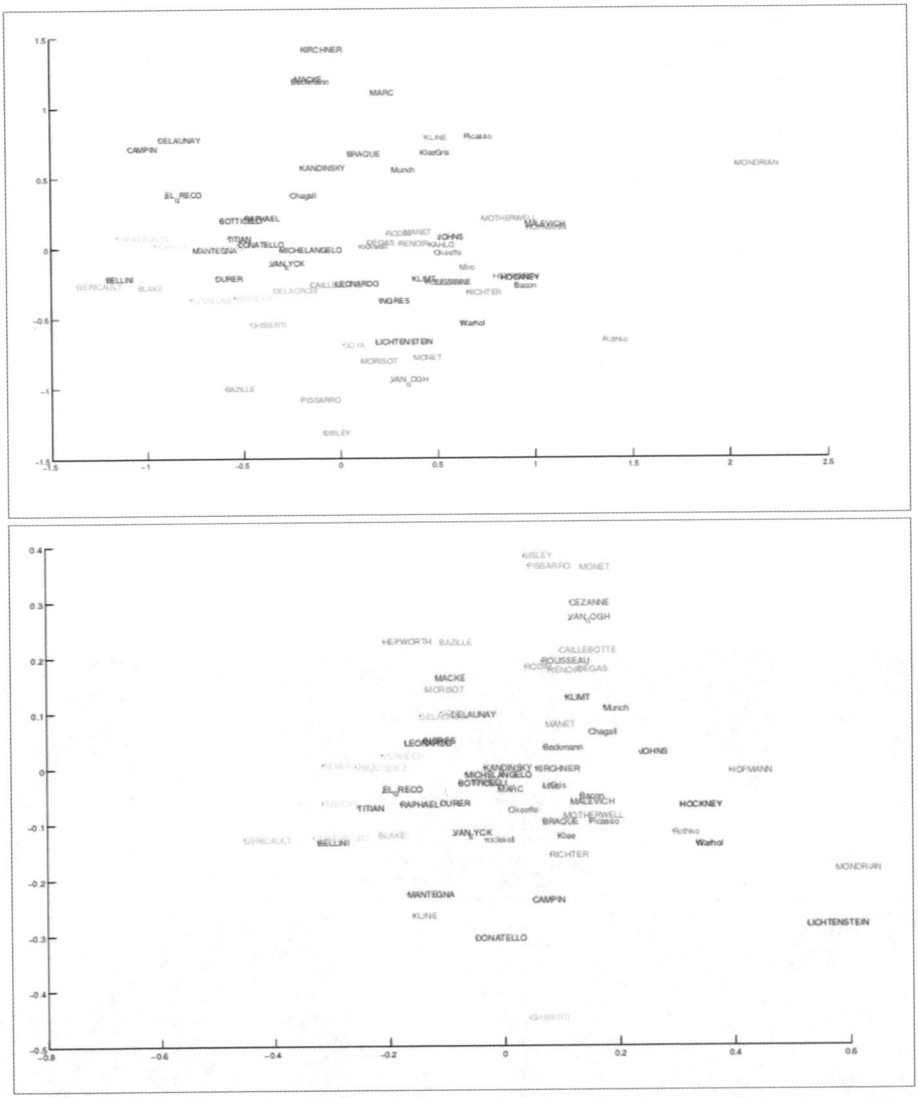

〈그림 6-48〉 LMNN 메트릭과 부스트 메트릭을 기반으로 화가의 유사성이 분석된 화가의 지도(map of artists)

출처: B. Saleh, K. Abe & A. M. Elgammal, 2014

류기는 하나의 회화작품의 양식에 해당하며, LIBSVM 패키지를 사용해서 총 13개의 분류기를 훈련했다. 낮은 수준의 시각적 특징에 대해 훈련된 LMNN 메트릭과 부스트 메트릭의 성능을 비교해보면, 낮은 수준의 시각적 특징에 대해 훈련된 LMNN 메트릭이 부스트 메트릭보다 성능적으로 탁월했다.

연구팀이 회화작품의 유사성 및 상이성, 화가의 영향력 분석에 사용한 알고리즘은 미술전문가들이 제공한 의견과 명확하게 일치했다. 예를 들어, 알고리즘은 구스타프 클림트가 파블로 피카소와 조르주 브라크에 가깝다는 사실을 제시해주었는데, 이러한 사실은 실제로 미술사 전문가의 의견을 통해 확인되었다. 그뿐만 아니라 알고리즘은 외젠 들라크루아(Eugène Delacroix)의 프레데리크 바지유(Frédéric Bazille)에 대한 영향력, 에드바르트 뭉크(Edvard Munch)의 막스 베크만(Max Bechmann)에 대한 영향력, 에드가 드가(Edgar Degas)의 구스타브 카유보트(Gustave Caillebotte)에 대한 영향력도 제시해주었다. 이 알고리즘은 다른 화가에게 영향을 준 개별 작품의 식별을 가능하게 해주었는데, 예를 들어 분위기나 양식은 다르지만 사물과 풍경의 관점에서 브라크와 피카소 작품의 유사성이나 고흐와 미로의 유사성을 나타내주었다.[115] 아흐메드 엘가말 교수는 바박 살레와의 연구를 한 단계 발전시켜 에밀리 스프랫(Emily L. Spratt)과 함께 〈컴퓨테이셔널 미: 예술과 과학의 교차점에서의 미적 판단(Computational Beauty: Aesthetic judgement at the intersection of art and science)〉이라는 논문을 발표했다.[116] 이 연구는 예술작품에 대한 분석과 미적 판단에 대한 컴퓨터 비전의 적용 가능성을 제시해주었다.

2015년 미국 유타주에서 개최된 컴퓨테이셔널 창의성 국제 콘퍼런스(International Conference on Computational Creativity, ICCC)에서 아흐메드 엘가말 교수는 바박 살레(Babak Saleh)와 함께 창의성 측정에 '독창성(originality)'과 '후대에 대한 영향력(influence)'이라는 두 가지 척도를 사용한 〈예술작품 창의성의 계량화(Quantifying Creativity in Art Networks, 2015)〉에 대한 논문을 발표했다.[117] 이때 아흐메드 엘가말 교수와 바박 살레는 알고리즘의 결과를 정량적으로 검증하기 위한 방법론, 그리고 미술사적 관점에서 회화작품 속의 문맥을 고려하는 수학적 알고리즘을 제시했다.

아흐메드 엘가말 교수와 바박 살레는 컴퓨테이셔널 창의성의 관점에서 예술의 창의력에 대한 정량화에 접근했으며, 회화작품의 창의성과 후대에 미친 영향력에 대해 추론하는 과정을 진행했다. 후자의 경우, 마거릿 보든(Margaret A. Boden)이 주창했고, 세계적으로 널리 통용되고 있는 역사적 창의성(H-Creativity)과 개인적 창의

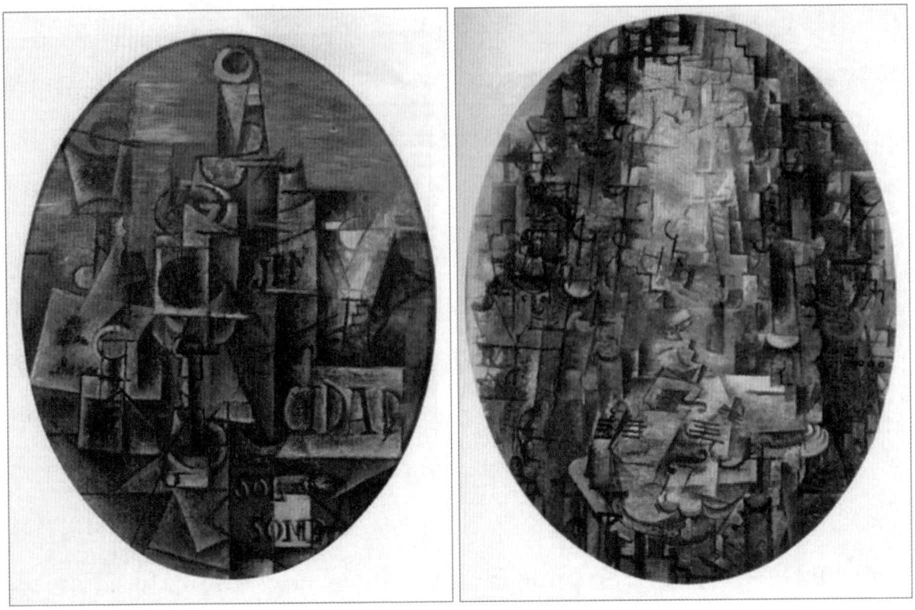

〈그림 6-49〉 파블로 피카소(Pablo Picasso)의 〈스페인풍의 정물(Spanish Still Life, 1912)〉(왼쪽)과
조르주 브라크(George Braque)의 〈바이올린을 든 남자(Man with a Violin, 1912)〉(오른쪽)

출처: K. Abe, B. Saleh & A. Elgammal, 2013

성(P-Creativity) 등의 개념이 적용되었다.

두 연구자는 양식 분류와 영향력을 다룬 이전 연구에서 사용한 순수예술 데이터베이스 아트카이브로 구성된 1,700점의 회화작품과 함께 위키아트(WikiArt)로부터 수집한 8만 1,449점의 회화작품과 조각의 이미지를 포함시켰다. 회화작품의 경우, 27가지(추상, 비잔틴, 바로크 등) 양식과 45가지 장르(인테리어, 풍경, 초상화, 기타)로 분류되었으며, 이들 작품 가운데 조각, 그래피티, 모자이크, 설치, 공연, 사진 등 분석에 부적합한 장르와 매체를 제거하여 총 6만 2,254개의 작품으로 데이터 셋이 구성되었다.

아흐메드 엘가말 교수와 바박 살레는 이번 창의성의 정량화 연구에서도 회화작품의 분류법을 사용했는데, 이 분류법은 회화작품의 주제를 캡처 및 인코딩해서 의미론적 수준에서 이미지의 시각적 특징을 제공해주었고, 이러한 특징은 창의성 평가에 반영되었다. 또한 이들 연구자는 장면의 분류를 위해 컴퓨터 비전 분야에서

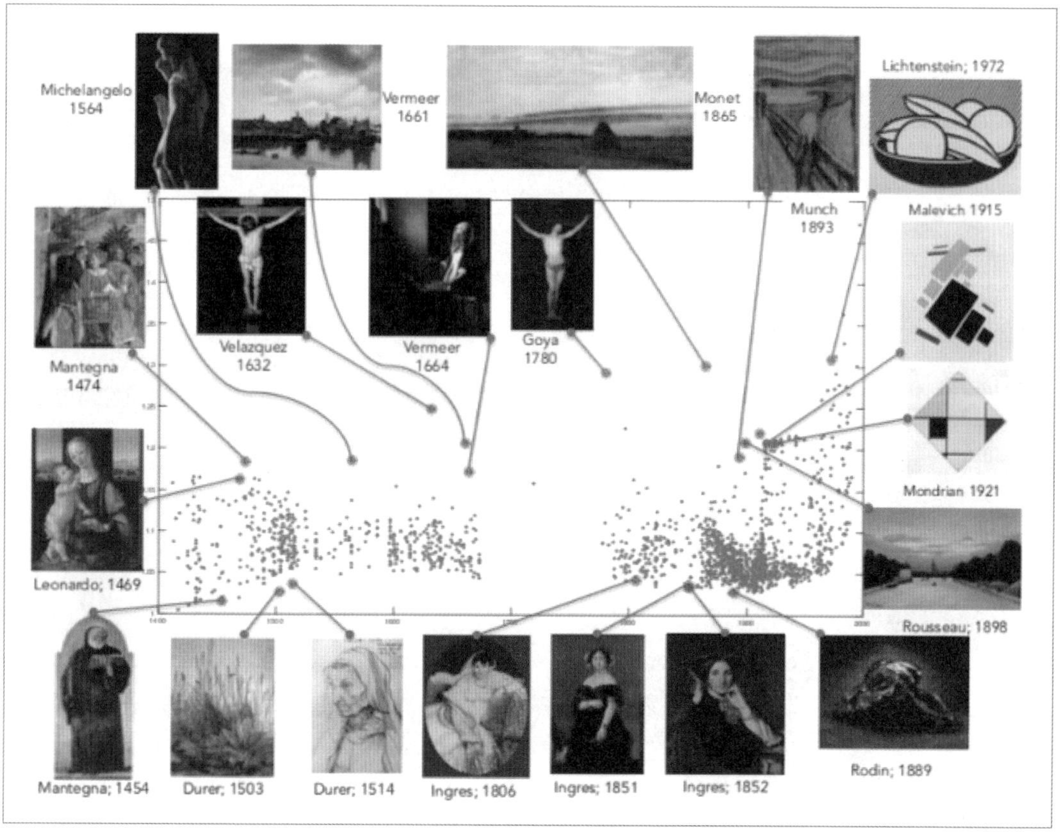

〈그림 6-50〉 순수예술 데이터베이스 아트카이브를 기반으로 구성된 데이터 셋에서
1,710점의 회화작품에 대한 창의성 평가 결과 그래프

출처: A. Elgammal & B. Saleh, 2015

널리 사용되고 있는 GIST 기능[118]을 실험했다.

위의 그림은 순수예술 데이터베이스 아트카이브로 구성된 데이터 셋 각각의 회화작품에 대한 창의성 점수를 보여주는데, 가로축은 그림이 만들어진 연도이고 세로축은 창의성 점수다. 분석 결과 가운데 몇 가지 주목할 만한 발견이 도출되었다. 예를 들어, 알고리즘은 19세기 후반에 비해 에드바르트 뭉크의 〈스크림(The Scream, 1893)〉의 경우 다른 작품에 비해 창의성 점수가 매우 높게 제시되었다.

〈그림 6-51〉은 1850~1950년 사이의 작품에 대한 분석 결과인데, 앞서 다룬 그림보다 점의 분포가 매우 조밀하다. 파블로 피카소의 작품을 중심으로 분석 결

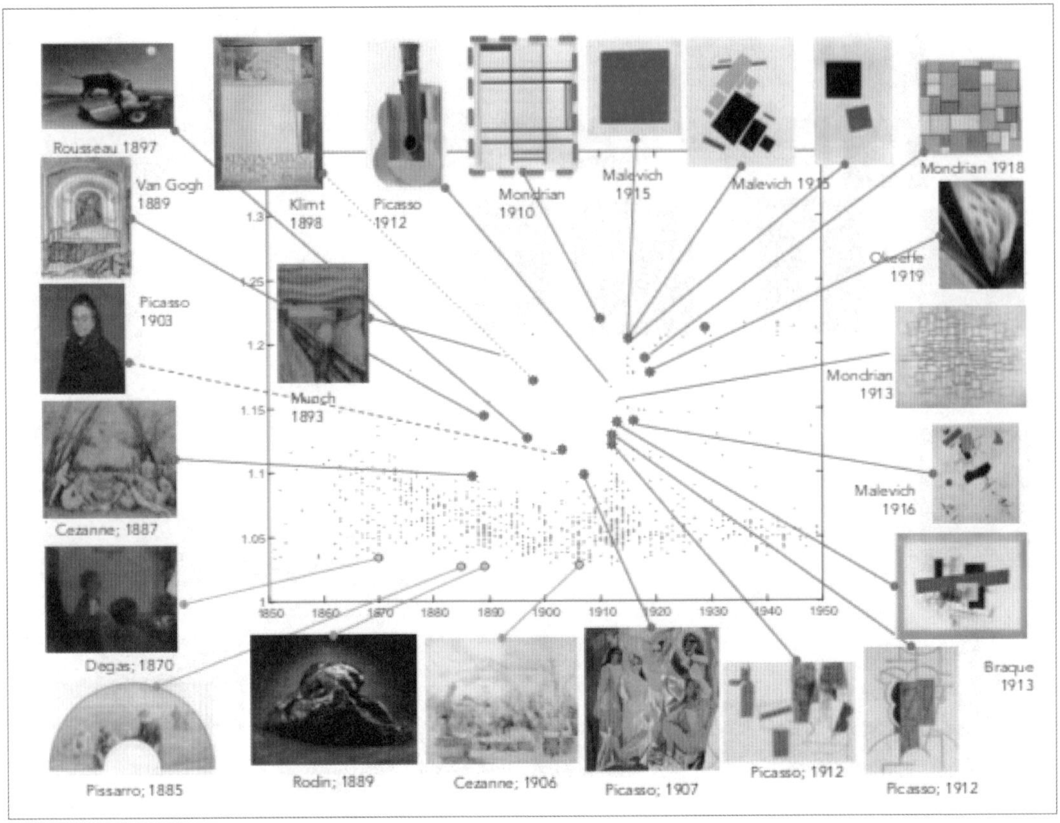

〈그림 6-51〉 파블로 피카소의 1850~1950년의 회화작품에 대한 창의성 평가 결과 그래프

출처: A. Elgammal & B. Saleh, 2015

과를 살펴보면, 이 연구에서 사용된 알고리즘은 1904~1911년 사이의 작품 가운데 〈아비뇽의 여인들(Ladies of Avignon, 1907)〉에 가장 높은 창의성 점수를 부여했으며, 〈라 셀레스티나(La Celestina, 1903)〉는 그의 청색 시대 작품 가운데 가장 높은 점수를 획득했다. 이 그래프에서 파블로 피카소가 입체파로 진입하던 시기, 즉 1912년부터 창의력 점수가 상대적으로 급격히 증가한 것을 알 수 있으며, 〈기타 모형(Maquette for Guitar, 1912)〉은 가장 높은 창의성 점수를 받았다.

한편 카지미르 말레비치(Kazimir Malevich)가 1915년 발표한 작품들, 예를 들면 〈빨간 사각형(Malevich's Red square, 1915)〉, 〈비행기 비행(Airplane Flying, 1915)〉, 〈검은 사각형과 빨간 사각형(Black and Red square, 1915)〉이 창의력 점수의 상승 추이에 편승했

다. 〈검은 사각형(Black square, 1915)〉은 데이터 셋에 포함되지 않았으나, 1929년에 그린 동일한 제목의 작품은 높은 점수를 획득했다. 1916~1945년 사이에 가장 높은 창의성 점수를 받은 그림은 대부분 피에트 몬드리안(Piet Mondrian)과 조지아 오키프(Georgia O'Keeffe)의 작품으로 제시되었다. 또한 레오나르도 다빈치의 〈모나리자(Mona Lisa)〉의 점수는 〈세례 요한(St. John Baptist, 1515)〉의 점수에 비해 오히려 낮게 제시되었다.

연구 결과에서 한 가지 흥미로운 사실이 발견되었는데, 그것은 알고리즘이 주석에서 작품 정보의 오류를 지적하는 능력이었다. 예를 들어, 1910년경에 가장 높은 점수를 받은 작품은 피에트 몬드리안의 〈흰색, 빨강, 노랑의 구성(Composition en blanc, rouge et jaune)〉이었다. 이 작품이 제작된 정확한 연도는 1936년경이었는데, 이는 순수예술 데이터베이스 아트카이브 데이터 셋에 연도가 기록될 때 오류가 있었기 때문이다. 위키아트 데이터 셋의 경우, 가장 높은 점수를 획득한 작품 가운데 하나는 현대 예술가 조 구드(Joe Goode)의 〈토네이도(Tornado, 1991)〉였는데, 이 작품 또한 1911 년으로 제작연도가 잘못 지정되었다.

아흐메드 엘가말 교수와 바박 살레는 연구 결과가 미술사학자들의 평가와 상이했으므로 인공지능이 작업을 적절히 수행했는지를 확인하기 위해 추가로 실험을 실행했다. '타임머신 테스트(time machine test)'라고 불리는 순수예술 데이터베이스 아트카이브의 데이터 셋이 사용된 이 실험에서 연구자들은 회화작품의 제작연도를 임의로 수정해서 창의성에 대해 재평가를 했다. 그다음 단계에서 올바른 날짜를 사용하여 해당 작품의 점수와 비교하여 창의력 점수의 증가나 감소를 계산했다. 이 실험에서는 1750년 이후의 미술 양식을 1600년으로 되돌리기, 르네상스 및 바로크 양식의 작품을 1900년경으로 되돌리기, 르네상스와 바로크 미술 양식의 경우 1600년의 무작위 날짜로 실험 대상을 설정하기 등 세 가지 방식이 사용되었다.

인상주의, 후기 인상주의, 표현주의, 입체파에 해당하는 작품들의 경우에는 1600년대로 제작연도가 수정되었을 때 창의성 점수가 매우 증가했다. 반면 제작연도를 1600년대로 설정한 신고전주의 작품들은 상대적으로 가장 낮은 증가를 보

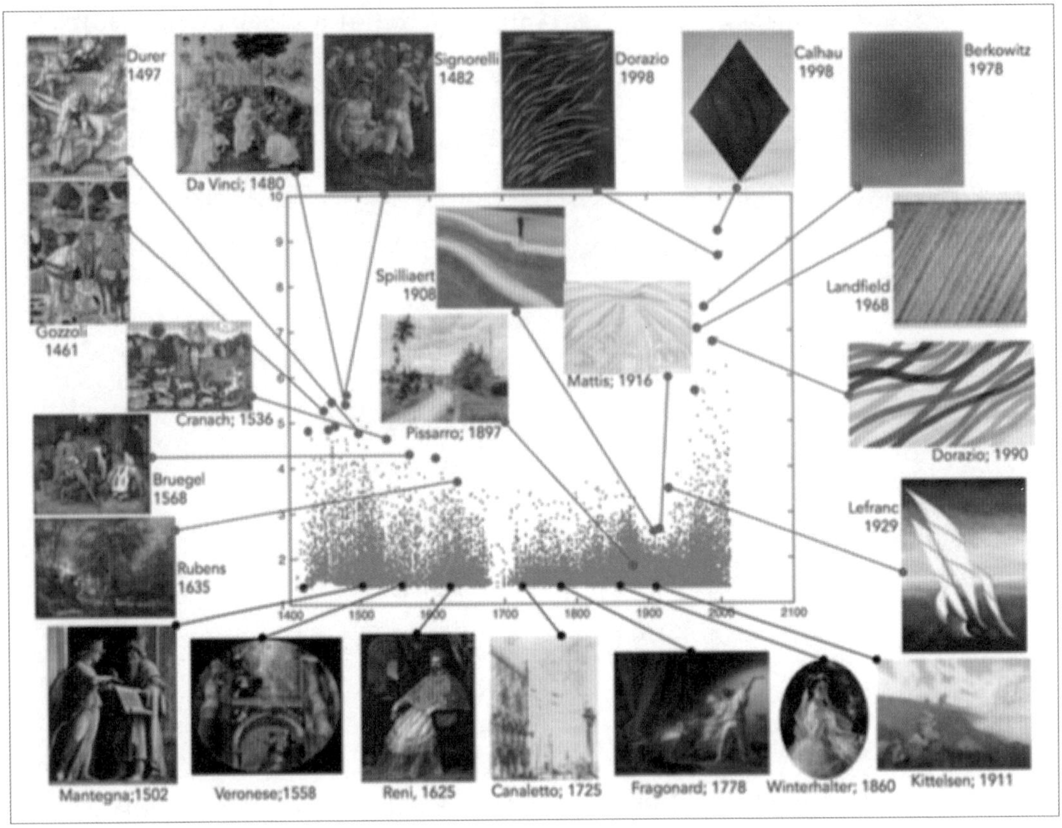

〈그림 6-52〉 데이터 셋 6만 2,254점에 대한 창의성 평가 결과 그래프

출처: A. Elgammal & B. Saleh, 2015

였는데, 이는 신고전주의가 르네상스에 대한 부흥으로 간주되었기 때문이다. 낭만주의에 속한 작품들이 1600년으로 돌아갔을 때 낮은 증가를 보였는데, 이는 낭만주의, 고딕, 중세 간의 관련성 때문이다. 한편 르네상스와 바로크 양식의 작품을 1900년으로 이동시켰을 때 창의성 점수가 낮아졌지만, 1600년 전후로 설정했을 경우에는 점수의 변화가 가시적으로 드러나지 않았다.

아흐메드 엘가말 교수와 바박 살레의 연구는 인공지능 알고리즘 기반의 예술작품 분석 방법론이 미술사학자들이 발견하지 못한 화가의 영향력, 예술작품 간의 유사성이나 연관성을 드러내줄 뿐만 아니라 몇 년이 소요될 수 있는 수백만 개의 예술작품을 효율적임과 동시에 객관적으로 분석하는 작업도 수행할 수 있다는 사

〈표 1〉 타임머신 테스트 결과

미술사조	증가 및 감소의 평균 비율		증가율	
1600년으로 되돌리기				
신고전주의	5.78%	±1.28	97.0%	±4.8
낭만주의	7.52%	±2.04	98.0%	±4.2
인상주의	14.66%	±2.78	99.0%	±3.2
후기 인상주의	16.82%	±2.22	99.0%	±3.1
상징주의	15.2%	±2.94	97.0%	±4.8
표현주의	16.83%	±2.43	98.0%	±4.2
입체파	13.36%	±2.43	89.0%	±9.9
초현실주의	12.66%	±1.82	95.0%	±7.1
미국 모더니즘	11.75%	±2.99	84.0%	±8.4
1600년의 무작위 날짜로 실험 대상 설정하기				
르네상스	0.68%	±2.05	39.0%	±5.7
바로크	2.85%	±1.09	71.9%	±19.7
르네상스 및 바로크 양식의 작품을 1900년경으로 되돌리기				
르네상스	-8.13%	±2.02	20.0%	±10.5
바로크	-10.2%	±2.03	0%	±0

실을 시사해주었다. 상술한 인공지능 기반의 예술 분석 방법론은 인간이 식별할 수 없는 근본적 변화를 규명하거나 향후 등장할 예술 양식이나 형태에 대한 예측도 가능할 것으로 기대되고 있다.

2016년 아흐메드 엘가말 교수 연구팀은 지도 학습의 관점에서 회화작품의 양식 분류와 화가의 영향력을 자동로 처리하는 인공지능에 접근하기 위한 연구를 수행했다. 연구팀은 두 가지 가설을 기반으로 연구를 진행했다. 첫 번째는 회화작품에 포함된 의미 수준의 정보는 분류 작업에 효과적으로 활용될 수 있으며, 두 번째 가설은 주제 모델 같은 생성 모델은 작품의 주제 구조를 캡처할 수 있다는 것이었다. 이들 연구자는 차별적 모델(discriminative model)과 생성적 모델(generative model)의 성능을 검토했으며, 회화작품의 특징을 의미론적 관점, 중간 수준의 기능 및 낮은 수준의 기능에서 비교했다.[119] 결과적으로, 단어들의 순서는 전혀 고려하지 않고 단어의 출현 빈도(frequency)에만 집중하는 텍스트 데이터의 수치화 표현 방법인 단어가방모델(Bag of Words Model, 이하 BoW)이 사물 분류에 사용되었다.[120] BoW 모델의 최종 결과는 단어의 도수 분포를 정보 그림으로 표시하는 히스토그램(histogram)으로 제시된다.

이전 연구와 마찬가지로 연구팀은 회화작품의 분류법을 사용했으며, 데이터셋의 이미지에 대해 훈련된 코드북에 서포트 벡터 머신(SVM)[121] 분류기를 적용했다. 또한 회화작품의 양식 분류에 필수적인 색상 이미지를 확장하기 위해 이미지의 크기와 회전에 불변하는 특징을 추출하는 알고리즘인 스케일 불변량 기능 변환(Scale Invariant Feature Transform, 이하 SIFT)의 두 가지 확장 기능인 CSIFT와 OSIFT를 사용했다. 따라서 생성적 모델의 경우, 잠재 디리클레 할당(Latent Dirichlet Allocation, 이하 LDA)의 주제 모델이 사용되었고, CSIFT와 OSIFT 기능을 모두 사용해서 회화작품의 BoW 표현에 적용했다. 잠재 디리클레 할당(LDA)에서 각 항목은 일련의 주제

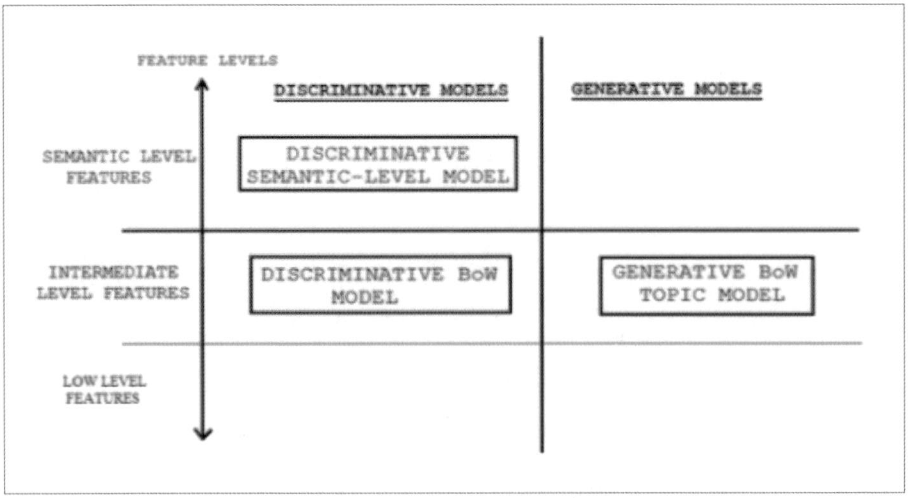

〈그림 6-53〉 회화작품의 양식 분류를 위한 접근방법을 보여주는 예시 다이어그램

출처: B. Saleh, et al., 2016

에 대한 유한한 혼합으로 표시되며, 각 주제는 단어에 대한 분포로 특징 지어진다.

연구자들은 회화작품의 양식 분류를 위해 추상주의, 바로크, 르네상스, 팝아트, 표현주의, 인상주의 및 입체파 등 일곱 가지 미술사조 범주의 회화작품을 포함하는 데이터 셋의 하위 집합 분석에 집중했다. 각각의 범주는 70개의 작품으로 구성되었다. 또한 각각의 테스트에서 5배 교차 검증이 수행되었으며, 각 범주에서 실험을 위해 20%의 이미지가 선정되었다. 코드북(codebook) 형성을 위해 해리스 라플라스(Harris-Laplace) 검출기가 관심 지점을 찾는 데 사용되었는데, 효율적인 계산을 위해 각각의 회화작품에 대해 개념의 수와 관심 지점(POI)의 수를 3천 개로 제한했으며, 이때 표준 K-평균 클러스터링 알고리즘이 600단어 크기의 코드북을 구축하는 데 사용되었다.

연구팀은 데이터 셋으로 세 가지 모델을 평가 및 실험했으며, 각각의 분류 정확도를 계산하고 비교했다. 아래의 첫 번째 표는 교차 검증에 대한 차별적 의미 모델의 혼동 행렬을 보여주는데, 전체 정확도는 65.4%였다. 두 번째 표와 세 번째 표는 각각 CSIFT 및 OSIFT 기능이 있는 차별적 BoW 모델에 대한 혼동 행렬을 보여주는데, 전체 정확도는 각각 48.47% 및 56.7%였다.

다음의 세 가지 표는 세 가지 모델에 대한 평가 및 실험 결과인데, 이들 표는

〈표 2〉 차별적 의미 모델에 대한 혼동 행렬

혼동(%)	바로크	추상주의	르네상스	팝아트	표현주의	인상주의	입체파
바로크	87.5	0	14.3	0	5.3	17.8	1.78
추상주의	0	64	0	7.1	7.1	1.8	1.9
르네상스	5.4	0	64.3	14.3	14.3	3.5	1.8
팝아트	0	1.78	1.8	0	0	3.5	1.8
표현주의	1.8	20.2	18.1	48.2	48.2	17.8	12.9
인상주의	5.36	8	9	17.8	17.8	48.2	9.2
입체파	0	6	3.5	7.1	7.1	7.1	72.4

출처: B. Saleh, et al., 2016

〈표 3〉 CSIFT를 사용한 차별적 BoW의 예시

혼동(%)	바로크	추상주의	르네상스	팝아트	표현주의	인상주의	입체파
바로크	71.4	0	12.9	0	8.5	17.1	0
추상주의	0	48	5.8	10	8.5	5.7	7.1
르네상스	18.6	6.7	41.4	0	5.8	9.3	18.5
팝아트	0	15	0	70	11.5	9.3	15.7
표현주의	0	15	18.6	2.8	28.5	12.9	13
인상주의	8.5	8.6	3.7	8.6	17.2	45.7	11.4
입체파	1.5	6.7	17.6	8.6	20	0	34.3

출처: B. Saleh, et al., 2016

〈표 4〉 OSIFT를 사용한 차별적 BoW의 예시

혼동(%)	바로크	추상주의	르네상스	팝아트	표현주의	인상주의	입체파
바로크	82.1	0	10.7	0	14.3	17.9	3.6
추상주의	0	54.2	3.6	7.1	7.1	3.6	7.1
르네상스	3.6	0	64.3	3.6	21	0	7,.1
팝아트	0	12.5	3.6	75	0	0	17.9
표현주의	0	16.7	0	3.6	36	10.7	28.6
인상주의	14.3	8.33	7.2	3.6	10.7	57.1	7.1
입체파	0	4.2	10.8	7.1	14.3	10.7	28.6

출처: B. Saleh, et al., 2016

각각의 모델을 사용해서 미술 양식을 분류한 정확도를 보여준다. 최종 결과에 의하면, 차별적 의미 모델이 가장 높은 정확도를 달성했다. 또한 차별적 및 생성적 BoW 모델 모두 유사한 정확도를 달성한 반면, 차별적 의미 모델이 두 가지 유형의 BoW 모델을 능가한다는 결과가 제시되었다. 상술한 결과는 의미론적 수준의 정보가 미술 양식의 분류 작업에 더 적합하다는 사실을 확인해주었다. 아래의 그래프는 각 모델의 미술 양식 분류의 정확도를 나타낸 것인데, 결과를 살펴보면 바로크 양식이 가장 높은 정확도로 분류되었다. 한 가지 흥미로운 사실은 팝아트 양식의 경우에는

〈표 5〉 OSIFT를 사용한 생성적 BoW

모델	차별적 의미 모델	CSIFT를 사용한 차별적 BoW	OSIFT를 사용한 차별적 BoW	CSIFT를 사용한 생성적 BoW	OSIFT를 사용한 생성적 BoW
평균정확도	65.4	48.47	56.7	49.0	50.3
STD	4.8	2.45	3.26	2.43	2.46

출처: B. Saleh, et al., 2016

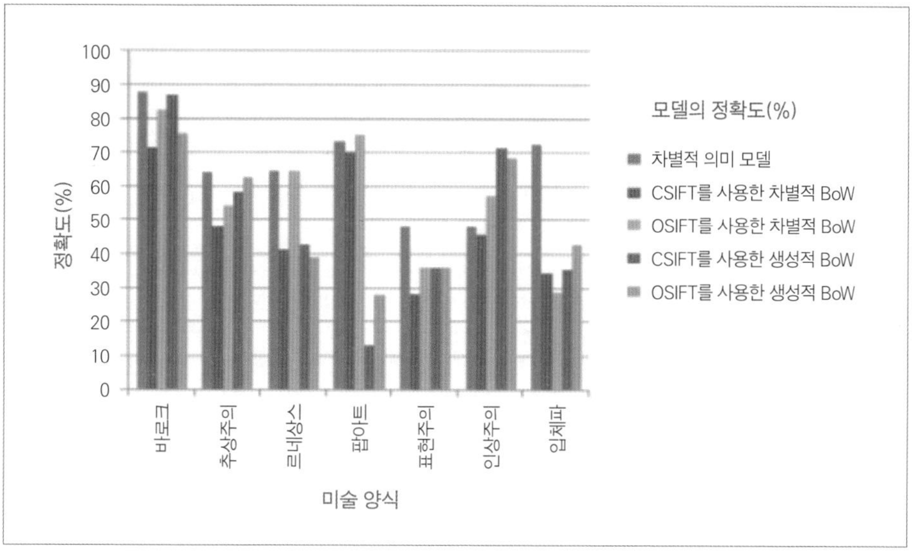

〈그림 6-54〉 미술 양식 분류 정확도

출처: B. Saleh, et al., 2016

모든 차별적 접근 방식에서 70% 이상의 정확도로 분류되는 반면, 생성적 접근 방식은 해당 양식에서 제대로 수행되지 않았다는 점이다. 또한 차별적 모델의 경우, OSIFT 기능이 CSIFT 기능을 능가한다는 점도 주지할 만하다.

이전 연구와 마찬가지로 영향력 그래프는 예술가의 유사성이 시각적으로 표현된 반면, 이번 연구에서는 고차원 데이터 포인트의 준등방성, 저차원 임베딩을 계산하는 데 사용되는 아이소 맵(Isomap)이 사용되었는데, 이 맵은 두 화가 간의 그래프에서 최단 경로를 계산하고, 이를 통해 다차원 스케일링(Multi-Dimensional Scaling, 이하 MDS)을 사용하여 임베딩을 달성한다. 아래 그림은 화가의 유사성을 아이소 맵

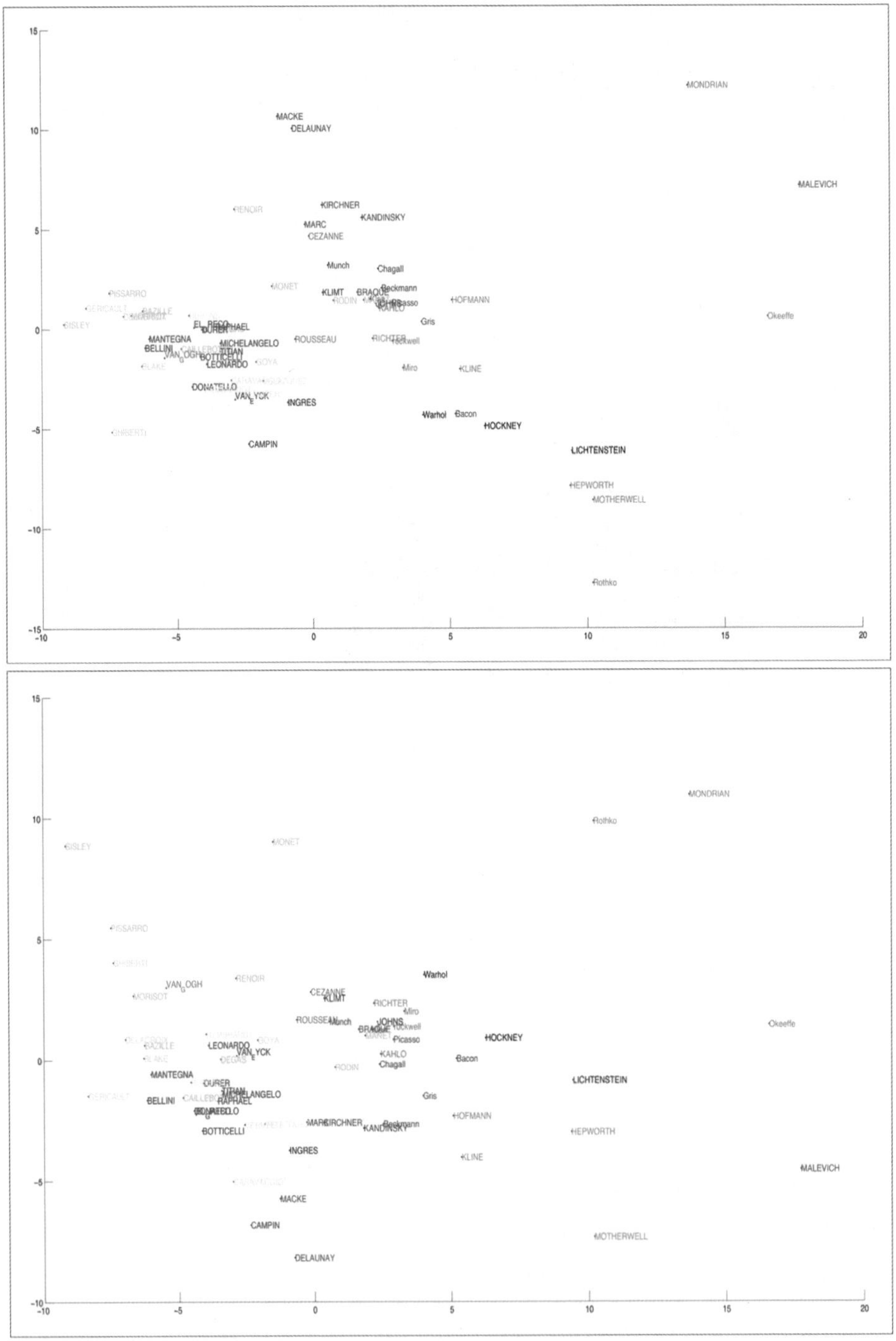

〈그림 6-55〉 화가 간의 유사성을 나타낸 화가의 지도(map of artists)

출처: B. Saleh, et al., 2016

으로 시각화한 예술가의 지도인데, 각 플롯은 해당 공간의 2차원 투영을 보여준다. 이 그래프에서 화가는 색상으로 구분되었으며, 동일한 양식의 화가가 대부분 함께 군집화되었다. 예를 들어, 로이 리히텐슈타인(Roy Lichtenstein), 바바라 헵워스(Babara Hepworth), 카지미르 말레비치(Kazimir Malevich), 피에트 몬드리안(Piet Mondrian), 로버트 마더웰(Robert Motherwell), 조지아 오키프(George O'Keeffe), 마크 로스코(Mark Rothko) 등의 표현주의와 추상주의 화가는 미술 양식에 대한 접근 방식과 기간의 유사성으로 인해 우측에 함께 모였다. 좌측에는 인상주의와 르네상스 화가가 위치하고 있다. 이들 화가는 한 차원에서는 유사한 가치를 공유하고 있지만, 다른 차원에서는 그렇지 않게 나타났다. 또한 인상주의와 르네상스 간의 거리(오른쪽)가 표현주의와 추상주의 간의 거리(왼쪽)보다 훨씬 가깝다는 사실도 발견되었다.

상술한 연구는 예술작품과 화가 간의 영향력을 자동화 방식으로 다루었으며, 이를 위해 시각적 특징을 가진 세 가지 모델을 비교 연구했다. 이 연구에서는 결과적으로 차별적 의미 모델이 가장 적합한 모델로 나타났다. 또한 2차원 그래프의 이 공간에서 모든 예술가의 위치를 배치하고 어떠한 방식으로 군집화되는지를 확인함으로써 예술가의 지도를 통해 화가 간의 영향력이 시각화되었다. 예술과 공학이 융합된 이 연구를 통해 제시된 모델은 향후 예술 분석 요소로 사용되는 화가의 필적이나 특정 패턴, 선이나 색상 등으로 화가 간의 유사성이나 영향력의 분석이 확장될 가능성을 제시해주었다는 데 그 의미를 둘 수 있다.

미주

1 Artlyst, Famous 'immaculate conception' painting is unrecognizable after art restoration failure (June 23, 2020) https://www.artlyst.com/news/murillo-virgin-mary-painting-destroyed-amateur-restoration/

2 SAMMA (June 23, 2020) Restoration of Murillo's Immaculate Conception botched in Spain, https://www.samaa.tv/culture/2020/06/restoration-of-murillos-immaculate-conception-botched-in-spain/

3 K. Brown (June 24, 2019) After its restoration fail inspired comparisons to 'beast Jesus,' This statue of Saint George has been triumphantly unrestored, https://news.artnet.com/art-world/saint-george-navarra-restoration-1582693

4 The World (August 25, 2012) Amateur restoration botches Jesus painting in Spain, https://www.pri.org/stories/2012-08-25/amateur-restoration-botches-jesus-painting-spain

5 유약이나 바림, 유화 물감을 덧바를 때 밑바탕 또는 그 색깔 위에 물감의 발색을 좋게 하기 위해 일정한 색의 물감을 칠하는 것을 의미한다.

6 Inside the Vatican, How Leonardo da Vinci pictured the Last Supper, https://insidethevatican.com/magazine/culture/how-leonardo-da-vinci-pictured-the-last-supper/

7 K. Wong (July 25, 2917) The unending fight to preserve the Last Supper, https://www.engadget.com/2017-07-25-the-last-supper-eataly-conservation-project-art-restoration.html

8 D. Alberge (March 14, 2012) Have art restorers ruined Leonardo's masterpiece? https://www.independent.co.uk/arts-entertainment/art/news/have-art-restorers-ruined-leonardos-masterpiece-7565727.html

9 목재 패널로 그림을 복원하고 보존하는 데 사용되는 프로세스이며, 나무 판금 그리드를 그림 뒷면에 장착하여 보강재를 만들고 평평한 페인트 표면을 보존하는 것으로 구성된다.

10 L. Sorg (September 19, 2016) Advanced Algorithm Improves Art Restoration Techniques, https://sinews.siam.org/Details-Page/advanced-algorithm-improves-art-restoration-techniques

11 S. Cascone (June 6, 2018) New X-ray images reveal just how carefully Picasso worked over his earliest blue period painting, https://news.artnet.com/art-world/picasso-secrets-x-ray-1297568

12 D. Mosher (February 18, 2018) Phenomenal new X-rays of a Picasso Painting reveal images the artist buried in one of his major works, https://www.businessinsider.com/picasso-crouching-beggar-painting-xray-photos-2018-2

13 〈웅크린 거지〉는 피카소 청색 시대(1901~1904)의 초기 작품으로, 가난한 생활을 하며 우울한 그림을 그렸던 시기다. 시기적 배경으로 인해 피카소가 하나의 캔버스에 그림을 덧그린 이유는 당시 많은 화가들이 그랬듯 캔버스를 사기 어려웠던 재정 문제 때문인 것으로 추정되고 있다.

14 방사성 탄소연대측정법은 시카고대학교의 윌러드 리비(Willard Frank Libby)와 그의 연구팀에 의해 발견되었으며, 탄소화합물 가운데 탄소의 극히 일부에 포함된 방사성 동위원소인 탄소 14(^{14}C)의 조성비를 측정해서 제작연도를 추정하는 방사능 연대 측정의 한 방법으로, 보편적으로 유기물이 포함되어 있는 고고학 유물에 사용된다.

15 물질에 의한 빛의 흡수나 복사를 분광계 또는 분광광도계를 사용해서 스펙트럼을 측정한다.

16 초분광 이미징 기술은 공간 정보에 분광 기술을 더한 것으로, 전자기파의 스펙트럼 밴드(spectrum band)에 따른 2차원적인 영상 정보를 초분광 큐브(hypercube) 형태로 구성해서 대상체의 상태, 구성, 특징, 변이 등을 도출하는 기술을 지칭한다.

17 여러 가지 성분이 혼합되어 있는 혼합 물질을 울트라 고압 액체 크로마토그래피(Ultra-High Performance Liquid Chromatography, 이하 UHPLC)를 이용하여 각각의 성분을 분리한 후, 이 성분들을 질량분석기에 정성적 · 정량적으로 분석하는 기기를 말한다.

18 D. Gavrilov, R. G. Maev & D. P. Almond, 2014, A review of imaging methods in analysis of works of art: Thermographic imaging method in art analysis. Canadian Journal of Physics, 92(4), 341-364.

19 L. Williams (May 22, 2019) Art restoration and conservation: restoring former glories, https://eandt.theiet.org/content/articles/2019/05/art-restoration-and-conservation-restoring-former-glories/

20 A. Cosentino (2015). Panoramic, macro and micro multispectral imaging: an affordable system for mapping pigments on artworks. Journal of Conservation and Museum Studies, 13(1), https://www.jcms-journal.com/articles/10.5334/jcms.1021224/

21 S. Kugel (November 17, 2019) Rescuing art: the creativity and science of restoration, https://www.cbsnews.com/news/rescuing-art-the-creativity-and-science-of-restoration/

22 A. Yuhas (February 15, 2016) Science peers into Van Gogh's Bedroom to shine light on colors of artist's mind, https://www.theguardian.com/artanddesign/2016/feb/15/science-van-gogh-bedroom-colors-paintings

23 E. Hendriks, et al, 2011, A comparative study of Vincent van Gogh's Bedroom Series. In Studying old master paintings: technology and practice. In: The National Gallery Technical Bulletin 30th Anniversary Conference Post prints, Archetype, pp. 237-43.

24 Popular mechanics (June, 1990) In the search for truth about art history, scientific sleuthing is answering questions that centuries of scholarship have not been able to solve, pp.70-72.

25 2016년 12월, 프랑스 뤼미에르 테크놀로지 광학연구소는 멀티 스펙트럼 카메라로 촬영한 영상, 명도와 색채 대비를 분석한 데이터 등 과학 감정 분석을 통해 천경자의 〈미인도〉가 진품이 될 확률은 0.0002%라는 결론을 내렸지만, 검찰은 분석 방법의 신뢰성에 대한 문제를 제기하면서 뤼미에르 테크놀로지 광학연구소의 결과를 수용하지 않았다.

26 이탈리아어로 '라 조콘다(la Gioconda)'라고 불리는 〈모나리자〉는 레오나르도 다빈치가 1503년부터 1517년 사이에 남편 프란체스코 델 조콘도(Francesco del Giocondo)가 의뢰한 리사 게라르디니(Lisa Gherardini)의 초상화로 추정되고 있다. 2019년부터 스위스 취리히에 위치한 모나리자재단(the Mona Lisa Foundation)은 '젊은 모나리자의 초상'이라고 불리는 〈아일워스 모나리자(Isleworth Monalisa)〉가 진품이며, 루브르박물관이 소장하고 있는 〈모나리자〉는 젊은 모나리자를 보고 그린 복제품이라고 주장하고 있다.

27 P. Cotte & D. Dupraz (2006). Spectral imaging of Leonardo Da Vinci's Mona Lisa: A true color smile without the influence of aged varnish. In Conference on Colour in Graphics, Imaging, and Vision, (1), pp. 311-317.

28 P. Cotte & D. Dupraz (2006). Spectral imaging of Leonardo Da Vinci's Mona Lisa: An authentic smile at 1523 dpi with additional infrared data. In Archiving Conference, 1(1), pp. 228-235.

29 Lumiere Technology (October 19, 2006) True colors of the Mona Lisa revealed, http://www.lumiere-technology.com/Pages/News/news3.htm

30 Christie's (November 15, 2017) Leonardo's Salvator Mundi makes auction history, http://www.christies.com/features/Leonardo-and-Post-War-results-New-York-8729-3.aspx

31 현존하는 레오나르도 다빈치의 20여 점 작품 가운데 유일한 개인 소장 작품에 해당한다.

32 작품 구매 이력은 다음의 웹사이트에서 확인할 수 있다. https://www.christies.com/lotfinder/paintings/leonardo-da-vinci-salvator-mundi-6110563-details.aspx?from=salesummery&intobjectid=6110563&sid=8174d46e-

582f-45f6-b119-bb2e8d3c0814

33 적외선 반사(IR)는 적외선 촬영기(IRR Detector)를 사용하여 회화작품에 도포된 염료 및 안료의 레이어를 투시해서 밑그림 여부를 조사하는 방법이다.

34 M. Bailey (November 14, 2017) Christie's releases condition report on Leonardo's Salvator Mundi: Pre-auction assessment offers evidence that painting is original Leonardo but also reveals problems posed by painting's wooden panel, https://www.theartnewspaper.com/news/christies-releases-condition-report-for-leonardos-salvator-mundi

35 S. Cascone (January 3, 2020) Computer Scientists Say They've Solved the Mystery of the Orb in Leonardo da Vinci's 'Salvator Mundi,' https://news.artnet.com/art-world/scientists-solve-mystery-salvator-mundi-orb-1745037

36 J. Calfas (November 17, 2017) A Leonardo da Vinci Painting Just Sold for $450 Million. Here's How Experts Figured Out It Was Real, https://time.com/5028341/leonardo-da-vinci-salvator-mundi-authentication/

37 Christie's (November 3, 2017) Salvator Mundi: The rediscovery of a masterpiece, https://www.christies.com/features/Salvator-Mundi-timeline-8644-3.aspx

38 M. Shaer (April 14, 2019) The invention of the Salvator Mundi, or how to turn a $ 1,000 art-auction pick up into a $450 million masterpiece, https://www.vulture.com/2019/04/salvator-mundi-leonardo-da-vinci.html

39 Christie's (November 3, 2017) Salvator Mundi: The rediscovery of a masterpiece, https://www.christies.com/features/Salvator-Mundi-timeline-8644-3.aspx

40 상술한 연구 결과는 2012년 두 차례에 걸쳐 공개되었다. 2012년 1월에는 프랑스 문화재복원센터(the Centre de Recherche et de Restauration des Musées de France)와 영국 국립박물관(British Museum)이 공동 주최한 CHARISMA 콘퍼런스(2012. 1. 13~14), 2012년 2월 18일 뉴욕대학교(New York University)와 컬럼비아대학교(Columbia University)가 공동 주최한 콘퍼런스에서 발표했다.

41 N. Gutman Rieppi, et al. (2020). Salvator Mundi: an investigation of the painting's materials and techniques. Heritage Science, 8, pp. 1-12.

42 라만분광법이란 레이저 광과 같은 단색광을 쬐었을 때 포논 진동수만큼의 차이가 있는 산란광을 측정하여 해당 물질의 광학적 특성 및 포논 특성을 알아내는 방법을 지칭하며, 1928년 인도의 과학자 찬드라 세카르 라만이 발견했다. 이 방법은 주로 샘플의 정성적 분석의 목적으로 사용되는 재료분석법이지만, 정량적 분석, 샘플의 구조와 샘플 구성요소(분자, 이온, 원자)의 운동 상태에 대한 정보 등을 얻는 용도로도 활용되고 있다..

43 간섭계를 이용하여 위상 변조한 적외선 영역의 백색광을 사용하는 적외선 분광학의 한 유형으로, 시료에 적외선을 비추어 쌍극자 모멘트가 변화하는 분자 골격의 진동과 회전에 대응하는 에너지의 흡수를 측정하는 분석법을 말한다.

44 감쇠 전반사-퓨리에 변환 적외선 분광법(ATR-FTIR)은 실시간으로 고체와 액체 계면에서 일어나는 진동에너지 변화를 측정할 수 있다. 결합구조와 결합구조를 이루고 있는 원자의 질량에 따라 적외선 흡광이 나타나는데, 문제는 진동 방식, 즉 시스템의 복잡성, 대상 물질의 유사성에 따라 흡광이 측정되는 밴드가 쉽게 겹쳐진다는 단점이 있다.

45 에너지 분산형 X-선 분광법(SEM-EDS)은 시료에서 방출되는 특정 X-선을 검출하여 물질의 화학적 조성을 분석하는 기법을 지칭한다. 이 분석 방법은 분자자기조립층 내에 분자 진동 모드를 관측하는 것이 가능하여 특정 방향으로 배열되어 있는 분자 내의 진동 모드와 광원으로부터 오는 적외선 빛의 상호작용 정도를 분석해서 분자의 방향을 결정할 수 있다.

46 Salvator Mundi revisited, Scientific analysis, https://salvatormundirevisited.com/Scientific-Analysis

47 열분해 기체 크로마토그래피 질량 분석은 고분자 같은 물질 내 불순물이나 혼합물 등을 시료의 전처리 없이 특정 온도 범위에서 열을 가해 생성된 가스를 캐리어 가스에 의해 컬럼 내로 분리 검출하는 방법이다.

48 S. Smee, (October 16, 2019) The Louvre wants this $450 million Leonardo in its big show. But its mystery owner appears to be balking, https://www.washingtonpost.com/entertainment/museums/the-louvre-wants-this-450-million-leonardo-in-its-big-show-but-its-mystery-owner-appears-to-be-balking/2019/10/15/85bc5094-eec2-11e9-b648-76bcf86eb67e_story.html

49 S. Cascone (January 3, 2020) Computer Scientists Say They've Solved the Mystery of the Orb in Leonardo da Vinci's 'Salvator Mundi,' https://news.artnet.com/art-world/scientists-solve-mystery-salvator-mundi-orb-1745037

50 M. Liang, M. T. Goodrich, S. Zhao (2019) On the optical accuracy of the Salvator Mundi, arXiv preprint arXiv:1912.03416.

51 D. Mahon, et al, 2020, Johannes Vermeer's Mistress and Maid: new discoveries cast light on changes to the composition and the discoloration of some paint passages. Heritage Science, 8, 1-11.

52 X-방사선 촬영은 X-선을 통해 이미지를 축출하는 방법이다.

53 매크로X-선 형광 분석은 다양한 유형의 시료에 대한 원소 분석을 수행하는 최고의 분석 기법 중 하나이며, 예술작품과 접촉하지 않고 대상을 비침습적으로 분석할 수 있는 방법이다.

54 주사전자현미경(SEM)은 광학현미경에서 사용하는 가시광선 대신 전자 빔을 시료 표면에 주사하고, 유리 렌즈 대신에 전자 렌즈를 사용해서 물체의 확대된 이미지를 얻는 전자현미경의 한 유형이며, 고배율뿐만 아니라 저배율의 관찰도 가능하다.

55 D. Mahon, et al. (June 18, 2020) Take a look behind the curtain of Johannes Vermeer's enigmatic masterpiece, https://www.metmuseum.org/blogs/collection-insights/2020/vermeer-conservation

56 G. Albertson (June 20, 2019) After three hundred years of fading, ad Dutch masterpiece is digitally restored, https://www.metmuseum.org/blogs/collection-insights/2019/margareta-haverman-vase-of-flowers-digital-conservation

57 G. Albertson (June 20, 2019) After three hundred years of fading, ad Dutch masterpiece is digitally restored, https://www.metmuseum.org/blogs/collection-insights/2019/margareta-haverman-vase-of-flowers-digital-conservation

58 G. Albertson, S. A. Centeno, A. Eaker, 2019, Margareta Haverman, A Vase of Flowers: An Innovative Artist Reexamined. Metropolitan Museum Journal, 54(1), pp. 143-159.

59 G. Albertson (December 6, 2018) Honoring a legacy: The conservation of Margareta Haverman's a vase of flowers, https://www.metmuseum.org/blogs/collection-insights/2018/margareta-haverman-vase-of-flowers-conservation

60 헌팅턴 도서관 미술관 식물원은 소장품을 기반으로 한 연구와 교육을 실행하는 비영리 문화재단이다.

61 Art & Object (September 24, 2018) Project Blue Boy reveals conservation efforts behind the famous Gainsborough work, https://www.artandobject.com/press-release/project-blue-boy-reveals-conservation-efforts-behind-famous-gainsborough-work

62 헌팅턴 문화재단의 웹사이트는 다음과 같다. huntington.org/projectblueboy

63 The Huntington, Project Blue Boy, https://www.huntington.org/project-blue-boy-conservation/

64 키아로스쿠로는 3차원적인 물체나 사람을 묘사할 때 입체적인 느낌을 주기 위해 명암의 대비 효과, 즉 명암법을

사용해서 예술작품을 만드는 것을 의미한다.

65 임파스토 기법은 '반죽된'이라는 의미의 이탈리아어에서 유래되었으며, 유화 물감을 두껍게 칠하는 기법을 지칭한다.

66 테네브리즘은 17세기 서양의 화파로, 카라바조 작품의 영향을 받아 격렬한 명암 대조에 의한 극적인 표현, 특히 야경을 특색으로 한다.

67 V. Turk (December 12, 2019) Hidden for centuries, Rembrandt's secrets are finally being revealed, https://www.wired.co.uk/article/the-night-watch-painting-rembrandt

68 CBS news (July 8, 2019) Restoration begins on 17th-century Rembrandt painting The Night Watch, https://www.cbc.ca/news/entertainment/rembrandt-the-night-watch-restoration-1.5203722

69 Rijksmuseum, Operation Nigh Watch: The initial results of Operation Night Watch, https://www.rijksmuseum.nl/en/the-initial-results-of-operation-night-watch

70 커튼 뷰어는 암스테르담국립박물관의 선임과학자이자 암스테르담대학교(University of Armsterdam)의 보존과학과 교수인 로베르트 에르트만(Robert Erdmann)이 개발한 시각화 도구로, 회화작품의 다양한 레이어(스케치, 적외선 등)를 새로운 방식으로 표시할 수 있는 시각화 도구다.

71 V. Turk (December 12, 2019) Hidden for centuries, Rembrandt's secrets are finally being revealed, https://www.wired.co.uk/article/the-night-watch-painting-rembrandt

72 뫼스바우어 분광 기법은 현존하는 연구 수단 중 가장 미세한 에너지도 측정 가능한 분석 기술이다. 나노 물질 연구를 위한 중요한 기술로, 이 기법은 1958년 독일의 뫼스바우어가 발견한 감마선의 공명 현상을 기초로 개발되었으며, 물질 화합 물상, 전자가, 초미세 자기장 등의 정보를 제공해준다. 국내에서는 단청 안료 복원과 청자 · 백자 등 도자기 복원을 위한 토양과 유약 분석에 사용되고 있다.

73 테라헤르츠 이미징 기술은 테라헤르츠 광원을 관측하고자 하는 물체에 입사시킨 후 물체를 투과하거나, 물체에서 반사된 테라헤르츠파를 검출하여 물체의 이미지를 구현하는 능동 이미징 방식을 사용한다.

74 인텔의 경우, 중국의 문화보호재단(China Foundation for Cultural Heritage Conservation)과의 협력을 통해 인공지능을 기반으로 젠커우 장성을 복원하는 새로운 프로젝트에 착수했다.

75 R. Yin, D. Dunson, B. Cornelis, B., Brown, N. Ocon & I. Daubechies (2014). Digital cradle removal in X-ray images of art paintings. In 2014 IEEE International Conference on Image Processing (ICIP), pp. 4299-4303.

76 엄밀히 말하면, 이 작품은 본래 1425년 후베르트 반 에이크에게 맡겨졌지만, 그의 사망으로 동생 얀 반 에이크에게 위임되어 1432년 완성되었다.

77 경첩이 달린 12개의 패널과 두 단으로 구성된 이 다폭 제단화는 8면의 양면에 그림이 그려져 있으며, 그리스도, 성모 마리아, 아담과 이브, 성서적 인물을 포함한 100여 명의 인물과 50여 가지의 식물, 복잡한 도상학적 상징이 묘사되어 있다. 린시드 오일(linseed oil)과 물감을 혼합해서 사용하여 작품 표면의 광택, 뛰어난 재질감, 인물의 피부색, 의복 장식, 아름다운 꽃과 나무도 맑고 선명하게 사실적으로 표현되었다. 또한 제단화가 접힌 상태에서는 화면이 3단으로 나누어지는데, 하단에는 그리사유 기법(Grisaille)으로 재현된 세례자 요한과 사도 요한이 중앙에 있고, 바깥쪽에는 이 제단화의 봉헌자 요도쿠스 베이드와 리스벳 보르뤼트가 기도하는 자세로 고딕식 벽감 속에 놓여 있다.

78 제단화는 제1차 세계대전 이후 성 바봉 성당에서 재조립되었지만, 제2차 세계대전 때는 세기의 많은 걸작이 약탈되었다. 〈겐트 제단화〉 역시 나치에 의해 약탈당한 후 알타우제(Altaussee) 소금 광산에 은닉되었다가 전쟁이 끝날 무렵 연합군에 의해 결성된 문화재 보존 특별 부대에 의해 성 바봉 성당에 반환되었다.

79 A. V. Grevenstein (2015) The ongoing conservation of the Ghent Altarpiece 2012-2015. In CeROArt. Conservation, exposition, Restauration d'Objets d'Art (No. HS). Association CeROArt asbl, https://journals.openedition.org/ceroart/4625

80 왕립문화재연구소(KIK-IRPA)는 국가문화예술유산의 문서화, 연구 및 보존 복원을 담당하는 연방과학연구소로, 미술사, 사진가, 화학자, 고고학자, 엔지니어, 보존처리사, 복원전문가 등의 참여로 예술작품 및 문화재에 사용된 재료와 기법, 보존 복원에 사용되는 재료와 기법에 대한 학제 간 연구를 수행하는 기관이다.

81 KIK-IRPA, Conservation treatment of the Ghent Altarpiece by the Van Eyck brothers (1432),https://visit.gent.be/sites/default/files/content/brochure/files/2020.01.27%20Restoration%20Ghent%20Altarpiece%20Synthesis.pdf

82 KIK-IRPA, Conservation treatment of the Ghent Altarpiece by the Van Eyck brothers (1432),https://visit.gent.be/sites/default/files/content/brochure/files/2020.01.27%20Restoration%20Ghent%20Altarpiece%20Synthesis.pdf

83 CODART (June 25, 2014) Spectacular discoveries on the Ghent Altarpiece, https://www.codart.nl/research-study/spectacular-discoveries-on-the-ghent-altarpiece/

84 The History Blog (June 25, 2014) Ghent Altarpiece extensively overpainted, http://www.thehistoryblog.com/archives/31124

85 CODART (November 7, 2016) First phase of Ghent Altarpiece restoration has been completed, https://www.codart.nl/art-works/first-phase-of-ghent-altarpiece-restoration-has-been-completed/

86 KIK-IRPA, Conservation treatment of the Ghent Altarpiece by the Van Eyck brothers (1432), https://visit.gent.be/sites/default/files/content/brochure/files/2020.01.27%20Restoration%20Ghent%20Altarpiece%20Synthesis.pdf

87 M. Savage (October 11, 2012) Million-euro makeover for Belgieum's Ghent Altarpiece, https://www.bbc.com/news/world-europe-19885610

88 A. V. Grevenstein, A. V. (2015). The ongoing conservation of the Ghent Altarpiece 2012-2015. In CeROArt. Conservation, exposition, Restauration d'Objets d'Art (No. HS). Association CeROArt asbl, https://journals.openedition.org/ceroart/4625

89 왕립문화재연구소의 과학적 연구 결과는 연구보고서 〈겐트 제단화의 외부 조사와 보존(The Ghent Altarpiece. Research and Conservation of the Exterior)〉에 수록되어 있다.

90 A. Pizurica, L. Platiša, T. Ruzic, B. Cornelis, A. Dooms, M. Martens & I. Daubechies (2015). Digital Image Processing of the Ghent Altarpiece: Supporting the painting's study and conservation treatment. IEEE Signal Processing Magazine, 32(4), pp. 112-122.

91 T. Ružić, B. Cornelis, L. Platiša, A. Pižurica, A. Dooms, W. Philips and I Daubechies, (2011). Virtual restoration of the Ghent Altarpiece using crack detection and inpainting. In International Conference on Advanced Concepts for Intelligent Vision Systems, pp. 417-428.

92 I. Harvey (December 30, 2019) Humanoid face of Lamb revealed in Ghent Altarpiece after 500 years, https://www.thevintagenews.com/2019/12/30/ghent-altarpiece-lamb/

93 K. Keener (January 22, 2020) Conservators give the lamb in the Ghent Altarpiece a facelift, now everyone is freaking out, https://www.art-critique.com/en/2020/01/lamb-in-ghent-altarpiece/

94 K. J. Wu (December 23, 2019) Ghent Altarpiece restorations reveal the alarmingly humanoid face of the famous mystic lamb, https://www.smithsonianmag.com/smart-news/ghent-altarpiece-restorations-reveal-alarming-

ly-humanoid-face-famous-mystical-lamb-180973846/

95 보존 프로젝트에서 사용된 초고해상도 사진 이미지와 복원 과정에서 촬영된 과학적 이미지는 다음의 웹사이트에서 이용이 가능하다. http://closertovaneyck.kikirpa.be/ghentaltarpiece/#home

96 왕립문화유산연구소(KIK-IRPA)의 〈겐트 제단화〉의 보존 처리와 관련된 기록은 다음의 웹사이트에서 확인이 가능하다. http://closertovaneyck.kikirpa.be/ghentaltarpiece/#home

97 A. Sivak (November 7, 2017) The Ghent Altarpiece in 100 billion pixels, https://blogs.getty.edu/iris/the-ghent-altarpiece-in-100-billion-pixels/

98 Z. Sabetsarvestani, B. Sober, C. Higgitt, I. Daubechies & M. R. D. Rodrigues, 2019, Artificial intelligence for art investigation: Meeting the challenge of separating x-ray images of the Ghent Altarpiece, Science Advances, 5(8), pp. 1-8, https://advances.sciencemag.org/content/advances/5/8/eaaw7416.full.pdf

99 UCL News (August 31, 2019) AI uncovers new details about old master paintings, https://www.ucl.ac.uk/news/2019/aug/ai-uncovers-new-details-about-old-master-paintings

100 S. Cascone (September 3, 2019) Artificial intelligence is revealing secrets about how the Ghent Altarpiece was made and damaged, https://news.artnet.com/art-world/artificial-intelligence-ghent-altarpiece-discoveries-1641157

101 The Engineer, AI and x-rays help reveal artistic mysteries (September 2, 2019), https://www.theengineer.co.uk/ai-x-rays-artistic/

102 RGB 색 모형은 빛의 삼원색을 이용하여 색을 표현하는 방식이다. 빨강, 초록, 파랑 세 종류의 광원을 이용하여 색을 혼합하며, 색을 섞을수록 밝아지므로 '가산 혼합'이라고 한다. 디지털 이미지에서 사용되는 RGB 가산 혼합의 종류로는 sRGB, 어도비 RGB 등이 있다.

103 Z. Sabetsarvestani, B. Sober, C. Higgitt, I. Daubechies & M. R. D. Rodrigues, 2019, Artificial intelligence for art investigation: Meeting the challenge of separating x-ray images of the Ghent Altarpiece, Science Advances, 5(8), pp. 1-8, https://advances.sciencemag.org/content/advances/5/8/eaaw7416.full.pdf

104 S. Knapton (August 30, 2019) Hidden works of Goya, Van Gogh and Van Eyck could be discovered using artificial intelligence, https://www.telegraph.co.uk/science/2019/08/30/hidden-works-goya-van-gogh-van-eyck-could-discovered-using-artifical/

105 M. Ravindranath (November 9, 2014) Can an algorithm tell us who influenced an artist? https://www.washingtonpost.com/business/on-it/can-an-algorithm-tell-us-who-influenced-an-artists/2014/11/09/adb0494c-636d-11e4-bb14-4cfea1e742d5_story.html

106 The Physics arXiv Blog (August 18, 2014) When a machine learning algorithm studies fine art paintings, it saw this art historians had never noticed, https://medium.com/the-physics-arxiv-blog/when-a-machine-learning-algorithm-studied-fine-art-paintings-it-saw-things-art-historians-had-never-b8e4e7bf7d3e

107 J. Li, L. Yao, E. Hendriks & J. Z. Wang, 2012, Rhythmic brushstrokes distinguish Van Gogh from his contemporaries: Findings via automated brushstroke extraction, IEEE transactions on pattern analysis and machine intelligence, 34(6), pp. 1159-1176.

108 B. Saleh, et. al, 2014, Toward automated discovery of artistic influence, Multimedia Tools and Applications, 75(7), pp. 3565-3591.

109 B. Saleh & A. M. Elgammal, 2015, Large-scale classification of fine-art paintings: Learning the right metric on the right feature. arXiv preprint arXiv:1505.00855.

110 The Physics arXiv Blog (August 18, 2014) When a machine learning algorithm studies fine art paintings, it saw

this art historians had never noticed, https://medium.com/the-physics-arxiv-blog/when-a-machine-learning-algorithm-studied-fine-art-paintings-it-saw-things-art-historians-had-never-b8e4e7bf7d3e

111 K. Abe, B. Saleh & A. Elgammal, 2013, An early framework for determining artistic influence, In International Conference on Image Analysis and Processing, pp. 198-207.

112 B. Saleh, et. al, 2014, Toward automated discovery of artistic influence, Multimedia Tools and Applications, 75(7), pp. 3565-3591.

113 B. Saleh, et. al, 2014, Toward automated discovery of artistic influence, Multimedia Tools and Applications, 75(7), pp. 3565-3591.

114 LMNN은 메트릭 학습을 위한 통계적 기계 학습 알고리즘으로, K-최근린 분류(K-Nearest Neighbor Classification)를 위해 설계된 측정법이다.

115 K. Abe, B. Saleh & A. Elgammal, 2013, An early framework for determining artistic influence, In International Conference on image analysis and processing, pp. 198-207.

116 E. L. Spratt & A. Elgammal, 2014, Computational beauty: Aesthetic judgment at the intersection of art and science. In European Conference on Computer Vision, pp. 35-53.

117 Elgammal, A., & Saleh, B. (2015). Quantifying creativity in art networks. arXiv preprint arXiv:1506.00711.

118 GIST는 장면의 대략적인 설명을 제공하는 이미지의 다양한 부분에 대한 그라디언트 정보(스케일 및 방향)를 요약해준다.

119 B. Saleh, K. Abe, R. S. Arora & A. Elgammal, 2016, Toward automated discovery of artistic influence. Multimedia Tools and Applications, 75(7), pp. 3565-3591.

120 단어가방모델은 자연어 처리 및 정보 검색에 사용되는 단순화된 표현이며, 이 모델에서 텍스트는 문법 및 단어 순서는 무시하고 다중성을 유지하면서 단어의 가방으로 표시된다.

121 서포트 벡터 머신은 기계 학습 분야 중 하나에 해당하며, 패턴 인식, 자료 분석을 위한 지도 학습 모델로, 주로 분류와 회귀 분석에 사용된다.

찾아보기

ㄴ

ㄷ

ㄹ

ㅁ

ㅂ

ㅅ

ㅇ

ㅈ

ㅊ

ㅋ

ㅌ

ㅍ

ㅎ

X

123